全国铁道职业教育教学指导委员会规划教材

高等职业教育城市轨道交通信号控制专业系列规划教材

城市轨道交通信号基础设备维护

徐彩霞　雷　洁　主编

张仕雄　主审

中国铁道出版社

2018年·北京

内 容 简 介

本书为全国铁道职业教育教学指导委员会规划教材、高等职业教育城市轨道交通信号控制专业系列规划教材之一。全书内容密切结合现场工作实际，系统阐述了城市轨道交通信号基础设备的基本概念、基本原理、基本知识及基本技能，共分为五个项目，分别是：继电器材的认知与维护、信号机维护、轨道检查装置与车地通信设备维护、道岔转换及锁闭装置维护、信号电缆与光缆。

本书主要作为高等职业院校城市轨道交通信号控制专业的教材，也可作为城市轨道交通工程技术人员和信号维护人员的培训教材和参考资料。

图书在版编目(CIP)数据

城市轨道交通信号基础设备维护/徐彩霞，雷洁主编 . —北京：
中国铁道出版社，2018.3
全国铁道职业教育教学指导委员会规划教材　高等职业教育
城市轨道交通信号控制专业系列规划教材
ISBN 978-7-113-24264-0

Ⅰ.①城… Ⅱ.①徐… ②雷… Ⅲ.①城市铁路-铁路信号-信号
设备-设备维修-高等职业教育-教材 Ⅳ.①U239.5

中国版本图书馆 CIP 数据核字(2018)第 020029 号

书　　名：城市轨道交通信号基础设备维护
作　　者：徐彩霞　雷洁　主编

责任编辑：吕继函　　　　编辑部电话：010-51873205　　　电子信箱：312705696@qq.com
封面设计：崔丽芳
责任校对：苗　丹
责任印制：郭向伟

出版发行：中国铁道出版社（100054，北京市西城区右安门西街 8 号）
网　　址：http://www.tdpress.com
印　　刷：三河市宏盛印务有限公司
版　　次：2018 年 3 月第 1 版　2018 年 3 月第 1 次印刷
开　　本：787 mm×1 092 mm　1/16　印张：17.25　插页：1　字数：450 千
书　　号：ISBN 978-7-113-24264-0
定　　价：49.50 元

前言

PREFACE

城市轨道交通信号基础设备包括：继电器材、信号机、轨道检查装置与车地通信设备、道岔转换及锁闭装置及信号电(光)缆。它们是城市轨道交通信号系统的重要基础组成部分。

随着城市轨道交通信号技术的不断发展，其基础设备不断地更新和改造，对信号维护人员的专业素质提出了更高的要求。为此，开发编写《城市轨道交通信号基础设备维护》教材，为城市轨道交通信号高技能人才的培养提供支持和保证。

本教材力求符合城市轨道交通现场信号基础设备维护的工作实际，编写特色如下：

1. 校企合作，确定教材编写提纲

编者在调研"城轨信号正线设备维护岗位""城轨车辆基地信号设备维护岗位""城轨车载设备维护岗位"和"城轨控制中心信号设备维护岗位"的职业功能、工作内容及其对应的岗位技能要求的基础上，梳理了岗位技能相关知识，与各城市地铁运营部门信号设备维护人员共同确定了教材编写提纲，并得到现场技术人员的认可。

2. 定位准确，结构新颖，内容适时前瞻，注重职业性与技能性

在理论深度上，本教材充分考虑高职教学的特点，以适度、够用为原则，培养学生可持续发展能力。新教材在结构上，按照项目任务式课程的要求和特点来组织课程内容。教材内容涵盖了城市轨道交通使用的新型信号基础设备，并将相关职业技能鉴定的考核点转化为教材的知识点及技能点。

本教材由南京铁道职业技术学院徐彩霞、广州铁路职业技术学院雷洁任主编，山东职业学院肖颖、湖南高速铁路职业技术学院刘孝凡任副主编，武汉铁路职业技术学院张仕雄任主审。项目1、项目5由徐彩霞编写；项目3由徐彩霞和柳州铁道职业技术学院张德昕编写；项目2由雷洁、刘孝凡编写；项目4由肖颖和徐彩霞执笔，刘孝凡、郑州铁路职业技术学院常仁杰、苏州市轨道交通集团有限公司运营分公司邵晨和南京地铁运营有限责任公司常鑫参与了编写工作。

本教材的编写得到了上海申通地铁集团有限公司、南京地铁运营有限责任公司、广州地铁集团有限公司、卡斯柯信号有限公司的大力支持和帮助,并借鉴和参考了相关教材、文献资料及案例,在此深表感谢!

　　由于编者水平有限,资料收集不全且编写时间仓促,教材中难免存在疏漏、不妥之处,恳请各院校师生及相关读者批评指正。

编　者

2017 年 11 月

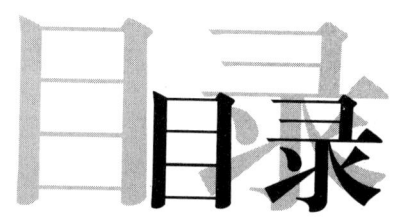

CONTENTS

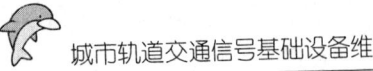

项目 1　继电器材的认知与维护

项目描述

继电器是构成城市轨道交通信号最主要的基础器材之一,亦是本课程的重点内容之一,其运用状态及稳定性是否良好直接关系到整个信号系统的工作质量,对其进行周期性的保养和检修是保证城市轨道交通正常运营的重要工作内容。通过这部分内容的学习和实践,达成以下目标:

(1)能正确描述各种类型继电器的结构、技术参数及其原理。

(2)熟悉继电电路的常用保护措施。

(3)能分析、构建简单的继电电路。

(4)能对常用继电器进行测试及检修。

(5)能对继电器简单故障进行分析处理。

教学目标

1. 能力目标

通过这一项目的学习与实践,最终应会描述城市轨道交通信号系统中常用继电器的结构与工作原理;会简单构建继电电路,会分析简单的继电电路;能对继电器进行检修,能对简单的继电器故障进行分析处理。

2. 知识目标

熟悉常用继电器的结构与工作原理;了解继电电路的构建方法;掌握继电器电路的分析方法,熟悉继电器的检修内容及检修方法。

3. 素质目标

养成诚实、守信、吃苦耐劳的品德;养成善于动脑、勤于思考、及时发现问题的学习习惯;养成"三不动、三不离"的工作习惯;具有善于和企业工作人员共事的团队意识,能进行良好的团队合作;养成爱护设备和检测仪器的良好习惯;养成安全操作仪器设备的意识。

典型工作任务 1　继电器材的识读与检修

1.1.1　工作任务

通过这部分知识的学习与实践,应该达到以下几方面的技能要求:

(1)能测试各种类型常用继电器电气特性。

(2)能运用监测设备、检测仪器检测常用继电器电气特性、机械特性。

(3)能识别各种类型常用继电器相关器材。

(4)能整治各种类型常用继电器。

(5)能判断区分各种类型常用继电器室内故障与室外故障。

(6)能更换故障熔断器。

(7)能判断继电器机械故障,电路开路、短路及混线故障。

(8)能识读各种类型常用继电器机械结构及电路图。

(9)能更换故障器材。

(10)能分解和组装各种类型常用继电器。

1.1.2 知识链接

1. 继电器基本知识

所谓继电器,就是当控制参数变化时,能引起被控制参数突变的电元件。它是一种自动控制和远程控制系统必不可少的元件。在城市轨道交通信号系统中,用它构成逻辑电路或作为执行元件直接监督和控制列车的运行。继电器的运用如图1-1所示。

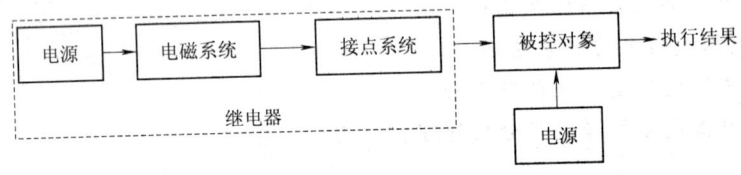

图1-1　继电器的运用框图

如图1-2所示,是继电器的一个简单应用,图中通过继电器用低压电源控制高压电路。

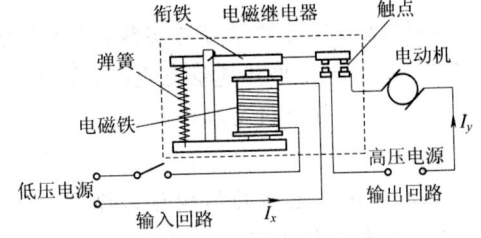

图1-2　继电器的简单应用举例

电路由两部分组成:继电器线圈回路为输入回路(又称控制系统),继电器接点所构成的回路为输出回路(又称被控制系统),当线圈中电流 I_x 增加到某一定值时,继电器衔铁被吸引,接点闭合,沟通电动机电路。此后,若线圈中电流 I_x 继续增大,由于接点回路中阻值不变,I_y 保持不变。当线圈中电流 I_x 减小到一定值时,继电器衔铁释放,输出电流 I_y 突然减小到0,断开电动机电路。此后,线圈中电流再减小,I_y 保持为0不变。在这里,通常可以将继电器理解为用较小的电流去控制较大电流的一种"自动开关"。

继电器的特性是当输入量 I_x 达到一定值时,输出量 I_y 发生突变,如图1-3所示。

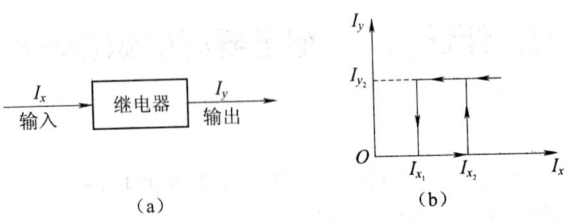

（a）　　　　　　　　（b）

图1-3　继电特性曲线图

当输入量 I_{x_1} 从零增大到 I_{x_2} 值时,输出量 I_y 从 0 突然增大到 I_{y_2},I_{y_2} 此后如果 I_x 继续增大,输出量 I_y 保持不变;当输入量 I_x 从大于或等于 I_{x_2} 值减小到 I_{x_1} 时,输出量突然从 I_y 减小到 0,此后如果 I_x 继续减小,I_y 则保持不变,这种当输入量达到一定值时,输出量发生突变的特性称为继电特性,具有继电特性的元件称为继电器。在各种控制系统的具体应用中,输入量(也叫激励量)可以是电、磁、声、光、热、压力等。因此继电器在电路中起着自动调节、安全保护、转换电路等作用。广泛应用于电力保护、自动化、远动及遥控、测量和通信等装置中。由于在城市轨道交通信号系统中大量采用了电磁继电器,因此,我们有必要对电磁继电器作详细地了解。

1)电磁继电器的基本工作原理

电磁式继电器是由电磁系统与接点系统两大部分组成。典型的城市轨道信号用电磁继电器基本结构如图 1-4 所示。

当线圈通电时对衔铁的吸力,是由于磁系统的导磁材料受磁化而产生的,吸力的大小与电磁铁的形状,衔铁与铁芯的相互位置和线圈的磁通势大小有关,其吸力的大小用麦克斯韦公式表示:

$$F = \frac{B^2 S}{2\mu_0} \quad (\text{N})$$

式中　B——磁感应强度,Wb/m²;

　　μ_0——空气导磁系数(取值为 1.25×10^{-6} H/m);

　　S——磁极表面的总面积,m²。

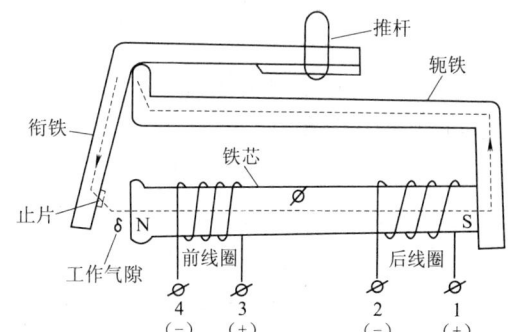

图 1-4　典型的电磁继电器结构基本原理图(无极继电器磁路)

由上式可知,电磁式继电器有励磁和失磁两种状态:

(1)励磁状态。通常称之为吸起状态。吸力 F 是随继电器线圈电流的变化而变化的。当吸力增大到能够克服衔铁向铁芯运动的阻力时,则衔铁被吸向铁芯,由衔铁带动的动接点也随之与前接点闭合。这叫动合,通常也称之为"衔铁吸起"。

(2)失磁状态。通常称之为落下状态。当吸力减小到不足以克服衔铁的重力和接点片的弹力时,则衔铁离开铁芯,由衔铁带动的动接点也随之与后接点闭合而与前接点断开。这叫动断,通常也称为"衔铁落下"。

从上述可知,一个电磁继电器中的线圈是接收信息的部分,而接点是控制外电路的部分,这两部分的关系是接点从动于线圈。记住这点,对以后的电路分析很重要。

2)继电器基本术语及主要参数

(1)基本术语

①动接点:随同继电器衔铁(翼板)一起动作的接点,也叫中接点。

②动合接点:继电器衔铁(翼板)吸合时与动接点闭合的接点,也叫前接点。

③动断接点:继电器衔铁(翼板)释放后与动接点闭合的接点,也叫后接点。

④定位接点:有极继电器按规定正方向通电时与动接点闭合的接点。通常用于对电流极性有选择的继电器中。

⑤反位接点:有极继电器按规定反方向通电时与动接点闭合的接点。通常用于对电流极性有选择的继电器中。

(2)继电器主要技术参数

不同类型继电器的特性,可以用继电器的参数来反映。因此,在选用继电器时要查阅有关继电器的具体参数,但继电器的主要参数有如下几种:

①额定值。继电器在规定或特定运用状态时的电压或电流值。

②工作值。向继电器线圈通电,直到衔铁止片(钉)与铁芯(极靴)接触、全部动合接点闭合,并满足规定接点压力时所需的最小电压或电流值。

③缓吸时间。继电器由通电至后接点断开所需要的时间。

④缓放时间。继电器断电后至前接点断开所需要的时间。

⑤充磁值。为了测试释放或转极值,预先使磁系统磁化,向继电器线圈通以几倍的工作值或转极值。

⑥释放值。向继电器线圈通以充磁值,然后逐渐降低电压或电流,至全部动合接点断开时的最大电压或电流值。

⑦反向工作值。向继电器线圈反向通电,直到衔铁止片(钉)与铁芯(极靴)接触、全部动合接点闭合,并满足规定接点压力时所需的最小电压或电流值。

⑧反向不动作值。向偏极继电器线圈反向通电,继电器不动作的最大电压值。

⑨正向转极值。使有极继电器的衔铁转极,全部定位接点①闭合,并满足规定接点压力时的正向最小电压或电流值。

⑩反向转极值。使有极继电器的衔铁转极,全部反位接点②闭合,并满足规定接点压力时的反向最小电压或电流值。

⑪临界不转极电压值。有极继电器在转极瞬间,因衔铁受阻力作用,而不能转极的最小电压值。

⑫缓放时间。向继电器线圈通以规定值,从线圈断电起,至动合接点断开所需的时间。

⑬返回时间。向继电器线圈通以额定值,从线圈断电起,至全部动断接点闭合所需的时间。

⑭吸合时间。向继电器线圈通以额定值起,至全部动合接点闭合所需的时间(对缓吸继电器称缓吸时间)。

⑮安全系。额定值与工作值之比。

⑯返还系数。释放值与工作值之比。返还系数对信号继电器有特殊的重要意义,返还系数越高,标志着继电器接点的落下越灵敏,如轨道继电器的返还系数规定不得小于50%,一般继电器返还系数不应小于30%,缓放继电器不应小于20%。

3)信号系统对继电器的要求

在城市轨道信号控制技术中,继电器的工作状态直接影响信号设备的安全和可靠与否。因此,城市轨道交通信号系统对继电器提出了严格的技术要求,具体如下:

(1)继电器的动作必须可靠和准确。

(2)使用寿命长。

---

① 有极继电器按规定正方向通电时与动接点闭合的接点。
② 有极继电器按规定反方向通电时与动接点闭合的接点。

（3）有足够的吸合和断开电路的能力。

（4）有较高的电气绝缘强度。

（5）有稳定的时间和电气参数。

4）继电器分类

继电器的类型繁多，分类也是多种多样。

（1）按输入量的物理性质不同可分为：电量型继电器和非电量型继电器两大类。

①电量型继电器

a. 电流型继电器。继电器的动作反映电流的变化。

b. 电压型继电器。继电器的动作反映电压的变化。

c. 频率继电器。继电器的动作反映交流的频率变化。

d. 功率型继电器。继电器的动作反映功率的变化。

②非电量型继电器

a. 温度型继电器。继电器的动作反映温度的变化。

b. 压力型继电器。继电器的动作反映压力的变化。

c. 速度型继电器。继电器的动作反映速度的变化。

（2）按工作电流的种类分为直流继电器、交流继电器与交直流继电器。

（3）按执行部件的构造原理（有、无接点）分为有接点继电器和无接点继电器（如铁磁的和半导体的等）。

（4）按动作原理分，有如下几种：

①电磁继电器。电磁式继电器是城市轨道交通信号控制过程中常用的继电器类型，其原理是通过继电器线圈中的电流在磁路的可动部分（衔铁）的气隙中产生电磁力，吸引衔铁，带动接点衔铁改变接点位置的状态。

②热敏干簧继电器。热敏干簧继电器是一种利用热敏磁性材料检测和控制温度的新型热敏开关。热敏干簧继电器不用线圈励磁，而由恒磁环产生的磁力驱动开关动作。恒磁环能否向干簧管提供磁力是由感温磁环的温控特性决定的。

③固态继电器（SSR）。固态继电器是一种两个接线端为输入端，另两个接线端为输出端的四端器件，中间采用隔离器件实现输入/输出的电隔离。固态继电器按负载电源类型可分为交流型和直流型。按开关型式可分为常开型和常闭型。按隔离型式可分为混合型、变压器隔离型和光电隔离型，以光电隔离型为最多。

④磁簧继电器。磁簧继电器是以线圈产生磁场将磁簧管动作继电器，为一种线圈传感装置。

⑤光继电器。光继电器为 AC/DC 并用的半导体继电器，指发光器件和受光器件一体化的器件。输入侧和输出侧电气绝缘，但信号可以通过光信号传输。主要应用于测量设备、通信设备等。

⑥感应式继电器。利用交变磁场的相互作用产生力矩继而动作的继电器。与旧式电度表的工作原理类似。

（5）按动作时间可分为快动型继电器、正常动作继电器、缓动型继电器。

①快动型继电器，是当通电或断电时接点的闭合或断开较快的继电器，动作时间小于 0.1 s。

②正常动作继电器，是当通电或断电时接点的闭合或断开较快，动作时间在 0.3 s 左右的继电器。

③缓动型继电器，又称缓吸或缓放型继电器，当通电断电时接点的闭合或断开较慢，动作时间在 0.3 s 以上的继电器。

(6)按继电器特性分成两类：N 类和 C 类。

①N 类继电器。无须借助于其他继电器，亦无须对其接点在电路中的工作状态进行监督检查，其自身结构即能满足一切安全条件的继电器。N 类继电器的特点如下：

a. 当线圈断电时，衔铁或翼板可借助于自身的重量释放，从而使动合接点可靠地断开。

b. 用合适的接点材料，以构成非熔接性动合接点或采用能够防止接点熔接的特殊结构（例如接熔断器，接点串联）。

c. 当一组不应闭合的动断接点仍然闭合时，结构上应能防止所有动合接点闭合。

②C 类继电器。必须监督检查接点在电路中的工作状态，以保证安全条件的继电器。C 类继电器的特点如下：

a. 由于继电器在使用时已检查了衔铁释放，因此，不必采用非熔接性接点材料。

b. 当一组不应闭合的动合接点仍然闭合时，结构上应能保证所有动断接点不闭合，反之亦然。

继电器还可以按其他特性进行分类，这里不再赘述。

2. 安全型(AX)继电器概述

所谓安全型继电器是指它的结构必须符合"故障—安全"原则。关于城市轨道信号"故障—安全"原则将在后面的项目中介绍。

安全型继电器是直流 24 V 系列的重力式直流电磁继电器，其典型结构为无极继电器，其他各型继电器由无极继电器派生，绝大部分零件都能通用。因此，本任务将重点介绍该类型继电器。

1)安全型继电器的型号表示法

安全型继电器的型号表示法如下：

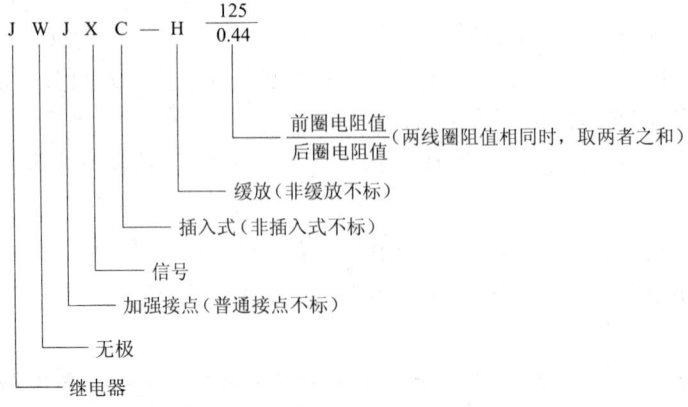

读作：信号插入式无极加强接点继电器。

安全型继电器型号用汉字拼音字母和数字表示，字母表示继电器种类，数字表示线圈的电阻值(单位 Ω)，例如，继电器型号的文字符号含义见表 1-1。

表 1-1　继电器型号的文字符号含义

代　号	含　义	代　号	含　义
A	安全	P	偏极
C	插入	Q	动合接点(前接点)
D	定位、单	W	无极
F	反位	X	信号
H	缓放、动断接点(后接点)	Y	有极
J	继电器,加强接点	Z	整流

2)安全型继电器的品种及用途

安全型继电器有无极(如 JWXC-1700)、无极加强接点(如 JWJXC-480)、无极缓放(如 JWXC-H340)、无极加强接点缓放(如 JWJXC-H $\frac{125}{0.44}$)、整流式(如 JZXC-480)、有极(如 JYXC-660)、有极加强(如 JYJXC-J3000)、偏极(如 JPXC-1000)等。它们的特性和线圈电阻值各不相同,在电路中有不同的作用。

3. 无极继电器

所谓无极继电器是指继电器衔铁的动作与线圈中的电流方向无关,因此称为无极继电器。常用的无极继电器类型有 JWXC-1700 及缓放的 JWXC-H600、JWXC-H340 等品种。

1)直流无极继电器的结构

JWXC 型直流无极继电器的结构如图 1-5 所示。无极继电器由电磁系统和接点系统两大部分组成。电磁系统包括线圈、铁芯、轭铁和衔铁。

2)无极继电器的动作原理

继电器有两种状态:通以额定工作值的励磁状态(也称吸起状态)和断电后的失磁状态(也称落下状态)。

(1)励磁状态,也称之为有能状态。在线圈上接入电源后,线圈中的电流 I 使铁芯磁化,在铁芯内产生工作磁通 ϕ,它由铁芯极靴处经过主工作气隙 δ 进入衔铁,又经过第二工作气隙 δ' 进入轭铁,然后回到铁芯,形成一闭合回路。在工作气隙 δ 处,由于磁通 ϕ 的作用,铁芯与衔铁间产生电磁吸引力 F_D,当 F_D 大到足以克服机械负载的阻力 F_j(主要是衔铁自重)时,衔铁即与铁芯吸合。此时衔铁通过拉杆带动动接点运动,使后接点断开,前接点闭合。也就是说,当铁芯上的线圈接入具有一定值的电流时,在铁芯、轭铁、衔铁、气隙等所形成的回路中产生磁通,由于磁通的作用使衔铁产生一定的电磁力,当电磁力足以克服重锤、拉杆、接点弹片等对衔铁的作用力时,使衔铁吸向铁芯,衔铁使拉杆上升并带动动接点,使其与后接点离开与前接点闭合。特别强调两线圈中产生的磁通方向必须一致,否则继电器衔铁就不能吸起。信号控制系统在输出危险侧信息时通常采用继电器的有能状态。

(2)失磁状态。当线圈中的电流减小时,铁芯中的磁通按一定规律随之减小,吸引力也随着减小。当电流小到一定值时,它所产生的吸引力小于机械力时,衔铁离开铁芯,被释放。此时拉杆带动动接点运动,使前接点断开,后接点闭合。

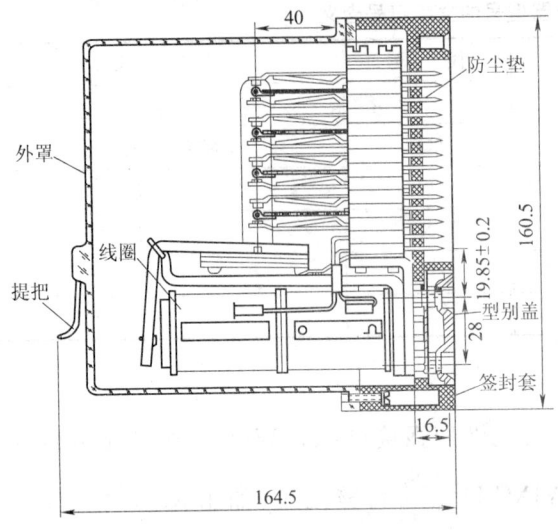

（a）无极继电器结构图 　　　　　　　　　　（b）底座正视图（接点配置图）

（c）实物图

图 1-5　无极继电器结构及实物图（单位：mm）

3）无极继电器的特点

（1）这种继电器通入线圈的电流都是直流，不论什么极性，只要线圈电流（或两端电压）达到规定值，继电器衔铁便励磁吸起，因此称这种继电器为直流无极继电器。它可以做出电压型或电流型。电压型继电器，它的线圈与电源回路并联，线圈的匝数较多，线径较细，线圈的电阻也较大，如 JWXC-1000 和 JWXC-1700 等均属于电压型继电器。电流型继电器的线圈与电源回路串联，线圈的匝数较少，线径较粗，线圈的电阻也较小，如 JWXC-2.3 等继电器便属于电流型继电器。

（2）无极继电器吸力大小取决于通过气隙的磁通大小，磁通增大到一定值时，衔铁吸起，磁通减少到一定值时衔铁释放。然而，继电器的工作值通常要大于它的释放值，并且两值相差较大，具体说明如下：

首先,继电器吸起状态与释放状态时的工作气隙大小不同。继电器衔铁处于释放状态时,工作气隙较大,磁路的磁阻也大,而衔铁处于吸起状态时,工作气隙较小,磁路的磁阻也小。因此,要能产生足以吸起衔铁的磁通所需的磁势(安匝)也就不同,工作气隙大时,磁势就大,即线圈中的电流或两端的电压值就大;工作气隙小时,磁势需要小,即电流或电压值需要就小。

其次,铁磁材料的磁滞[①]。物性从如图 1-6 所示的磁滞曲线的变化规律来看,继电器线圈电流的变化是滞后于铁磁材料中的磁通的变化的。所以,无极继电器的释放值不仅仅是小于工作值,而且要比工作值小很多。因为继电器的工作值都大于吸起值,所以工作值大于释放值,因此,无极继电器的返还系数 K 都是小于 1 的。

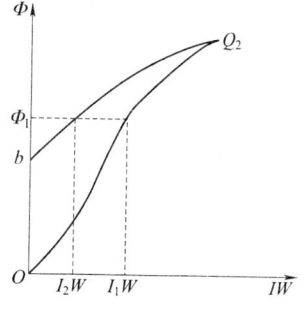

图 1-6　磁滞曲线

从图 1-6 可知,当电流从最大值回减至零时,磁通并不回到零。即当继电器的励磁电流被切断后,铁芯中尚有剩磁存在,这种剩磁对继电器的工作是不利的,对于剩磁严重的有可能造成电流切断而衔铁不落下的危险。因此,对于城市轨道交通信号系统而言,由于继电器磁路的铁磁材料的不同,释放值可能远远小于工作值,返还系数远小于 1,所以要求继电器线圈的电流达到工作值时,继电器必须可靠工作;达到释放值或切断电源时,继电器必须可靠释放衔铁。对于返还系数低的继电器,也可适当加厚止片的方法达到提高返还系数的目的。

4)无极继电器图形符号

(1)继电器线圈符号见表 1-2。

表 1-2　继电器线圈符号

序号	符　号	名　称	说　明
1		直流无极继电器	两线圈串联使用,将线圈端子 2、3 相连
			两线圈分接
2		直流无极缓放继电器	
3		直流无极缓放继电器	单线圈缓放
4		无极加强继电器	

---

①注:关于磁滞原理,请查阅相关网站。

（2）继电器接点符号及其画法见表1-3。

表1-3 继电器接点符号及其画法

序号	符号		名称	说明
	标准图形	简化图形		
1			无极接点	
2			动合接点（前接点）闭合	"1"表示第1组接点,通常把组别编号写在靠中间接点附近;如图中所示。"↑"表示继电器平时在励磁状态,读作表示第1组接点,后接点接入电路,应读作
3			动断接点（后接点）断开	
4			动合接点断开	
5			动断接点闭合	
6			接点组	动合接点闭合、动断接点断开
				动合接点断开、动断接点闭合

5）无极继电器的测试与检修

无极继电器测试与检修要求如下：

（1）继电器的外罩须完整、清洁、明亮、封闭良好,封印完整。继电器所有的可动部分和导电部分,不论在何种情况下,不能与外罩相碰。

（2）所有金属零件的防护层,不得有龟裂、融化、脱落及锈蚀等现象,但对防护层脱落部分（除导电部分外）,可用涂漆方法防锈。端子板、线圈架应无影响电气性能、机械强度的破损及裂纹。

（3）线圈应安装牢固、无较大旷动,线圈封闭良好,无短路、断线及发霉等现象。线圈引出线及各部连接线须无断根、脱落、开焊、假焊及造成混线的可能。

（4）磁极应保持清洁平整,不得有铁屑或其他杂物。衔铁动作灵活,不得卡阻。

（5）接点须清洁平整,不得有严重的烧损。接点引接线应不影响接点动作,并无歪斜、碰混及脱落、腐蚀等现象。

（6）继电器的同类接点应同时接触或同时断开,其齐度误差：普通接点与普通接点间应不大于0.2 mm;加强接点与加强接点间应不大于0.1 mm。

（7）普通接点的接触电阻：银—银应不大于0.03 Ω;银—银氧化镉应不大于0.05 Ω;银—银碳应不大于0.3 Ω;银氧化镉—银氧化镉应不大于0.1 Ω。加强接点的接触电阻:银氧化镉—银氧化镉应不大于0.1 Ω。插座簧片与接点单元或电源片单元的接触电阻应不大于0.03 Ω。接点的接触电阻应采用低电阻测试仪或电流表—电压表法测量,电流表—电压表法测量方法即在接点及插座簧片上通以0.5 A电流,测量接点及插座簧片上的电压降,并用下列公式计算接触电阻：

$$R_{\mathrm{j}} = \frac{U}{I} - R_{\mathrm{i}}$$

式中 R_j——接触电阻值，Ω；

　　 R_l——引接线电阻值，Ω；

　　 I——电流值，A；

　　 U——电压值，V。

①测试接点的接触时，待测接点不加负载，继电器施加额定值，动作两次后再开始测量，共测三次，取其数据的最大值。

②测接点簧片与接点单元或电源片单元接触电阻时，将其先插拔五次后再开始测量，共测三次，取其数据的最大值。

（8）继电器的线圈电阻应单个测量，并将测量的电阻值按下式换算为+20 ℃时的数值。5 Ω 以上者，其误差不得超过±10%；5 Ω 及其以下者（用电桥或低电阻测试仪），其误差不得超过±5%。

$$R_{20} = \frac{U_t}{1 + \alpha(t - 20)}$$

式中 R_{20}——换算到+20 ℃时的电阻值，Ω；

　　 R_t——环境温度为 t 时测得的电阻值，Ω；

　　 t——测量时的环境温度，℃；

　　 α——在 0 ℃时被测线圈导体材料的电阻温度系数（铜为 0.004 1/℃）。

（9）在试验的标准大气条件下，继电器和插座的绝缘电阻应不小于 100 MΩ。

（10）电气特性指标是环境温度为+20 ℃的数值，在其他环境温度下，电压继电器的电气特性应按下式换算：

$$U_t = U_{20}[1 + \alpha(t - 20)]$$

式中 U_{20}——温度为+20 ℃时的电压值，V；

　　 U_t——环境温度为 t 时测得的电压值，V；

　　 t——测量时的环境温度，℃；

　　 α——在 0 ℃时被测线圈导体材料的电阻温度系数（铜为 0.004 1/℃）。

（11）超过电寿命规定次数的继电器，其机械、电气特性不满足技术指标要求，不能继续使用。

（12）继电器中使用的电子元件特性发生较大变化时应更换。

（13）银接点应位于动接点的中间，偏离中心时，接触处距动接点边缘不得小于 1 mm；银接点伸出动接点外不得小于 1.2 mm，如图 1-7 所示。

（14）接点插片须间隔均匀，伸出底座外不小于 8 mm。

（15）拉杆应处于衔铁槽口中心，衔铁运动过程中与拉杆均应保持不小于 0.5 mm 的间隙。

（16）偏极 L 形磁钢、有极 L 形磁钢及加强接点熄弧磁钢的剩余磁通量见表 1-4。

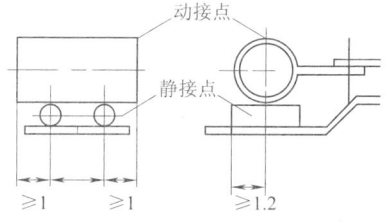

图 1-7 接点间距（单位：mm）

表 1-4 各继电器磁钢剩余磁通量

名　　称	剩余磁通量（Wb）
熄弧磁钢	$6.5 \times 10^{-6} \sim 8 \times 10^{-6}$
偏极 L 形磁钢、有极 L 形磁钢	$> 6 \times 10^{-5}$

（17）极性保持继电器与铁芯极面中心或拉杆中心相对应的衔铁上测量，其定位或反位的保持力应不小于 2 N（JYJXC-135/220 型、JYJXC-X135/220 型及 JYJXC-J3000 型不小于 4 N）。

4. 整流式继电器

在城市轨道交通信号系统中，有时用作记录或监督信号设备状态常采用整流式继电器。而整流式继电器的输入电源通常采用交流电源，只是在无极继电器输入电源端增加一个桥式整流电路，其电磁系统和接点结构与无极继电器基本相同，其结构如图 1-8 所示。

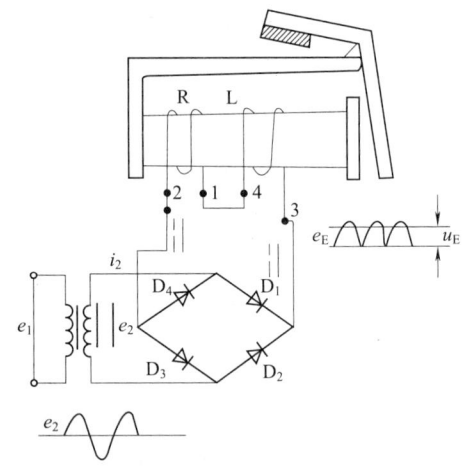

1）整流式继电器的动作原理及其特点

整流式继电器用于交流电路中。整流式继电器的电磁系统与无极继电器相同。只是磁路结构参数有所不同。整流式继电器通过内部的半波或全波整流电路将交流电变为直流电而动作。因这种继电器在电源输入端增设了一级桥式整流堆，故也称之为桥式整流继电器。从图 1-9 中可以看出，整流式继电器磁路工作原理与直流无极继电器相同，但由于交流电源通过整流后动作继电器，在线

图 1-8　JZXC 型整流式继电器结构示意图

圈上加上的实际是一种全波或半波的脉动直流，其直流输出电压（或电流）的平均值与交流输入电压的有效值之间存在一个整流系数的关系。对于全波整流电路，整流系数为 0.9，而半波整流电路的整流系数为 0.45，正是由于这种脉动的直流使磁路中的磁通也存在交变的成分，使电磁吸力产生脉动，引起继电器工作时发出响声，对继电器的正常工作带来不利影响。

2）整流式继电器的图形符号

整流式继电器线圈的图形符号为：$—\!\!\!\!\Diamond\!\!\!\!—$。JZXC-0.14 型整流式继电器插座编号示意如图 1-9 所示。

如图 1-10 是 JZXC-0.14 型继电器两线圈并联连接，有 4QH 接点组，接点组上方安装由 2CZ-1 型二极管组成的半波整流电路。

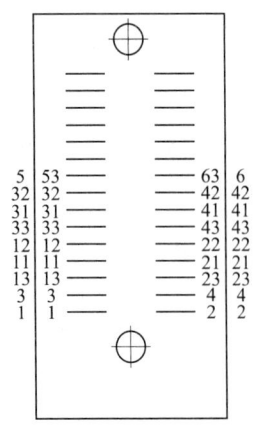

图 1-9　JZXC-0.14 型整流式继电器
插座编号示意图

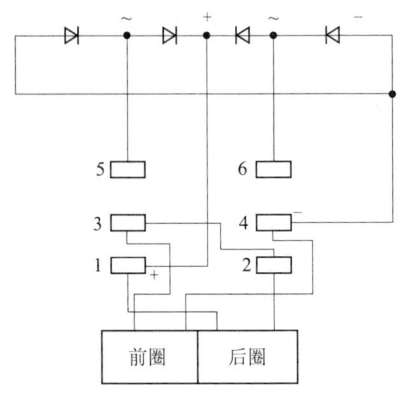

图 1-10　JZXC-0.14 型继电器线圈连接图

3) 整流继电器的规格及型号(表 1-5)

表 1-5　整流继电器的规格及型号

规格序号	继电器型号	鉴别销号码	接点组数	线圈连接	电源片连接方式		备 注
1							
2	JZXC-0.14	13,54	4QH	并联	1,3 2,4	5,6	—
3	JZXC-H156	22,53		串联	1,4	5,6	用于 LED 发光管为光源的信号灯电路
4	JZXC-H62						
5	JZXC-H18						
6	JZXC-H142	13,53					
7	JZXC-H138						
8	JZXC-H60						
9	JZXC-H0.14/0.14	22,53	2Q,4H	单独		1,2,3,4	—
10	JZXC-16/16				—	1,2	
11	JZXC-H18F	13,53	4QH			5,6	
12	JZXC-H18F1					1,2	代替 JJXC-15

4)整流继电器的机械特性(表 1-6)

表 1-6　整流继电器的机械特性

规格序号	继电器型号	接点间隙不小于(mm)	接点压力不小于(mN)		托片间隙不小于(mm)
			动合	动断	
1	JZXC-0.14	1.3	250	150	0.35
2	JZXC-H156				
3	JZXC-H62				
4	JZXC-H18				
5	JZXC-H142				
6	JZXC-H138				
7	JZXC-H60				
8	JZXC-H0.14/0.14	1.2			
9	JZXC-16/16				
10	JZXC-H18F	1.3			
11	JZXC-H18F1				

5) 整流继电器在环境温度为+20 ℃时的线圈参数、电气特性和时间特性(表1-7)

表 1-7　整流继电器线圈参数、电气特性和时间特性

规格序号	继电器型号	线圈电阻(Ω)	电气特性				时间特性
			额定值	充磁值	释放值不小于	工作值不大于	释放时间不小于(s)
1							—
2	JZXC-0.14	$\dfrac{0.28}{0.28}$	AC 2.1 A	AC 2.16 A	AC 0.4 A	AC 1.1 A	
3	JZXC-H156	78×2	AC 51 mA	AC 136 mA	AC 12 mA	AC 34 mA	AC 34 mA 时 0.1
4	JZXC-H62	31×2	继电器与 BX-30 变压器配合的稳定回路中,冷丝吸上 12 V/15 W 时,<AC 110 V;断丝落下 12 V/25 W 灯泡时,>AC 240 V				当电源 220 V 用 12 V/15 W 灯泡时,0.15
5	JZXC-H18	9×2	AC 150 mA	AC 400 mA	AC 40 mA	AC 100 mA	AC 100 mA 时,0.15
6	JZXC-H142	71×2	AC 50 mA	AC 180 mA	AC 23 mA	AC 45 mA	AC 50 mA 时,0.15
7	JZXC-H138	69×2					
8	JZXC-H60	30×2	AC 66 mA	AC 240 mA	AC 30 mA	AC 60 mA	AC 60 mA 时,0.15
9	JZXC-H0.14/0.14	$\dfrac{0.14}{0.14}$	AC 2.08 A	$\dfrac{AC\ 2.08\ A}{AC\ 2.08\ A}$	$\dfrac{AC\ 0.3\ A}{AC\ 0.3\ A}$	$\dfrac{AC\ 1.4\ A}{AC\ 1.4\ A}$	0.2
10	JZXC-16/16	$\dfrac{16}{16}$	AC 155 mA	AC 400 mA	AC 80 mA	AC 140 mA	—
11	JZXC-H18F	$\dfrac{480}{16}$	AC 155 mA	AC 400 mA	AC 40 mA	AC 140 mA	140 mA 时,0.15
12	JZXC-H18F1	$\dfrac{480}{16}$	AC 155 mA	AC 400 mA	AC 40 mA	AC 140 mA	140 mA 时,0.15

注:1. JZXC-0.14 型继电器测试时应串联 12 V、25 W 灯泡。
　　2. JZXC-H0.14/0.14 型继电器缓放时间的测试:外加 AC 220 V 电源,配合 BX-34 变压器,负载为 12 V/25 W 灯泡及灯丝转换继电器,灯泡断丝时测试缓放时间。

5. 有极继电器

1)有极继电器的结构

有极继电器的磁路结构与无极继电器基本相同,不同的只是用一块端部呈刃形的长条形永久磁钢代替无极继电器的部分轭铁。磁钢与轭铁间用螺钉联结。

永久磁钢的结构如图 1-11 所示。在与轭铁联结的部位有两个大于螺钉的圆孔,便于与轭铁安装时适当地调节磁钢的前后位置。磁钢上部的中间位置有一台面,以形成均匀的第二工作气隙。台面的中间有一凹槽,使拉杆下部不致与磁钢抵触而影响第二工作气隙的调整。

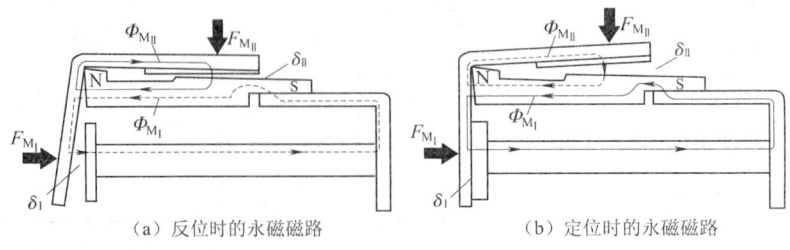

（a）反位时的永磁磁路　　　　　（b）定位时的永磁磁路

图 1-11　永磁磁路的结构图

有极继电器的角形衔铁的尾部加装两个青铜螺钉,用来调节第二工作气隙的大小。在铁芯部位没有加装止片。

典型的有极继电器有 JYJXC-135/220 和 JYJXC-J3000,其线圈引线与电源片的连接与无极继电器相同。

有极继电器衔铁位置的定位、反位规定为:衔铁与铁芯极靴之间的间隙最小时(即吸起状态)的位置规定为定位,此时闭合的接点叫做定位接点(符号为 D,相当于前接点);衔铁与铁芯极靴之间的间隙最大时(即打落状态)的位置规定为反位,此时闭合的接点叫做反位接点(符号为 F,相当于后接点)。

对于两线圈串联使用的有极继电器,如 JYXC-660、JYXC-270、JYJXC-J3000 型,电源片 1 接电源正极,4 接电源负极,为定位吸起,反之为反位打落。对于分线圈使用的有极继电器 JYJXC-135/220,则规定前圈的电源片 3 接电源正极,4 接电源负极时为定位吸起;而后圈的电源片 2 接电源正极,1 接电源负极时,为反位打落。

有极继电器的接点系统与无极继电器相同。改进型的有极继电器 JYJXC-135/220 和 JYJXC-J3000 的接点系统有较大改变:加强接点片加厚,取消接点托片,动接点片改为面接触以增大接触面积。JYJXC-J3000 还取消了普通前接点。

2)有极继电器的动作原理

有极继电器的状态即对电源极性有选择特性。

(1)永磁磁路

永磁磁路的结构如图 1-11 所示。有极继电器的磁路系统由永磁磁路与电磁磁路两部分组合而成,为不对称的并联磁路结构。永久磁钢的磁通分为 ϕ_{M_I} 和 $\phi_{M_{II}}$ 两条并联支路。ϕ_{M_I} 从 N 极出发,经衔铁、第一工作气隙 δ_I、铁芯、轭铁,到 S 极;$\phi_{M_{II}}$ 从 N 极出发,经衔铁上部、重锤片、第二工作气隙 δ_{II},到 S 极。这两条支路不对称,磁路的不平衡就形成有极继电器的正向转极值与反向转极值的较大差别。

当衔铁处于打落状态时(反位),由于 δ_I、δ_{II},因此 $\phi_{M_{II}}$、ϕ_{M_I}。由 $\phi_{M_{II}}$ 所产生的吸引力 $F_{M_{II}}$ 与衔铁重力、动接点预压力共同作用,克服了 ϕ_{M_I} 产生的吸引力 F_{M_I} 与后接点压力,使衔铁保持在稳定的打落位置。反之,当衔铁处于吸合状态(定位)时,由于 δ_I、δ_{II},因此 ϕ_{M_I}、$\phi_{M_{II}}$,ϕ_{M_I} 的吸引力 F_{M_I} 将克服 $\phi_{M_{II}}$ 产生的吸引力 $F_{M_{II}}$、衔铁重力及接点的反作用力,使衔铁处于稳定的吸合位置。

显然,有极继电器从一种稳定位置转变到另一种稳定的位置,只有依靠电磁力的作用。

(2)电磁磁路

有极继电器由定位转换到反位的过程如图 1-12 所示。电磁磁通 ϕ_D 经过的是一个无分支的磁路,即铁芯、轭铁、δ_{II}、重锤片、衔铁、δ_I、极靴。磁通的方向由线圈中的电流极性决定。对于电磁通来说,永久磁钢是一个很大的磁阻,如同气隙一般。当线圈通以如图 1-12 所示电流极性时,则铁芯中电磁通 ϕ_D 的方向与永磁磁路的方向相反,极靴处为 N 极,即在 δ_I 处 ϕ_D 与 ϕ_{M_I} 方向相反,磁通削弱,等于"$\phi_{M_I}-\phi_D$";在 δ_{II} 处 ϕ_D 与 $\phi_{M_{II}}$ 方向相同,磁通加强,等于"$\phi_{M_{II}}+\phi_D$",当 $\phi_{M_{II}}+\phi_D>\phi_{M_I}-\phi_D$ 时,$F_{MD_{II}}>F_{MD_I}$,在 $F_{MD_{II}}$、衔铁重力、接点作用力的共同作用下,衔铁返回到打落位置。

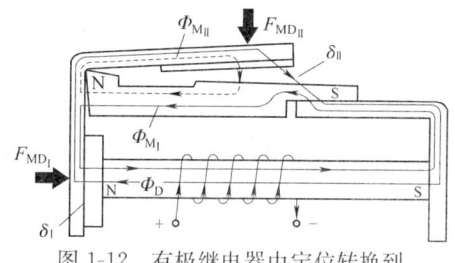

图 1-12　有极继电器由定位转换到反位的过程

有极继电器由反位转换到定位的过程中,线圈中通以与图 1-12 相反极性电流,产生电磁通 ϕ_D 的方向是极靴为 S 极。这时在 δ_I 处 ϕ_D 与 ϕ_{M_I} 方向一致,磁通是加强的,等于 $\phi_D + \phi_{M_I}$。而在 δ_{II} 处 ϕ_D 与 $\phi_{M_{II}}$ 方向相反,磁通是削弱的,等于 $\phi_{M_{II}} - \phi_D$,当 ϕ_D 增到足够大时,$\phi_{M_I} + \phi_D > \phi_{M_{II}} - \phi_D$,则综合吸力 $F_{MD_I} > F_{MD_{II}}$,F_{MD_I} 将克服 $F_{MD_{II}}$、衔铁重力及接点反作用力,使衔铁开始吸合。在衔铁吸合过程中,随着 δ_I 的不断减小、δ_{II} 的不断增大,$F_{MD_I} \gg F_{MD_{II}}$,衔铁便迅速运动到吸合位置。

3)有极继电器的特点

实际上,有极继电器的永磁磁路和电磁磁路处于同一磁路系统中,它们的对立与统一构成了有极继电器的特性。

当衔铁处于释放位置时通电,如线圈磁通与永磁磁铁相叠加时衔铁吸上,线圈断电后,继电器借助于永磁磁通将衔铁保持在此工作位置,如果线圈磁通与此磁通方向相反,磁通互相抵消则衔铁不能吸上,继电器仍保持在释放位置。

当衔铁处于工作状态,欲使衔铁打落,需使线圈磁通与永磁磁通方向相反,抵消永磁磁通并衔铁后部(拉杆处)与永磁间的磁力激增,再加接点弹力使衔铁返回释放位置。

4)有极继电器的图形符号

有极继电器的图形符号与接点图形符号、接点组配置好编号都与直流无极继电器有很大的不同,其继电器符号为:⊖—⊘ 、③⊘④ 。为了与无极继电器的接点组编号区别开来,有极继电器接点组的编号采用三位数字,在百位数的位置上加"1",见表 1-8。

表 1-8　有极继电器的图形符号

序号	符号		名称	说明
	标准图形	简化图形		
1	111 112	111 112	极性定位接点闭合	
2	111 112	111 112	极性定位接点断开	
3	113 111	113 111	极性反位接点闭合	
4	113 111	113 111	极性反位接点断开	
5	(1) 113 111 112　(2) 113 111 112	(1) 113 111 112　(2) 113 111 112	极性定/反位接点组	(1)定位接点闭合反位接点断开 (2)定位接点断开反位接点闭合

应用举例:有极继电器根据线圈中电流极性不同而具有定位和反位两种稳定状态,这两种稳定状态在线圈中电流消失后,仍能继续保持,故又称极性保持继电器。它的特点是磁系统中增加了永久磁钢。在线圈中通以规定极性的电流时,继电器吸起,断电后仍保持在吸起位置;通以反方向电流时,继电器打落,断电后保持在打落位置。

有极继电器有 JYXC-660、JYXC-270 和加强接点的 JYJXC-J3000 和 JYJXC-135/220 四种规格。

有极继电器的规格及型号见表 1-9。

表 1-9　有极继电器的规格及型号

序号	继电器名称	继电器型号	鉴别销号码	接点组数	线圈连接	电源片连接方式 连接	使用
1	有极继电器	JYXC-660	15、52	6DF	串联	2、3	1、4
2		JYXC-270	15、53	4DF			
3	有极加强接点继电器	JYJXC-135/220	15、54	2DF、2DFJ	单独	—	1、2 3、4
4		JYJXC-X135/220	12、23				
5		JYJXC-220/220	15、54				
6		JYJXC-3000	13、51	2F、2DFJ	串联	2、3	1、4
7		JYJXC-J3000					

有极继电器的机械特性见表 1-10。

表 1-10　有极继电器的机械特性

序号	继电器型号	接点间隙不小于(mm) 普通	加强	普通接点压力不小于(mN) 定位	反位	加强接点压力不小于(mN) 定位	反位	托片间隙(mm) 普通接点不小于	加强接点	备注
1	JYXC-660	1.3	—	250	250	—	—	—	—	定位或反位保持力不小于 2 N
2	JYXC-270									
3	JYJXC-220/220	4.5	7	150	150	400	400	0.35	0.1~0.3	
4	JYJXC-3000									
5	JYJXC-J3000			—						定位或反位保持力不小于 4 N
6	JYJXC-135/220			150		2 200	2 200		—	
7	JYJXC-X135/220			150						

有极继电器在环境温度为 +20 ℃时的线圈参数、电气特性见表 1-11。

表 1-11　有极继电器在环境温度为 +20 ℃时的线圈参数、电气特性表

规格序号	继电器型号	线圈电阻(Ω)	电气特性 额定值	充磁值	转极值
1	JYXC-660	330×2	24 V	60 V	10~15 V
2	JYXC-270	135×2	48 mA	120 mA	20~32 mA

规格序号	继电器型号	线圈电阻(Ω)	电气特性		
			额定值	充磁值	转极值
3	JYJXC-135/220	$\dfrac{135}{220}$	24 V	$\dfrac{64\ V}{64\ V}$	正向 10～16 V
4	JYJXC-X135/220	$\dfrac{135}{220}$		$\dfrac{64\ V}{64\ V}$	反向 10～16 V
5	JYJXC-J3000	1 500×2	80 V	160 V	正向 30～65 V
					反向 20～55 V
6	JYJXC-220/220	$\dfrac{220}{220}$	24 V	$\dfrac{64\ V}{64\ V}$	正向 10～16 V
					反向 10～16 V
7	JYJXC-3000	1 500×2	80 V	160 V	正向 25～58 V
					反向 25～58 V

注：1. JYJXC-3000 型继电器临界不转极电压应大于 120 V。

2. JYJXC-J3000 型继电器临界不转极电压应大于 160 V。

3. JYJXC-X135/220 型继电器是在 JYJXC-135/220 型的加强接点上罩一个专用的熄电弧装置。

6. 偏极继电器

偏极继电器是为了满足信号电路中鉴别电流极性的需要而设计的。它与无极继电器不同，衔铁的吸起与线圈中电流的极性有关，只有通过规定方向的电流时，衔铁才吸起，而电流方向相反时，衔铁不动作。但它又不同于有极继电器，只有一种稳态，即衔铁靠电磁力吸起后，断电就落下，落下是稳定状态。

1) 偏极继电器的结构

偏极继电器的磁系统与无极继电器基本相同，其外形如图 1-13 所示。但铁芯的极靴是方形的，在方极靴下方用两个螺钉固定永久磁钢，使衔铁处于极靴和永久磁钢之间，受永磁力的作用偏于落下位置。由于永磁力的存在，衔铁只安装一块重锤片，后接点的压力由永磁力和重锤片共同作用产生。

铁芯由电工纯铁制成，方形极靴是先冲压成型后再与铁芯焊成整体的。由于铁芯为方形极靴，衔铁也由半圆形改为方形，以增加受磁面积，降低气隙磁阻。永久磁钢由铝镍钴材料制成，其上部为 N 极，下部为 S 极。两线圈串联使用，接线方式同无极继电器。接点系统与无极继电器完全相同，具有 8QH 接点组。

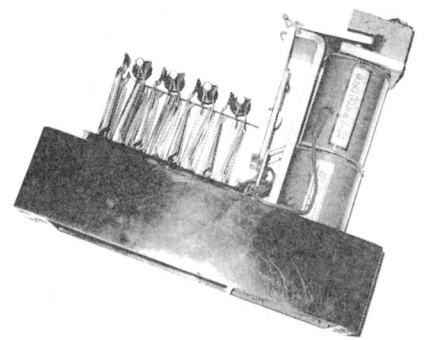

图 1-13 偏极继电器外形

2) 偏极继电器的工作原理

偏极继电器的磁路系统由永磁磁路与电磁磁路两部分组成。如图 1-14(a) 所示，当线圈断电时，永磁的磁通 Φ_M 从 N 极出发，经第三工作气隙 δ_{III} 进入衔铁后分为两条并联支路：一部分磁通 Φ_{M_1} 经第一工作气隙 δ_I 进入方形极靴，然后直接返回 S 极；另一部分磁通 Φ_{M_2} 穿过第二工作气隙 δ_{II} 进入轭铁，再经铁芯至方形极靴，返回 S 极。由于 $\delta_I > \delta_{II}$，所以 $\Phi_{M_2} > \Phi_{M_1}$，而 $\Phi_M = \Phi_{M_1} + \Phi_{M_2}$，故 $\Phi_M \gg \Phi_{M_1}$。这样，δ_{III} 处由 Φ_M 产生的永磁力 F_M 远大于 δ_I 处由 Φ_{M_1} 产生的永磁力，使衔铁处于稳定的落下位置。线圈通电后，铁芯中产生电磁通 Φ_D，若线圈中电流方向使电磁通在极靴处为 S 极，这时，在 δ_I 处 Φ_D 和 Φ_{M_1} 方向相同，总磁通为两者之和，相应的总电磁吸引力 F_{MD_1} 增大；在 δ_{II} 处，Φ_D 和 Φ_{M_2} 方向相反，总磁通为两者之差，相应的总电磁吸引力 F_{MD_2} 减小。

由于力臂相差较大，F_{MD_1} 的增大较 F_{MD_2} 的减小作用要大得多，因此，对衔铁的总吸引力 F_{MD} 增大。当 $F_{MD} > F_M$ 时，F_{MD} 克服 F_M 与接点的反作用力，使衔铁被吸合。

衔铁吸合后，磁路气隙发生变化，$\delta_{\mathrm{III}} \gg \delta_1$，永磁磁通在磁路中大大减小，$F_M$ 显著减小，这时只要有一定值的电流存在，衔铁即保持在吸起状态。

断开线圈电源时，衔铁重力和接点的反作用力使衔铁返回。在衔铁返回的过程中，δ_1 增大，δ_{III} 减小，永磁磁通 $\varPhi_M$ 迅速增加，加速衔铁的返回，直到衔铁被下止片阻挡为止。

当线圈通以反极性电流时，由于电磁通 $\varPhi_D$ 改变了方向，在 δ_1 处，$\varPhi_D$ 与 $\varPhi_{M_1}$ 相减。而在 δ_{II} 处 $\varPhi_D$ 与 $\varPhi_{M_2}$ 相加，总的电磁吸引力反而下降，因此衔铁不会吸合。从而具有鉴别电流极性的功能。

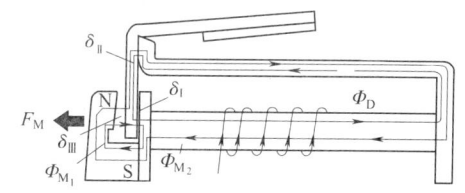

（a）断电时的永磁磁路

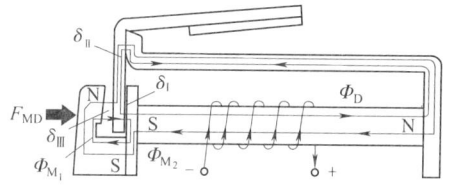

（b）衔铁吸合时的永磁及电磁磁路

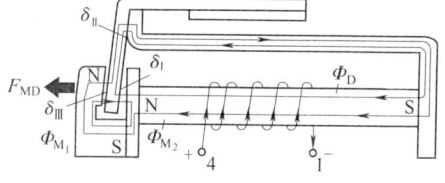

（c）通以反极性电源时的永磁及电磁磁路

图 1-14　偏极继电器磁路及工作原理

3）偏极继电器的特点

当线圈产生的磁场方向与永磁磁通方向相同时，衔铁处于释放位置如图 1-14（b）所示；如线圈产生的磁场方向相反时，衔铁与铁芯间气隙磁通增强，衔铁吸上，并保持在工作状态如图 1-14（a）所示。断电时衔铁借接点弹力返回，并由永磁磁铁保持在释放位置。与有极继电器动作上的区别在于偏极继电器断电后保持在释放位置，而有极继电器可保持于断电前的状态。然而，偏极继电器反极性不吸起是有条件的，如果不断增大反极性电流，使电磁通足以克服永磁的作用，即 $F_D - F_{M_1} > F_M$ 则衔铁可在反极性电流作用下吸合，这是不允许的。因此，在偏极继电器的电气特性上加上一条特殊的标准，即反向加 200 V 电压，衔铁不能吸起，以保证其工作的可靠性。在⊤形轭根上，∟形轭铁与轭根铆成一个整体。

4）偏极继电器的图形符号

偏极继电器的图形符号为：$\overset{4}{\bigcirc}\,^1$，其接点符号及其配置与无极继电器并无任何区别，这里不再赘述。

偏极继电器的规格及型号见表 1-12。

表 1-12　偏极继电器的规格及型号表

序号	继电器名称	继电器型号	鉴别销号码	接点组数	线圈连接	电源片连接方式	
						连接	使用
1	偏极继电器	JPXC-1000	14、51	8QH	串联	2、3	1、4
2		JPXC-400	14、52	4QH			

偏极继电器的机械特性应满足表 1-13 的要求。

表 1-13　偏极继电器的机械特性表

序号	继电器型号	接点间隙不小于(mm)	接点压力不小于(mN)		托片间隙不小于(mm)
			动合	动断	
1	JPXC-1000	1.3	250	150	0.35

偏极继电器在环境温度为＋20 ℃时的线圈参数、电气特性应符合表 1-14 的要求。

表 1-14　偏极继电器在环境温度为＋20 ℃时的线圈参数、电气特性表

序号	继电器型号	线圈电阻(Ω)	电气特性				时间特性
			额定值	充磁值	释放值不小于	工作值不大于	释放时间不小于(s)
1	JPXC-1000	500×2	24 V	64 V	4 V	16 V	—

注：1. JPXC-1000 型继电器反向不吸起电压应大于 200 V。

　　2. JPXC-400 型继电器反向不吸起电压应大于 120 V。

7. 安全型继电器的接点

1)安全型继电器的特点

因安全型继电器在故障情况下前接点闭合的概率远小于后接点闭合的概率。因此,在信号控制技术中常用前接点代表危险侧信息,用后接点代表安全侧信息。

为了达到"故障—安全"要求,安全型继电器在结构上有以下特点:

(1)前接点采用熔点高,不会因熔化而使前接点粘连的导电性能良好的材料。

(2)增加衔铁重量,采用"重力恒定"原理在线圈断电时强制将前接点断开。

(3)采用剩磁极小的铁磁材料构成磁路系统,并在衔铁与极靴之间设有一定厚度的非磁性止片,当衔铁吸起时仍有一定的气隙以防剩磁吸力将衔铁吸住。

(4)衔铁不致因机械故障而卡在吸起状态。

2)继电器接点参数

(1)接点材质:接点材质的基本要求是机械强度高、电导率和热导率高、耐腐蚀强、沸点较高、加工容易、价格适宜,可用银、银碳合金和银氧化镉。

(2)接点电阻:接点接触时两导体间的连接是接触表面间若干个接触过渡点的结合,因此它的电阻比同样形状、尺寸的整个导体要大得多,这种接触连接所形成的电阻叫做接触电阻。接点电阻由接触电阻及接点金属电阻两部分组成。由于接触电阻的存在,使通过接点的电流在接触过渡区产生功率损失,接点发热后增大了材料的电阻系数与减低了它的机械强度。由于发热与散热是同时进行而取得的平衡,所以接点通电后,能够产生一定温升,从而使接点电阻与机械强度保证在一定范围。总的要求应该是尽量减少接点电阻,以避免过高的接点温升与电压降。一般继电器对接点电阻均提出不允许超过的电阻值。

(3)接点压力:接触点之间的压力与材质,在很大程度上决定接点电阻的数值。当开始接触瞬间,接点压力加在为数不多的接触点上,因此这些接触点的表面被压平,使得两接触表面更加接近,这样就产生了一些新的接触点,总的接触电阻就会降低。当压力达到某一数值时,虽再增大压力,但也不能使接点电阻有明显减小。另一方面是接点间存在压力时,接点支撑件(接点弹片或其他,一般采用弹性元件)能产生弹性变形,避免因振动等因素造成接触分离,所以在接点系统中对接点压力均有明确规定的最低数值。

（4）接点齐度：同一继电器的所有接点用于电路中，从理论上要求同时接触，但在接点系统生产的过程中，从工艺上不可能做到没有一点误差，因而接点也就不可能完全同时接触。继电器各组接点间同时接触的误差称为接点齐度，要求继电器接点的齐度越小越好。

（5）接点间隙：在动接点与静接点开始分离的瞬间，接点间产生很高的电场，在接点间隙中的自由电子在此电场力的作用下高速度从阴极向阳极移动，这样就产生了接点间的电弧。另外，这些电子与气体中的自由电子的撞击产生气体电离，进一步使电弧点燃。电弧的产生使接点迅速氧化与点燃，当拉长电弧距离时，可使消除电离作用迅速增长，从而使电弧熄灭。除此之外，接点间隙小，雷电效应亦可能使接点间产生放电现象，故在接点间要求有足够大的间隙。

（6）接点滑程：接点表面的腐蚀、氧化和灰尘等对接触电阻有很大影响，为了保证接点的可靠工作，当接点开始接触后，要求接点相互之间有一定程度的位移，此种位移距离叫做接点滑程。

此外，安全型继电器的特性还包括机械特性、电气特性和时间特性。这些特性用来表征继电器的性能，是使用和检修继电器的重要依据。

3）接点配置

一个继电器的各组接点彼此是绝缘的，并且都是由一个衔铁带动，协调工作。当衔铁吸起时，各组中间接点便同时与后接点断开，与前接点接通；当衔铁落下后，各组中间接点便同时与前接点断开，与后接点接通。

继电器前后线圈连接如图 1-15 所示。最下面编号为 1、2、3、4 为电源接点，分别为图 1-15 中前线圈的 3、4 端子和后线圈的 1、2 端子。在电路中将无极继电器的图形符号表示为如图 1-16 所示。当继电器线圈分开使用时，将 1、2 电源端子和 3、4 电源端子分别接入各自的电路如图 1-16（b）所示。当继电器线圈串联使用时，将如图 1-16（a）所示，虽然在图中看不到 2、3 端子的标示，但在实际配线过程中应将 AJ 的 2、3 电源端子连接起来，而将 1、4 电源端子接入电路。

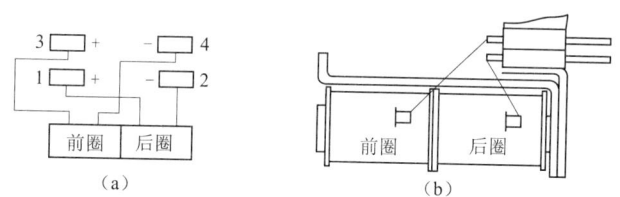

图 1-15　继电器前后线圈连接示意图

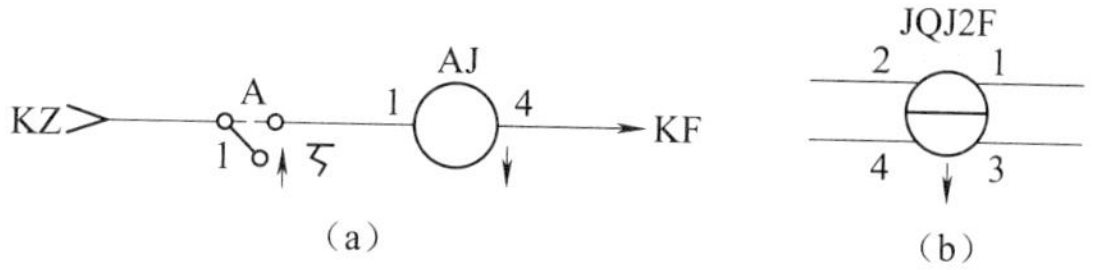

图 1-16　继电器线圈串联使用时的电路绘制方法

如图 1-18 所示，是继电器插座示意图，接点配置方法左排接点组自下而上编为 1、3、5、7 组接点，右排接点自下而上编号为 2、4、6、8 组接点。如图 1-17 所示，结合图 1-18，若该组接点是第 1 组接点的中间接点则编号为 11，前接点编号为 12，后接点编号为 13。其中，中间接点个位编号为 1，前接点个位编号为 2，后接点个位编号为 3，接点的组序编号写在十位数上。

图 1-17　接点编号规则示意图

鉴别销主要用来防止不同类型的继电器在使用过程中相互插错,不同类型继电器的区分由鉴别孔与继电器插座上的鉴别销互相配合实现的。鉴别孔由两位十进制代码构成,如图 1-18 所示。自左向右,十位数代表鉴别孔所在的列,个位数代表鉴别孔所在的行,其鉴别销号码与线圈连接方式见表 1-15。

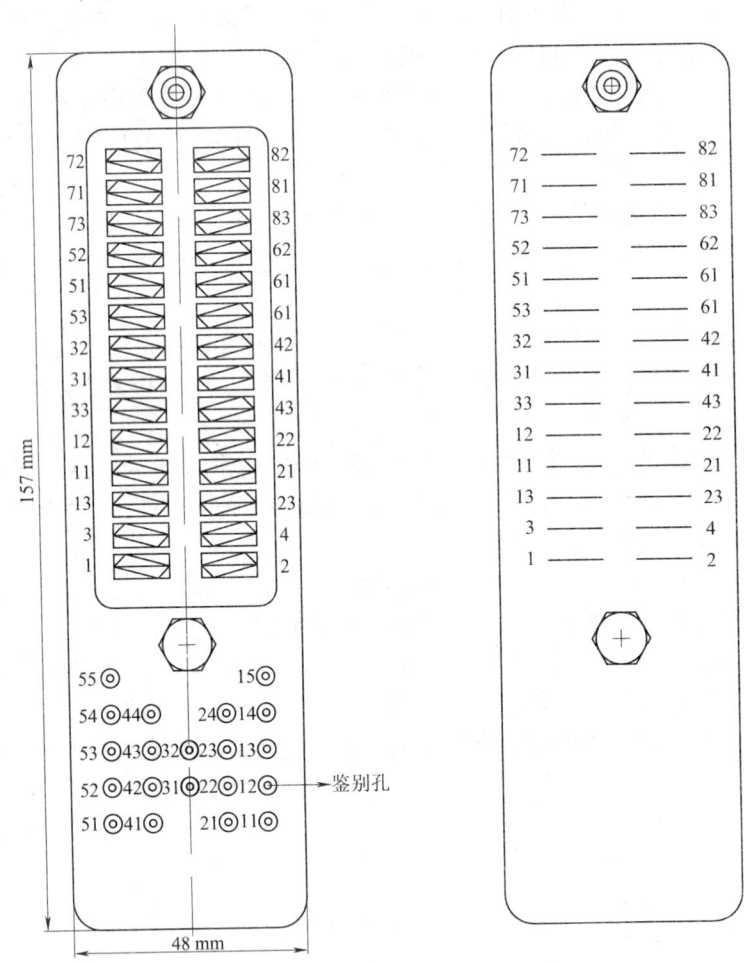

图 1-18　鉴别销代码示意图

表 1-15　继电器接点组数、电源片使用及鉴别销代码使用规则

规格序号	继电器名称	继电器型号	鉴别销号码	接点组数	线圈连接	电源片连接方式	
						连接	使用
1	无极继电器	JWXC-1000	11,52	8QH	串联	2,3	1,4
2		JWXC-7	11,55				
3		JWXC-1700	11,51				
4		JWXC-2.3	11,54	4QH			
5		JWXC-2000	12,55	2QH			
6		JWXC-370/480	22,52	2QH,2Q	单独	—	1,2 3,4

规格序号	继电器名称	继电器型号	鉴别销号码	接点组数	线圈连接	电源片连接方式	
						连接	使用
7	无极加强接点继电器	JWJXC-160	11,52	2QHJ	串联	2,3	1,4
8		JWJXC-135/135	31,53	2QH,4QJ 2H			1,2 3,4
9		JWJXC-300/370	22,52	4QHJ	单独	—	
10	无极缓动继电器	JWXC-H310	23,54	8QH			1,4
11		JWXC-H850	11,52	4QH			
12	无极缓放继电器	JWXC-H340	12,52	8QH	串联	2,3	1,4
13		JWXC-H600	12,51				
14		JWXC-H1200	14,42				
15		JWXC-500/H300	12,53				
16	无极加强接点缓放继电器	JWJXC-H125/0.44	15,55	2QH 2QJ 2H	单独	—	1,2 3,4
17		JWJXC-H125/0.13	15,43				
18		JWJXC-H125/80	31,52				
19		JWJXC-H80/0.06	12,22				
20		JWJXC-H120/0.17	15,55				

4)继电器接点火花及防范措施

继电器是自动控制设备中一种最基础的元件,它的接点是继电器的执行机构,用来实现接通或切断电路的目的,在实际应用中,大部分故障多发生在接点系统。因此,自动控制设备工作的可靠性,在很大程度上取决于接点系统工作的可靠性。为了保证继电器在各种自动控制设备中能可靠工作,必须对接点系统要有一定的要求,一般来说,大致可概括为以下几点:

(1)接点闭合时,接触可靠,接触电阻小而稳定。

(2)接点断开时,要可靠分开,即有一定间隙,接点电阻为无穷大。

(3)接点在闭合和断开过程中,不能产生颤动。

(4)不发生熔接。

(5)耐各种腐蚀。

(6)电导率与热导率要高。

为了提高接点的使用寿命,应设法避免接点间产生火花。产生火花的原因,是接点控制电路中有电感元件,电感元件中储存着磁场能量,当接点断开时往往以高电压击穿空气隙,将这些能量出现在接点之间,形成火花放电(但此时,因电流未达到电弧临界电流 I_0,不会产生电弧)。要消灭接点火花,必须采取措施将这部分磁场能量消耗掉,不使它出现在接点上,使接点间的电压低于击穿空气的电压,那么接点间的火花即可消灭。具体方法一般采用灭火花电路,总的原理是利用灭火花电路沟通电感负载所产生的感应电流回路,以降低自感电势,并把磁场能量消耗在回路中的电阻上,这样接点间的电压就可能降低到不能击穿空气隙,避免接点火花的出现。

灭火花电路如图 1-19 所示,分别为灭火花电阻与电路电感元件并联、灭火花二极管与电路电感元件并联、灭火花电阻电容与电路电感元件并联、灭火花电阻与接点并联、灭火花电阻电容与接点并联。灭火花电阻电容与接点并联是最常用的方法,在接点断开瞬间,电感负载所产生的感应电流流经并联在接点上的电容和电阻串联电路,使接点上的电压降至击穿空气隙电压之下,而避免发生火花。此时,磁场能量消耗在回路电阻上。

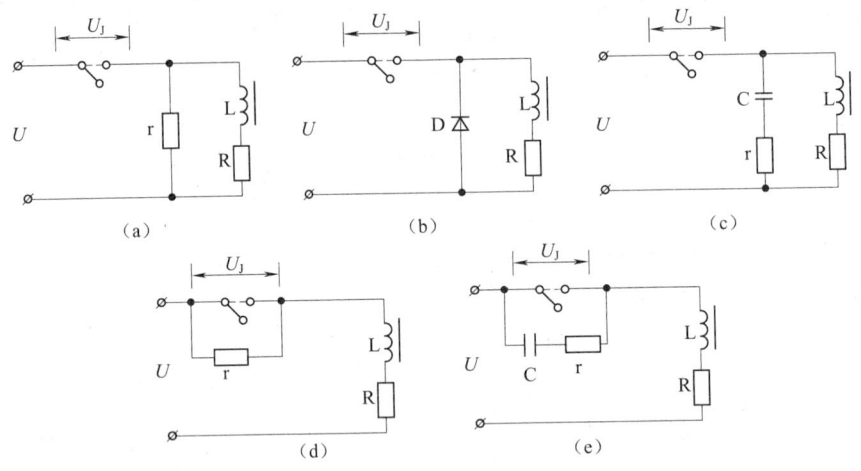

图 1-19 灭火花电路

5)继电器接点电弧及熄灭方法

当电路中的电流较大(大于产生电弧的临界电流 I_0)时,接点断开过程中,由于在强大电场作用下从负极发出的电子具有足够大的能量使气体离子发生强烈游离,就在接点间产生电弧。电弧温度很高,会引起接点材料的蒸发与喷溅,更增加了接点的电腐蚀,同时还引起接点表面的氧化。因此,必须设法熄灭接点电弧。

电弧在接点间燃烧时,对电路来说具有一定的电阻值,使电路继续保持接通状态。要使电弧自行熄灭,就必须使电流值的增长率小于零,电流逐渐减小至零。要保证这一点,有两种方法:限制电路功率和增大接点间隙距离。限制电路功率,可使电流值达不到临界电流,但不是任何情况下都能采用的。单纯增大接点间距离熄弧效果有限。但在接点组数有多余的情况下,可采用几组接点串联的方法。串联几组接点,增大了接点间距离,提高了电弧临界电压,熄弧效果也较好。

最常用的则是磁吹弧,这种方法是利用磁场的电磁力把电弧拉长,起到增大接点间距离的作用。使电弧拉长到加在接点间的电压不足以维持电弧燃烧所需的电压而自行熄灭。

磁吹弧法是在接点上加装一块永久磁钢,永磁磁通经过接点间的气隙构成磁回路。接点断开时在接点之间产生电弧,实际上就是电子和离子在接点间的移动。当接点间产生电弧时,电子和离子上就要受到永磁的电磁力,使电弧吹得向外拉长,最后使电弧自行熄灭,其示意图如图 1-20 所示。

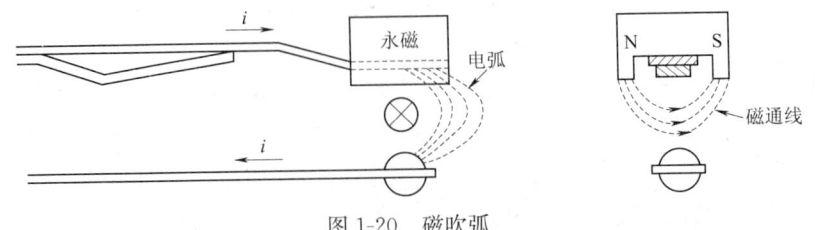

图 1-20 磁吹弧

磁吹弧的方向根据左手定则确定,如图 1-21 所示。此时要求通过接点电流的方向,应符合使接点间电弧向外吹的原则。否则,向内吹弧,非但不会熄灭电弧,还会造成接点的损伤。因此,加强接点上用磁吹弧的继电器,如 JWJXC-480、JWJXC-H$\frac{135}{0.44}$、JWJXC-H$\frac{135}{0.13}$、JYJXC-$\frac{220}{135}$ 等都规定了接点的正负极性,使用中要注意磁吹弧的方向。这样,接点电流产生的磁场方向与磁钢的磁场方向一致,还保证不会产生对磁钢的去磁作用。

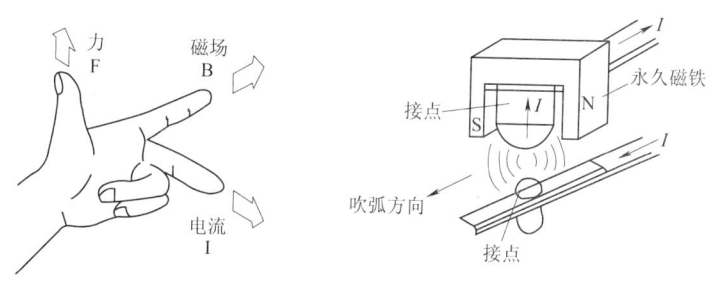

图 1-21 吹弧方向

用永久磁钢作磁吹弧有许多优点:可节省铜线和绝缘材料,灭弧系统结构简单;灭弧功能稳定;没有电能消耗;可使接点开距缩小。

加强接点继电器是为控制功率较大的信号电路而设计的。

加强接点的熄弧磁钢应在熄弧器夹上安装牢固,其极性的安装应符合图 1-22 的要求(箭头方向为电路中的电流方向)。

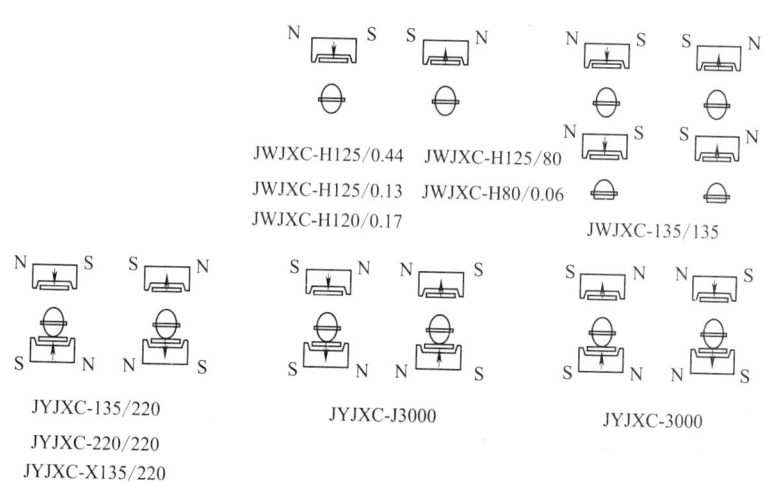

图 1-22 熄弧器的极性

由于接点系统结构的改变,引起磁系统的结构参数有较大变化。加强接点继电器的线圈与电源片连接方式与同类型非加强接点继电器不同。

无极加强继电器结构示意图如图 1-23 所示。无极加强接点继电器接点系统的普通接点与无极继电器相同。加强接点组由加强动接点单元和带磁吹弧器的加强接点单元组成。为了防止接点组间的飞弧短路,在两组加强接点间安装既耐高温又具有良好绝缘性能的云母隔弧片。隔弧片铆在拉杆上。为保证加强接点的安装空间,增加了空白单元。说明只有带熄弧器的加强后接点才有。无极加强继电器插座及其编号如图 1-24 所示。

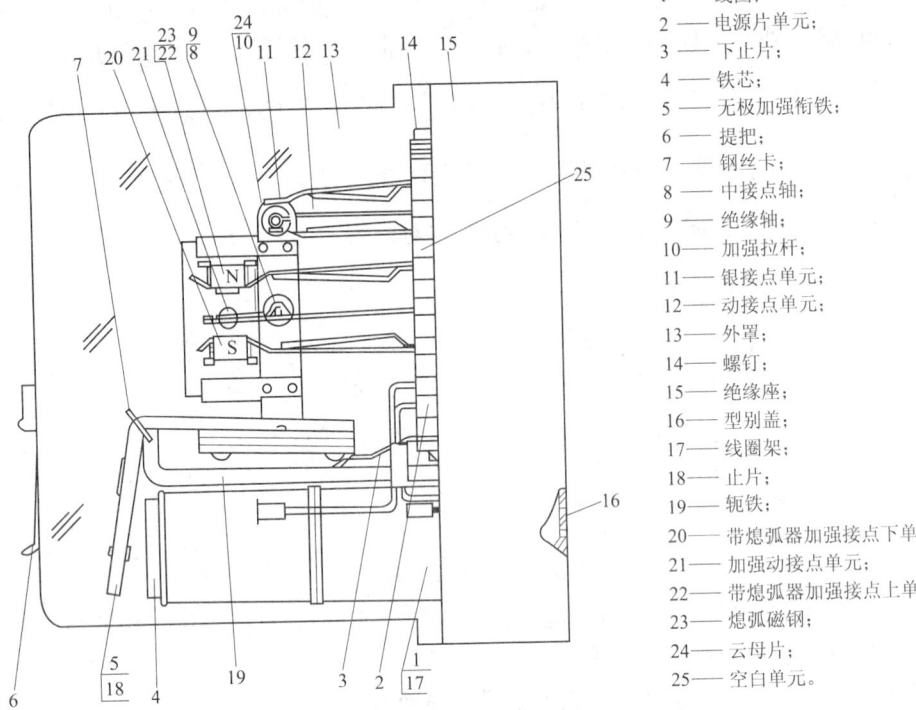

1 —— 线圈；
2 —— 电源片单元；
3 —— 下止片；
4 —— 铁芯；
5 —— 无极加强衔铁；
6 —— 提把；
7 —— 钢丝卡；
8 —— 中接点轴；
9 —— 绝缘轴；
10—— 加强拉杆；
11—— 银接点单元；
12—— 动接点单元；
13—— 外罩；
14—— 螺钉；
15—— 绝缘座；
16—— 型别盖；
17—— 线圈架；
18—— 止片；
19—— 轭铁；
20—— 带熄弧器加强接点下单元；
21—— 加强动接点单元；
22—— 带熄弧器加强接点上单元；
23—— 熄弧磁钢；
24—— 云母片；
25—— 空白单元。

图 1-23 无极加强继电器结构示意图

由锡磷青铜片冲压成型的加强动接点片头部,铆有由银氧化镉制成的动接点。而加强静接点片头部,同样铆接银氧化镉接点,在接点的同一位置点焊了安装磁钢的熄弧器夹。熄弧磁钢由铝镍钴合金或铁镍铝合金制成。

6)安全型继电器的机械特性和牵引特性

从继电器的基本工作原理可以知道,对于一个继电器只有加入一定数量的磁势(也叫安匝)才能产生一定大小的吸力,去克服重锤片,拉杆、弹片等对衔铁的反作用力,使衔铁吸向铁芯。这说明对于一个继电器的安匝数,电磁吸力(作用力)和机械力(反作用力)这三者的关系是继电器工作的最基本量。为了更好地使用、维修安全型继电器,需要了解这三者的内在关系。要想知道用多少安匝所产生的电磁吸力才能克服机械力使衔铁动作,必须首先了解机械力在衔铁动作过程中力的变化。我们称继电器衔铁动作过程中力的变化为继电器的机械特性。

(1)无极继电器的机械特性

衔铁在运动过程中所受到的机械负载力是变化的。衔铁必须克服接点在闭合过程中每一位置的机械力(反作用力),该过程的各点机械力与气隙的关系曲线即 $F_j = f(\delta)$ 称为继电器的机械特性曲线。

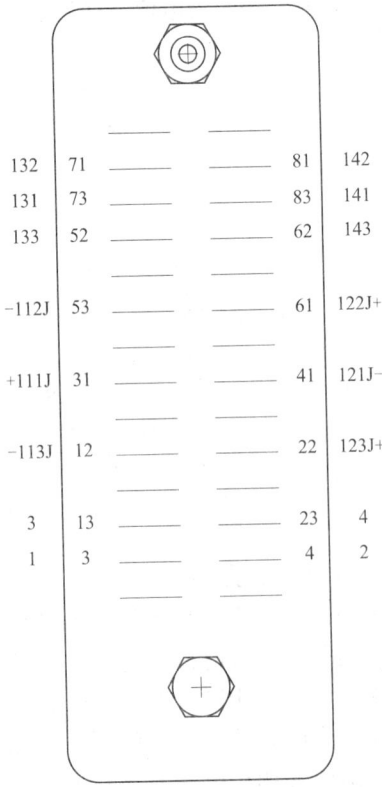

图 1-24 无极加强继电器插座及其编号

经过力的计算和实践证明,它是一条由一系列直线段所组成的折线,如图 1-25 所示。

图中纵轴表示衔铁运动时克服的机械力 F_j,横轴表示衔铁与铁芯磁板间的气隙 δ,横轴上线段 oa 代表整个气隙 δ_a 值,线段 of 代表止片厚度,fa 线段代表衔铁的动程值。

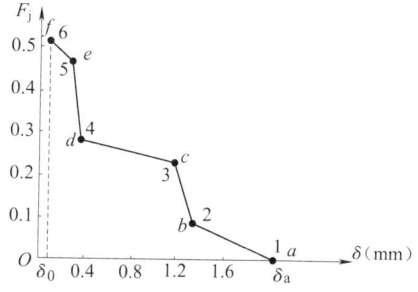

图 1-25　机械特性曲线

继电器衔铁在释放状态,气隙 δ 最大,这时在衔铁重锤片的重力和动接点的预压力(动接点片预先向下弯曲变形所产生的弹力)作用下,使动接点(中接点)与后接点之间保持一定的压力,以保证接触良好,这时重锤片的重力及动接点的预压力的总和与后接点片的预压力相互抵消达到了平衡,使衔铁上的重锤片悬在空间,不与下止片相碰(一般重锤片与下止片应有 0.3～1 mm 间隙),这时换算到对准铁芯磁极中心处衔铁上的机械力 F_j 为零,在机械特性曲线上用 a 点来表示。δ_a 即为最大气隙,因此止片厚度所占气隙为 δ_0,所以衔铁的动程为 $\delta_a - \delta_0$,用线段 $f_1 a$ 表示。下面来讨论一下在衔铁整个运动过程中机械力 F_j 的变化:

无极继电器的机械特性曲线包括五个工作过程,六个转折点。五个工作过程是:

①a～b 段。当衔铁开始运动,工作气隙从 δ_a 逐渐减小时,后接点片的挠度随着逐渐减小,使后接点与动接点之间的压力随之减小,同时动接点片的挠度逐渐增大,因此,随着气隙 δ 的减小机械力 F_j 逐渐增大,如线段 ab 所示。此线段的陡度由后接点片和动接点片的弹性形变来决定。

②b～c 段。当动接点与后接点刚分离时,动接点突然失去了后接点对它的作用力,使机械力突然增大,其值决定于衔铁重锤片的重量,再加上动接点预先弯曲变形所产生的弹性力(预压力)之和。

③c～d 段。从动接点离开后接点后,衔铁继续运动,使动接点片逐渐向上弯曲,由于动接点片挠度加大,使动接点片对衔铁的压力呈直线(cd 线段)逐渐上升,上升的陡度由动接点片的弹性变形来决定。

④d～e 段。当动接点与前接点接触并使前接点片刚离开上托片时,动接点上突然增加了前接点的预压力,致使机械力突然加大,其值决定于动接点片弯曲挠度产生的弹力及前接点预压力之和。

⑤e～f 段。为了使动接点与前接点接触良好,就必须要求它们之间有一定的接触压力,所以衔铁仍需继续运动,使前接点在动接点的作用下,与动接点片一起向上弯曲直到衔铁运动完毕。在这一过程中,由于两者共同弹性变形,弹性力增大,所以机械力较快地呈直线上升。

由上述可知,继电器的机械特性曲线实际上是一条折线,这一条折线表示了衔铁运动在不同位置时的机械反作用力 F_j。折线上 c 和 e 两个折点向上突出显著,它们反映了衔铁运动在这两个位置时的机械反作用力变化最大。如果继电器的电磁吸力,在这两个位置上都能克服机械反作用力,则该继电器就能正常工作。所以继电器机械特性曲线上的两个折点 c 和 e 中任一个点,一般都作为确定电磁吸力(牵引力)所需要安匝的依据,这个点称为临界点。图 1-25 中六个点代表接点动作过程中的不同位置:

①后接点在工作位置 a。

②后接点与托片接触瞬间 b。

③动接点与后接点分离瞬间 c。

④动接点与前接点接触瞬间 d。

⑤前接点离开托片瞬间 e。

⑥前接点在工作位置 f。

由图 1-25 机械特性曲线可以看出，从后接点在工作位置 d 至动接点分离瞬间 c，这期间衔铁所克服的机械力是工作位置的后接点压力所需要的。从动接点与前接点接触瞬间 d 到前接点工作位置 f，这期间衔铁所克服的机械力是构成前接点的接点压力所需要的。构成接点压力的机械力都是由重力元件（拉杆、重锤片、绝缘轴等）的重量和接点弹片的弹力所产生的。接点压力是接点在工作过程中不可缺少的，因为接点压力大时接点接触电阻和接点所消耗的压降才能小。根据技术条件要求，安全型继电器的后接点压力不小于 0.196 N，前接点的压力不小于 0.291 N。

从图中还可以看出，从后接点工作位置 a 至动接点与前接点接触瞬间 d，这中间动接点走过的距离正是后接点处于工作位置时的动、前接点间的间隙，从动接点与后接点分离间隙 c 至前接点在工作位置 f，这期间动接点走过的距离正是动、后接点的间隙。为了能很好地完成开关作用，当接点断开电路时，要可靠地切断被控制电路，要求有一定的接点间隙，根据技术条件规定，安全型无极继电器的接点间隙不得少于 1.3 mm。

对于接点组为 4 组前后接点、6 组前后接点或 8 组前后接点的继电器，在磁路结构上相应增加一片、两片或三片重锤片，在接点组结构上相应增加中接点轴、磁轴等的重量及接点弹力，故总负载相当于两组前后接点的两倍、三倍或四倍。

（2）无极继电器的牵引特性

当直流无极继电器线圈上加直流电压后，在铁芯中就产生磁通 Φ，磁通经过铁芯磁极与衔铁间的工作气隙 δ 时，对衔铁产生电磁吸力，这种吸力称为牵引力 F_D。当 F_D 大到足以克服机械力 F_j 时，衔铁吸起，使后接点分离，前接点闭合。继电器的机械力是随着气隙 δ 的减少按折线关系增大的，要使继电器可靠地吸起，需用多大的牵引力来克服这种变化的机械力呢？要解决这个问题，先得了解与牵引力有关的一些因素。在给定的直流无极继电器结构的情况下，牵引力与所加电压和气隙 δ 大小有关，当额定电压一定时，牵引力是随工作气隙 δ 的变化而变化的，这种牵引力 F_D 随气隙 δ 而变化，关系为 $F_D=f(\delta)$，称为牵引特性。下面再来讨论一下，以 AX 型直流无极继电器磁路结构为例的牵引特性。

AX 型无极继电器的磁路结构，如图 1-4 所示，它的磁系统为无分支磁路。

①无极磁路的计算

无分支磁路可看作导磁体与气隙磁阻的串联磁路，它的等效磁路的工作磁通 Φ 与磁势 IW 的关系由下式决定：

$$\Phi = \frac{IW}{R_M + R_\delta} \tag{1-1}$$

式中 R_M——导磁体中的磁阻；

        R_δ——气隙磁阻。

其中磁阻的计算公式如下：

$$R_M = \frac{L_M}{\mu S_M} \tag{1-2}$$

$$R_\delta = \frac{\delta}{\mu_0 S_\delta} \tag{1-3}$$

式中　L_M——磁体的等效长度,m;

　　　S_M——磁体的截面积,m^2;

　　　S_δ——气隙的等效面积,m^2;

　　　δ——气隙长度,m;

　　　μ_0——真空磁导率(取 $\mu_0 = 4\pi \times 10^{-7}$ H/m);

　　　μ——导磁体的磁导率。

由式(1-2)和式(1-3)可知,磁阻和磁路的长度成正比,与磁路的截面积和磁导率成反比,当衔铁处于释放位置时,气隙 δ 较大,而铁芯的磁导率 μ 比 μ_0 大几千倍以上,所以 $R_M \ll R_\delta$ 可以忽略,并将式(1-3)代入式(1-1)中,得

$$\Phi \approx \frac{IW\mu_0 S_\delta}{\delta} \tag{1-4}$$

继电器的牵引力 F_D 可有下列公式求出:

$$F_D = \left(\frac{\Phi}{5\ 000}\right)^2 \cdot \frac{1}{S_\delta} \quad (N) \tag{1-5}$$

式中　Φ——主磁通,Wb;

将式(1-4)代入式(1-5)得

$$F_D = \left(\frac{\mu_0}{5\ 000}\right)^2 S_\delta \cdot \frac{(IW)^2}{\delta^2}$$

$$= 6.3 \times 10^{-2} S_\delta \frac{(IW)^2}{\delta^2} \quad (N) \tag{1-6}$$

如当继电器的安匝一定时

$$F_D = K \cdot \frac{1}{\delta^2} \tag{1-7}$$

式中,$K = 6.3 \times 10^{-2} S_\delta (IW)^2$ 为一常数。

由式(1-7)可知,当继电器的安匝一定时,牵引力 F_D 只随气隙 δ 的变化而变化,由于 F_D 与 δ 的平方成反比,因此,随着工作空隙 δ 的减小,牵引力 F_D 就急剧增大,它们的关系 $F_D = f(\delta)$ 曲线如图 1-26 所示。从式(1-7)中还可以看出,当继电器的安匝 IW 不同时,相同的 δ 值牵引力 F_D 也不同,安匝 IW 大,牵引力 F_D 也大。因此,不同的安匝 IW 值,牵引力 F_D 与工作气隙 δ 的关系曲线 $F_D = f(\delta)$ 也不同,IW 大曲线 $F_D = f(\delta)$ 就高,形成了一组曲线族,如图 1-26 所示。

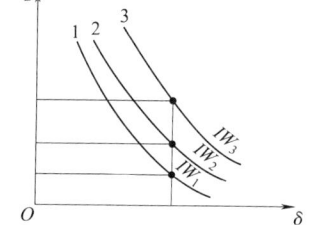

图 1-26　牵引特性曲线族

每条曲线随气隙的变化都有相同的规律,即随着气隙的变小,F_D 显著增大。

AX 型直流无极继电器根据磁路计算(由安匝求磁通。然后再求牵引力)和实验可得出牵引曲线。

②工作安匝和释放安匝的确定

知道了继电器的机械特性曲线后,应具有的电磁力就可以确定了,那么为了能吸引衔铁的安匝也就是工作安匝如何确定? 保证释放衔铁的安匝,也就是释放安匝如何确定? 从《电工基础》知道,根据磁路定律,磁路的磁势 IW 等于磁路的磁压降,故:

$$IW = H \cdot l = \phi \cdot R_{\mathrm{m}} \cdot 10^{-8} = \frac{\Phi}{G_{\mathrm{m}}} \cdot 10^{-8} \tag{1-8}$$

式中　Φ——磁通，Wb；

　　H——磁场强度 $H = \dfrac{IW}{l}$，即为沿磁路每单位长度的磁势，A/m；

　　L——磁路的长度，m；

　　10^{-8}——单位换算加进去的常数；

　　R_{m}——磁路的磁阻（1/H），其倒数为磁导 $G_{\mathrm{m}} = \dfrac{1}{R_{\mathrm{m}}}$　（H）。

安全型继电器磁路的磁势可以这样来确定：

$$IW = Hl_1 + Hl_2 + Hl_3 + \frac{\Phi}{G_{\delta_1}} \cdot 10^{-8} + \frac{\Phi}{G_{\delta_2}} \cdot 10^{-8} \tag{1-9}$$

式中的 Φ 可由麦克斯韦公式求得：

$$F = \left(\frac{\Phi}{5\,000} \right)^2 \cdot \frac{1}{S} \quad (\mathrm{N}) \tag{1-10}$$

因为上式中 F 为电磁吸力，从机械性曲线可知，也就是确定工作安匝时 F 应大于点 c 或点 e 位置的机械力，求释放安匝时 F 应小于点 f 的机械力。式(1-10)中的 S 为磁极表面的总面积，可按继电器铁芯极掌面积的轭铁突出角的接触面积相加来求得，以 m^2 作为单位，Φ 以 Wb 作为单位。

通过气隙的磁通 Φ 确定后若不考虑漏磁的因素，那么根据铁芯的面积 S_1，轭铁的截面积 S_2，衔铁的截面积 S_3 求出相应的磁感应强度 B_1、B_2、B_3（因为 $B = \dfrac{\Phi}{S}$），有了 B_1、B_2、B_3 后，再根据铁磁材料的磁特性曲线 $B \sim H$ 关系曲线求出相应的 H_1、H_2、H_3。因此式(1-9)中的前三项可求得。

式(1-9)中后两项的 G_{δ_1} 为第一工作气隙磁导，G_{δ_2} 为第二工作气隙磁导，气隙的磁导主要同形成气隙的磁导体的几何形状和它们之间相对应位置有关。可以按下式决定：

$$G_{\delta_2} = \mu_0 \frac{a_2 b_2}{\delta_2} \tag{1-11}$$

式中　a_2、b_2——轭铁突出角的接触面积，m^2；

　　μ_0——空气导磁系数为，1.25×10^{-6} H/m；

　　δ_2——求工作安匝时，机械特性曲线 c 点位置时的衔铁与轭铁间距；若求释放安匝时，机械曲线 f 点位置时的衔铁与轭铁间距，m。

$$G_{\delta_1} = \mu_0 \frac{\pi (D + \delta_1)^2}{\delta_1 \cdot 4} \tag{1-12}$$

式中　D——极掌的直径，m；

　　δ_1——第一气隙间距，m。若求工作安匝时，δ_1 则相对应机械特性曲线 c 点位置时的气隙间距；若求释放安匝时，δ_1 则相对应机械特性曲线上 f 点位置时的气隙间距，也就是止片厚度。

为了求出工作安匝和释放安匝而列出的式(1-8)～式(1-12)称为磁路计算公式。

安全型直流无极继电器的工作安匝和释放安匝的确定，基本上是按上述思路进行的，不过在实际设计继电器时还应考虑漏磁、非工作气隙等因素。总而言之，知道了继电器的机械特性后，可以根据磁路计算来确定继电器的工作安匝和释放安匝。8 组前后接点的安全型无极继电器的工作安匝应大于 200 安匝,释放安匝应小于 95 安匝,这是当止片厚度为 0.4 mm 情况下得到的。止片厚度愈厚气隙也大,因此相应的磁阻大,需要的磁势(安匝)也大。

　　③牵引特性与机械特性的配合

　　当继电器的结构确定之后,它的机械特性曲线与牵引特性曲线就可以根据上述方法求得,然后把上述曲线用相同的比例尺寸绘在同一个坐标上,使牵引特性与机械特性曲线合理地配合。

　　如图 1-27 所示就是用相同比例尺绘在同一坐标上的无极继电器牵引特性曲线和机械特性曲线。很明显为了继电器衔铁能吸起,使前接点闭合后接点分离,必须要求继电器衔铁在整个运动过程中,牵引力处处大于或等于机械力,也就是说,牵引特性曲线必须在机械特性曲线之上,至少也要与机械特性曲线相切,机械特性曲线上的 c 和 e 点是突出的两个折点,如果衔铁运动到这两点时的吸力(牵引力)都能等于或大于机械力,那么其他处的牵引力都能满足要求。因此,只要根据与这两点中的其中一个点相切和在另一个点之上的牵引特性曲线,就可以确定该继

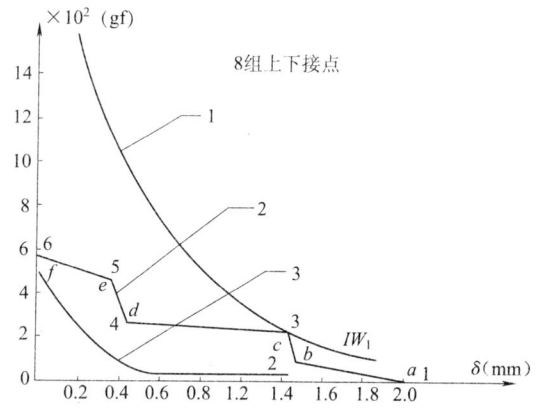

图 1-27　无极继电器牵引特性与机械特性的配合

电器的吸起安匝。从图 1-27 可见,与机械特性曲线 c 点相切的 IW_1 的牵引特性曲线,除 c 点牵引力等于机械力之外,其余都大于机械力,因此,这条牵引特性曲线的安匝 IW_1 就能够使继电器衔铁吸起,IW_1 即为吸起安匝。又因为在 c 点的牵引力等于机械力,所以这个吸起安匝是极限安匝,称它为临界安匝,相切的 c 点称为临界点。为使继电器动作可靠,其安匝值应大于临界安匝,所以在临界安匝上再加一个储备量,即乘以储备系数 K(当然 K 值应大于 1),这样就变成了可以采用的工作安匝 IW_g。即 $IW_g = K(IW)_1$。

　　K 愈大,吸力(牵引)愈大,吸起时间愈短。但 K 不能过大,K 过大不但造成不必要的功率消耗,而且因吸力过大造成接点在闭合时发生剧烈振动,影响接点稳定工作,甚至因接点振动而产生强烈的电弧或火花使接点损坏,为了最经济地利用能量和减轻衔铁对铁芯的冲击,应使继电器电力牵引特性曲线与机械特性曲线尽可能相接近。因此,K 值一般为 1.1~1.3。无极继电器的机械特性见表 1-16。

表 1-16　无极继电器的机械特性

规格序号	继电器型号	接点间隙不小于(mm)		普通接点压力不小于(mN)		加强接点压力不小于(mN)		托片间隙(mm)	
		普通	加强	动合	动断	动合	动断	普通接点不小于	加强接点
1	JWXC-1000								
2	JWXC-1700	1.3	—	250		—	—	0.35	—
3	JWXC-370/480				150				
4	JWJXC-480	3		150		400	300		0.1~0.3
5	JWJXC-160	—	5			600	600		0.1~0.3
6	JWJXC-135/135	3.5		250	200	400	300	0.35	0.2~0.4
7	JWJXC-300/370	—	4			450	350		0.1~0.3

续上表

规格序号	继电器型号	接点间隙 不小于(mm)		普通接点压力 不小于(mN)		加强接点压力 不小于(mN)		托片间隙(mm)	
		普通	加强	动合	动断	动合	动断	普通接点不小于	加强接点
8	JWXC-H310								
9	JWXC-H340			250		—			—
10	JWXC-H850	—							
11	JWXC-H600								
12	JWXC-500/H300	1.3			150			0.35	
13	JWJXC-H125/0.44								
14	JWJXC-H125/0.13	2.5	150			400	300		0.1~0.3
15	JWJXC-H125/80								
16	JWJXC-H80/0.06								

7)安全型继电器的电气特性

为了正确使用继电器,需要对继电器的电气特性有所了解。继电器的线圈参数主要指线圈的线径、匝数、电阻等。对这些参数最主要的是要求在一定工作电压下,保证达到足够的安匝,使继电器正常工作。

继电器的电源电压一般都是根据电路要求给定的,安全型继电器在电路中工作时的供电电压一般为 24 V。但继电器的工作电压都要求低于电源电压,这是因为考虑到电源波动、线路及接点电阻压降、温度变化时对电阻影响等因素的原因。如对无极继电器根据线路的要求:工作电压为 16.8 V,释放电压为 3.4 V,或者工作电压为 14.4 V,释放电压为 4.3 V 等。

继电器磁路结构选定后,线圈架的尺寸即确定。根据上述磁路计算方法,在确定一定衔铁止片厚度和一定接点组数条件下,就可以确定线圈的参数。按下式可确定线径,因为:

$$U_g = IR = \frac{(IW)_g}{W} \times \rho \cdot l/s = \frac{(IW)_g}{W} \times \rho \frac{\pi D W}{\frac{\pi d^2}{4}} \qquad (1\text{-}13)$$

所以

$$d = \sqrt{\frac{4\rho D (IW)_g}{U_g}} \qquad (\text{mm}) \qquad (1\text{-}14)$$

式中　ρ——导电材料的电阻系数,铜为 0.017 5 $\Omega \text{mm}^2/\text{m}$;

　　　$(IW)_g$——工作安匝;

　　　D——线圈绕一圈的平均直径,m;由线圈架尺寸决定;

　　　U_g——工作电压,根据线路要求确定。

线圈的电阻可按下式确定:

$$R = \rho \cdot \frac{l}{S} = \rho \frac{\pi D \cdot W}{\frac{\pi d^2}{4}} = \frac{4\rho D W}{d^2} \qquad (1\text{-}15)$$

式中　W——线圈的匝数,根据线径 d 及线圈架空间体积可以确定。

根据上述分析,安全型直流无极继电器 8 组接点的线圈参数确定见表 1-17。

表 1-17 安全型直流无极继电器 8 组接点的线圈参数表

继电器	工作电压(V)	释放电压(V)	线径(mm)	电阻(Ω)	匝数(W)
JWXC-1700	不大于 16.8	不大于 3.4	0.14	1 700	20 000
JWXC-1000	不大于 14.4	不小于 4.3	0.16	1 000	16 000

释放值(3.4 V 或 4.3 V)是根据线路要求的,也是技术条件规定的,所以要加以检算:

$$U_d \leqslant \frac{(IW)_d}{W} \cdot R \tag{1-16}$$

式中 $(IW)_d$——继电器释放安匝,8 组接点无极继电器为 90 安匝;

R——线圈电阻,Ω;

W——线圈匝数,W;

U_d——技术条件要求的释放值。

根据上式可验算线圈电阻为 1 000 Ω 的无极继电器的释放值:

$$U_d = \frac{(IW)_d}{W} \times R = \frac{90}{16\,000} \times 1\,000 = 5.6 \text{ V} > 4.3 \text{ V}$$

从分析机械力、牵引力和安匝三者内在关系可见:

(1)由于线路要求,根据技术条件规定,接点之间必须有一定的接点压力和接点间歇。再根据接点压力、接点间隙及选定的继电器的接点系统、衔铁的材料和几何尺寸等可以确定继电器的机械特性曲线。

(2)根据机械特性、继电器磁路系统的材料、几何尺寸等再确定继电器的工作安匝和释放安匝及牵引特性曲线。

(3)根据工作安匝、释放安匝及选定的继电器线圈架结构尺寸、工作电压和释放电压来确定线圈的线径、电阻、匝数等,以保证继电器正常工作。

无极继电器在环境温度为 +20 ℃时的线圈参数、电气和时间特性见表 1-18。

表 1-18 无极继电器线圈参数、电气和时间特性表

规格序号	继电器型号	线圈电阻(Ω)	电气特性					时间特性	
			额定值(V)	充磁值(V)	释放值不小于(V)	工作值不大于(V)	反向工作值不大于(V)	缓放时间不小于(s)	
								18 V	24 V
1	JWXC-1000	500×2	24	58	4.3	14.4	15.8	—	—
2	JWXC-1700	850×2	24	67	3.4	16.8	18.4	—	—
6	JWJXC-135/135	135/135	24	48/48	5.5/5.5	15/15	16.5/16.5	—	—
8	JWXC-H310	310×1	24	60	4	15	—	见注3	
10	JWXC-H340	170×2		46	2.3	11.5	12.6	0.45	0.50
13	JWJXC-H125/0.44	125/0.44	24 V/2 A	48	2.5	12	13.2	0.35	0.45

注:1. JWXC-H340 型继电器缓吸时间:当电压 18 V 时,不大于 0.35 s;24 V 时,不大于 0.3 s。

2. JWJXC-160 型继电器在 24 V 时缓放时间不大于 0.03 s;缓吸时间不大于 0.07 s。

3. JWXC-H310 型继电器在 24 V 时,缓放时间(0.8±0.1) s,缓吸时间(0.4±0.1) s。

4. JWJXC-H125/80 型继电器是专为交流道岔改进设计的全电压缓放继电器。

整流继电器在环境温度为＋20 ℃时的线圈参数、电气特性和时间特性见表1-19。

表1-19　整流继电器线圈参数、电气特性和时间特性表

规格序号	继电器型号	线圈电阻(Ω)	电气特性				时间特性
			额定值	充磁值	释放值不小于	工作值不大于	释放时间不小于(s)
1	JZXC-480	240×2	AC 18 V	AC 37 V	AC 4.6 V	AC 9.2 V	—
2	JZXC-0.14	0.28 0.28	AC 2.1 A	AC 2.16 A	AC 0.4 A	AC 1.1 A	

注：1. JZXC-0.14型继电器测试时应串联12 V、25 W灯泡。

　　2. JZXC-H0.14/0.14型继电器缓放时间的测试：外加AC 220 V电源，配合BX-34变压器，负载为12 V/25 W灯泡及灯丝转换继电器，灯泡断丝时测试缓放时间。

有极继电器在环境温度为＋20 ℃时的线圈参数、电气特性见表1-20。偏极继电器线圈参数、电气特性及时间特性参数见表1-21。

表1-20　有极继电器的线圈参数、电气特性表

规格序号	继电器型号	线圈电阻(Ω)	电气特性		
			额定值	充磁值	转极值
1	JYXC-660	330×2	24 V	60 V	10 V～15 V
3	JYJXC-135/220	135 220	24 V	64 V 64 V	正向　10 V～16 V 反向　10 V～16 V

注：1. JYJXC-3000型继电器临界不转极电压应大于120 V。

　　2. JYJXC-J3000型继电器临界不转极电压应大于160 V。

　　3. JYJXC-X135/220型继电器是在JYJXC-135/220型的加强接点上罩一个专用的熄电弧装置。

表1-21　偏极继电器线圈参数、电气特性及时间特性参数

规格序号	继电器型号	线圈电阻(Ω)	电气特性				时间特性
			额定值	充磁值	释放值不小于	工作值不大于	释放时间不小于(s)
1	JPXC-1000	500×2	24 V	64 V	4 V	16 V	—

注：1. JPXC-1000型继电器反向不吸起电压应大于200 V。

　　2. JPXC-400型继电器反向不吸起电压应大于120 V。

8）继电器的时间特性

电磁继电器的电磁系统是具有铁芯的电感线圈，在接通或断开电源时，由于电磁感应作用，在铁芯中产生涡流，在线路中产生感应电流。这些电流产生的磁通对铁芯中原有磁通的变化起了一定程度的影响，此外还有磁滞作用的影响。因此，所有电磁型继电器都或多或少地有一些缓动，这就是继电器本身固有的时间特性。

在各种继电器控制的电路中，由于它们完成的作用不一样，对继电器的时间特性要求也不一样，有的电路要求继电器动作快些，有些则要求继电器的动作慢些。如果不能满足对时间特性的要求，控制电路就不能按照预定的设计工作。因此，从使用角度出发，不但要了解继电器本身的固有时间特性，而且还要按不同的电路要求，人为的改变时间特性，使它满足各种控制电路的要求。

电磁继电器线圈,因为是带有铁芯的,所以它的电感量比较大,并且是变化的。所以继电器接通电源或被短路时,在继电器线圈中的电流变化规律,就不是通常理想的指数变化关系,而且显得更为复杂。下面来讨论一下在这种情况下,继电器线圈中实际电流的变化过程和磁通变化规律,以了解继电器衔铁的吸起时间和释放时间的基本概念。

无极继电器衔铁的吸起和释放时的电路如图1-28所示。当K_1闭合,线圈接入电源电压u后,其中的电流就从零逐渐增大起来。因为线圈中不仅有电阻R存在,而且还有电感$L=\psi/i=W\dfrac{\phi}{i}$存在,电流增加时比如要按楞次定律产生反电动势$L\dfrac{di}{dt}$,所以不能立即到达稳定值,而是按指数曲线的规律上升。因磁通是由于电流的激磁产生的,所以磁通增长的规律也和电流相似。当电流增长到使线圈达到工作安匝时,磁通所产生的电磁吸力足以使得衔铁克服机械力而开始运动。这时的电流值称为起动电流,如图1-28中的a点。从接通电源开始至电流达到起动电流所需的时间,称为起动时间,在图中用t_1表示。在起动时间内,衔铁还没有开始运动。到达时间t_1后,衔铁就开始运动了。衔铁运动后气隙就减小、气隙的磁阻也变小,使线圈电感发生变化,又引起了一个反电动势$i\dfrac{dL}{dt}$,所以此时的反电动势:

$$e_l=-\frac{d\varphi}{dt}=-\frac{d(Li)}{dt}=-L\frac{di}{dt}-i\frac{dL}{dt}$$

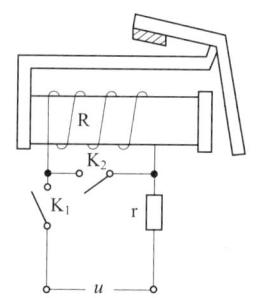
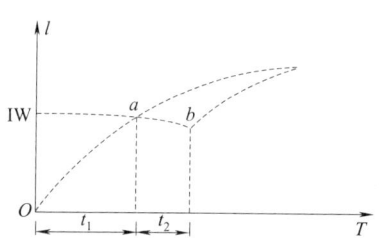

图1-28　直流无极继电器线圈中电流变化

即比原来按指数规律变化多了一个反电动势,所以使得线圈中的电流减小。当衔铁达到其终点位置而停止运动时,气隙不再变化,电感值也不再改变,反电动势亦就不存在了。这时线圈中的电流和磁通又继续上升到其稳定值。从衔铁开始运动直到停止运动,这期间,线圈的电流变化过程如图中的a点到b点。从a点到b点这段时间,称为衔铁运动时间,用t_2表示。在t_2以后,电流和磁通就逐渐增加到它的稳定值。

从线圈接上电源开始到衔铁运动终止所需的全部时间称为继电器的吸起时间,因此:

$$T_{吸}=t_1+t_2$$

当继电器通入的电流不断增加,磁通也相应增加,由于磁通的变换,在铁芯中会产生涡流,涡流所产生的磁通根据楞次定律与线圈所产生的磁通方向相反,这样就使磁通的变化落后于电流的变化,对衔铁的吸起有延缓作用。安全型直流无极多加强缓吸时间约为0.15 s左右。

衔铁吸起后,如果将K_1拉开,线圈中失去激磁,磁通就从稳定值开始衰减,由于铁芯中涡流和专门设置的阻尼装置(如缓放继电器的铜架或铜套)的阻尼作用,因此电磁吸力是逐渐减小的,经过一定时间后衔铁开始释放。当继电器的线圈从电源上切断或将K_2闭合,把线圈短接时(为便于说明,采用了将继电器短路的办法,实际使用中是不能这样做的),继电器的磁通

就由稳定值中 Φ_{s} 逐渐减小到零,如图 1-29 所示。由于磁通逐渐减小,吸力也相应地逐渐降低,当吸力降低到不足以保持衔铁吸起时,衔铁在机械力的作用下开始释放,这时磁通称为释放磁通,在图 1-29 中用 Φ_{d} 表示。从稳定值 Φ_{s} 降到释放值 Φ_{d} 所需要的时间,在图 1-29 中用 t_{s} 表示,从衔铁开始运动到返回到原释放位置止,这段时间称为衔铁返回运动时间,用 t_{4} 表示。所以继电器的释放时间就是磁通衰减时间和衔铁返回运动时间之和,即

$$t_{d}=t_{3}+t_{4}$$

式中　t_{d}——继电器释放时间;

　　　t_{3}——磁通衰减时间;

　　　t_{4}——衔铁返回运动时间。

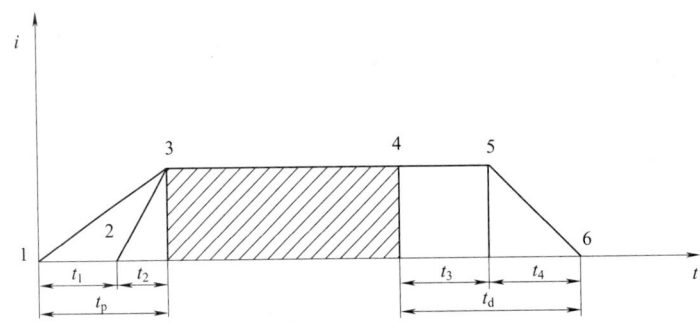

图 1-29　继电器中磁通的衰减

安全型直流无极继电器的释放时间约 $0.015\ s$。

根据以上分析,继电器的时间特性图解可用如图 1-30 所示进行简化表示。

图 1-30　继电器时间特性图解

图中点 1 至点 2 是继电器由通电至后接点离开时间 t_{1},点 2 至点 3 是后接点至前接点转换时间 t_{2},所以由"1"至"3"是继电器由通电至前接点闭合时间 t_{p},即继电器的吸起时间。图 1-30 中点 4 至点 5 为继电器由断电至前接点离开时间 t_{3},点 5 至点 6 为前接点至后接点转换时间 t_{4},所以由点"4"至"6"为继电器由断电至后接点闭合时间 t_{d},即继电器的释放时间。图中斜线部分表示继电器线圈有电时间。

8. 改变继电器时间特性的方法

继电器用于控制电路中,要满足不同控制对象对时间特性的要求,这就需要有各种时间特性不同的继电器。改变继电器时间特性的方法,一是改变继电器的结构,二是采用外部电路来改变继电器的动作时间。

1)改变继电器结构以改变继电器的时间特性

从结构上来说,影响继电器衔铁动作时间的因素很多,但从大的方面来看,不外乎机械结构和电磁原理这两个方面。机械结构的方面主要改变机械反作用力和衔铁动程大小等。这比较容易理解。本教材主要介绍从电磁原理来改变继电器时间特性的措施:

(1)改变衔铁与铁芯间止片厚度,来改变继电器的落下时间。止片增厚,落下时间减短;止片减薄,落下时间增长,其原理是通过止片改变气隙的大小,使磁阻变化,从而达到改变继电器的落下时间。

（2）磁路系统选用电阻率较高的铁磁材料,使涡流影响减小,从而缩短继电器衔铁的动作时间。

（3）在保证工作安匝的前提下,加粗线圈导线的线径,以此来提高电流的储备系数,使额定电流提高,加速电流的增长速度使其缩短继电器吸起时间。

（4）在继电器铁芯上附加铜套（铜环）,然后绕上线圈,利用涡流作用来使继电器衔铁缓吸和缓放,构成缓放型继电器。缓动的程度可以由铜环的长短来决定,其原理是当线圈中的电流由零上升,磁路中磁通正在增长时,铜套或铜环中就会感应产生涡流。这涡流只有在线圈产生的磁场有变化时才有。涡流所产生的磁场与线圈产生的磁场相反,所以阻滞继电器磁场的增强,衔铁的吸起也因此而延缓。但当线圈中的电流中断,线圈中所产生的磁场收缩时,在铜套或铜环中,又感应产生涡流,不过这时由涡流所产生的磁场与线圈原来所产生的磁场方向相同,所以线圈磁场的消减变慢,衔铁落下的时间也延缓,如图 1-31 所示。因此,铜环装设位置不同,对缓动的作用也不同。因为继电器衔铁的动作时间决定于工作气隙中磁通的变化快慢,而铜环或铜套装设位置不同对工作气隙中磁通变化是有不同影响的。

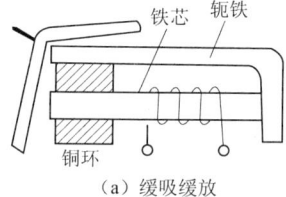
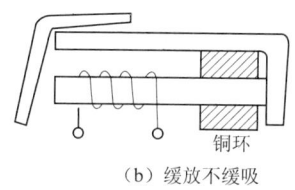

图 1-31 缓动原理

铜套使继电器缓放的原理与铁芯上加一个短路线圈使其缓放的原理是一样的,都是利用互感的作用。

2）利用外部电路以获得继电器的缓放

（1）与继电器线圈串联 RC 并联电路或与继电器线圈串联一个电感的方法改变继电器的时间特性,如图 1-32 所示。当合上开关时,电路接通电源,电流 i 从零开始逐步增加,这时电流正处于瞬变过程中,电流 i 从较大电阻 R 并联的电容器 C 流过,在较短的时间内电流突变达到很大的数值,可使继电器的吸起过程加速,由于瞬变过程的时间很短,虽然流过的电流较大,线圈并不会烧坏。当在继电器线圈电路中串联一个电感时,则可以延长继电器衔铁的吸起时间,其原理可以自行分析。

（2）在继电器线圈两端并联电阻或二极管使其缓放,如图 1-33 所示。

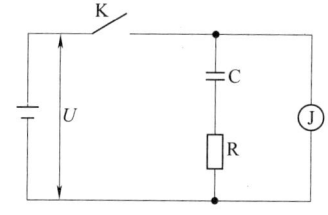

图 1-32 继电器线圈两端并联 RC 电路

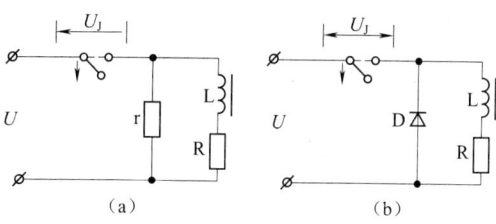

图 1-33 缓放原理

最多采用的是在继电器线圈两端并联 RC 串联电路,使继电器缓吸缓放,如图 1-34 所示。在继电器通电时,电容器充电,因充电电流一开始很大,在 R 上产生较大压降,降低了继电器的端电压,使继电器线圈中的电流增长减缓,起到缓吸作用。在继电器断电时,依靠电容器 C 的放电,使继电器缓放。

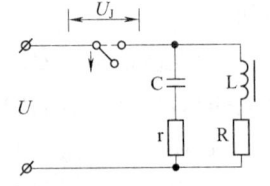

图 1-34　缓放缓吸原理

缓放时间长短与电容器的容量、放电回路中的电阻值及继电器的释放值有关。通过改变 C 的电容量和 R 的电阻值来获得所需要的缓放时间。

电路中 R 的作用除上述调节缓放时间外,还限制电容器的充电电流,防止电路振荡。

缓放型继电器的缓放时间最长仅 0.5 s,不能满足一些信号电路对时间的要求,因此常用在继电器线圈两端并联 RC 电路的方法来获得所需要的缓放时间。

9. 交流二元继电器

交流二元继电器,二元指有两个互相独立又互相作用的交变电磁系统。根据频率不同,交流二元继电器分为 50 Hz 和 25 Hz 两种。50 Hz 交流二元继电器,用于直流电气化和非电气化区段的 50 Hz 相敏轨道电路中作为接收端轨道继电器使用,广泛用于城市轨道交通。25 Hz 交流二元继电器广泛用于交流电气化区段内的车站轨道电路中。

交流二元继电器是交流感应式继电器的一种。交流感应继电器是利用交变磁通穿过可转动的金属圆盘(或扇形翼片)上感应的涡流与交变磁通相互作用而产生的转矩来带动接点动作的一种继电器。

1)交流二元继电器的结构

JRJC-45/300 型和 JRJC-40/265 型交流二元继电器的结构相同,仅参数不同,接点组数不同。JRJC-45/400 型交流二元继电器结构如图 1-35 所示,由电磁系统、翼板、接点等主要部件组成。

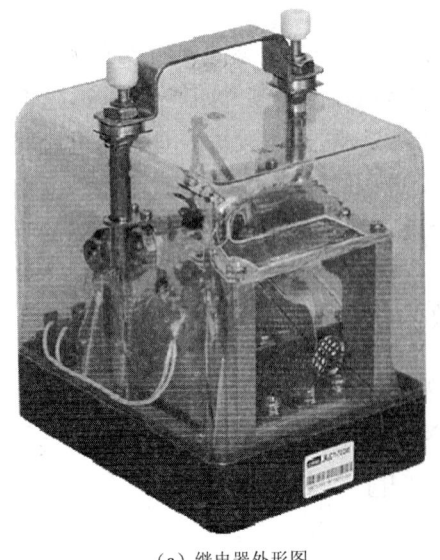

（a）继电器外形图

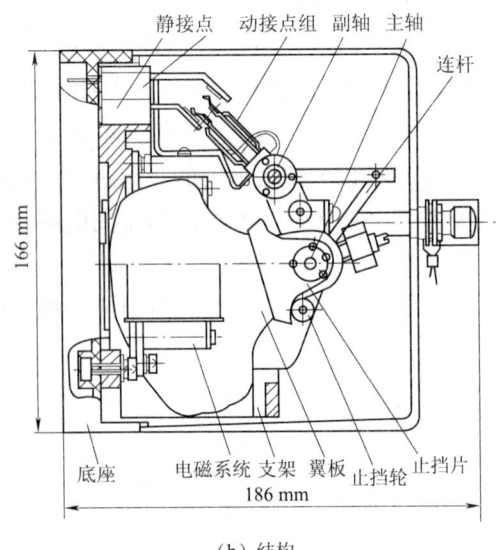

（b）结构

图 1-35　JRJC-45/300 型继电器

电磁系统包括局部电磁系统和轨道电磁系统。局部电磁系统由局部铁芯和局部线圈组成;轨道电磁系统由轨道铁芯和轨道线圈组成。铁芯均由硅钢片叠成。线圈是用高强度漆包线绕在线圈骨架上而构成的。

翼板是将电磁系统的能量转换为机械能的关键部件。翼板由 1.2 mm 厚的铝板冲裁而成,安装在主轴上。翼片尾端安装有重锤螺母,对翼板起平衡作用。在翼板一侧的主轴上还安装一块 2.0 mm 厚由钢板制成的止挡片,与轴成一整体,使翼板转至上、下极端位置时受到限制。

动接点固定在副轴上,主轴通过连杆带动副轴上的动杆单元使动接点动作,接点组编号如图 1-36 所示。

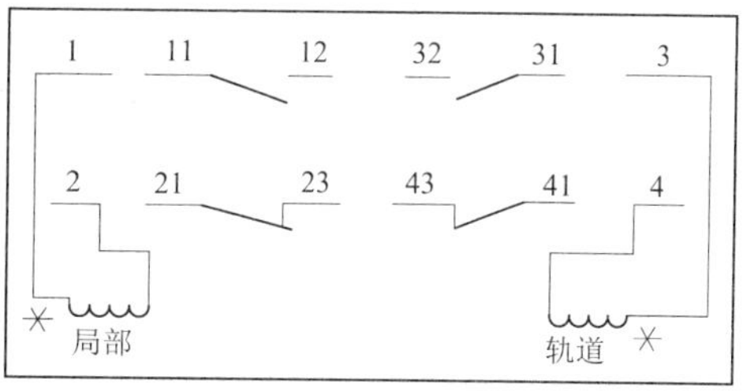

图 1-36　接点组编号

JRJC-45/300 型继电器插座外形尺寸为 126 mm×165 mm,要占两个安全型继电器的位置。

交流二元二位继电器符号是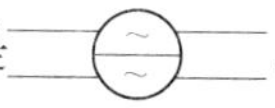。

2)交流二元继电器的工作原理

(1)二元继电器的相位选择性

二元继电器的磁系统如图 1-37 所示。当局部线圈和轨道线圈中分别通以一定相位差的交流电流 i_J 和 i_G 时,形成交变磁通 Φ_J 和 Φ_G,磁通穿过翼板时就形成了磁极 J 和 G,在翼板中分别产生感应电流,可看作是许多环绕磁通的电流环所组成的,也称为涡流,以 i_{WJ} 和 i_{WG} 表示。涡流 i_{WG} 和 i_{WJ} 分别与磁通 Φ_J 和 Φ_G 作用,产生电磁力 F_1 和 F_2,即轨道线圈的磁通 Φ_G 在翼板中感应的电流 i_{WG},在局部线圈磁通 Φ_J 作用下产生力 F_1;局部线圈的磁通 Φ_J 在翼板中感应的电流 i_{WJ},在轨道线圈磁通 Φ_G 作用下产生力 F_2。F_1 和 F_2 的方向可由左手法则决定,如图 1-38 所示。

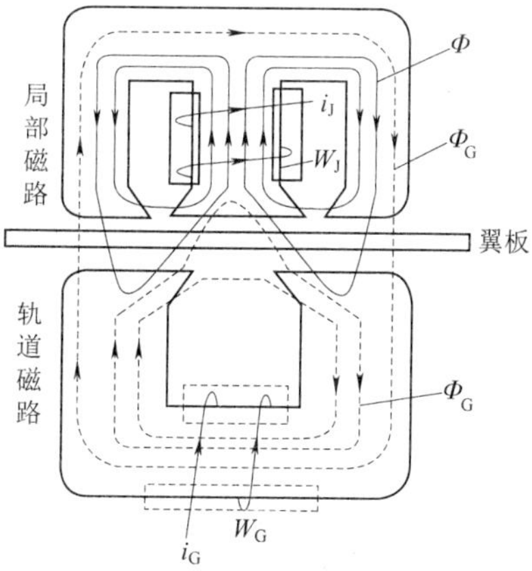

图 1-37　JRJC 型继电器的磁系统

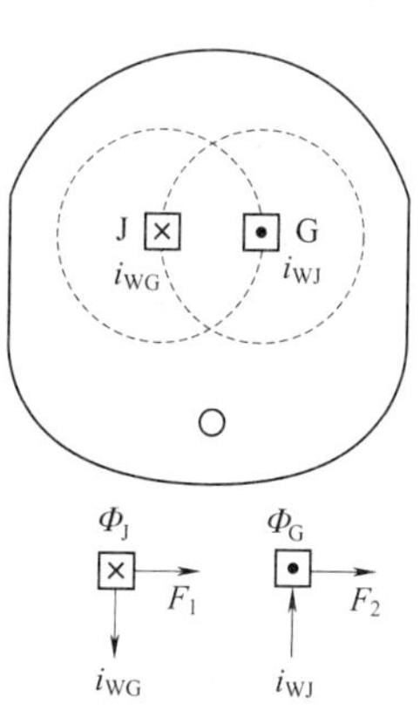

图 1-38　涡流在磁通作用下产生力

若使 F_1 和 F_2 同方向,必须 Φ_J 和 Φ_G 方向相反,i_{WG} 和 i_{WJ} 方向相同,或者 i_{WG} 和 i_{WJ} 方向相反,而 Φ_J 和 Φ_G 方向相同。只要在 Φ_J 和 Φ_G 相差 90°的条件下,F_1 和 F_2 是同方向的,即任何瞬间翼板总是受一个方向的转动力的作用。当 Φ_J 超前 Φ_G 90°时,在翼板上得到正方向转矩,接通前接点;而当 Φ_J 滞后 Φ_G 90°时,则在翼板上得到反方向转矩,使后接点更加闭合。如果仅在任一线圈通电或两线圈接入同一电源,翼板均不能产生转矩而动作,这就是二元继电器所具有的可靠的相位选择性,由此可解决轨端绝缘破损的防护问题。

(2)二元继电器的频率选择性

如有其他频率的电压加在轨道线圈上,这时所产生的转矩力在一个周期内平均值为零。即轨道线圈混入干扰电流与固定的 50 Hz 局部电流相作用,翼板不产生转矩,不能使继电器误动。同时,由于翼板的惯性较大,使继电器缓动,跟不上转矩力变化的速率,使继电器保持原来的位置而不致误动。

由于二元继电器具有频率选择性,不仅可以防止牵引电流的干扰,而且对于其他频率也有同样的作用。可以证明,当轨道线圈电流频率为局部电流频率 n 倍时,不论电压有多高,翼板均不能产生转矩使继电器误动。

3)交流二元继电器的电气特性

JRJC-45/300 型和 JRJC-40/265 型 50 Hz 二元继电器具有可靠的频率选择性和相位选择性,对于轨端绝缘破损和不平衡造成的干扰能可靠地防护。另外还有动作灵活的翼板转动系统、紧固的整体结构,不仅经久耐用,而且便于维修。50 Hz 交流二元二位继电器的电气特性见表1-22。

表1-22   50 Hz 交流二元二位继电器的电气特性

类　型	接点组数	局部线圈		轨道线圈			理想相位角(°)
		电压(V)	电流(A)	工作电压(A)	工作电流(A)	释放电压(V)	
JRJC-40/265	4QH	220	0.11	≤14	≤0.028	≤7	162
JRJC-45/300	2Q,2H	220	0.08	≤14	≤0.028	≤7	162
JRJC1-42/275	2Q,2H	220	0.1	≤14	≤0.026	≤7	160

4)交流二元继电器的测试与检修

(1)JRJC-40/265 和 JRJC-45/300 型交流二元继电器的测试

①磁路平衡程度的检查。检查电路如图1-39所示。将 ZOB 电压调至交流220 V,然后闭合开关 K,测量轨道线圈上的感应电压,电压表 V_2 的数值应不超过5 V,C 为无极性电容器,250 V 15 μF。

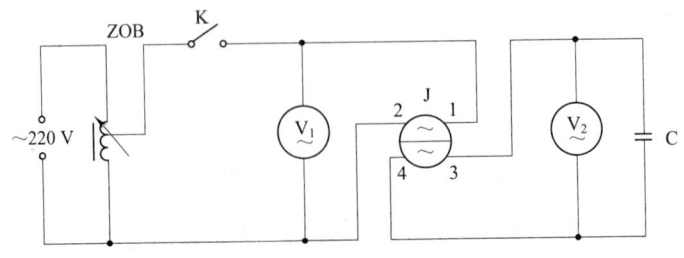

图1-39   磁路平衡程度、检查电路

②测试。测试电路如图 1-40 所示，R_1 为变阻器，50 Ω/3 A；R_2 为电阻器，10 Ω/2 W；C 为无极性电容器，160 V/30×10 μF；• 为同名端。

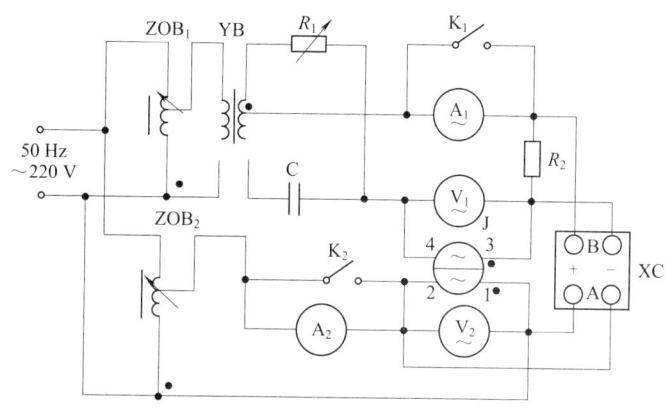

图 1-40　测试电路

a)理想相位角的测试

将局部线圈和轨道线圈的电压调到规定值，并在整个测试过程中保持不变。

按一定方向调整 R_1，使动合接点断开，再反方向调整 R_1，使动合接点接触，通过电路中的相位计记录此时的相位角 α_1，继续按此方向调整 R_1，使动合接点再次断开，再向正向调整 R_1，使动合接点再次接触，记录此时的相位角 α_2。则可求出继电器的理想相位角 α。

$$\alpha = (\alpha_1 + \alpha_2)/2$$

调整 R_1，使相位计指示的相位角为 α，在测试工作值和释放值时，不得再调整 R_1。

b)工作值的测试

在继电器理想相位角调整后，局部线圈电压保持在额定值，然后，将轨道线圈电压从零逐渐升高，至翼板辅助夹开始接触上滚轮时的最小电压值。此时断开 K_1 可测得最小工作电流值。断开 K_2，可测得局部额定电流值。

c)释放值的测试

在继电器理想相位角调整后，局部线圈电压保持在额定值，逐渐降低轨道线圈电压，至全部动合接点断开时的最大电压值。此时断开 K_1，可测得最大释放电流值。

（2）交流二元继电器的检修

①检修工具：测力计，各种厚度塞规，14～17 mm 扳手，M4 套筒扳手及常用材料和白绸带等。

②检修前测试。工作电压不大于 14 V；释放电压不小于 7 V。

③检查内容：

a)检查轴与轴承之间是否有间隙，转动是否灵活自如，轴承螺丝螺母是否拧紧。

b)翼板重锤螺母是否相互紧固。

c)铁芯极面与翼板之间是否有异物，翼板在整个活动过程中与极面的距离是否均匀，翼板表面是否平整。

d)接点拉杆有无损伤，开口销是否失效，有无卡阻，影响动作的灵活性。

e)各部紧固螺丝有无松动现象,铁芯在支架上是否紧牢。

f)接点的检查和清扫内容与安全型继电器相同。

④检修与调整电磁系统与接点系统

(a)如发现翼板本身不平,可将轴承螺母松开,旋出轴承螺丝,小心拆下翼板置于平台上轻轻整平。安装时仔细调整轴承螺丝的左右位置,使翼板保持在铁芯两极面间隙的正中间,使翼板转动到任何位置时,距任一极面都不小于 0.35 mm,然后紧固轴承螺母。紧固时应保证翼板轴的轴向有间隙,翼板的动作灵活。

(b)如发现开口销失效,各部分螺母有松动时,应调整开口销和重新紧固。紧固时应注意保持在原来的位置,使翼板和接口动作灵活自如。

(c)在释放状态下,翼板或止挡板应与下滚轮或下止挡轮接触。用手保持这种状态,按表 1-23 检查继电器的机械特性,用调整工具使之满足表中的要求。

(d)在工作(吸合)状态,翼板或止挡板应与上部滚轮或上止挡轮接触。用手保持这种状态按表 1-23 检查继电器的机械特性,用调整工具使之满足表中的要求。

表 1-23 继电器接点系统的机械特性表

型号	接点间隙不小于(mm)	托片间隙不小于(mm)	翼板轴游程(mm)		接点压力(mN)	
			轴向	径向	前接点	后接点
JRJC-66/345	2.5	0.2	0.05~0.1	0.03~0.15	150~200	150~200
JRJC1-70/240	1.8	0.35	0.05~0.1	0.03~0.15	250~350	200~300

(e)调整接点的齐度,方法与安全型继电器相同。

(f)磁路间隙的调整。在安装过程中,分别对轨道铁芯截面和局部铁芯截面进行垂直度的校验,按照磁路间隙的规定要求调整并紧固磁路。

10. 时间继电器

在城市轨道交通信号系统中,时间继电器一般用于道岔控制电路中。JSBXC-850 和 JSBXC1-850 型时间继电器是一种缓吸继电器,借助电子电路,获得 180 s、30 s、13 s、3 s 等四种延时,以满足信号电路的需要。时间继电器由时间控制单元与 JWXC-370/480 型无极继电器组合而成。时间控制单元装在印制电路板上,接点组的上方。鉴别销号码 14、55。时间继电器的基本情况见表 1-24。

表 1-24 时间继电器的基本情况

规格序号	继电器名称	继电器型号	鉴别销号码	接点组数	线圈连接	电源片连接方式	
						连接	使用
1	半导体时间继电器	JSBXC-850	14,55	2QH,2Q	单独	4,23	73,62
2	可编程时间继电器	JSBXC1-850				—	

时间继电器的机械特性见表1-25。

表1-25 时间继电器的机械特性

规格序号	继电器型号	普通接点间隙应不小于(mm)	普通接点压力应不小于(mN)		托片间隙应不小于(mm)
			动合	动断	
1	JSBXC-850	1.20	250	150	0.35
2	JSBXC1-850				

其图形符号为：———（3″）———，其中3″为时间。

1）JSBXC-850型半导体时间继电器

（1）延时电路

JSBXC-850型半导体时间继电器（型号中S为时间，B为半导体，850是370和480之和）的时间控制电路如图1-41所示，其核心是由单结晶体管等组成的脉冲延时电路。

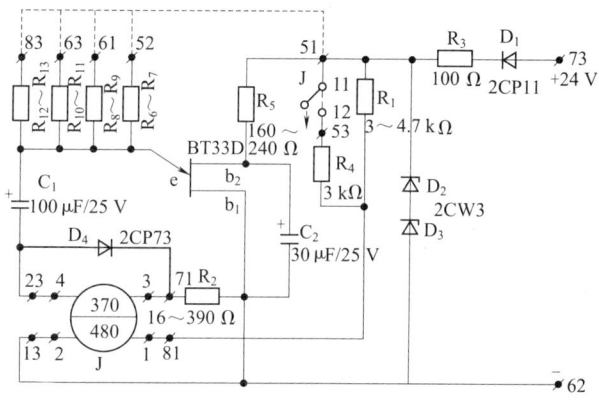

图1-41 JSBXC-850的延时电路

在单结晶体管BT的发射极e和第一基极b_1的放电回路中接入继电器J的前圈(3-4，370 Ω)，它的后圈(1-2，480 Ω)通过电阻R1直接与电源相连。接通电源时，后圈有电流流过，其电路接通公式为：

+24 V电源（73端子）—二极管D_1—R_3—R_1—J_{1-2}—电源（62端子）。

由于R_1的阻值较大，为3～4.7 kΩ，因此流过J_{1-2}线圈的电流很小，继电器J不会动作。

与此同时，电容器C_1也开始充电，其电路接通公式为：

+24 V电源（73端子）—D_1—R_3—R_6～R_7（或R_8～R_9、R_{10}～R_{11}、R_{12}～R_{13}）—C_1┐D_4┐
└J_{4-3}┘

R_2—电源（62端子）。

此电流流过继电器前圈的方向正好与后圈的相反，继电器更不会动作。

当电容器C_1充电电压上升至高于单结晶体管BT的击穿电压时，BT的发射极e与第一基极b_1间导通，C_1放电，其电路为：

C_1（＋）—BTe-b_1—R_2—J_{3-4}—C_1（－）。

此电流流过前圈的方向与后圈的相同，当两者之和达到继电器的工作值时，继电器吸起，其前接点11-12沟通了自闭电路，电路为：

+24 V电源（73端子）—D_1—R_3—J_{11-12}—R_4—J_{1-2}—电源（62端子）。

由于R_4的接入，电路中电阻总值减小，流过后圈的电流大于继电器的落下值，继电器可靠吸起。

（2）延时时间

以上可见，由于BT和C_1组成的脉冲延时电路的存在，使继电器从接通电源到完全吸起经过了一段时间，这段时间就是继电器的缓吸时间。缓吸时间与充电电路的时间参数有关。

C_1的电容量越大，充电至单结晶体管BT击穿电压的时间越长，缓吸时间越长。

充电电路的电阻值越大，电容器的充电电流越小，充电时间必然延长，缓吸时间越长。在端子52、61、63、83上分别接入不同阻值的电阻，即获得四种延时。

缓吸时间还与单结晶体管的击穿电压有关，而击穿电压又决定于单结晶体管的分压比，分压比越大，击穿电压越高，缓吸时间越长。

在半导体时间继电器中，C_1和单结晶体管选定后，改变延时时间，就靠接入不同阻值的电阻来完成。

一般情况是，连接端子51-52，为3 min；51-61为30 s；51-63为13 s；51-83为3 s。此外，通过端子的不同连接还可获得其他延时时间，如51与61、63相连，为9 s；51与61、63、83相连，为2.3 s，以满足电路的特殊需要。

（3）其他元件的作用

①稳压管D_2、D_3

D_2、D_3与R_3串联后成为稳压电路，稳压值19.5～20.5 V，使继电器电源电压在21～27 V间变化时保持标准值的吸起时间，以消除电源电压波动对延时的影响。

②二极管D_1

D_1是防止电源极性接错而设置的，电源接错时它使电路不通。

③二极管D_4

D_4并在继电器前圈两端，构成继电器断电时产生的反电势产生电路的回路，以免击穿单结晶体管。

④电容器C_2

C_2是单结晶体管第二基极的平滑电容，也是稳压电路的滤波电容，以消除电源杂音对电路延时的干扰。

⑤电阻R_5

R_5是单结晶体管的基极电阻，构成偏置。

（4）接点使用

JSBXC-850型继电器的接点编号与无极继电器相同。图1-41中，除73、62外，时间控制单元的端子号与继电器接点完全相同。除73接正电源，62接负电源及按所需时间连接对应接点外，继电器内部尚需连接1-81、2-13、3-71、4-23、11-51、12-53。因此，可供电使用的只有第3、第4组两组接点组和第2组前接点。

2）JSBXC1-850型时间继电器

JSBXC-850时间继电器采用RC延时电路，在使用中由于电容器老化和环境温度变化，延时时间有漂移，需定期检修和调整其时间常数。而JSBXC1-850型可编程时间继电器，是新一代的时间继电器,它采用微电子技术,通过单片机软件设定不同的延时时间;采用动态电路输出,延时精度高(为±5%),不需要调整,电路安全可靠,它不改动继电器的外部配线,代用很方便。在城市轨道交通信号系统中常用该类型的继电器。

JSBXC1-850 型时间继电内部电路如图 1-42 所示,该电路由 4 部分组成:输入电路、控制电路、电源电路和动态输出电路。

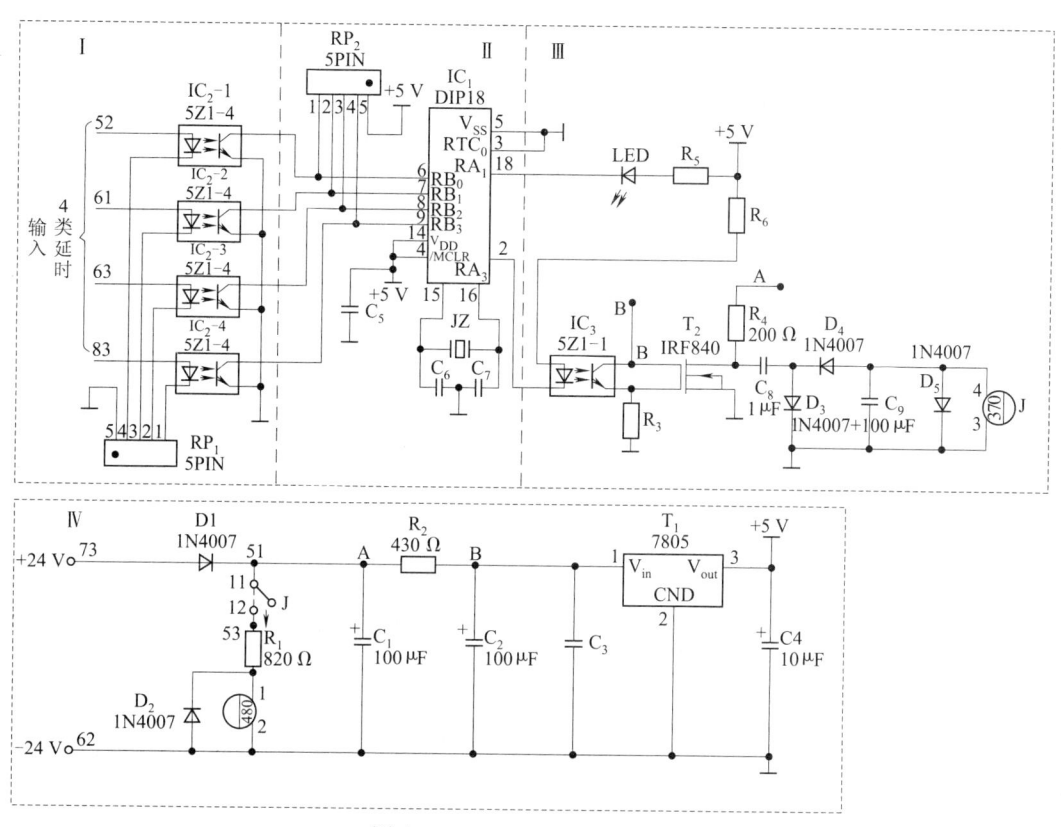

图 1-42　JSBXC1-850 型继电器

"Ⅰ"为输入部分,经 4 个光电耦合器 IC_2-1～IC_2-4(5Z1-4 型)输入端不同连接,设定不同的延时时间,其连接同 JSBXC-850 型继电器。光电耦合器起隔离作用,将外部电路和单片机隔离开。

"Ⅱ"为控制电路,由 IC_1(DIP18 型)和晶体振荡器 JZ 及 C_6、C_7 等组成。JZ 为 IC_1 提供时钟。当 IC_1 的输入端 RB_0～RB_3 其中一个有输入时,通过软件的设定,其输出端 RA_1～RA_3 在不同的延时时间后就有序列脉冲输出。输出方法,当 2 脚输出方波高电平时,IC_3 和 T_2 不导通,C_8 通过 R_4 和 D_3 充电。当 15 脚输出方法低电平时,IC_3 和 T_2 导通,C_8 通过 T_2、D_4、C_9 放电,即对 C_9 充电。当 C_9 上电压累加达到一定值时,将使继电器前线圈(370 线圈)通过的电流产生足够的电磁力,从而使继电器衔铁吸合。在延时过程中发光二极管 LED 每秒钟闪亮一次。

"Ⅲ"为动态输出部分。当单片机的输出,通过光电耦合器 IC_3 接至 MOS 管 T_2(IRF840 型)栅极。在序列脉冲的作用下,T_2 反复导通和截止。T_2 导通时,对电容器 C_8 充电。T_2 截止时,C_8 对 C_9 放电。当 C_9 上电压充至继电器工作值时,通过前圈(370 Ω线圈)使继电器吸起。

继电器吸起,其前接点 11-12 闭合,又使后圈(480 Ω线圈)励磁,于是继电器可靠吸起。"Ⅳ"为电源部分。经 73-62 输入的电源经 D_1 鉴别极性。C_1、R_2、C_2 组成的滤波电路滤除交流成分,三端稳压器 T_1(7805 型)稳压,为单片机提供工作电源。

JSBX1 型继电器在使用时应注意以下各点：

(1)继电器线圈两端并联有二极管，所以线圈的 1、3 端应接正电，2、4 端接负电。

(2)如果继电器缓吸时间出现误差，应更换控制电路中的晶振或单片机。

(3)如果继电器通电后工作正常，但发光二极管不亮，可更换发光二极管。

(4)如果继电器通电后不吸起，此时若发光二极管每秒闪一次，应检查动态输出电路中的元件是否有损坏的；若发光二极管不闪，应对四部分电路进行分别检查。经检查输入条件正确，则是控制电路板出现故障，建议更换电路板。

时间继电器的线圈参数及电气特性见表 1-26。

表 1-26　时间继电器的线圈参数及电气特性

规格序号	继电器型号	线圈电阻(Ω)	电气特性		
			充磁值	释放值不小于	工作值不大于
1	JSBXC-850	$\frac{370}{480}$	56 mA	4 mA	14 mA
2	JSBXC1-850	$\frac{370}{480}$	54 mA	3.8 mA	13.4 mA

JSBXC-850 重复动作时间应在 2 min 以上。JSBXC-850 型继电器的后接点压力在延时过程中不小于 0.1 N。

注 1：测缓吸时间时，73 接 24 V 电源正极，62 接 24 V 电源负极。

注 2：线圈连接方式为单独，1、3 接正极，2、4 接负极。

时间继电器的时间特性见表 1-27。

表 1-27　时间继电器的时间特性

继电器型号	连接端子	51-11　53-12			
		51-52	51-61	51-63	51-83
JSBXC-850	动作时间(s)	180±27	30±4.5	13±1.95	3±0.45
JSBXC1-850		180±9	30±1.5	13±0.65	3±0.15

JSBXC-850 三个月至少使用一至二次，长期存放后初次使用延时时间有所增长。

3)时间继电器(JSBXC-850)的测试与检修

(1)时间继电器(JSBXC-850)的测试

①JSBXC-850 型半导体时间继电器释放值、工作值的测试程序如图 1-43 所示。

释放值。将线圈接入正向电压或电流，逐渐升高至充磁值，然后逐渐降低至全部动合接点断开时的最大电压或电流值。

工作值。继续将线圈电压或电流降至零，断开电路 1 s，然后正向闭合电路，从零逐渐升高线圈电压或电流至衔铁止片(钉)与铁芯(极靴)接触及全部动合接点闭合，并满足规定接点压力时的最小电压或电流值。

反向工作值。逐渐升高线圈正向电压或电流至充磁值，然后将线圈电压或电流降

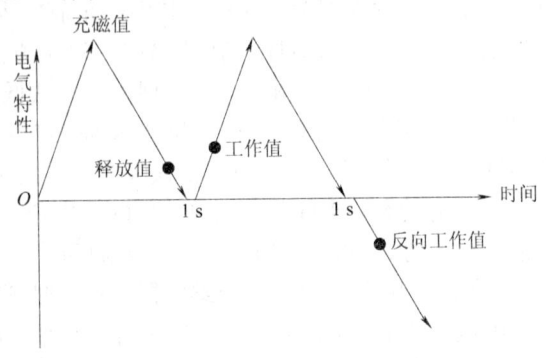

图 1-43　时间继电器电气特性测试程序

至零,断开电路 1 s,再将反向电压或电流接入线圈,并将其逐渐升高,至衔铁止片(钉)与铁芯(极靴)接触及全部动合接点闭合,并满足规定接点压力时的最小电压或电流值。

②缓吸时间测试电路如图 1-44 所示。

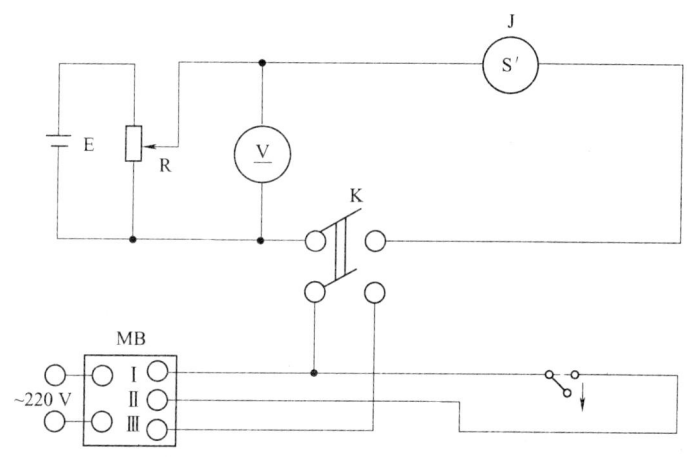

图 1-44　测试电路

将电压调整到继电器的额定值,分别连接不同缓吸时间的端子,闭合测试电路,MB 的指示值即为继电器的缓吸时间。当连续测试时,测试间隔时间应在 120 s 以上。

(2)时间继电器(JSBXC-850)的检修

①检修前测试

分别测试 180 s、30 s、13 s、3 s 延时时间。误差<±15%。

a. 充磁值 56/54 mA。

b. 释放值≥4.0 mA/≥3.8 mA。

c. 工作值≤14 mA/≤13.4 mA。

②印制电路板的检查与修理。

a. 检查印制电路板的引出线有无断股、假焊。

b. 检查各元件在印制电路板上的焊接有无假焊、焊点是否美观。

c. 检查印制电路板铜皮是否不卷边、不断裂。

③磁路与接点系统调整

普通接点间隙≥1.2 mm。

④电子电路检查

电阻 R_2 的调整:该电阻是同 R_5(经 11、12 接点的电阻)并联后和 480 线圈串联的那个电阻。断开两串联的稳压管,将经 73、62 端子输入 27 V 电压,480 单线圈通电时,衔铁不吸起,继电器后接点压力应有 150～300 mN,前接点压力应有 250～400 mN。

注意:如果 480 线圈串有可控硅时,应在 13、62 端子间加一短路线,测试完毕应立即拆除。

稳压值:两串联稳压管两端的电压,从 73、62 单元端子输入 21 V 与 27 V 直流电压。

注意:

a. 串联的稳压管两端电压应在 19.5～20.5 V。

b. 不合格应更换稳压管。

c. 继电器 73、62 端子输入直流电压,端子 51 与 52(或 6l、63、83)端子相连。延时后应正常吸起。

注意：如果不能正常动作应查找电子电路故障。

d. 时控单元的延时调整：误差＜±15％。

⑤检修后测试

a. 测试释放值、工作值。标准同程序③。

b. 测试 180 s、30 s、13 s、3 s 延时时间。误差＜±15％。

c. 测试接点电阻，绝缘电阻均同 JWXC。

d. 将测试数据记入检修卡片内。

e. 外罩打光擦净与填写小票后交验收员检验。

1.1.3　相关规范、规程与标准

1.《低压成套开关设备和控制设备》(GB 7251.1—2013)第 1 部分。

2.《低压开关设备和控制设备》(GB 14048.2—2008)第 2 部分。

3.《普速铁路信号维护规则　技术标准》。

4.《铁路信号交流继电器通用技术条件》(TB/T 2120—1990)。

5.《铁路信号用变压器、继电器、硅整流器雷电冲击试验》(TB/T 2313—1992)。

6.《铁路信号插入式交流二元继电器》(TB/T 2024—2007)。

典型工作任务 2　分析、构建简单的继电电路

1.2.1　工作任务

用继电电路分析方法分析电路的逻辑关系。

1.2.2　知识链接

1. 在设计轨道交通信号系统中选择继电器的一般原则

根据电路要求，按继电器的主要参数和指标进行选择。

(1)继电器的接点最大允许电流不应小于电路的工作电流。

(2)继电器的接点数量不能满足电路要求时，应选择能及时反映主继电器动作状态的继电器作为复示继电器。

(3)继电器接点的接触电阻，在电路中串联接点的数量不应影响继电器的正常工作。

(4)电路中串联使用继电器时，继电器的数量应满足各继电器正常工作电压的要求。

(5)继电器的寿命常以无感负荷为试验标准，实际电路中经常遇到的是有感负荷，这样继电器的寿命应较标准所列数值为低。

2. 继电电路

1)继电器线圈的连接方法

(1)无极继电器、有极继电器、偏极继电器线圈的连接方法

a. 线圈引线片与电源片的连接如图 1-45 所示，图中电源片 1 与 3 分别为后圈与前圈的正极，2 与 4 分别为后圈与前圈的负极。

b. 对于线圈串联使用的有极继电器，电源片 1 接电源正极，4 接电源负极时，为定位转极，反之为反位转极。

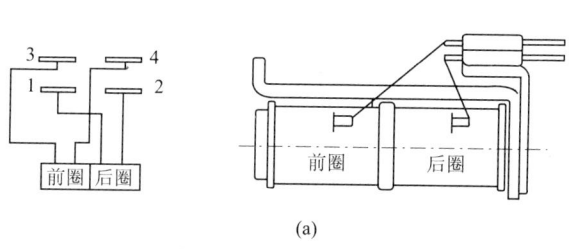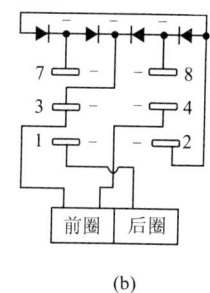

(a)

(b)

图 1-45 继电器线圈使用方法

c. 对于线圈单独使用的有极继电器,前圈的电源片 3 接电源正极,4 接电源负极时,为定位转极;后圈的电源片 2 接电源正极,1 接电源负极时,为反位转极。

(2)整流继电器的线圈引线片、整流器与电源片的连接

插座接点、编号对应关系如图 1-46 所示。图中电源片 1 与 3 分别为后圈与前圈的正极,2 与 4 分别为后圈与前圈的负极。

各类继电器与无极继电器的插座通用,并应根据图 1-46 所示,插座外的编号使用。

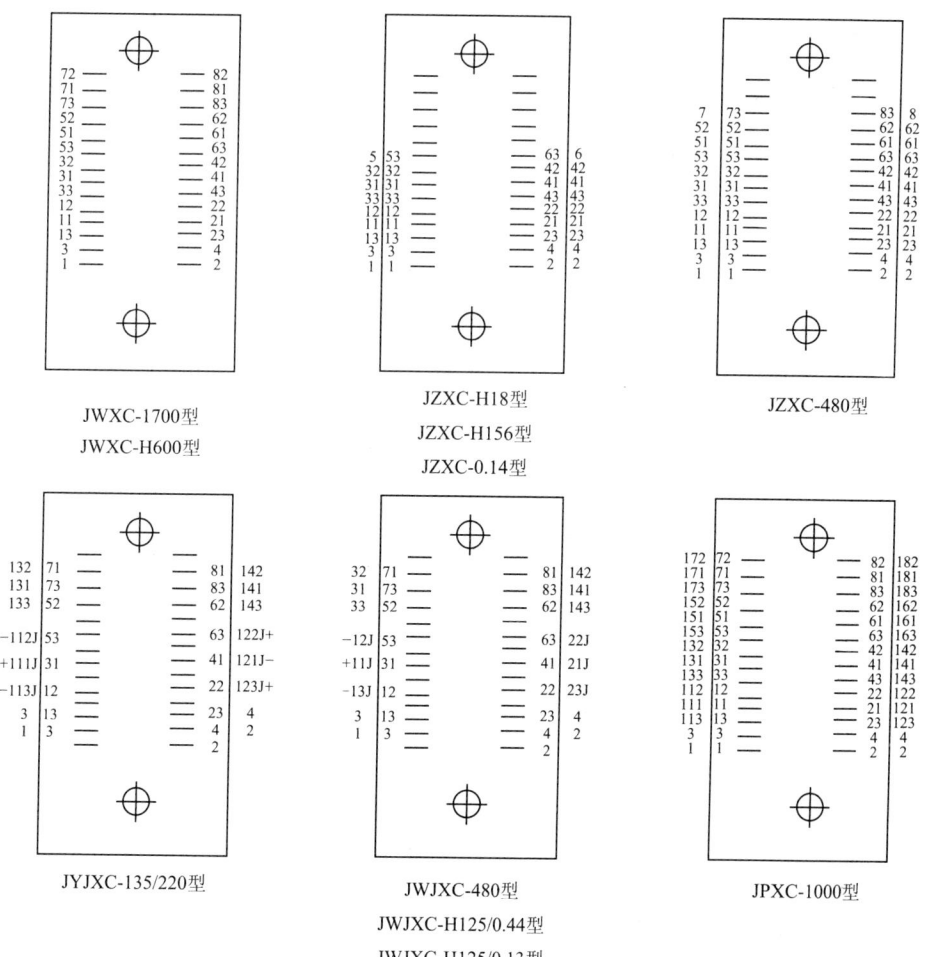

图 1-46 插座接点、编号对应关系示意图

2)串联电路和并联电路

根据继电器接点在电路中的连接方式,继电电路可分为串联、并联和串并联三种基本形式。

(1)串联电路

串联电路指继电器接点串联连接的电路,其功能是实现逻辑"与"的运算。图 1-47 为一串联电路,3 个接点必须同时闭合才能使继电器 KTJ 吸起。从逻辑功能来看,接点在电路中的串接顺序是任意的,而且动接点是否接向电源也是任意的。但从工程角度出发,应考虑接点的有效使用,如 AJ 的后接点可用在别的电路中。需要指出的是,"KTJ"是该继电器在电路中的名称,而非继电器型号,在信号系统中,对继电器命名通常是根据其在电路中的作用进行命名。

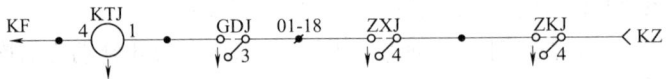

图 1-47　接点串联电路

(2)并联电路

由几个继电器接点并联连接的电路称为并联电路,它的功能是实现逻辑"或"运算。图 1-48 为 3 个接点并联的例子,其中任一个接点闭合都会使 DJ 吸起。从工程角度看,也要考虑接点组的有效利用。

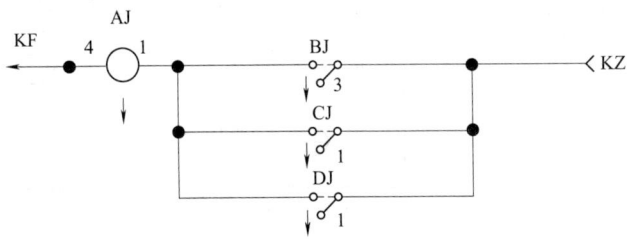

图 1-48　接点并联电路

(3)串并联电路

根据逻辑功能的要求,在电路中有些接点串联,有些是并联,这类电路称为串并联电路,如图 1-49 所示。

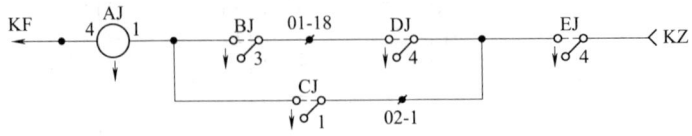

图 1-49　串并联电路

3)自闭电路

在继电器构成的控制系统中,常需要将某一动作记录下来为以后的过程做准备。例如图 1-50 所示的按钮继电器电路,按下自复式按钮 A 后,AJ 经过励磁电路吸起。但松开按钮后,继电器就不能保持吸起。为此,增加由自身前接点构成的电路,使按钮松开后,继电器不落下。这条由自身前接点构成的电路称为自闭电路。有了自闭电路后继电器就有了记忆功能。当然,当它完成任务后,就必须由表示该任务完成的继电器接点使其复原。

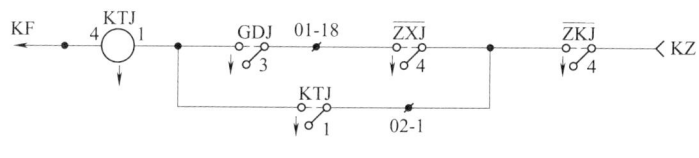

图 1-50　自闭电路

3."故障—安全"技术原则

城市轨道信号控制系统是保证行车安全的重要设施。设备本身的任何故障都有可能会给行车带来严重的恶果,造成生命财产的重大损失。因此,必须认真研究系统的安全技术,保证信号系统稳定、不间断地工作,防止发生任何系统的损坏事故。如果不可避免地发生任何故障,也应该严格控制其后果,决不能影响行车安全。尤其是元器件故障后,绝对不允许出现信号升级的现象。

1)城市轨道交通信号技术的故障

故障是指在规定的时间内和规定的条件下,信号设备规定的功能(部分或全部)受到限制或丧失。故障率是指工作到某时刻尚未失效的信号设备,在该时刻后单位时间内发生失效的概率。

系统安全性是指在规定的时间内和规定的条件下,有关设备不发生危险状态的概率。"故障—安全"是指系统故障以后导向安全,即指系统中发生一次故障(一次故障是指信号设备的原发性故障,它不是直接或间接由另一种信号设备所诱发的故障。而二次故障则是指信号设备的继发性故障,它是直接或间接由另一种信号设备所诱发的故障)或二次故障后,它的输出是按照预先设定的并仍能确保行车安全的,则称为"故障—安全"。信号控制系统的安全原则是在最不利的条件下,应该满足"故障—安全"的原则。显然,按照"故障—安全"原则设计的信号设备,当设备发生故障时,行车能够导向安全方面,使设备动作的后果不会产生威胁了。

"故障—安全"是信号专业必须重点强调的一个技术原则。处于禁止运行状态的故障有利于行车安全,称为安全侧故障;处于允许运行状态的故障可能危及行车安全,称为危险侧故障。信号设备发生安全侧故障的可能性应远远大于发生危险侧故障的可能性。

2)对信号系统的一般规定

(1)保证行车和车站作业安全的信号设备,应具有必要的安全性和可靠性。

(2)当信号设备发生故障时,应以特殊的方式做出反应并导向安全需要指出的是,安全性仅仅是一种概率参数,信号设备不可能具备排除了任何危险的绝对安全。

(3)对"故障—安全"要求,应从技术上能够实现。研究和设计各种信号设备,均应满足"故障—安全"的原则。

(4)安全程度的高低受经济的制约。为了便于信号技术的发展和经济合理的安全要求,应对信号设备满足安全的程度进行定性和定量的分析。

3)故障假设

研究和设计电路结构及设备时,应对可能发生的故障进行假设,并根据其假设采取具体的防护措施。故障假设的基础应是对已往信号设备已发生的故障的总结和正确估计。

组成电路的元器件性能和环境条件应根据产品标准或生产厂家的规定,结合电路的安全要求正确选用,并应考虑故障后果,例如:

(1)继电器不能励磁或极性继电器不能正常转极。

(2)继电器接点不能闭合或断开(N型继电器不考虑前接点不能断开)。

(3)信号机灯泡断丝。

(4)熔断器熔断。

(5)整流元件断线或被击穿。

(6)电容器短路、断线及容量的变化。

(7)电阻断线、线绕电阻短路。

(8)变压器线圈短路。

(9)电子元件的击穿和截止。

(10)微电子设备中的门级、门开关级故障和各种集成芯片的故障。

(11)电源瞬间停电或电压波动超限等。

系统电路的设计主要考虑出现下列故障时导向安全:

(1)室内线路断线。

(2)室外线路混线、断线、短路、接地。

(3)轨道电路瞬间分路不良。

(4)强电线路(高压输电线路、电力牵引接触网)对信号设备的电磁影响及迷流、雷电感应过电压的影响。

在下列情况下,信号设备不应导致危及行车安全状态。

(1)一次故障。

(2)一次故障及其二次故障的叠加。

(3)一次故障及其二次故障和过负荷故障。

(4)一个故障同时加上误操作。

(5)当故障不能立即发现时,应考虑积累另一个故障。

过负荷防护元件动作应属于故障,如防雷元件、熔断器、电子安全设备等。

在正常环境条件下,信号设备及其元器件处于规定的参数范围内,电源处于规定的波动范围内,应视为无故障。

当组成微电子设备的元件数量多且相当复杂时,不应按一般方法对其进行故障假设。

4)故障发现

(1)信号设备应具备必要的自诊断功能及必要的检(监)测设备。检(监)测设备工作或故障时,不得影响主设备的正常工作和功能。

(2)信号设备的故障可分为未发现的故障和发现的故障。

未发现的故障不易引起有关人员的注意,并可导致危及行车安全的状态,应尽最大努力消除。故障可通过使用或检(监)测设备发现。

(3)假设故障一般应以很高的概率发生,发现故障不应引起危险状态或导致运行的危险状态。

(4)发现故障的时间应力求最短,在此时间内可以不考虑出现另一个独立故障。

由于各种原因,故障出现后不能立即发现,当不危及行车安全时,此种故障可最迟在下次使用该设备或对其进行人工检查时予以发现。

(5)对设备确保安全有威胁或有限制的保障(包括二次故障),应以很高的概率导致暂停或部分暂停运行状态,并利用暂停运行或部分暂停运行状态发现故障。

(6)对设备安全没有威胁或没有限制的故障不应导致暂停运行状态,并应通过故障表示发现故障。

当故障发生的概率很小或故障及随之产生的故障对安全没有影响,并且设备还能工作,又无条件给出故障表示时,可以不设故障表示。无表示的故障不应导致危险状态。

对操作人员的误操作应尽可能予以防止和给出故障表示。

(7)设备发生故障导向安全时,应具有下列任何一种安全状态:

①暂停运行或部分暂停运行。

②降级使用。

③故障报警(声、光报警)。

④给出误操作表示。

(8)当设备对某些故障不具备自动发现的功能时,可通过人工检查发现故障。

4. 城市轨道交通信号技术的"故障—安全"措施

1)防止危险故障的方法

城市轨道交通信号设备防止危险故障的方法可采用排除故障法和考虑故障法。

(1)排除故障法是通过对元器件的选择、采用合理的材料、高强度的连接线、专门结构、相应的物理方法、特定的生产——检查工艺、元件间安装上保持足够距离及合理的配线、适当的工作环境等,使设备在使用中具备排除故障的条件。必要时还应辅以维护人员的周期检查。

(2)考虑故障法应针对其发生故障的概率必须考虑的和不能排除的故障。考虑可能出现的故障的目的应找出防止危险故障后果,保证设备保持在一定的安全状态。

(3)考虑故障法可分为防止故障后果和限制故障后果的方法。

①防止故障危险后果的方法可分为直接防止故障危险后果和间接防止故障危险后果。

直接防止故障危险后果应对系统设计采取正确的方案;间接防止故障危险后果应采用冗余或监督的方法。

②直接防止故障危险后果的方法主要应采用合理的结构和电路设计,如:

a. 采用标准化的定型电路,设备生产尽可能工厂化。

b. 电路及软件设备应分层次、模块化、标准化。

c. 计算机联锁程序及静态数据应固件化。

d. 采用继电器常时励磁方式,发生断线时达到"故障—安全"。

e. 考虑电源及控制条件设置位置、使用独立电源及控制条件双断等措施,防止混线时误动。

③间接防止故障危险后果主要应采用冗余的方法。所谓冗余是指某一规定的功能用多于一种的方法(硬件或软件)完成,如:

a. 设备冗余对某一相同的规定功能由多于一套的设备来完成。即根据需要,采用双机或多机完成同一任务。

b. 参数限界冗余。采用具有较高极限参数的电路元器件,电路所用元器件应低于厂家规定的容许额定值,规定电路所用元器件不应满负载。

c. 时间冗余。延缓信息处理各阶段的开始时间,防止出现短时错误信息或错误控制。

d. 能量冗余。规定的工作能量应大于完成该功能所需的能量。

e. 数据冗余用多于一种的处理方法和数据来完成某一相同的规定功能。

f. 在计算机联锁设备中,除满足上述要求外,联锁模块必须采用双套编码,每份编码所使用的数据应来自物理地址完全不同的空间,与行车安全有关的信息必须以空间冗余的方式存储。

④采用监督方法间接防止故障危险后果,应检查联锁关系是否正确(如检查进路上道岔的位置是否正确、照查及闭塞条件是否满足等)。

采用计算机联锁,在上电、复位之后、开始联锁运算之前,必须运行一个自检程序、检查计算机及其输入/输出接口功能的完整与完好。联锁机在整个工作期间内,应周期性的自检或互检。

⑤限制故障后果应通过对功能进行检查来实现。

a. 功能综合检查:检查系统设备及构成电路的元器件工作是否正常。

b. 部分功能检查:应采用专门技术进行系统设备的部分过程的功能检查(如用闪光校核电路检查闪光电源,当闪光电源故障时,切断闪光校核电路,迫使信号显示降级等)。

c. 功能程序检查:按时间顺序依次检查信息处理的中间结果或多信息处理的结果的比较是否相符。

2)采用防止危险故障方法的原则

(1)进行设备安全性设计时,在满足设备所需安全度的基础上,应优先选用排除故障的方法。

(2)当采用排除故障法不适用或不合理时,应采用考虑故障法,并应优先采用防止故障后果的方法。

3)继电电路的安全措施

在继电器电路中常见故障有:熔断器熔断、断线、脱焊、螺丝松脱、线圈烧坏、接点接触不良、器件失效、插接件接触不良、线间绝缘不良、线路混入电源等,故障种类很多。但就其对电路的影响可以归纳为两大类:

一类使电路开路,称为断线故障。断线故障会导致吸起的继电器错误落下或使应吸起的继电器不能吸起。

另一类使电路短路,称为短路故障。混线故障可能使不应吸起的继电器错误吸起或使已吸起的继电器不能及时落下,继电器电路的安全性主要是解决断线防护和混线防护问题。

(1)断线防护电路

电路的断线故障远多于混线故障,据此必须按闭合电路法(以电路断开对应安全侧,以电路闭合对应危险侧)设计继电电路,即发生断线故障时使继电器落下以满足"故障—安全"的要求。图 1-51 所示的两个电路是等效的,即 AJF 是 AJ 的复示继电器,但两者结构不一样,图 1-51(a)符合闭合电路原理,无论何处发生断线故障都导致 AJF 在落下

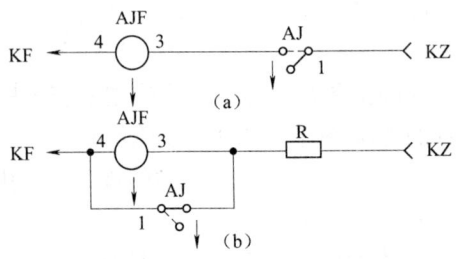

图 1-51　断线防护电路

状态,具有"故障—安全"性能。图 1-51(b)是利用 J 的接点构成 AJF 线圈的旁路而使 AJF 落下,称为旁路控制电路,其发生断线故障时 AJF 反而错误吸起而导向危险侧,所以安全电路不能采用旁路控制电路。

按闭合电路原理设计的电路是断线保护的基本方法,它能对任何断线故障有反映,故可认为它具有断线故障自检能力。

（2）混线防护电路

继电电路按闭合电路原理设计,在混线故障情况下就有可能使继电器错误吸起而导向危险侧。因此尽管混线故障远少于断线故障,也必须慎重地采取防护措施。实际上,要使电路的各点都进行混线防护,是困难的,也是不可能的。室内环境较好,只要采取严格的施工工艺,电路极少发生混线故障,一般不采取防护措施。

①位置法

位置法也称远端供电法,是针对室外电路之间混线而采取的措施。例如,在图 1-52 中两电路的逻辑功能是等同的,但电路结构不同,图 1-52(a)的继电器和电源均在电路的同一侧,发生混线故障时继电器将无条件地错误吸起,这十分危险。而在图 1-52(b)中,继电器和电源分设在电路两侧,发生混线故障时,一方面使继电器短路,另一方面在接点 DB(转辙机接点)闭合的情况下使电源处的熔断器熔断,从而使继电器落下,导向了安全侧。所以,位置法的关键是继电器和电源必须分别设在可能混线位置的两侧。

②极性法

极性法是针对室外电路混入电源而采取的措施。如图 1-53 所示,电路中采用偏极继电器。当 Q 线上混入正电时,与电源极性一致,则继电器 1JGJ 仍保持吸起,Q 线上混入负电时,则熔断器熔断,使继电器 1JGJ 落下导向安全侧。在 H 线上混入电源情况同样如此。如果在列车占用 1JG 时,1GJ↓,此时若在 Q 上混入负电,H 线上混入正电,则 1JGJ 因极性不符,不吸起,而如果采用无极继电器就不能达到此目的。

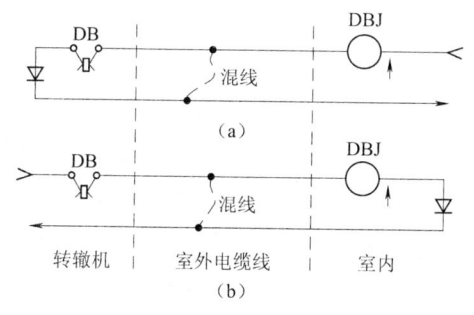

图 1-52　混线防护电路

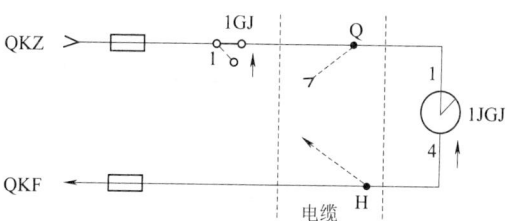

图 1-53　极性法混线防护电路

③双断法

双断法是在电路的 Q 线和 H 线上都接入同样的控制接点,来防止混线混电故障,如图 1-54 所示。若采用双断法,这种可能性就大大减小。Q 线或 H 线混入电源,也可防护。若不采用双断法,继电器 1DBJ 和 1FBJ 的 Q 线之间发生混线故障,则 1FBJ 将错误吸起,若采用双断法,则 Q 线间发生混线故障时也不会使 1FBJ 错误吸起。

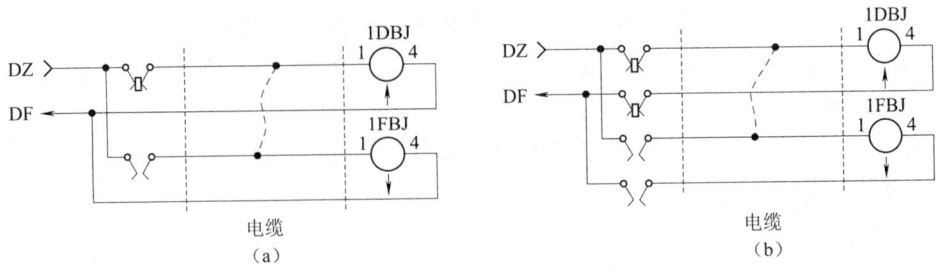

图 1-54　双断法混线防护

④独立电源法

独立电源法也称为电源隔离法。从上述双断法分析中可以看出,在混线故障情况下导致继电器错误吸起的原因在于继电器未采用独立电源或多个继电器共用一个电源所致。如果每个继电器有各自的电源且没有公共回线,那么任何两条线路混线都不会构成错误的闭合电路使继电器吸起。但为每个继电器设直流电源很不经济,故在直流电路中未采用,然而在交流电源中可以很方便地利用变压器实现电源隔离,例如轨道电路、信号点灯电路和道岔表示电路都采用变压器隔离。图 1-55 为道岔表示电路中独立电源防护法,其中的 BB 就是专用的隔离变压器。

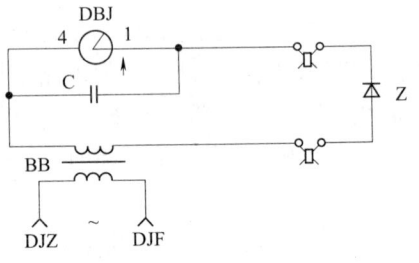

图 1-55　独立电源防护法

以上几种措施也可能同时采用。

此外还有分路法(当继电器处于落下状态时接通继电器线圈的分路线,以防止因混入电源而错误吸起)、分线法(重要的继电器电路不与其他继电器共用回线)等。

5. 城市轨道交通信号技术的安全性与可靠性

1)安全性与可靠性

首先熟悉以下几个概念:

(1)安全性。信号设备的安全性是指某设备(或该设备的某些部件)发生工作故障时,应停止使用(或部分停止使用),并具有以较大的概率防止发生危及行车安全的能力。

(2)可靠性。可靠性是指信号设备在规定的时间内、规定的条件下,完成规定功能的能力。可靠性是幸存概率,即设备使用年限为 X,在时间 t 内不会失效,或不在时间 t 前失效的概率。换言之,在规定的时间内、规定的条件下,设备完成规定功能而不发生故障的概率。可靠性是设备与时间相关的稳定指标。信号设备的工作能力是指在规定的时间内、规定的条件下,该设备发生未考虑到的故障状态(限制状态)的概率。

(3)有效性是指可以维修的信号设备在某时刻具有或维持规定功能的能力。有效性是故障率与修复时间的函数。

2)城市轨道交通信号设备安全性的评定

(1)根据可靠性理论,信号设备本身也会发生故障。因此,必须从技术上采取措施,以便当设备发生故障或出现人为错误时,立即以特殊方式做出反应并导向安全。

城市轨道交通信号保证行车安全的方法的特殊性质称为"城市轨道交通信号设备的安全性"。这个特性是:一个产品在规定的时间内和规定的使用条件下,不出现任何危险情况的概率。当故障影响到信号设备使用时,有可能丧失信号设备的全部功能或部分功能。这种方法也称为"故障—安全"原则(以下简称"故障—安全")。即,考虑了规定的基本条件(故障假设),检测出系统故障,并以较高的概率防止该系统的错误输出。在轨道上,这种检测导致发出限制性信息或导致城市轨道交通信号设备的限制性状态("故障—安全"原则)。

(2)由于安全性是一种概率参数,因此,信号设备不可能具有百分之百的,排除任何危险的绝对安全。

(3)城市轨道交通信号设备"故障—安全"的实现与故障检测环节有关。在一定条件下(如元器件故障、电源中断等,即假定故障的出现具有较高的概率),该检测环节使信号设备立即或在下一次操作时处于限制状态,并显示无危险的状态。

(4)必须明确指出,故障检测环节对某些意外出现的故障状态有可能检查不出来。当出现这类故障时,便不能排除危险状态。就此而言,安全性的概率参数就自然地包含了"非安全"状态。

(5)当追求过高的安全度时,还会受经济方面的制约。

(6)当故障检测环节与复杂电路相结合时,其元器件均具有一定的故障率,在使用上导致不合理的限制性影响。这时,由操作人员介入,部分或全部停止使用信号设备,亦即信号显示限制状态,使列车仍继续运行。实际经验表明,操作人员的错误率比信号设备的错误率高出几个数量级。操作人员的介入构成了一种新的危险源,从而进一步降低了整个人机系统的安全性。

(7)根据第(6)条可以推断,信号设备的功能应具有较高的有效性。换言之,在规定的工作周期内和规定的使用条件下,信号设备发生故障(限制状态)的概率应该是很小的。

(8)因为信号设备一般为可修复系统,故有必要引入有效性这个概念。

要求设备具有较高的有效性,例如使设备的某些部件冗余和使设计程序冗余,以便在发生故障的情况下,尽可能减少修复时间。

(9)保证城市轨道交通信号设备安全的先决条件,是掌握元器件发生故障时的性能及电路应保证技术安全要求等。

现将某些典型的要求列举如下:

①故障应导向安全的反应。例如锁闭道岔和进路;隔离发生故障的部件;限制控制和表示的允许程度。

②一次故障与二次故障叠加在一起(连续故障),应视为一个单独的故障。

③尽可能由独立的信息传输来实现故障检测功能。

④一个或数个可能发生的故障,会以某种概率在某一时间间隔中发生。这种概率是时间间隔的大小和故障率的函数。如果故障检测时间与故障率的倒数相比足够小时,就可以不考虑同时出现一个以上的独立故障。

⑤当故障检测功能不是由独立的信息传输实现时,故障发生后,就应在下一个转换过程中或下一次操作中限制使用。如果不能满足这项要求,该故障(一次故障)就可能诱发二次故障,此时,仍应防止出现任何危险的后果。

(10)当信号设备启用前,应按第(9)条所述要求,通过安全检查来验证。这种安全检查采用理论方法或实际试验或二者同时采用。通过这种验证应证实:在可能发生故障或故障组合时,设备没有错误输出。

3)可靠性措施

(1)在城市轨道交通信号设备中,可以利用各种冗余方法来满足安全条件和构成故障检测环节。例如,利用独立的电路来检查C类继电器的工作(需监督检查的信号继电器);使用高可靠性的N类继电器(对这类继电器注意选择接点材料,并依靠继电器衔铁的重量来确保动合接点断开);使有用信号与噪声间有足够大的能级差值的方法,以防止对安全信息的危险干扰;采用空间或时间冗余方法来处理和传输技术安全信息。

(2)根据"故障检测环节的配置",城市轨道交通信号设备可分为两类:

①单通道系统。单通道是采用直接输出控制信息进行处理的方法,在元器件或模块级的处理功能和安全功能是相互联结,不可分的。由内部的故障检测环节来保证安全,需要时,采用高可靠性的特殊的元器件。在这类系统中,处理功能和安全功能是不可分割的。例如,连接同一等级的模块,这类系统属自校验(例如:采用C类信号继电器)或由高可靠性的器件构成(例如:采用N类信号继电器)。

可以使用与连接特殊的"故障—安全"模块组成一个按单通道原理工作的电子功能单元。准确了解元器件的故障特性是发展这种特殊的"故障—安全"模块的基础。

"故障—安全"的电路,其安全概念是基于以下两个必要的、但不是充分的条件:

a. 采用特殊的电路配置。

b. 采用动态工作原理(安全周期),周期地检查所用元器件的工作性能。

两者都用于故障检测,一旦检出故障,便中断进一步处理过程。

②多通道系统。多通道是采用多通道处理及以并联或串联方式相继输出相同或相似的控制信息,以提高可靠性,特别是提高安全性。处理功能和安全功能是彼此分开的。安全性是由外部的故障检测环节的处理水平来保证的。在这类系统中,处理功能和安全功能是分开的。安全信息通常是通过硬件进行处理,而该硬件并不遵循"故障—安全"。因此,故障检测环节及整个系统的"故障—安全"是通过并联或串联的多通道传输相同或相似的信息而得到的。这种信息依次结合,输出到"故障—安全"的比较器和输出设备。

对模块和集成电路,不能建立一种合理的故障分类,也不能按传统的观念来验证安全性能,只能以多通道处理方式(空间冗余或时间冗余)来保证"故障—安全"。在多通道信息处理之后,按照所选的冗余原理比较信息,并输送到"技术安全比较器"。

这种比较器必须是"故障—安全"的。例如,必须采用符合以上要求的电子设备或采用信号继电器的比较电路。采用计算机来解决技术安全问题时,也应采用这种方法。

(3)为了便于发展和经济合理的评价信号设备安全技术,必须对设备满足安全要求的程度进行定量分析。

总之,信号系统采用具有特殊的"故障—安全"性能的技术系统构成典型的轨道安全系统。

6. 继电器接点电路的基本形式和分析方法

在设计和分析继电电路时,为了便于认识和掌握电路的逻辑功能、继电器动作顺序、继电器动作时机和继电器励磁回路,需采用一些简便的分析方法,通常有动作程序法、时间图解法和接通径路法。

1)动作程序法

动作程序法用来表示继电器的动作过程,着重反映继电电路的时序关系、因果关系,而不严格地表达逻辑功能。

动作程序法用符号表示各继电器状态的变化,"↑"表示继电器吸起,"↓"表示继电器落下,(这里↑、↓表示继电器的动作,不要和电路图中表示继电器定位状态的↑、↓相混淆)。"→"表示促使继电器吸起、落下,有因果关系。"|"表示逻辑"与"。

例如对于图1-56所示的电路,当按下开关K时,它的动作程序如下:

BJ↓→AJ↑,AJ↑→BJ↑,BJ↑→AJ↓

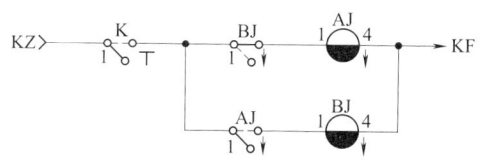

图1-56　电路

2)时间图解法

有些继电电路的时间特性要求较严格,整个电路动作过程与继电器的时间特性(如缓放时间的长短)密切相关。这时,可用时间图解法来较准确地进行分析。时间图解法能很清楚地表示出各继电器的工作情况、相互关系和时间特性,能正确地反映整个电路的动作过程。

时间图解法把继电器线圈通电、前接点断开、后接点闭合、线圈断电、前接点断开、后接点闭合等都用时间图,如图1-57所示表示出来。继电器之间的相互关系,在时间图上用箭头表示,其动作过程的时间图如图1-57所示。

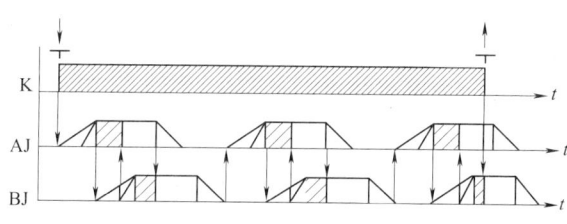

图1-57　脉动偶电路时间图解

3)接通径路法

接通径路法用来描述继电器励磁电流的径路,即由电源正极经继电器接点、线圈及其他器件(按钮接点、二极管等)流向电源负极的回路,它是在分析继电器电路中常用的方法(俗称跑电路)。

例如,对于图1-56所示的电路,其励磁电路如下:

KZ—BJ$_{31\text{-}32}$—AJ$_{1\text{-}4}$—KF

在电路中连接的接点号或端子号用下标表示,接点之间用"—"联系,它表示经由,而不用"→",没有促使的含义,以避免和动作程序法中的"→"相混淆。

接通径路法仅表达了继电电路的导通路径,而不能反映电路的逻辑关系。对于复杂的继电电路,在对其逻辑关系不熟悉的情况下,可先用接通径路来加以描述。

在实际应用过程中,通常将动作程序法和接通径路法结合起来使用,一方面,在掌握继电电路动作程序的情况下,能方便地跑通电路;另一方面,在跑通电路的过程中,加深对动作程序的理解。对时间要求特别严格的电路而言,用动作程序法和接通径路法无法准确表达其逻辑关系时,这时候时间图解法就能显现出它的突出作用了。

1.2.3 相关规范、规程与标准

《铁路信号故障—安全原则》(TB/T 2615—1994)。

复习思考题

1. 什么是安全型继电器？

2. 试画出各继电器图形符号及简述其电路画法。

3. 试画出一个简单的继电器电路。

4. 试画出继电电路串联、并联和串并联三种基本连接方式。

5. 自闭电路有什么作用？一般构成有哪些部分？

6. 改变继电器时间特性主要有哪些方法？

7. 简述动接点、前接点、后接点的定义。

8. 简述 JWXC-1700 型继电器各汉语拼音字母表示的含义。

9. 信号电路对继电器有什么要求？

10. 继电电路的分析方法主要有哪几种？

11. 试利用接点电路的逻辑电路去设计接点电路并根据条件和任务进行综合、变化、简化。

12. 如何处理继电器时间特性不能满足要求的故障？

13. 如何根据要求设计继电器电路？

14. 简述如何处理继电器电路混线故障。

15. 读出以下继电器接点的全称。

3	8	4
(a)	(b)	(c)

5	111 113 / 112
(d)	(e)

项目 2 　信号机维护

项目描述

信号机是城市轨道交通信号系统室外基础设备之一,用来防护进路。因此,信号机的设置地点、显示距离、灯光配列等是否满足运营需要,都是设备维护过程中必须关注的内容。本项目是本课程中的重要内容之一,通过本项目的学习与实践能对信号机进行维护,并能进行简单故障的分析与处理。

教学目标

1. 能力目标

(1)能对信号机进行检修与测试。

(2)能对信号机进行简单故障的分析与处理。

(3)能识读电缆配线图与设备电路图。

(4)能对单项设备进行更换与安装作业。

2. 知识目标

(1)掌握信号机的结构与工作原理。

(2)掌握信号机布置的原则及其定位显示要求。

(3)掌握信号机灯光配列的原则。

(4)掌握相关电气特性参数标称值。

(5)了解设备配线图及电路图。

(6)熟悉信号机故障处理流程及常见故障分析方法。

3. 素质目标

明确信号机维护时的岗位职责,遵章守纪,能安全规范地进行相关操作。

典型工作任务 1 　正线信号机设置

2.1.1　工作任务

根据图 2-1 所示的正线举例线路结构示意图布置信号机。

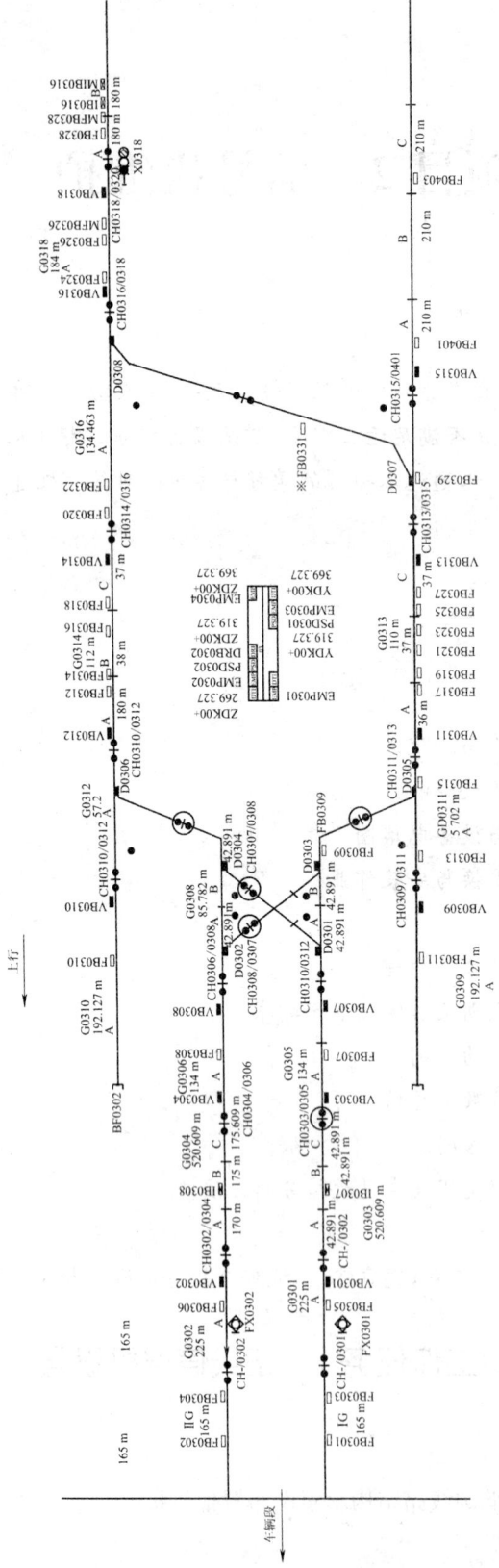

图 2-1　正线举例线路结构示意图

2.1.2 知识链接

信号是在行车、调车工作中,对行车有关人员指示运行条件而规定的物理特征,是指示列车运行[1]及调车作业[2]的命令,有关行车人员必须严格执行。而城市轨道交通信号通常通过地面信号装置或车载信号装置进行显示。信号机是表达固定信号显示所用的机具。色灯信号机是用灯光的颜色、数目及亮灯状态表达信号含义的信号机。信号机按高度有高柱、矮型和非标信号机三种。高柱信号机的机构设于机柱上,矮型信号机的机构设于建筑接近界限下部,非标信号机是区别于传统高柱和矮型信号机的一种信号机,通常配有机柱,但在高度上是比高柱矮的信号机。

1. 正线信号机的设置原则

正线信号机的设置原则应符合下列要求:

(1)在 ATC 控制区域的线路上应设道岔防护信号机和出站信号机。可根据运营需要设置其他类型的信号机。

(2)具有出站性质以外的道岔防护信号机应设引导信号[3]。

(3)信号机一般设在列车运行方向的右侧。遇条件限制需设于其他位置时,应经运营主管部门批准后再实施。

(4)信号机应采用白炽灯或其他光源构成的色灯信号机。

在用轨道电路进行区段、分割的均段,信号机位置一般要求与绝缘节并置,必要时也可以有前后的伸缩,但应符合工程技术规范的规定。

①进站信号机处的钢轨绝缘,可装在信号机前方或后方各 1 m 的范围内。

②出站信号机处的钢轨绝缘,可装在信号机前方 1 m 或后方 6.5 m 的范围内。

当达不到有关规定时,应在定测时与有关单位研究确定用前移信号或要求工务锯轨、换轨来解决。

出站信号机应设于每一发车线的警冲标内适当地点。在限界允许的条件下,一般与轨端绝缘并排安装,轨端绝缘距警冲标距离在 3.5～4 m 范围内。

2. 正线信号机的分类

1)按用途分类

在正线上可以分为出站信号机、道岔防护信号机、防淹门防护信号机和尽头信号机四种。其中出站信号机的作用是在 CBTC 降级模式下作为列车占用区间的凭证,指示列车能否进入区间;应与发车进路[4]及敌对进路[5]相联锁[6],信号开放[7]后保证发车进路安全;同时作为指示列车在站内的停车位置。所以,车站发车线(含救援列车停留线)端部一般须装设出站信号机。

---

①行车作业——接、发列车的作业。
②调车作业——编组、解体、取送、摘挂、取送、转线、转场、机车出/入库、出/入专用线及平面溜放等作业。
③引导信号——准许列车在信号关闭条件下,按照规定的低速通过该信号机的信号。
④发车进路——列车由车站(或车场)驶出所经过的进路。
⑤敌对进路——同时行车会危及行车安全的任意两条进路。
⑥联锁——通过技术方法,使信号、道岔和进路必须按照一定程序并满足一定条件,才能动作或建立起来的相互关系。
⑦信号开放——信号机显示进行信号的状态。

出站信号机应设置在每一发车线的警冲标内方对向道岔为尖轨尖端外方适当的地点,如图 2-2 所示。

设置出站信号机应考虑少占用股道有效长,当发车线设有轨道电路时,出站信号机宜与轨道绝缘设在同一坐标处;为了避免和减少在安装信号机时造成串轨、换轨和锯轨等工作,轨道绝缘设置在出站信号机前方 1 m 或后方 6.5 m 的范围内。当采用计轴装置检查线路状态时,通常信号机设置应与计轴磁头并列设置。

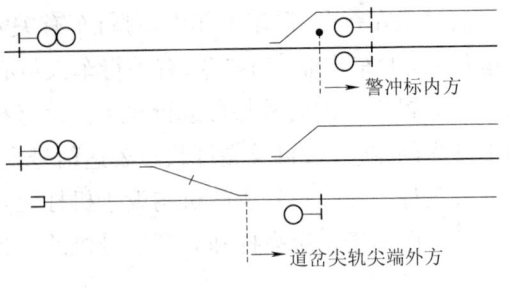

图 2-2 出站信号机设置

2)按信号机机构分类

城市轨道交通信号机按机构通常分为两灯位机构、三灯位机构和四灯位机构信号机三种。其中,在正线上基本是采用三灯位机构的信号机,只有在尽头型线路采用两灯位,甚至采用一个灯位的信号机作为阻拦。

正线信号机的机构及灯光配列方式应符合下列规定:

(1)以两个基本灯光组成一种信号显示时,应在一条垂直线上,并应有一定间隔距离,在两灯位间采用空位停用方式增加间隔距离。在高柱信号机上,不得用一个三显示机构的上下两个灯位显示两个同一颜色灯光。

(2)按光源分类

它可以分为白炽灯透镜式色灯信号机与 LED 色灯信号机两种。目前,地铁使用的信号机基本为 LED 固定的色灯信号机。

3. 信号机显示颜色的含义

城市轨道交通信号机显示采用的颜色主要有红色、绿色、黄色和白色等。有些城市轨道交通在车辆段或停车场还采用蓝色灯光作为禁止灯光的颜色。根据不同的颜色显示可以表示不同的行车信息,用于指挥列车的运行。

各灯位无显示——移动闭塞控制方式,司机根据车载信号显示运行。

红色——停车信号,禁止列车越过该信号机。红色灯光的符号用"●"表示。

绿色——行进信号,表示列车可以通过该信号机且进路中的所有道岔开通直股(只用于正线显示,车辆段一般不设绿色显示)。绿色灯光的符号用"○"表示。

黄色——慢速继续前进,代表列车可以通过信号机且进路中的道岔至少有一组开通弯股(用于正线显示)。黄色灯光的符号用"◒"表示。

红色+黄色——引导信号,列车可以不超过 25 km/h 的速度通过该信号机,并随时准备停车。

4. 信号机的命名

关于信号机的命名,如 X0502,在不同的城市轨道交通信号系统会有所不同,但一般会按照以下的规则来命名。对于在正线上的信号机,主要遵循以下的规则来命名:

(1)信号机的编号共有五位,第一位为字母(S 和 X),后四位为数字。

(2)第一位字母为 S 和 X,代表方向。S(汉语拼音第一个字母)代表上行方向;X(汉语拼音第一个字母)代表下行方向。

（3）第二、三位为数字，代表车站编号，如 X0502 中的"05"表示第 5 个车站。

（4）第四、五位为数字，代表设备编号，单数为站台下行区域设备，双数为站台上行区域设备，并按照列车到达方向顺序从小到大的顺序进行编号，离站台最远的设备编号为第一个，如 X0502 中的"02"表示上行本站的第"02"架信号机。

总结而知，信号机编号 X0502 的意思是第五个车站上行区域的第二个信号机。

5. 信号机的设置及显示

1）城市轨道交通固定信号机的设置

应遵循下列原则：

（1）在 ATC 控制区域的线路上应设道岔防护信号机。道岔防护信号机以显示禁止信号为定位。地铁设有 CBTC 系统，当降级模式时，为便于司机掌握列车运行位置，可结合系统特点设置必要的地点标志，根据需要也可设置通过信号机：

①在每一站台的正常运行方向出站位置都应设置出站信号机。

②在道岔前都应设置道岔防护信号机。

③在防淹门前都应设置防淹门防护信号机。

④在线路的尽头都应设置尽头信号机。

⑤对于反向进路，始/终端信号机之间的距离尽量控制在两个区间以内。

⑥信号机应设在列车运行方向的右侧，特殊情况可设列车运行方向的左侧或其他位置。

⑦一般采用三灯位四显示信号机，只在尽头型线路采用两灯位两显示信号机。

（2）具有出站性质以外的道岔防护信号机应设引导信号。具有两个及两个以上运行方向的信号机可设进路表示器。

（3）车站应设发车指示器或发车计时装置。

2）信号显示应准确、清晰

具体要求如下：

（1）地面信号显示应与车载信号显示的状态一致。

（2）地面信号为主体信号时，其信号显示熄灭或显示意义不明时，应视为禁止信号。

3）地面信号为主体信号时

地面信号机及表示器的显示距离应符合下列规定：

（1）行车信号和道岔防护信号应不小于 400 m。

（2）调车信号和道岔状态表示器应不小于 200 m。

（3）道岔状态表示器以外的各种表示器、引导信号均应不小于 100 m。

（4）不满足显示距离要求的小半径曲线区段的信号机应使其达到最远显示距离。

（5）最小显示距离计算方法。从最大行车速度开始减速直到列车停下所行驶的距离再加上约 50 m 的人和系统反应时间的列车行驶距离，计算中使用的加速度为 $-1\ \mathrm{m/s^2}$ 左右。

4）信号定位显示

正线进/出站信号机、道岔防护信号机，进/出段（场）信号机以停车信号显示为定位，其他列车信号以进行显示为定位。

6. 信号机控制电路组成及其工作原理

信号机控制电路一般由点灯单元（含灯丝转换）、灯座和灯泡（或发光盘）及其机构等组成，其组成及工作原理如图 2-3 所示。

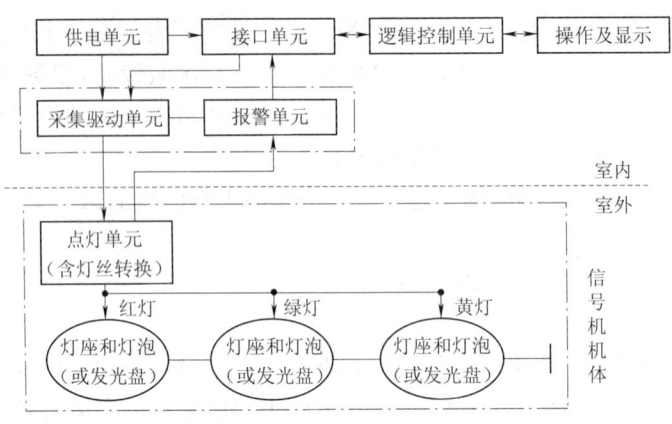

图 2-3　信号机一般组成及工作原理框图

信号机采集驱动单元通过常态闭合开关接通供电单元,向室外信号机的红灯点灯单元供电,使室外信号机点亮红灯(信号机关闭状态)。

信号机的开放,可以通过以下两种方式:

(1)人工开放。通过操作及显示工作站选择相关信号机及进路,并把相关信息传送给逻辑控制单元。

(2)自动开放。如果满足信号开放条件,逻辑控制单元通过接口单元向采集驱动单元发出开放信号命令,采集驱动单元立即接通供电单元向室外信号机的绿(黄)灯点灯单元供电,同时切断红灯点灯单元的供电,室外信号机点亮绿(黄)灯(信号机开放状态)。

信号机的关闭,也可以通过两种方式进行:

(1)人工关闭。操作及显示工作站选择相关信号机,并把相关信息传送给逻辑控制单元,逻辑控制单元通过接口单元向采集驱动单元发出关闭信号命令,采集驱动单元立即切断供电单元向室外信号机绿(黄)灯点灯单元的供电回路,同时通过常态闭合接点接通供电单元向红灯点灯单元供电,室外信号机点亮红灯(信号机关闭状态)。

(2)自动关闭。通过列车的顺序占用或 CBTC 命令自动关闭。

7. 白炽灯透镜式色灯信号机及其主要电路

白炽灯透镜式色灯信号机有两灯位、三灯位和四灯位机构三种,主要由灯泡(采用直丝双灯丝城市轨道交通信号灯泡)、灯座(定焦盘式灯座,调好焦后换灯无须再调)、点灯单元(带灯丝报警及切换)、透镜组、遮檐(防止阳光等光线直射时产生错误的幻影显示)、背板(黑色,背景暗,衬托信号灯光亮度,改善瞭望条件)等组成。

1)灯泡和灯座

白炽灯透镜式色灯信号机的灯泡一般采用直丝双灯丝城市轨道交通信号灯泡,其额定电压为 12 V、额定功率为 25 W。灯座为带转换试验按钮和不带转换试验按钮两种的定焦盘式城市轨道交通信号灯座。此灯座安装位置必须可调,从而可以调整信号机的光源位置,使主灯丝位于透镜组的焦点上,获得最佳显示效果,但调好焦后更换灯泡就无须再调整。

2)点灯单元(带灯丝报警及转换)

白炽灯透镜式色灯信号机的点灯单元一般由信号变压器和灯丝转换继电器组成,目前城市轨道交通使用的主要有 DDXL 型点灯单元和 XDZ-B 型多功能信号点灯装置两种,这两种点灯单元都将点灯和灯丝转换结合为一体,从而减小体积。

（1）DDXL型点灯单元

DDXL的定义为D（单元）、D（点灯）、X（信号）、L（防雷）。DDXL型插接式防雷信号点灯转换单元的点灯变压器采用带防雷装置的BX2-34型信号变压器，灯丝继电器采用JZSJC型继电器。

①DDXL型点灯单元工作原理

DDXL型点灯单元工作原理如图2-4所示，来自信号设备房的220 V电源从变压器T_1的①、②端子输入后，经变压器T_1后分为五路输出，可以通过调整变压器T_1 Ⅱ次绕组的不同端子为主、副电路提供不同的电压。刚接通电路时，主、副电路会有瞬间同时点灯的过程，但随着主灯电路中的JZSJC型继电器得电，其第1组后接点（接在副灯回路）断开，从而切断副灯电路，使副灯丝熄灭。当主灯丝断丝灭灯时，主灯回路中的JZSJC型继电器失电落下，其第1组后接点（接在副灯回路）闭合，从而接通副灯电路，使副灯丝点亮并通过发光二极管（LED）指示灯给出表示。同时，JZSJC型继电器的第2组前接点也断开，通过④、⑥端子给出主灯丝报警信息。

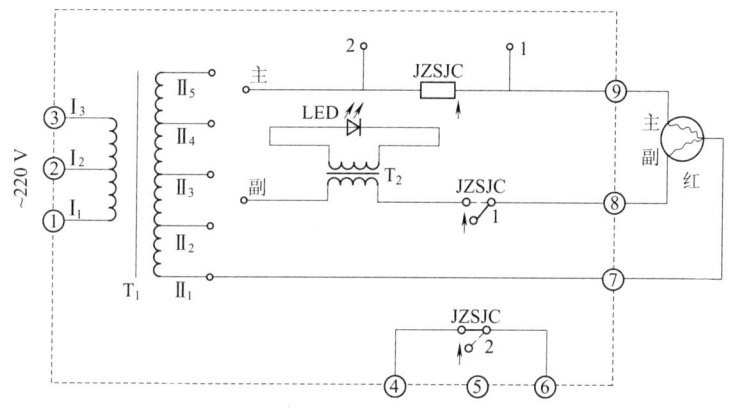

图2-4　DDXL型点灯单元原理电路图

②DDXL型点灯单元的功能特点

本单元由变压器、继电器、九位插接件三大部分组成，其中变压器端子板上装有指示灯，配线简单，施工方便。

在正常情况下，点亮主灯丝如图2-4所示的状态。当主灯丝断路时，通过灯丝转换继电器JZSJC的后接点闭合点亮副灯丝，同时端子板上的指示灯被点亮。如果要检查主、副灯丝转换功能时，可用任何导体将信号机构对应灯位下边1、2两个端子短路，则JZSJC继电器线圈被短路而落下，点亮指示灯，则表示副灯丝回路及继电器转换功能良好。

③DDXL型点灯单元技术参数

a. 变压器部分。DDXL型点灯单元变压器主要参数见表2-1。

表2-1　DDXL型点灯单元变压器主要参数

型号	额定容量(VA)	一次		二次	
		额定电压(V)	空载电流(mA)	电压(V)	满载电流(A)
DDXL-34	34	220	11	13、14、16	2.1

（a）变压器空载及负载特性。当Ⅰ次绕组 I_1、I_3 端接交流电压 220 V 时，Ⅱ次绕组空载电压误差不大于额定电压值的 +5%；变压器在满载时，其Ⅱ次电压不小于额定电压值的 85%。

（b）绝缘电阻值。在正常的试验大气条件下，变压器各绕组之间、各绕组对铁芯之间、Ⅰ次绕组对屏蔽层之间的绝缘电阻值均应不小于 1 000 MΩ，Ⅱ次绕组对屏蔽层之间的绝缘电阻值应不小于 600 MΩ。

（c）绝缘耐压。在正常的试验条件下，变压器的Ⅰ次绕组与Ⅱ次绕组、Ⅰ次绕组与屏蔽层之间均应能承受交流 50 Hz、有效值 3 000 V 的试验电压，历时 1 s 应无击穿或闪络；Ⅱ次绕组与屏蔽层之间应能承受交流 50 Hz、有效电压值为 2 000 V 的试验电压，历时 1 s 应无击穿或闪络现象。

（d）雷电冲击耐压。Ⅰ、Ⅱ次绕组对铁芯和Ⅰ、Ⅱ次绕组之间均施加电压波形为 1.2/50 μs、幅值为 15 kV、间隔为 1 min 的冲击电压，进行正、负极性五次试验不发生击穿或闪络。

（e）电压转移系数。在变压器线路侧施加波形为 1.2/50 μs、幅值为 1 kV、5 kV、10 kV 各一次，变压器Ⅱ次（设备）测试所得的电压转移系数符合标准。

b. 交流灯丝转换继电器部分

（a）机械部分。接点间隙不小于 0.8 mm，前、后接点压力不小于 150 mN。

（b）电气特性。工作值不大于 1.5 A（交流），释放值不小于 0.35 A。在温度为 15 ℃～35 ℃、相对湿度为 45%～75% 环境中，绝缘电阻应不小于 100 MΩ，绝缘耐压应能承受交流正弦 50 Hz、1 500 V 的试验电压，历时 1 min 应无击穿或闪络现象。

c. 插接部分。单片的插入力为 2～11 N，接触电阻小于 0.03 Ω。

（2）XDZ-B 型多功能信号点灯单元

XDZ-B 的定义为：X（信号）、D（点灯）、Z（装置）、B（产品序号）。XDZ-B 型多功能信号点灯装置将信号灯泡的点灯和灯丝的转换结合成为一体，取代了变压器和灯丝转换继电器，采用软启动方式，延长灯泡的使用寿命。

①XDZ-B 型点灯装置工作原理

XDZ-B 型多功能信号点灯装置结构如图 2-5 所示。

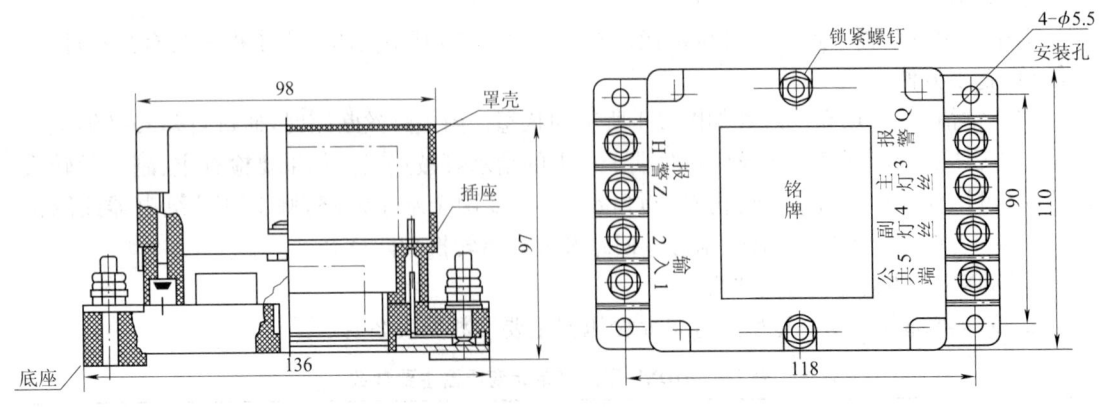

图 2-5　XDZ-B 型多功能信号点灯装置结构（单位：mm）

XDZ-B 型多功能信号点灯装置的工作原理如图 2-6 所示。来自室内的电源由"输入"端输入变压器 T_1 后分两路，主路以自耦合方式由绕组 W_2 提供交流 DC—DC 变换器转为直流供主灯丝点灯。DC—DC 变换器输出的直流电压 U_{oz} 具有稳压和软启动功能。由于主灯丝点亮时，副灯丝虽不工作，但仍在点亮主灯丝的高温烘烤下氧化严重。所以，从可靠性出发，副路以变压器降压方式由绕组 W_3 提供交流，经桥式整流器整流为全波直流电压 U_{of}，供副灯丝点灯，此副灯丝电压较低且没有经过任何处理。副灯丝为全波整流电压，正弦波的有效值为平均值（数字表直流挡测值）的 1.11 倍。考虑到波形等因素，为方便起见，实际副灯丝电压可由电压表测量值加 1.0 V 计算。

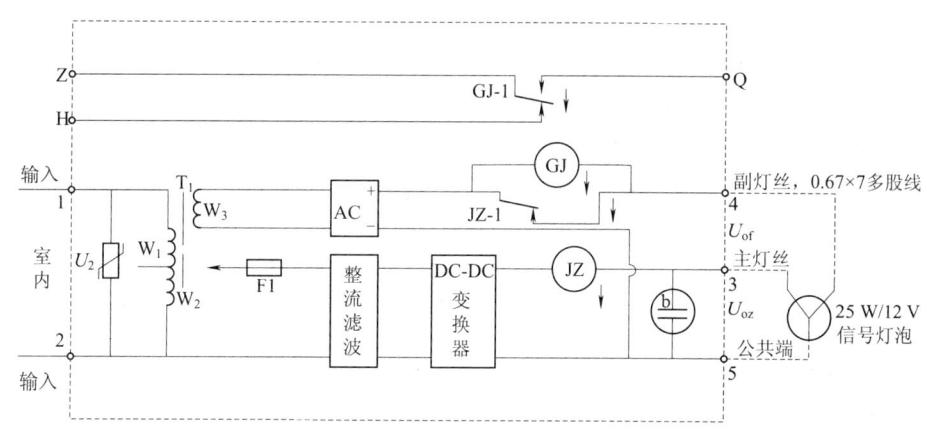

图 2-6　XDZ-B 型多功能信号点灯装置原理图

主灯丝电路中的灯丝转换继电器 JZ 为电流型继电器，与主灯丝串联，主灯丝断丝时失电，其后接点 JZ-1 闭合接通副灯丝电路，完成灯丝转换。副灯丝电路中的报警继电器 GJ 为电压型继电器，与副灯丝串联，副灯丝断丝时失电，由此提供副灯丝断丝报警。如上所述，在副灯丝完好仅主灯丝断丝时，灯丝转换继电器 JZ 失电，通过接点 JZ-1 闭合完成灯丝转换，同时短路报警继电器 GJ 并使之失电，所以主灯丝与副灯丝两者任一个断丝，JG 都及时失电报警。GJ 的一组接点组被引接在单元的三个接线柱上，用于组成断丝报警。为区别起见，报警端子比其他端子短 5 mm，以示区别。

如果公共端断路时，信号机灭灯。由于此时 U_{of} 与 U_{o1} 方向相反，使 JZ、GJ 及信号设备房内的灯丝继电器均落下，故障导向安全。

②XDZ-B 型点灯装置的功能特点

a. 点灯与灯丝转换结合在一起的一体化结构，配线简单，施工、维修方便。

b. 采用插入式安装方式，便于检修和更换，并且不需要现场调整。

c. 采用新型高集成化开关稳压电源作为点灯电源，该电源具有许多线性电路无法比拟的优点，体积小、质量轻、稳压范围宽。同时，设计中考虑了电源Ⅰ、Ⅱ次绕组之间的隔离，确保用户的安全。

d. 电路中具有软启动功能，当主灯丝和副灯丝刚点亮时，使冷丝冲击电流限制在 6 A 以下，从而大大延长了灯丝的使用寿命。

e. 具有主、副灯丝断丝报警接口，点灯装置增设了副灯丝断丝监测。当主灯丝完好而副灯丝断丝时，点灯装置也能发出报警，因此不论主灯丝或副灯丝两者任一个断丝都能及时发出报警。

f. 增设了防浪涌的保护功能。

③XDZ-B 型点灯装置主要技术参数

在了解 XDZ-B 型点灯装置的技术参数前,先弄清楚以下两个概念:

a. 冷丝冲击电流。点灯开始瞬间,灯丝处于冷态时所经过的电流。信号机灯丝冷态电阻约 0.5 Ω,如开启时输出电压瞬间全额加在灯丝上,此时的冷丝冲击电流在 10 A 以上,影响灯丝使用寿命。

b. 软启动。在灯丝点亮瞬间加在灯丝上的电压远低于额定电压(本装置仅为 3 V),然后经过 0.05～0.2 s 上升至额定值,此时间称为软启动时间。

XDZ-B 型点灯装置的主要技术参数如下:

a. 工作电压。220 V(176～253 V),单相交流 50 Hz。

b. 额定负载。25 W/12 V,双灯丝信号灯泡。

c. 灯丝输出电压。在额定负载情况下为直流 10.7～11.9 V。

d. 空载电流。在最高输入电压下≤16 mA。

e. 主灯丝冷丝冲击电流。≤6 A。

f. 主灯丝软启动时间。0.05～0.2 s。

g. 灯丝转换时间。<0.1 s。

h. 环境温度。−25 ℃～60 ℃(TB 1433—821 型室外电子产品规定)。生产时按−40 ℃～85 ℃考核。

i. 相对湿度。<90%(25 ℃)。

j. 电阻。输入/输出端子对地的缘电阻≥25 MΩ。

k. 绝缘耐压。输入/输出端子对地承受交流正弦 50 Hz、电压有效值 1 000 V 历时 1 min;输入/输出端子对地能承受 1.2/50 Vs、幅值为 10 kV 的冲击电压,无闪络和击穿现象。输入/端子之间能承受 1.2/50 μs、幅值为 3 kV 的冲击电压,无闪络和击穿现象。

7. LED 色灯信号机

LED 色灯信号机有两灯位、三灯位和四灯位机构三种,主要由点灯变压器、超高亮度 LED 矩阵(发光盘)、光学透镜、固定框架等组成,其外形如图 2-7 所示。LED 色灯信号机的主要特点是使用寿命长、可靠性高、节省能源、聚焦稳定、显示效果好、无冲击电流等。

LED 色灯信号机点灯变压器和发光盘的工作原理如图 2-8 所示。因 LED 发光管是低能耗的高效发光器件,在满足相关光学指标的前提下,LED 信号光源的功率不足 25 W 双灯丝灯泡的 1/4,仅 6 W 左右。如果直接采用交流 220 V 向点灯变压器和发光盘供电,则会造成点灯回路中的电流过小而无法满足 JZXC-H18 等型号灯丝继电器工作的要求。所以,供

图 2-7　LED 色灯信号机外形图

电电路一般会采用低压供电方式,即将信号点灯电源输出由交流 220 V 降低为交流 110 V,再向点灯变压器和发光盘供电。

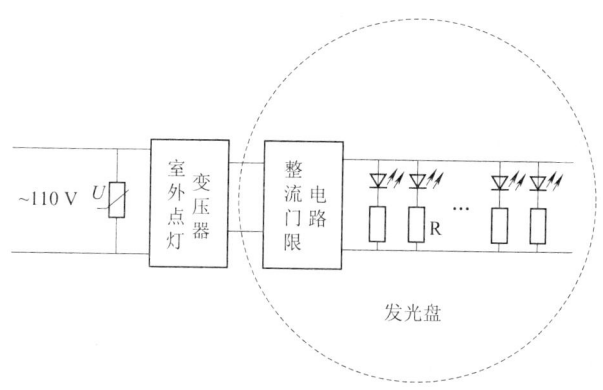

图 2-8　LED色灯信号机室外工作原理图

其中,点灯变压器可以起到电隔离作用,同时为发光盘提供合适的电源电压。发光盘(含整流门限电路)的内部电路为串并联结构,每条支路由若干个 LED 和电阻 R 组成,LED 均匀地分布在发光盘圆面内,构成发光点阵。支路中的电阻 R 起限流作用,限定电流在规定范围之内。为提高 LED 信号光源的抗干扰能力,在 LED 信号光源内均设有抗干扰门限电路。门限设定为线路输入电压 60 V,如果输入电压低于门限值,门限关闭,光源灭灯。当外部接上正向直流电源时,LED 点阵便发出相应颜色光,经光学集光透镜后产生由多个光轴组成近似于平行的信号灯光。

2.1.3　相关规范、规程与标准

1.《地铁设计规范》(GB 50157—2013)第 17 章。

2.《铁路信号设计规范》(TB 10007—2017)。

3.《铁路信号站内联锁设计规范》(TB 10071—2000)第 2 章。

4.《铁路信号图形符号》(TB 1122—1992)。

5.《透镜式色灯信号机构及信号表示器》(TB/T 1413—2016)。

6.《城市轨道交通信号系统通用技术条件》(GB/T 12758—2004)第 6 章。

7.《铁路应用　可靠性,可用性,可维护性和安全性技术条件和验证(RAMS)》(EN 50126—1999)。

8.《城市轨道交通信号工程施工质量验收规范》(GB 50578—2010)第 5 章。

典型工作任务 2　车辆基地信号机设置

2.2.1　工作任务

识读图 2-9 所示的车辆段举例线路结构示意图。

2.2.2　知识链接

1. 车辆基地信号机设置

车辆基地是城市轨道交通的车辆停修和后勤保障基地,通常包括车辆段、综合维修中心、物资总库、培训中心,以及相关的生活设施等。车辆段是停放车辆,以及承担车辆的运用管理、整备保养、检查工作和承担定修或架修车辆检修任务的基本生产单位。停车场是停放配属车

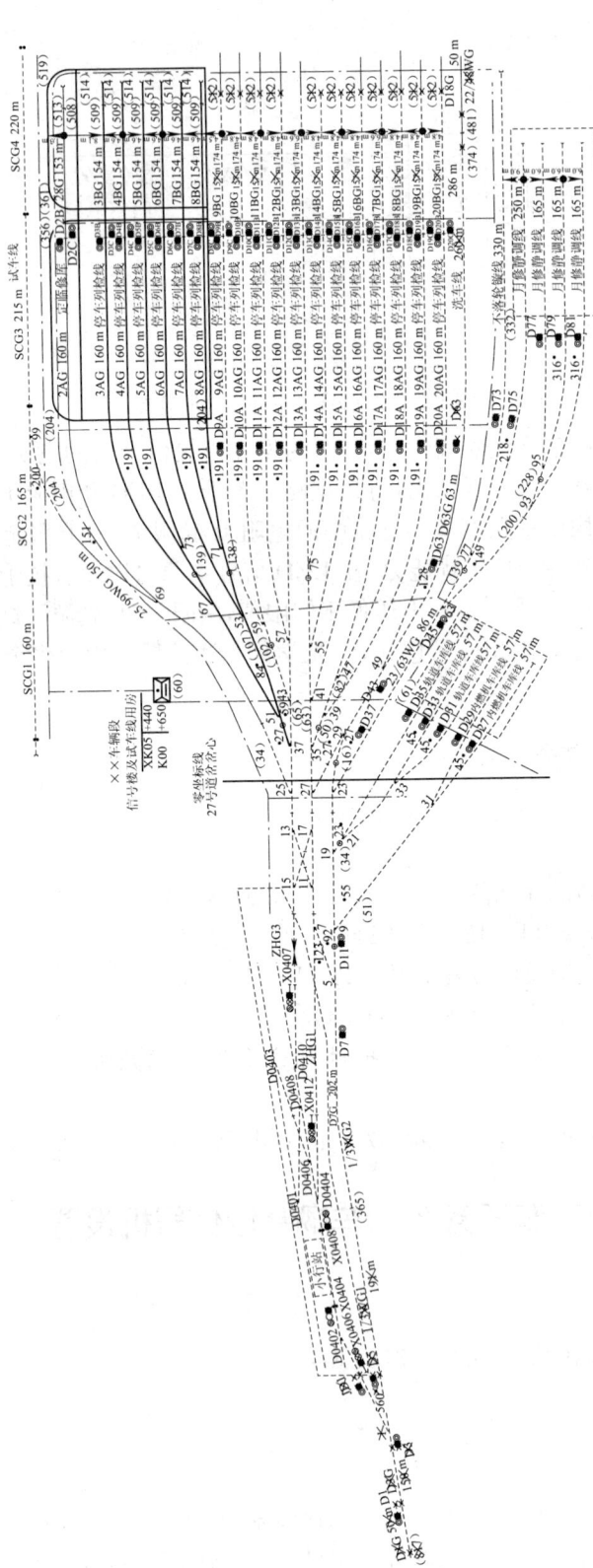

图 2-9　车辆段举例线路结构示意图

辆,以及承担车辆的运用管理、整备保养、检查工作的基本生产单位。城市轨道交通车辆基地信号系统包括车辆段和停车场信号系统。根据其作业内容,由于车辆基地并不进行载客服务,因此,车辆基地的信号系统并不需要具有正线同样的安全等级。进/出段(场)的信号机,根据需要设调车信号机。出段(场)信号机显示宜与正线一致。当车辆段(场)部分或全部纳入列车运行安全防护范围时,相应范围内的信号机及其显示宜与正线一致。进/出段(场)信号机、调车信号机应以显示禁止信号为定位。停车场可部分或全部纳入 ATC 控制范围,其各种信号机的设置,应根据运营要求和控制方式等确定。

调车信号机用以指示站内各种调车作业,如编组、解体、摘挂、取送、转线、出/入场(段)等。凡有调车作业均应设置调车信号机。调车信号机应根据调车作业的实际需要设置,即应根据调车作业过程和繁忙程度,并考虑站内必要的平行作业和较短的走行距离来确定。但是,不宜采用单纯增加调车信号机的方法,这样不仅要增加工程投资,使得设备量多而复杂,还会给维修工作带来不便。

一般在咽喉区设置的调车信号机起如下作用:

(1)在尽头线、出/入场(段)、牵出线等处,均应装设调车信号机。这类信号机统称为尽头线调车信号机。

(2)减少调车车列走行距离。

车辆段(场)的调车信号机通常为红、月白二显示。红色表示调车禁止,月白表示调车进行。

月白色——允许调车信号(只用于车辆段),列车可以通过信号机进行调车作业。月白灯光的符号用"◎"表示。

2. 车辆基地内信号机的命名

对于在地铁车辆段内的信号机命名,主要遵循以下的规则:

(1)信号机的编号共有二位或三位,第一位为字母(D、S 和 X),后一位或二位为数字或字母。

(2)第一位字母为 D 代表调车信号机。

2.2.3 相关规范、规程与标准

1.《地铁设计规范》(GB 50157—2013)第 17 章。

2.《铁路信号设计规范》(TB 10007—2017)。

3.《铁路信号站内联锁设计规范》(TB 10071—2000)第 2 章。

4.《铁路信号图形符号》(TB 1122—1992)。

5.《透镜式色灯信号机构及信号表示器》(TB/T 1413—2016)。

6.《城市轨道交通信号系统通用技术条件》(GB/T 12758—2004)第 6 章。

7.《铁路应用 可靠性,可用性,可维护性和安全性技术条件和验证(RAMS)》(EN 50126—1999)。

8.《城市轨道交通信号工程施工质量验收规范》(GB 50578—2010)第 5 章。

典型工作任务 3 信号机维护

2.3.1 工作任务

对两种典型的色灯信号机进行维修。

2.3.2 知识链接

1. 信号机一般规定

1)信号灯泡

(1)信号灯泡的光电参数和最低寿命应符合表 2-2 的要求。

表 2-2　信号灯泡的光电参数和最低寿命

灯泡型号	额定值		平均	寿终光通量	最低寿命	备　注
	电压(V)	功率(W)	光通量(Lm)	(lm)	(h)	
$\frac{12\text{-}25}{12\text{-}25}$TX	$\frac{12}{12}$	$\frac{25}{25}$	285	218	$\frac{2\,000}{200}$	
$\frac{12\text{-}30}{12\text{-}30}$TX	$\frac{12}{12}$	$\frac{30}{30}$	400	306	$\frac{1\,000}{200}$	

(2)信号灯泡符合下列要求时方准使用:

①检验灯丝达到标准。

②在额定电压和额定功率条件下,主灯丝经过 2 h,副灯丝经过 1 h 的点灯试验良好。

(3)发现色灯信号机灯泡有下列任一情况时不准使用:

①主、副灯丝同时点亮或其中一根灯丝断丝。

②灯泡漏气、冒白烟、内部变黑。

③灯口歪斜、活动或焊口假焊。

(4)TX$\frac{125}{125}$B 还应满足下列要求:

①灯泡主灯丝和副灯丝呈直线且平行,主灯丝在下,副灯丝在上。

②灯头两顶锡高度一致,并应饱满光洁。

2)LED 色灯信号机机构

(1)共同要求:

①LED 机构不能改变现有信号点灯电路和相关电路。

②机构发光二极管损坏数量达到 30% 时,不能影响信号显示的规定距离,并及时报警。

③遇强光、雷电、电磁干扰,不应导致信号错误显示和发光盘损坏。发光盘及点灯回路短路、点灯装置损坏等造成信号机灭灯时,灯丝继电器应可靠落下。

④机构灯室之间不串光,机构门盖开启灵活。

⑤机构的正常绝缘电阻应不小于 50 MΩ。

⑥灯光颜色在寿命期内符合《铁路灯光信号颜色》的规定。

⑦机构光轴方向的发光强度满足下列要求:

a. 机构光轴方向的发光强度应不低于表 2-3 数据的 90%。

b. 机构水平方向光束散角应不小于 2°12′;垂直方向光束散角应不小于 1°10′。

c. 带有偏散功能的机构光强度应不低于表 2-4 的要求。

表 2-3　机构光轴方向的发光强度

灯光颜色	光强度　　（cd）（坎德拉）	
	高柱信号机	矮型、引导、表示器
红	2 100	1 600
黄	3 900	3 200
绿	2 800	2 200
月白	3 200	2 800

表 2-4　带有偏散功能的机构光强度

灯光颜色	光强度　　（cd）（坎德拉）		
	10°偏散	20°偏散	±15°偏散
红	800	450	300
黄	2 100	1 200	800
绿	1 200	700	400
月白	2 000	1 000	600

⑧高柱信号机构的发光面直径 180 mm，灯间距为 300 mm；矮型机构的发光面直径 125 mm，灯间距为 215 mm。

⑨高柱信号机构安装后，应能在左右各 90°、前俯 5°的范围内任意调整；矮型机构的仰角应为 3°～5°。

（2）LED 信号机发光盘如图 2-10 所示，不同型号的 LED 信号机发光管数量、发光面直径、使用寿命见表 2-5。

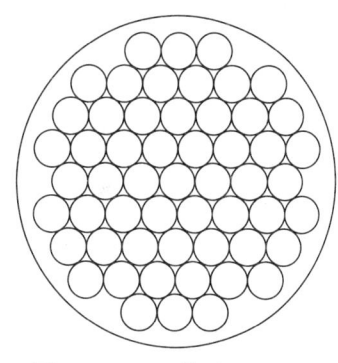

图 2-10　LED 信号机发光盘

表 2-5　不同型号的 LED 信号机参数

型号	规格	发光面直径(mm)	发光盘正面 LED 数量(个)	发光盘背面 LED 数量(个)	使用寿命 (年)
XSLE	高柱	180	55	1	
	矮型	125	55	1	
XLL	高柱	180	91		
	矮型	125	61		
XSZ(G、A)	高柱	180	126		≥10
	矮型	125	62		
XLG(A、Y)	高柱	180	55		
	矮型	125	55		
XSL	高柱	180			
	矮型	125			

2.信号机的不安全因素及安全防范措施

1）主要不安全因素

（1）设备因素

①室内/外显示一致性。

②显示距离。

③安装位置及状态。

④设备性能及状态。

⑤操作不当。

（2）人员因素

①列车进入。

②高空坠落。

③工具、材料坠落。

④人员触电。

⑤其他设备伤人。

⑥操作不当。

2）主要安全防范措施

（1）设备安全防范措施

①检查室内/外显示一致性，保证室内/外显示必须一致。

②检查显示距离，保证显示距离满足要求。

③检查机构安装位置及状态，保证机构正直牢固，没有侵入限界及被其他物品遮挡。

④检查灯丝转换和报警功能，保证灯丝转换和发出报警及时。

⑤检查机构门密封良好，防止设备进尘、进水。

⑥检查机构门及门锁油润情况，防止生锈，开启不灵活。

⑦检查机构的灯室隔板良好完整，保证没有造成窜光。

⑧检查透镜清洁良好，保证显示清晰。

⑨检查变压器及电缆绝缘良好，保证不会因变压器及电缆绝缘不良而造成设备短路。

⑩检查检修工具、仪表绝缘良好，保证不会因工具、仪表绝缘不良而造成设备短路或人身伤害。

⑪严格按照操作规程进行操作，防止操作不当造成设备损坏。

（2）人员安全防范措施

①严格按要求办理清点封锁手续，待清好点、封锁好作业区后再进入作业区进行作业，并加强与室内联系，防止列车进入。

②严格按要求正确使用劳保防护用品（手套、劳保鞋、荧光衣等），保护人身安全。

③检查检修工具、仪表、设备绝缘性能良好，防止人员触电。

④登上梯子架进行检修作业，应正确使用安全带，防止高空坠下。

⑤梯子架上、下不同时进行作业，防止高空坠物伤人。

⑥不从梯子架上下抛递工具、材料，防止高空坠物伤人。

⑦不将工具、材料放在信号机上，防止高空坠物伤人。

⑧在线路上行走，注意道岔转换及地面状况，防止道岔转换夹脚及摔倒。

⑨严格按照操作规程进行操作，防止操作不当造成人员伤亡。

2.3.3　相关规范、规程与标准

1.《普速铁路信号维护规则　技术标准》。

2.《地铁设计规范》(GB 50157—2013)第 17 章。

3.《铁路信号设计规范》(TB 10007—2017)。

4.《铁路信号站内联锁设计规范》(TB 10071—2000)第 2 章。

5.《铁路信号图形符号》(TB 1122—1992)。

6.《透镜式色灯信号机构及信号表示器》(TB/T 1413—2016)。

7.《城市轨道交通信号系统通用技术条件》(GB/T 12758—2004)第 6 章。

8.《铁路应用　可靠性,可用性,可维护性和安全性技术条件和验证(RAMS)》(EN 50126—1999)。

9.《城市轨道交通信号工程施工质量验收规范》(GB 50578—2010)第 5 章。

 复习思考题

1. 简述信号机的基本概念、工作原理及基本组成?

2. 白炽灯透镜式色灯信号机与 LED 色灯信号机相比较有何特点?

3. 信号机的主要不安全因素及安全防范措施有哪些?

4. 如何进行信号机故障诊断及参数调整?

项目 3　轨道检查装置与车地通信设备维护

 项目描述

轨道状态检查装置一般有轨道电路①和计轴设备两种。轨道检查装置主要用来检查列车在线网中的大致位置,在不同的列车防护系统中,有时轨道检查装置还要承担传递行车信息的任务。因此,轨道检查装置应在规定的工作环境、线路状态和电磁干扰影响等条件下,保证安全并实现列车位置的检测、信息可靠安全地传输,不应错误地出现分路②不良的现象。通过本项目的学习,力争达到以下目标:

(1)能对轨道检查装置进行检修与测试工作。

(2)能进行简单故障的分析与处理。

(3)能对单项设备或装置进行安装与调试。

 教学目标

1. 能力目标

(1)会对轨道检查装置进行检修与测试。

(2)能对轨道检查装置简单故障进行分析与处理。

(3)能对相关装置进行安装与调试。

(4)能对车地通信设备进行维护。

2. 知识目标

(1)熟悉轨道检查装置各部位电气特性参数标称值及其测试方法。

(2)掌握轨道检查装置结构及原理。

(3)熟悉轨道检查装置故障处理方法及常见故障现象。

(4)掌握轨道检查装置相关设备的安装方法。

(5)熟悉车地通信设备的结构与基本工作原理。

3. 素质目标

明确轨道检查装置维护时的岗位职责,遵章守纪,能安全、规范地进行相关操作。

---

①轨道电路——利用线路的钢轨作导体组成的,用以检查有无列车、传递列车占用信息及实现地面与列车间传递信息的电路。

②分路——用电阻值很小的导体(或车轮)将平行的两根轨条进行连接。

典型工作任务1 有绝缘轨道电路设备维护

3.1.1 工作任务

1. 对轨道检查装置进行检修与测试。
2. 对轨道检查装置简单故障进行分析与处理。
3. 对相关装置进行安装与调试。
4. 对车地通信设备进行维护。

3.1.2 知识链接

1. 轨道电路基本知识

1)轨道电路作用及其主要特征

轨道电路主要用来检查列车在线网中的大致位置,从而控制信号机的显示;同时,在不同的列车防护系统中,有时还需通过轨道电路将地面信号传递给列车,从而可以控制列车运行。轨道电路最显著的特征是利用钢轨构成电气回路。因此,轨道电路应在规定的工作环境、线路状态和电磁干扰影响等条件下,保证安全和实时地实现列车位置的检测,其信息应可靠并进行安全传输,不应错误地出现分路不良[1]的现象。轨道电路的作用如图3-1所示。

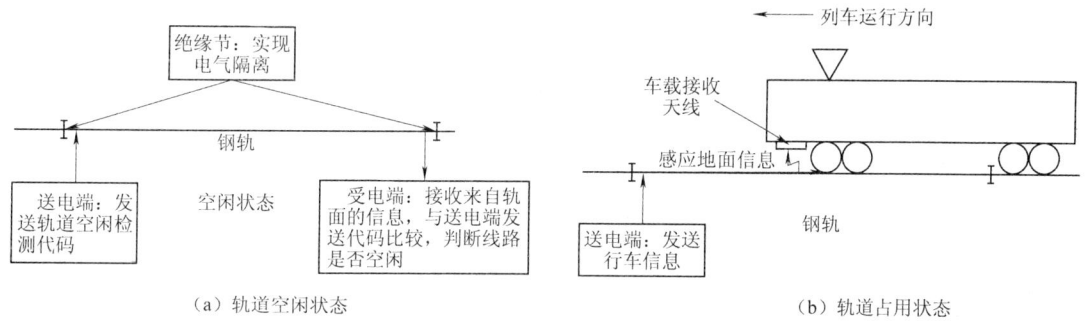

（a）轨道空闲状态　　　　　　　　　　　　　　（b）轨道占用状态

图3-1 轨道电路的作用示意图

2)轨道电路基本结构及其三种基本工作状态

轨道电路是以城市轨道交通线路的两根钢轨作为导体,两端加以机械绝缘[2](或电气绝缘)并接上送电和受电设备构成的电路。轨道电路的基本结构如图3-2所示,通常有发送端、钢轨、接收端等组成。

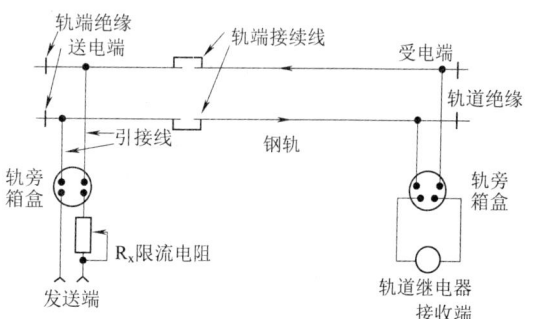

图3-2 轨道电路基本结构图

发送端是向轨道馈送电源或相关行车信息。限流电阻的作用是保护电源不致因过负荷而损坏,同时保证列车占用轨道电路时,轨道继电器可靠释放。

---

①分路不良——列车在轨道电路区段运行过程中,轨道电路出现失去分路的现象。

②钢轨绝缘——将相邻钢轨实行电气绝缘的绝缘体。

接收端把接收到的信息通过轨道继电器反映线路的状态。当轨道电路内钢轨完整且没有列车占用时,轨道继电器吸起,表示轨道电路空闲;轨道电路被列车占用时,它被列车轮对分路,轮对电阻远小于轨道继电器线圈电阻,流经轨道继电器的电流大大减小,轨道继电器释放,表示轨道电路被占用;当线路某连接处出现接触不良或是断轨时,轨道继电器因接收不到额定的工作电流而落下。轨道电路的工作状态主要会受轨道电路的道床电阻、钢轨阻抗、电源电压三个变量参数的影响,一般可归纳为以下三种:

(1)调整状态。调整状态或称为正常工作状态,是指轨道电路空闲、设备完好的状态,受电端应能可靠工作且轨道继电器应可靠励磁。此时,轨道继电器衔铁应当可靠地吸合。调整状态最不利条件为接收设备获得电流最小、钢轨阻抗模值最大、道床电阻最小、电源电压最低。

(2)分路状态。它是指轨道电路在任一点被列车占有的状态。此时,轨道继电器衔铁应当可靠地释放,即轨道继电器应可靠失磁。分路状态最不利条件为道床电阻最大(一般可视为无穷大)、钢轨阻抗模值最小、电源电压最高。

(3)断轨状态。它是指当轨道电路不完整(断线或绝缘破损等情况)或轨道电路的钢轨在某处断开时的状态。此时,轨道继电器衔铁应当可靠地释放,即轨道继电器应可靠落下。断轨状态最不利条件为接收设备获得电流最大、钢轨阻抗模值最小、电源电压最高。此外,断轨点的道床电阻也会对其有影响。

通常所讲的轨道电路故障是指轨道电路不符合基本工作状态。最常见的是不符合调整状态,就是无车占用时轨道电路红光带。对于信号系统来讲,最危险的故障是轨道电路分路不良,即轨道电路区段有车占用,轨道电路却不能正确反映。在对轨道电路维护的过程中,要极力保证避免轨道电路出现分路不良的状态。

3)轨道电路分类

(1)按轨道电路的工作方式分为开路式和闭路式轨道电路。闭路式轨道电路能够检查轨道电路的完整性,所以目前信号设备中多采用闭路式轨道电路。

(2)按牵引电流通过方式分为单轨条和双轨条轨道电路。双轨条轨道电路比单轨条轨道电路工作更稳定可靠,极限长度基本上可以满足闭塞分区长度的要求,但成本高。城市轨道交通正线通常采用双轨条轨道电路;车辆基地通常采用单轨条轨道电路。

(3)按相邻钢轨线路的分割方法分为绝缘节式和无绝缘节式轨道电路。

(4)按信号电流性质分为直流、交流连续式和脉冲式供电等几种。

(5)按有无道岔分类可分为有岔轨道区段和无岔轨道区段。

(6)按所传递信号方式可分为模拟轨道电路和数字轨道电路。

4)信号系统对轨道电路的要求

轨道电路的计算应满足下列规定:

(1)当电源电压及道床电阻①为最小值、钢轨阻抗为最大值时,在轨道电路空闲的情况下,轨道电路的接收端应可靠地工作。

---

①道床电阻——单位长(1 km)轨道电路中,两根钢轨间的漏泄电阻。

(2)当电源电压为最大值、道床电阻为无穷大、钢轨阻抗为最小值时,用标准分路电阻①(50 Hz频段的轨道电路分路电阻取 0.15 Ω;数字音频轨道电路分路电阻取 0.5 Ω/1 Ω)在轨道电路中任一点分路(不含死区段②),轨道电路应可靠地表示轨道占用。

(3)当电源电压及道床电阻为最小值、钢轨阻抗为最大值时,列车进入轨道电路的入口端接收最小信号电流至出口端接收最大信号电流时,应保证列车信号可靠工作。

(4)轨道电路应能实现一次调整③。

计算轨道电路时,接收设备应取下列数值:

①可靠工作值:连续供电的轨道电路,采用电磁式轨道继电器时取其工作值;脉冲式轨道电路,取轨道继电器工作值的 120%;移频轨道电路,取最大限放工作电压的 120%;1 500~3 000 Hz频段的轨道电路,取最大限放工作电压值。

②可靠落下值:连续供电轨道电路,采用电磁式轨道继电器时取其释放值的 60%;交流二元继电器设于室内时取其释放值的 90%;数字音频轨道电路,取最小限放工作电压的 78%。

轨道电路应能防护下列影响:

(1)钢轨绝缘破损造成短路时,相邻轨道电路的影响。

(2)在标准范围内,各种迷流干扰的影响。

(3)利用其他制式叠加轨道电路电流的影响。

(4)设备集中设置时,电缆受外界干扰的影响。

(5)感应雷的影响。

由于轨道电路直接关系到行车安全和行车效率,因此总体要求如下:

(1)分路时轨端绝缘破损电路内任一元件故障,轨道电路不应失去分路检查或造成防护该轨道电路区段的信号升级。

(2)正线的轨道电路应能防护连续或断续的不平衡牵引电流的干扰。当不平衡电流在规定值以下时,应保证调整状态时稳定工作分路状态时可靠不工作。

(3)电力牵引区段的轨端接续线应采用焊接式钢轨接续线④。

(4)轨道电路设备应能长期工作而不过载。

(5)轨道电路制式不应存在影响行车和调整车作业安全的死区段⑤。

(6)相邻的两轨道电路区段间应保证对绝缘破损有可靠的防护。

(7)轨道电路的动作时间应考虑联锁和 ATP 等的需要。

(8)轨道电路调整时,送电端选择的供电电压应有一定的余量,以满足其电压调整余量系数 K 的要求,而 K 应符合:

$$K \geqslant a \cdot n + 2.0\%　　　　　　　　　　　　　　　　（式 3-1）$$

式中　a——电源电压波动的百分数;

n——指给受电端接收器供电的方式。例如安全型继电器 $n=1$;二元感应式继电器的 $n=2$。

---

①标准分路电阻——分路电阻是使轨道电路分路的导体本身电阻及导体与钢轨接触电阻之和。标准分路电阻是规定的最小分路电阻值,亦称标准分路灵敏度。

②死区段——轨道电路中,两根钢轨间经轮对压接而不起分路作用的一段线路。

③一次调整——在最不利条件下,每段轨道电路内,可变环节的电气参数经首次调整后,能满足调整、分路及地车信号传输要求,无须随外界参数的变化再次进行调整。

④钢轨接续线——轨道电路中,设于钢轨接缝处的连接导线。

计算轨道电路时,受电端接收器应取以下数值:

①轨道电路可靠工作值取所用的电磁继电器工作值。

②可靠不工作值取所用的轨道电路电磁继电器释放值的 60%;二元感应式继电器释放值的 90%。

道岔区段的轨道电路应满足下列要求:

①轨道电路的基本线路与分支线路应采用并联方式,当该轨道电路的跳线①得不到电流检查时,在分支线上应采用双跳线。

②与到发线相衔接的道岔轨道电路的分支末端,应设接收端。

③所有列车进路上的道岔区段,其分支长度超过 65 m 时(自并联起点道岔的岔心算起),在该分支末端应设接收端。

④个别分支长度小于 65 m 的分支线末端,当分路不良、危及行车安全时,亦应增设接收端。

⑤一送多受轨道电路最多不应超过三个接收端。

⑥一送多受轨道电路内任一地点有车占用时,必须保证有一个接收端被分路;一送多受的轨道电路在任意地点分路时,必须保证至少有一个受电端的轨道继电器可靠落下。新研制的轨道电路应有可靠性的指标。

5)轨道电路基本参数

轨道电路的基本参数是指其 Ⅰ 次参数和 Ⅱ 次参数。

轨道电路的 Ⅰ 次参数。轨道电路是通过钢轨传输电流的,钢轨铺设在轨枕上,轨枕置于道砟中,所以轨道电路是具有低绝缘电阻的电气回路。

道床电阻。轨道电路的泄漏电流是由一根钢轨经轨枕、道砟和道床流往另一根钢轨的,其大小由钢轨线路的绝缘阻抗,即道床电阻决定的。道床电阻是一个分布参数,通常以每千米钢轨线路所具有的漏阻值表示,称为单位道床电阻,简称道床电阻,用 γ_d 表示,单位是 $\Omega \cdot km$。

道床电阻的大小,一方面取决于道砟的材料、道砟层的厚度、轨枕的材质和数量;另一方面还取决于温度、湿度的变化,以及道床土壤的电导率等因素。

钢轨阻抗。每公里两根钢轨(回路)的阻抗,称为单位钢轨阻抗,简称钢轨阻抗,用 z 表示,单位是 Ω/km。当轨道电路中通以直流电流时,钢轨阻抗就是纯电阻,称为钢轨电阻;而当轨道电路中通以交流电流时,由于钢轨的导磁系数大,集肤效应明显,使有效截面减少,有效电阻增大。它在很大程度上取决于信号电流的频率,还与钢轨断面形状、电导率、磁导率有关。除了有效电阻外,还存在感抗。这样,交流时的总阻抗就比直流时大很多。

轨道电路的 Ⅱ 次参数。轨道电路的 Ⅱ 次参数包括特性阻抗 Z_c 与传输常数 γ,它们是 Ⅰ 次参数——钢轨阻抗 Z 和道床电阻 γ_d 的函数,所以称为 Ⅱ 次参数。关于 Ⅱ 次参数,请查阅相关文献。

6)轨道电路区段划分的一般原则

轨道电路区段划分原则如下:

(1)符合下列条件之一的区段应装设轨道电路:

①集中联锁车站内的列车和调车进路。

---

①跳线——为使辙叉部分导电性能良好,或于轨道电路分支中相关轨条进行连接的导线。

②装有转辙机集中控制的道岔区段。

③需要监督是否被车占用的其他线路区段及为了特定目的而确定的线路区段。

(2)轨道电路的划分,应保证轨道电路可靠工作、排列平行进路的需要,以便于车站作业。

(3)集中联锁车站的牵出线、机待线、出库线、专用线或其他用途的尽头线入口处的信号机前方,应装设一段轨道电路,其长度不得小于25 m。

(4)两相邻死区段的间隔或与死区段相邻的轨道电路的间隔不宜小于18 m。当死区段的长度小于2.1 m时,上述间隔可允许小于18 m,但不得小于15 m。

(5)同一轨道电路内,单动道岔最多不得超过三组。否则,道岔组数过多,轨道电路难以调整。

(6)有时为了提高线路使用效率,把轨道电路区段适当划短,使道岔能及时解锁,立即排列别的进路。但若列车速度较高时,为了保证车载信号的连续显示,又不希望轨道电路区段过短。

需要注意的是:采用计轴装置检测区段列车占用情况时,区段划分与轨道电路类似,如附图所示车场。

7)绝缘节的设置

(1)轨道电路的相邻两轨条应相互绝缘。当根据轨道电路类型需采用钢轨绝缘(机械绝缘)时,其机械强度应保证列车安全通过,在异形钢轨接头处不得安装钢轨绝缘,站内正线宜采用免维护(或与钢轨同寿命)的胶接绝缘。当为无绝缘轨道电路时,应设可靠的电气绝缘或采用其他隔离方式。

(2)联锁道岔上应设道岔绝缘,如图3-3所示。

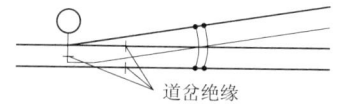
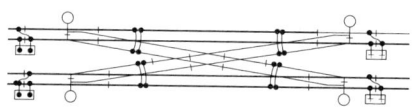

图3-3　联锁道岔上设置的道岔绝缘

(3)设于信号机处的轨道电路钢轨绝缘应与信号机坐标相同。特殊情况下,绝缘可安装在信号机前、后方各1 m的范围内。

(4)轨道电路两钢轨绝缘应设于同一坐标处,以避免产生死区段。当无法并列安装时,错开的距离(死区段)不得大于2.5 m。轨道电路两相邻死区段或死区段与相邻轨道电路的间隔一般不小于18 m。当死区段的长度小于2.1 m时,上述间隔允许小于18 m,但不得小于15 m。

(5)在轨道电路范围内的桥梁护轮轨上应安装钢轨绝缘。

(6)设在警冲标内方的钢轨绝缘,除渡线上外,其安装位置距警冲标计算位置不宜小于3.5 m,距警冲标实际位置不应大于4 m。当有困难使钢轨绝缘必须装于警冲标内方小于3.5 m处时,应按侵入限界绝缘①考虑。侵限绝缘设置如图3-4所示。为了保证行车安全,不同的线路结构会带来联锁关系的变化,这种特殊情况联锁关系的确定也是信号专业的难点之一。

---

①侵入限界绝缘——设于警冲标外方或虽设于警冲标内方,但距警冲标小于车辆最外轮对至本身边缘的最大距离(3.5 m),并用作轨道电路分界的钢轨绝缘。简称侵限绝缘。

（7）轨道电路内的轨距杆、道岔连接杆、道岔连接垫板、尖端杆、各种转辙设备的安装装置和其他具有导电性能的连接两钢轨的配件，均应装设绝缘。

（8）异型钢轨接头处，因槽形绝缘等尺寸不一样，不得安装钢轨绝缘。

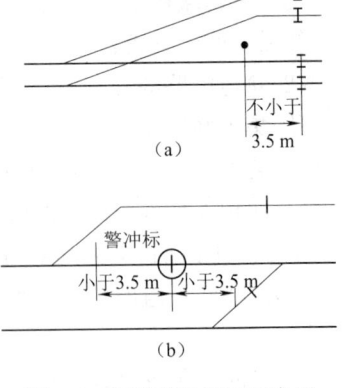

图 3-4　侵限绝缘设置示意图

2. 交流工频 50 Hz 相敏轨道电路

用于城市轨道交通的交流工频轨道电路有 50 Hz 相敏轨道电路（包括继电式和微电子式）。它们只有监督列车占用的功能，不能传输其他信息。

1）50 Hz 相敏轨道电路

50 Hz 相敏轨道电路用于城市轨道交通的车辆段内，因其不需要发送 ATP 信息。50 Hz 相敏轨道电路包括继电式和微电子式。继电式可不注明，即 50 Hz 相敏轨道电路一般专指继电式。

（1）50 Hz 相敏轨道电路的组成

50 Hz 相敏轨道电路的组成如图 3-5 所示。它由送电端、受电端、钢轨绝缘、钢轨引接线、钢轨接续线、回流线及钢轨组成。

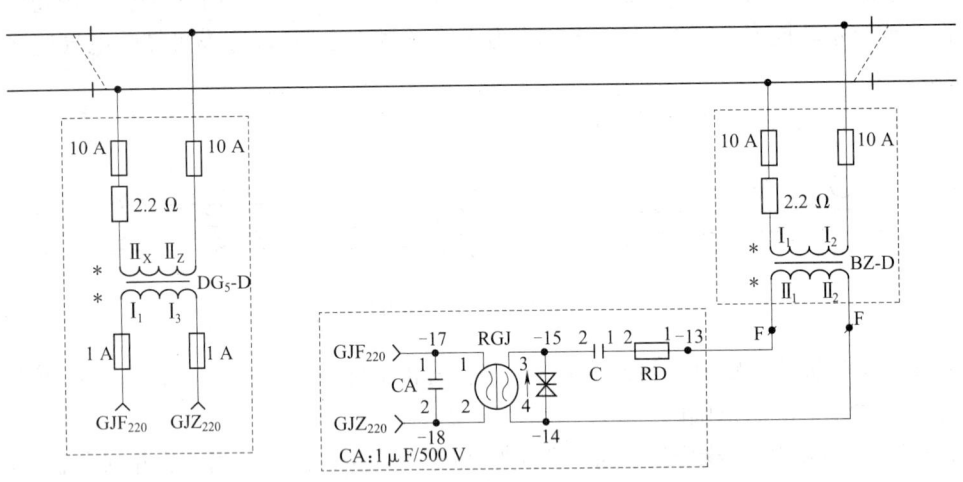

图 3-5　50 Hz 相敏轨道电路的组成

图中：＊表示同名端

送电端包括 BG₅-D 型轨道变压器、R-2.2/220 型变阻器及断路器（或熔断器），安装在室外的变压器箱内。轨道电源从室内通过电缆送至送电端。

受电端包括 BZ-D 型中继变压器、R-2.2/220 型变阻器、断路器（或熔断器）、轨道继电器、电容器、防雷元件等。其中中继变压器、变阻器及 10 A 断路器（或熔断器）安装在室外的变压器箱或电缆盒内，其他安装在室内的组合架上。

送、受电端视相邻轨道电路的不同组合，有双送、一送一受、双受及单送、单受等不同情况，除双受、单受可采用电缆盒外，其他情况必须采用变压器箱。变压器箱或电缆盒用钢轨引接线接向钢轨。

钢轨接续线用来连接相邻钢轨,以减小钢轨接头处的接触电阻。钢轨绝缘设于轨道电路分界处,用以隔离相邻的轨道电路。回流线连接相邻的不同侧钢轨,为牵引回流提供越过钢轨绝缘节的通路。

(2)50 Hz 相敏轨道电路的工作原理

50 Hz 相敏轨道电路为有绝缘双轨条轨道电路,牵引回流为单轨条流通。

电源屏分别供出 50 Hz 轨道电源和局部电源。送电端轨道电源 GJZ$_{220}$、GJF$_{220}$ 经轨道变压器降压后送至钢轨。受电端由钢轨来的电压经中继变压器升压后送至轨道继电器 RGJ 的轨道线圈 3-4。

轨道继电器 RGJ 的局部线圈 2-1 接局部电源 GJZ$_{220}$、GJF$_{220}$。

当轨道线圈和局部线圈电源满足规定的相位和频率要求时,GJ 吸起,轨道电路处于调整状态,表示轨道电路空闲。列车占用时,轨道电源被分路,GJ 落下。若频率、相位不符合要求时,GJ 也落下。(当 ϕ_J 超前 ϕ_G 90°时,在翼板上得到正方向转矩,接通前接点;而当 ϕ_J 滞后 ϕ_G 90°时,则在翼板上得到反方向转矩,使后接点更加闭合。)

由于 50 Hz 相敏轨道电路就具有相位鉴别能力,即相敏特性,抗干扰性能较高。

(3)50 Hz 相敏轨道电路的部件

①钢轨绝缘

钢轨绝缘安装在轨道电路分界处,以保证相邻轨道电路之间可靠的电气绝缘,使它们互不影响。

除了钢轨绝缘外,轨道电路区段的轨距保持杆、道岔连接杆、道岔连接垫板、尖端杆、转辙机的安装装置及其他有导电性能的连接两钢轨的配件,均应装设绝缘并应保持绝缘良好。否则,任一连接杆件绝缘不良,都会破坏轨道电路的正常工作。

钢轨绝缘的结构,应能保证在钢轨爬行的情况下,以及在列车运行中产生的压力、冲击力和气温变化时产生的膨胀力的作用下,不致被损坏;钢轨绝缘应采用机械强度高的、具有可靠电气绝缘性能的绝缘材料,以保证绝缘性能和使用寿命。

制作钢轨绝缘的材料很多,主要有钢纸板、玻璃布板、尼龙塑料板等。

钢轨绝缘由轨端绝缘、槽形绝缘、绝缘管、绝缘垫圈等组成,槽形绝缘按分段形式,可分为一段(整体)、二段、三段三种,按轨型分为 P43、P50 和 P60 三种。

②轨道电路连接线

轨道电路连接线包括引接线、钢轨接续线和道岔跳线。

YG 型钢轨引接线(简称引接线)是连接轨道电路送受端变压器箱或电缆盒与钢轨的导线。一般用涂有防腐油的多股钢丝绳(低碳素钢镀锌绞线)制成。它的一端焊在塞钉上,固定在钢轨上的塞钉孔内;另一端焊接在螺柱上,固定在变压器箱或电缆盒上。

钢轨接续线用于轨道电路接缝处的连接,以减小接触电阻。钢轨接续线分塞钉式和焊接式两种。JS 型塞钉式钢轨接续线由两根直径 5 mm 的镀锌钢线与两端的圆锥形塞钉焊接而成,铁线两端绕成螺旋形。钢轨接续线一般装在钢轨外侧,并与接头连接板密贴,高度不得超过轨头底部。塞钉式钢轨接续线的缺点是它与钢轨间的接触电阻较大且不稳定,为了保证轨道电路的稳定工作,推出焊接式钢轨接续线。焊接式钢轨接续线采用多股镀锌钢绞线,截面积不小于 25 mm²,长 200 mm,接头间的距离为 110 mm,用铝热剂法或电弧焊钎焊、冷挤压焊接、爆压速焊技术等,将其焊在钢轨两端。为了保证钢轨接续线的可靠性,现场使用中多采用双塞钉式钢轨接续线或一塞一焊接续线。

钢轨接续线,除应保证通过一定电流外,还要尽量减小钢轨接头的接触电阻,减小牵引电流对轨道电路的干扰及牵引电能的损耗,以及保证设备和人身安全。因此,要求钢轨接续线有一定的截面积(常采用多根)且必须双套。

③轨道变压器

轨道变压器用于轨道电路供电,为 BG$_5$-D 型。Ⅰ次输入电压 220 V,频率 50 Hz,功率 5 W;Ⅱ次最大输出电压 12 V,允许电流 10 A。通过连接不同端子,可获得不同电压。

④中继变压器

中继变压器用于轨道电路受电端,Ⅰ次输入电压 1~2 V,允许电流 10 A,频率 50 Hz,功率 5W,匝比 1:70,同名端为Ⅰ$_1$、Ⅱ$_1$。

⑤电容器

电容器 CA 主要用于隔直流,不使牵引电流进入轨道继电器轨道线圈,并且对 50 Hz 信号电流的无功分量进行补偿,起到减少轨道电路传输衰耗和相移的作用。

电容器 C 用来起补偿作用,以提高轨道继电器局部线圈的功率因数,减少输入电流。

⑥防雷元件

防雷元件 Z 是对接的硒片,称浪涌抑制器,用来防雷。

⑦变阻器

R-2.2/220 型变阻器用于限流,其阻值 2.2 Ω,功率 220 W,容许电流 10 A,容许温升 105 ℃。

(4)道岔区段轨道电路

道岔区段 50 Hz 相敏轨道电路工作原理如图 3-6 所示,其由 50 Hz 微电子相敏接收器(WXJ50-Ⅱ)、发送端电源变压器(BG$_5$-B)、接收端中继变压器(BZ$_4$-B)、节能器(JNQ-A)、调相防雷器(TFQ-A)、送、受电端防护电阻(R$_1$、R$_2$)、熔断器(RD)组成。

向钢轨轨面上输送 50 Hz 在 25~4.5 V 范围内的电压,通过变压器(BZ-D1:70)提升电压到几十伏,由串联的电容 C 完成移相 90°,提供轨道继电器 RGJ。RGJ 为有两个独立线圈的 JRJC-42/275 型继电器,其中 1-2 线圈(局部线圈)供给 AC 220 V 电源,3-4 线圈(轨道线圈)接收来自轨道的 50 Hz 信号。1-2 线圈(局部线圈)和 3-4 线圈(轨道线圈)的阻抗角是相同的,均等于 70°。要使继电器吸合必须提供滞后 1-2 线圈(局部线圈)AC 220 V 电源 90°的足够电压或 160°(90°+70°)的足够电流。该继电器吸合值不小于 AC 14 V,释放值不大于 AC 7 V。可调电阻一般设置在大于 1 Ω 以上,不得调至 0 Ω。

道岔区段轨道电路与无岔区段轨道电路的不同之处在于钢轨线路被分开产生分支,为此需增加道岔绝缘和道岔跳线,还有一送多受的问题。

①道岔绝缘和道岔跳线

道岔区段除各种杆件、转辙机安装装置等要加装绝缘外,还要加装切割绝缘,称为道岔绝缘,以防止辙叉将轨道电路短路。道岔绝缘视需要,可设在道岔直股钢轨上,也可设在道岔侧股钢轨上。

为了保证信号电流的畅通,道岔区段除轨端接续线外,还需装设道岔跳线。道岔跳线由塞钉和镀锌低碳钢绞线组成,两端焊在圆锥形塞钉上。为了减小钢轨阻抗,道岔跳线和钢轨引接线应采用截面积不小于 42 mm^2 的多股镀锌钢绞线。

道岔绝缘和道岔跳线的配置,单开道岔的如图 3-7 所示,交叉渡线的如图 3-8 所示。

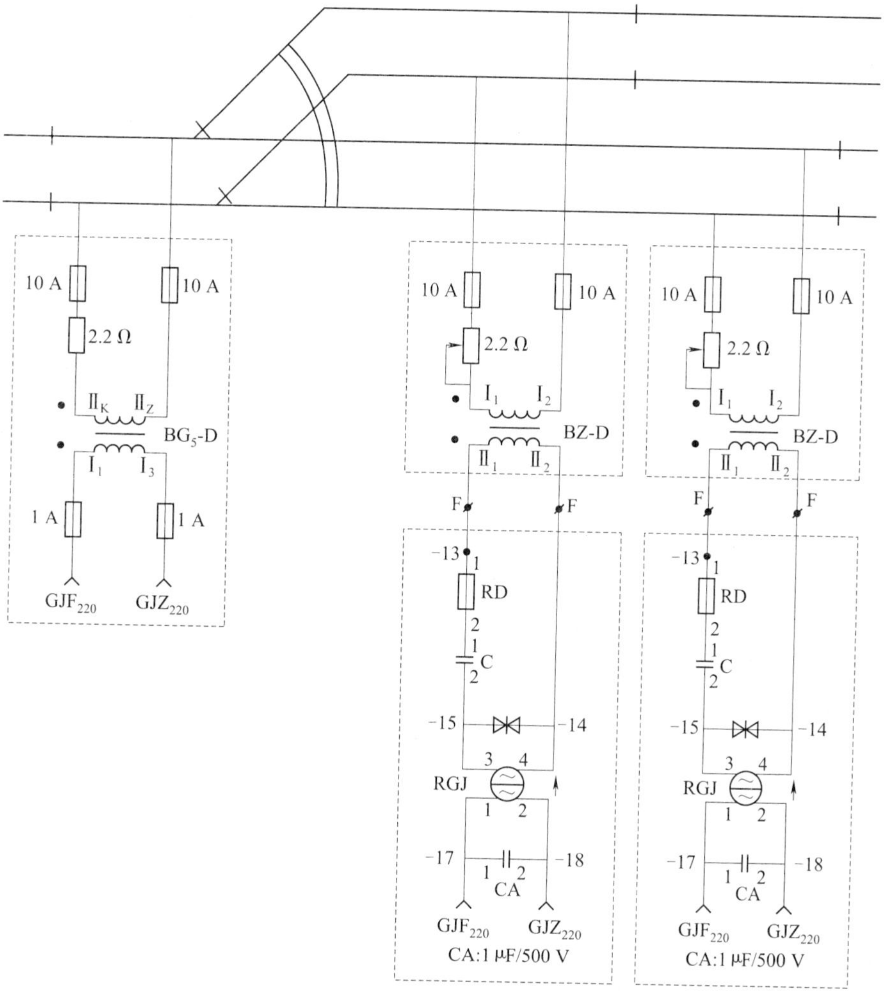

图 3-6 50 Hz 相敏轨道电路工作原理图

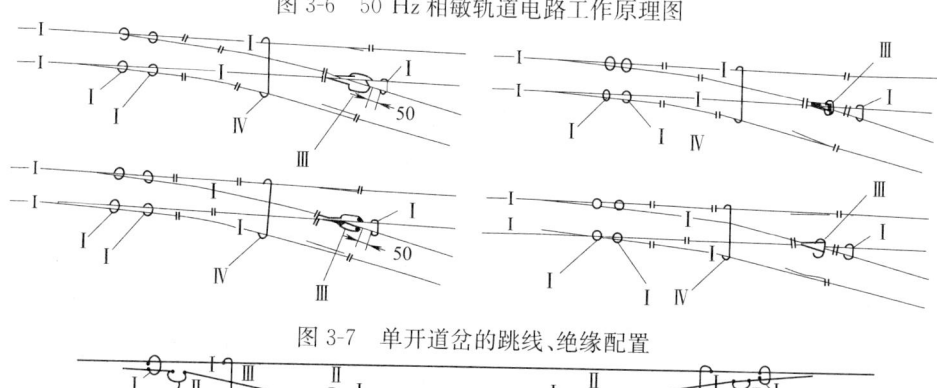

图 3-7 单开道岔的跳线、绝缘配置

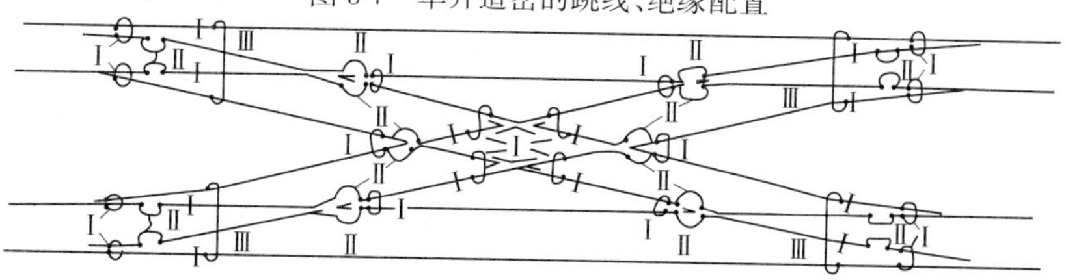

图 3-8 交叉渡线的跳线、绝缘配置

为了确保交叉渡线上轨道电路和车载信号设备能正常工作,当交叉渡线上两根轨道都通过牵引电流时,该交叉渡线上应增加绝缘节,如图 3-9 所示。由于交叉渡线道岔型号及铺设处所线路间距的不同,在辙叉处增设绝缘节的方法也不尽相同。

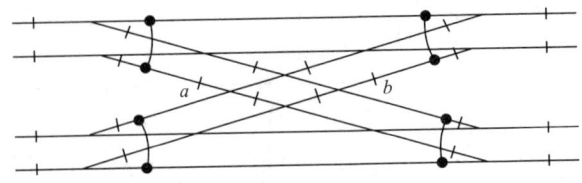

图 3-9　交叉渡线上增设绝缘节

②道岔区段轨道电路的连接方式

道岔区段轨道电路如图 3-10 所示。这种电路较简单。直股或弯股有车占用时,轨道继电器因分路均能落下。

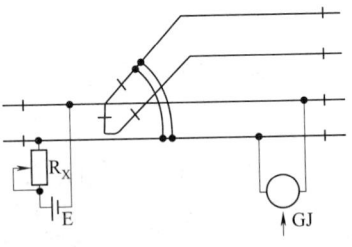

图 3-10　道岔区段轨道电路

列车进入弯股时,因弯股未设受电设备,轨道继电器不会落下,这是非常危险的。解决的方法是用双跳线来防护,即增加第二跳线,以减少跳线折断的概率(为了提高可靠性,现场使用中也将所有跳线改为双跳线)。另外,当弯股钢轨折断或弯股钢轨表面不洁或分支线路过长,列车占用时,轨道继电器也不落下,所以这种轨道电路不符合"故障—安全"的要求。鉴于这一严重缺陷,提出了一送多受轨道电路,使各分支线路都得到检查。

③一送多受轨道电路

有些道岔区段采用一送多受轨道电路,包括一送两受或一送三受轨道电路。

一送多受轨道电路设有一个送电端,在每个分支轨道电路的另一端各设一个受电端。各分支受电端轨道继电器的前接点,串联在主轨道继电器电路中。当任一分支分路时,分支轨道继电器落下,主轨道继电器也落下,将主轨道继电器接点用在联锁电路中。一送多受轨道电路,当分支轨道电路有车占用或跳线折断时,就可监督轨道电路的状态,以实现对整个轨道电路空闲与否的检查。

在受电端均串接可调电阻器,是为了提高轨道电路的分路灵敏度,以及使同一轨道电路内各轨道继电器的电压基本平衡,同时满足轨道电路的调整、分路和过载三种状态。

(5)一送多受轨道电路工程设计注意事项

一送多受轨道电路工程设计时,应注意以下各点:

①与停车线相衔接(无其他道岔区段隔开)的道岔轨道电路的分支末端,应设受电端。

②所有列车进路上的道岔区段,其分支长度超过 65 m 时(自并联起点道岔的岔心算起),在该分支末端应设受电端。

③个别分支长度小于 65 m 的分支线末端,当分路不良而危及行车安全时,亦应增设受电端。

④一送多受轨道电路最多不应超过三个受电端。

⑤一送多受轨道电路任一地点有车占用时,必须保证有一个受电端被分路。

(6)ZL50 轨道电路组合

ZL50 轨道电路组合安装在继电器室组合架上,用于安装 JRJC 型继电器。ZL50 轨道电路组合布置如图 3-11 所示,该组合上装有 50 Hz JRJC 继电器插座 4 块,可插 4 台 JRJC 型继电器;另有元件安装板 1 块,用于安装防雷元件和补偿电容各 4 个;熔断器板 2 块;3×18 接线端子板 2 块。内部配线均单独引至侧面端子板。ZL50 轨道电路组合外形尺寸 880 mm×180 mm,安装尺寸 68 mm×850 mm,4 孔 ϕ10。

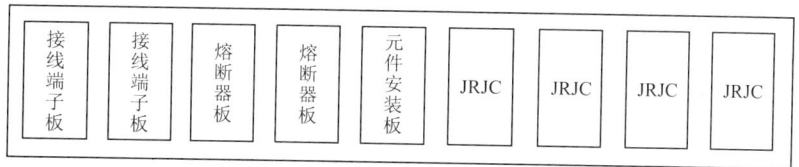

图 3-11　ZL50 轨道电路组合布置图

(7)轨道电路的极性交叉

①极性交叉

极性交叉是使两个轨道电路分界处的相邻轨条上的电流极性相反,以达到绝缘破损防护目的的一种措施。如图 3-12 所示。图中,粗线表示接电源正极,细线表示接电源负极。

②极性交叉的作用

极性交叉可防止在相邻轨道电路间的绝缘节破损时引起轨道继电器的错误动作,其作用分析如图 3-13 所示。1G 和 3G 是两个相邻的轨道电路,它们没有实现极性交叉。当 1G 有车占用而绝缘破损的情况下,流经轨道继电器 1GJ 的电流等于两个轨道电源所供的电流之和,1GJ 有可能保持吸起,这危及行车安全。若按极性交叉来配置,绝缘破损时,轨道继电器中的电流就是两者之差,只要调整得当,1GJ 和 3GJ 都会落下,从而满足了"故障—安全"的要求。

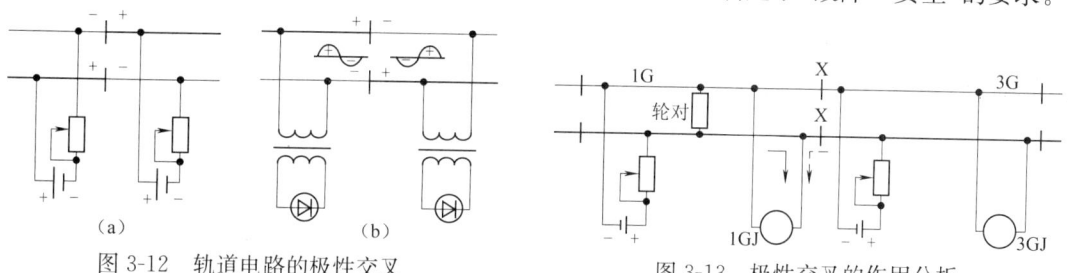

图 3-12　轨道电路的极性交叉　　　　图 3-13　极性交叉的作用分析

对于交流供电来说,只要两相邻轨道电路的电流相位相反,它们的瞬间极性也相反,就得到极性交叉的效果。而对于频率电码轨道电路来说,因相邻区段的编码不同,无法实现极性交叉,必须采用频率防护的方法。

③极性交叉的配置

在无分支线路上,极性交叉配置比较容易,只要依次变换轨道电路供电电源的极性。而在有分支线路上,即有道岔处,极性交叉的配置就要复杂一些。因为道岔绝缘节可以设在道岔直股,也可设在弯股,不同的设置,将影响整个车站极性交叉的配置。

2)50 Hz 微电子相敏轨道电路

50 Hz 微电子相敏轨道电路同样用于车辆段/停车场内。

(1)50 Hz 微电子相敏轨道电路技术参数

①能适应的最大直流牵引电流为 4 000 A。

②分路电阻为 0.15 Ω,分路残压不大于 10 V。

③送、受电端防护电阻的阻值不小于 1.6 Ω。

④极限长度 300 m。

⑤在钢轨阻抗为 0.8∠60° Ω/km,道床电阻为 1.5 Ω·km～∞,50 Hz 电源电压范围 (220±6.6)V 时,在轨道电路极限长度内,轨道电路能满足调整和分路检查的要求,并实现一次调整。

⑥微电子相敏轨道电路接收器交流工作电压为 13.5～18 V,工作值(12.5±0.5)V,理想相位角 0°,失调角不大于 30°,返还系数大于 85%。

⑦电源采用 DC (24±3.6)V,其中交流分量不大于 1 V。

⑧送电端电缆允许压降不大于 60 V。

(2)50 Hz 微电子相敏轨道电路原理

50 Hz 相敏轨道电路接收设备为交流二元继电器,存在较多问题:

①返还系数[①]较低,约 50%,不利于提高轨道电路的传输性能。

②由于其机械结构的原因,易发生接点卡阻。列车进入该轨道电路区段,轨道继电器不能可靠落下,曾造成多起重大行车事故。

③抗干扰能力差。当电力机车升弓、降弓、加速或减速时,在轨道电路中产生较大的 50 Hz 脉冲干扰,可能造成继电器错误动作,直接危及行车安全。

50 Hz 微电子相敏轨道电路接收器保留了原相敏轨道电路的优点,克服其缺点,成为具有高可靠、高抗干扰能力的一种新型相敏轨道电路。

50 Hz 微电子相敏轨道电路如图 3-14 所示,局部电源和轨道电源分别由电源屏提供,并且局部电源超前轨道电源 90°。送电端轨道电源 GJZ$_{220}$、GJF$_{220}$ 经节能器、轨道变压器降压后送至钢轨。受电端经中继变压器升压后送至调相防雷器,再送至两台 WXJ50 型微电子相敏接收器。两台接收器双机并用,只要有一台接收器有输出,轨道继电器 GJ 即吸起,以提高轨道电路的可靠性。当 50 Hz 微电子相敏轨道电路接收器接收到 50 Hz 轨道信号,并且局部电压超前轨道电压一定范围的角度时,微电子接收器使轨道继电器吸起。在 $\theta=90°$ 时,处于最佳接收状态。当收到的信号不能完全满足以上条件时,轨道继电器落下。

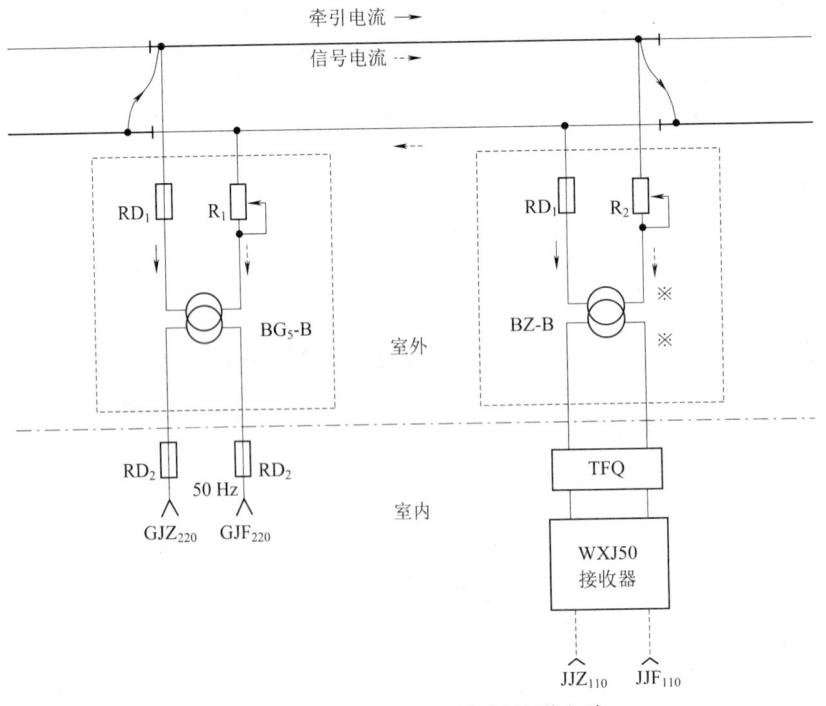

图 3-14 50 Hz 微电子相敏轨道电路

---

①返还系数——继电器释放值与工作值之比。

其中,轨道电源、局部电源、调相防雷器、微电子相敏接收器、轨道继电器设在室内。节能器、轨道变压器、送电端防护电阻及熔断器设在室外送电端变压器箱内。中继变压器、受电端防护电阻及熔断器设在室外受电端变压器箱内。室内、外设备用电缆相连。

轨道变压器为 BG_5-B 型,中继变压器为 BZ-B 型,节能器为 JNQ-B 型。

TFQ 调相防雷器内设电容器和防雷元件,用于调整轨道电路的相位和防雷。技术参数为电压 15 V、50 Hz,电流不大于 10 mA。

R_1、R_2 为送、受电端防护电阻,R_1 同时是限流电阻。

在一送多受时,每个分支用一个接收器和轨道继电器,在主接收器的轨道继电器电路中串接其他分支轨道继电器的前接点。

(3)50 Hz 微电子相敏轨道电路接收器

微电子相敏轨道电路接收器的原理如图 3-15 所示。其中 $X_J(t)$ 是局部信号,$X_G(t)$ 是轨道信号。

图 3-15　微电子相敏轨道电路接收器原理框图

当局部信号和轨道电路是同频率,相位差为 θ 时,设:

$$X_J(t) = A\sin\omega t$$

$$X_G(t) = B\sin(\omega t - \theta)$$

$$Y = \int A\sin(\omega t - 90°)B\sin(\omega t - \theta)\mathrm{d}t$$

$$= AB\int\cos\omega t\sin(\theta - \omega t)\mathrm{d}t$$

其中,$T = 2\pi/\omega$。

根据正弦信号与余弦信号在区间 $[-T/2、T/2]$ 内具有正交特性,可知:

$$\int\cos n\omega t\cos m\omega t\mathrm{d}t = \int\sin n\omega t\sin m\omega t\mathrm{d}t$$

$$\int\sin n\omega t\cos m\omega t\mathrm{d}t = 0$$

当 θ 为 $+90°$ 时,Y 为正值 $AB(T/2)$,微电子接收器使执行继电器吸起。而当 θ 为 $-90°$ 时,Y 为 $-AB(T/2)$;当 θ 为 $0°$ 或 $180°$ 时,Y 为 0,均为非正值,使执行继电器落下。这样,该接收器就具有可靠的相位选择性。

由于两根钢轨上的牵引电流不平衡,将有 50 Hz 电压加在轨道线圈上,在列车占用轨道电路时,不应使执行继电器错误动作。设局部信号的角频率为 ω,而轨道信号频率为 2ω,相当于局部信号 25 Hz,轨道信号 50 Hz,则 $Y = AB\int\sin(\omega t - 90°)\sin(2\omega t - \theta)\mathrm{d}t = 0$,这就说同时收到 25 Hz 和 50 Hz 两种不同频率的信号时,在一个周期内 Y 为零,不会使执行继电器错误动作。

由于微电子接收器具有上述频率选择性,不仅可以防止 50 Hz 牵引电流的干扰,而且对于其他高次谐波干扰也有同样的作用。当轨道信号频率为局部信号频率的 n 倍时:

$$Y = AB \int \sin(\omega t - 90°) \sin(n\omega t - \theta) \mathrm{d}t = 0$$

微电子相敏轨道电路接收器电路由输入部分、计算机部分、输出部分和电源等组成,如图 3-16 所示。

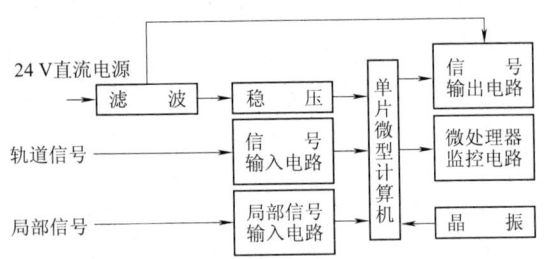

图 3-16　微电子相敏轨道电路接收器电路图

①输入部分

输入部分由局部信号输入电路和轨道信号输入电路组成。局部信号输入电路是将局部信号经光电耦合输入给单片微机。轨道信号输入电路包括隔离变压器、轨道输入相位辨别电路和接口电路。隔离变压器对输入信号起隔离、输入阻抗匹配及防雷电冲击保护微电子设备的作用。轨道输入信号相位辨别电路和接口电路将轨道输入的模拟信号转换为数字信号,然后送入单片机对信号进行数字处理。

②单片机部分

单片机部分由单片微机、微处理器监控电路、晶体振荡电路组成,完成接收器的数字处理功能。单片机选用 MCS-51 系列芯片。微处理器监控电路的功能是有效检测单片机在不可预测的干扰作用下产生的程序执行紊乱和自动恢复,以提高单片机系统的可靠性和抗干扰能力。微处理器监控电路运行后,若单片微机在规定时间内访问它,单片机正常工作;若规定时间内未能访问它,则使单片机自动复位,使系统重新初始化。

③输出部分

输出部分由驱动电路、功放电路、隔离变压器等组成。单片机部分对输入信号处理后,输出一高频信号至输出部分,经驱动电路送到功放电路中,通过放大输出给隔离变压器,再进行整流、滤波,控制轨道执行继电器工作。

④电源

电源由滤波电路和两个三端稳压器组成。电源屏提供的 24 V 直流电,经滤波、稳压,输出 9 V 电压供轨道输入电路,5 V 供单片机电路,24 V 供信号输出电路。

系统软件主要由主程序和 4 个中断服务子程序组成,完成系统初始化、信号采集与处理、信号延时和继电器控制等功能。软件采用结构化设计方法,用汇编语言编写,各功能程序实现模块化。

(4)50 Hz 微电子相敏轨道电路组合

一个 50 Hz 微电子相敏轨道电路组合共包括 8 台 WXJ50 微电子相敏接收器、2 个 TFQ 调相防雷器、1 个 SBJQ 双套报警器。

一个 50 Hz 微电子相敏轨道电路组合可供 4 个轨道电路接收端用,其中 WXJ50 微电子相敏接收器为双机并用。

一个调相防雷器可供两个轨道电路接收端用。

一个双套报警器则对 8 台接收器的工作状态进行监测,并提供报警条件。

接收器上有红灯和绿灯。红灯点亮表示电源正常;绿灯点亮表示轨道电路在调整状态,无车占用;绿灯灭灯表示轨道电路在分路状态,有车占用。

报警器上有红灯和黄灯。红灯点亮表示工作正常;黄灯平时不亮,闪光时对应接收器故障。

(5) 50 Hz 微电子相敏轨道电路的调整和测试

　　① 送、受电端防护电阻的阻值应按规定加以固定,不应作为调整轨道电路的手段。在调整前,应首先检查送、受电端防护电阻的阻值,是否符合规定,然后再调整轨道变压器的Ⅱ次电压,使之满足要求。

　　② 调整轨道电路前,对标有同名端的设备,应按设计图纸中的要求,检查其间是否均已按同名端相连,以及和钢轨的连接是否符合相位要求。在调整轨道变压器的电压时,应注意不要接错同名端,如果个别器材的同名端不符合规定时,应予以更换,避免影响轨道电路的正常工作。

　　③ 用电压表对相敏接收器的轨道侧和局部侧进行测量,符合要求时轨道继电器应吸起。若不吸起,再用相位表对相敏接收器的轨道侧和局部侧进行测量,看相位是否正确。

　　④ 在施工及维修中对轨道电路进行调整,可按参考调整表(表 3-1),即按轨道电路的类型(长度和一送多受),通过调整轨道变压器的端子,获得相应的送电端电压,使轨道继电器的端电压符合要求。

表 3-1　50 Hz 微电子相敏轨道电路参考调整表

类　型	长度 (km)	送电端调整电压 (V)	轨道继电器端电压 (V)	
			U_{Jmax}	U_{Jmin}
一送一受	0.05	6.3	15.8	12.5
一送一受	0.10	6.7	16.8	12.5
一送一受	0.20	7.5	18.7	12.5
一送一受	0.30	8.4	20.7	12.5
一送一受带三个无受电分支	≤0.30	8.4	20.9	12.5
一送两受带一无受电分支	≤0.20	10.7	17.4	12.5

　　(6) 50 Hz 微电子相敏轨道电路常见故障分析与处理

【案例 1】　有车占用无光带

　　判断分析:发生这一类型的故障是很危险的,很容易引发大事故,受理后应先停用设备后处理。究其原因,一般有以下几个方面:

　　① "死区间"过长,属设计原因。

　　② 在设有轨端绝缘但没有设受电端的渡线或侧线,因轨端接续线或岔后跳线断、脱,而造成"死区间"。

　　③ 轨面电压调整过高或送端变阻器调整的阻值过小造成车辆压不死。

　　④ 一送多受的轨道区段因各受电端相距较远,轨面电压调整不平衡,有个别受电端轨面电压过高而造成车辆压不死。

　　⑤ 车辆轮对分路不良。轨面生锈、车辆自重过轻以及轮对电阻过大等。

　　⑥ 轨道继电器有残磁或接点卡阻、粘连等。

　　⑦ 其他电源混入,如移频电压干扰等。

【案例 2】　多条轨道电路出现红光带

　　判断分析:应考虑公共部分,如室内送电端轨道电压有无送出,到分线盘测量 220 V 电压有无送出即可判断。有电压送到分线盘可考虑室外电缆故障等原因。同时也要考虑电源屏的局部电源 110 V 电压是否送到组合架上。

【案例 3】 单个轨道电路出现红光带

判断分析:可在分线盘该轨道电路的受电端和轨道继电器的线圈两端测量电压,判断是室内故障还是室外故障。

①如果在分线盘测到 0 V,则开路或短路故障皆有可能。先拆下分线盘一根电缆侧室外部分,如果电压高于平时值(18～24 V),说明室外到分线盘都是正常的,可判断是室内短路;如仍为 0 V,是室外故障,可能是开路故障也可能是短路故障。对于室外故障:到现场首先查找电压有无送到送电端,如果送到送电端,根据变压器的连接方式查看输出电压是否正确,对于电气化区段,还要检查扼流变压器输出是否正确,在正常情况下,轨面电压为 0.4～0.8 V 之间。如果送电端的电压到轨面都是正常的,再到受电端检查,首先检查受电端电压是否正常,如果电压明显下降,可能是有短路或半短路故障,用万用表或轨道故障测试仪进行查找,在电压突然变化处,可能就是故障点。

②当电压在允许范围之内时,轨道继电器仍不吸起。

此种情形的故障点一般在室内,首先查找受电端电压是否送到轨道继电器的 3-4 线圈,并且检查极性和相位角是否符合标准,如果电压基本正常,失调角严重超标(最大失调角超过±30°),就要相应调整防护盒的有关端子,使失调角达到规定值。如果电压未送到轨道继电器的 3-4 线圈,查找分线盘到继电器的配线和器材。

③对于电码化轨道区段,由于叠加了移频信息,因此查找故障时要用移频表进行测试,判断是 25 Hz 相敏轨道电路的电压还是移频电压。

【案例 4】 两个相邻的轨道电路同时出现红光带

判断分析:很有可能相邻轨道电路绝缘节破损。单个绝缘节破损就会引起相邻轨道电路出现红光带。

【案例 5】 一送两受道岔轨道区段红光带故障

判断分析:

①靠近送电端。先测轨面电压,如果电压较高,根据经验能断定为开路故障,可直接向受电端查找,但一般情况下,无论电压是高还是低,应开箱测试 BG_2 Ⅱ 次侧电压与变阻器电压进行比较后再做结论。若Ⅱ次侧电压不正常,可沿Ⅰ次侧至熔丝方向查找故障点。若Ⅱ次侧电压正常,再测变阻器电压,如果变阻器电压为零或明显低于平常值(原始测试记录上的数值。下同),表明轨道电路开路;如果变阻器电压接近Ⅱ次侧电压或明显高于平常值,表明轨道电路短路。判断是开路故障还是短路故障是处理轨道电路故障的关键所在。

②靠近受电端。先测受电端轨面电压。根据现场经验,一送一受的受电端轨面电压一般不应低于 0.6 V(距信号楼特别远的区段只会更高一些),这个电压经受电端 BG_2 变压后为 20 V 左右,再送至室内继电器两端电压有效值大于或等于 18 V(微电子接收器的室内电压有效值大于或等于 16 V),能保证继电器可靠吸起。一送多受的受电端轨面电压根据具体情况而定,但至少可以说,各受电端电压均不能低于 0.6 V。

当受电端轨面电压高于 0.6 V 时,一送一受的轨道电路故障点肯定在受电端至室内方面;一送多受区段要开箱检查平常值,只要所测电压高于平时值,故障范围与一送一受区段相同。为可靠起见,还要测另外几个受轨面电压进行比较后再确定。

当受电端轨面电压低于 0.6 V 时,有四种情况:

a. BG_2 短路。

b. 轨道电路短路或半短路。

c. 轨道电路开路或半开路。

d. 受电端电缆混线。

区分 a:测 BG_2 Ⅰ、Ⅱ次侧电压是否成比例予以确定。

区分 b:在排除第一点的情况下,拆下 BG_2 Ⅱ次侧的一根线,如Ⅱ次侧电压升高幅度不大,属第二种情况;如果Ⅱ次侧电压升高幅度较大,属于后两种情况。

对于 c,不要急于考虑,因 c 的概率较高,先按开路故障查到送电端,如果中间某处电压突然升高,就是故障点的所在。如果电压无明显变化,再开送电端变压器箱,按"靠近送电端"的处理方式查找。如在送电端确定为短路故障,说明受电端电缆混线。

3.1.3　相关规范、规程与标准

1.《地铁设计规范》(GB 50157—2013)。

2.《铁路信号设计规范》(TB 10007—2017)。

3.《铁路信号站内联锁设计规范》(TB 10071—2000)。

4.《信号工》。

5.《城市轨道交通信号系统通用技术条件》(GB/T 12758—2004)。

6.《铁路应用 可靠性,可用性,可维护性和安全性技术条件和验证(RAMS)》(EN 50126—1999)。

7.《城市轨道交通信号工程施工质量验收规范》(GB 50578—2010)。

8.《系统接地的型式及安全技术要求》(GB 14050—2008)。

9.《城市轨道交通工程基本术语标准》(GB/T 50833—2012)。

10.《铁路工程基本术语标准》(GB/T 50262—2013)。

典型工作任务 2　无绝缘轨道电路设备维护

3.2.1　工作任务

无绝缘轨道电路是准移动闭塞信号系统的基础设备之一,它除了要检查轨道区段有无列车占用外,还要利用轨道电路区段的变化实现对列车当前位置再同步。在列车占用期间利用轨道电路向列车发生 ATP 行车信息。通过这部分内容的研读,在技能上达到以下要求:

(1)能对该设备进行测试与检修。

(2)能根据其特性进行调整。

(3)能处理常见故障。

(4)能对简单的测试、检修、故障进行指导。

(5)能正确的识读如图 3-17 所示双轨图、图形和符号。

基于轨道电路的正线部分屏幕布置图举例见书末附图 1。

图 3-17　双轨图、图形及符号

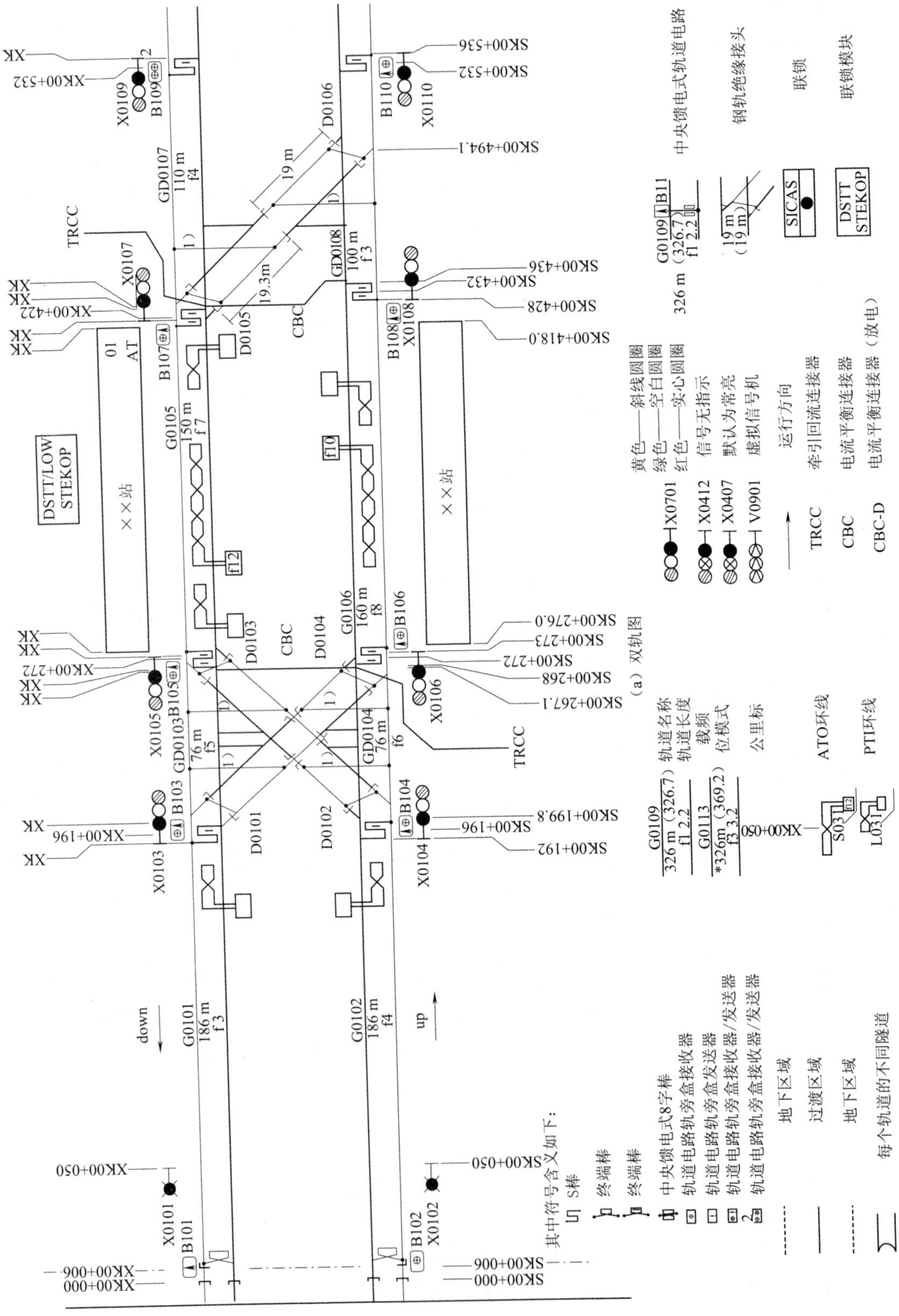

(a) 双轨图

3.2.2　知识链接

城市轨道交通信号系统中的无绝缘轨道电路以 FTGS 轨道电路最为典型,FTGS 的意思为德国西门子公司的远程馈电式数字音频无绝缘轨道电路(Remote-fed, coded audio-frequency track circuit from Siemens)。远程馈电可以做到轨旁无任何电子器件;数字音频编码可以避免牵引回流上共谐器件间的干扰;使用的 S 棒电气绝缘节可促使轨道电路区段在不锯钢轨的情况下进行分割。目前 FTGS 轨道电路主要采用 FTGS-917 型。下面以 FTGS 轨道电路为例对无绝缘轨道电路做详细介绍。

FTGS 轨道电路接线框图如图 3-18 所示。

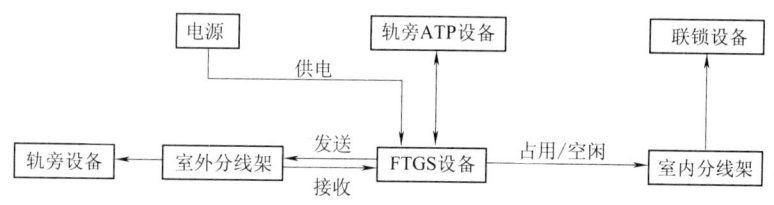

图 3-18　FTGS 轨道电路接线框图

在城市轨道交通信号系统中,利用无绝缘轨道电路检查线路上有无列车占用,以实现对进路的联锁控制;同时,利用轨道区段的频率变化对列车当前位置进行再同步,即对列车当前的实测位置进行校准;再次,就是利用列车占用轨道电路区段过程中实现地对车的通信,从而实现对列车的自动控制。

1. FTGS 轨道电路的基本结构及工作原理

1)基本结构及其工作原理

FTGS 轨道电路组成框图如图 3-19(a)所示。FTGS 轨道电路由室内、室外设备组成。区段无车时,接收端轨道继电器励磁吸起,有车占用时,由于轮对的分路作用,发送端发送的信号经轮对断路,使接收端接收的电压值达不到继电器励磁的阀值,继电器失磁落下。联锁及监控通过双通道的两个轨道继电器不同的开关状态进行故障检测。

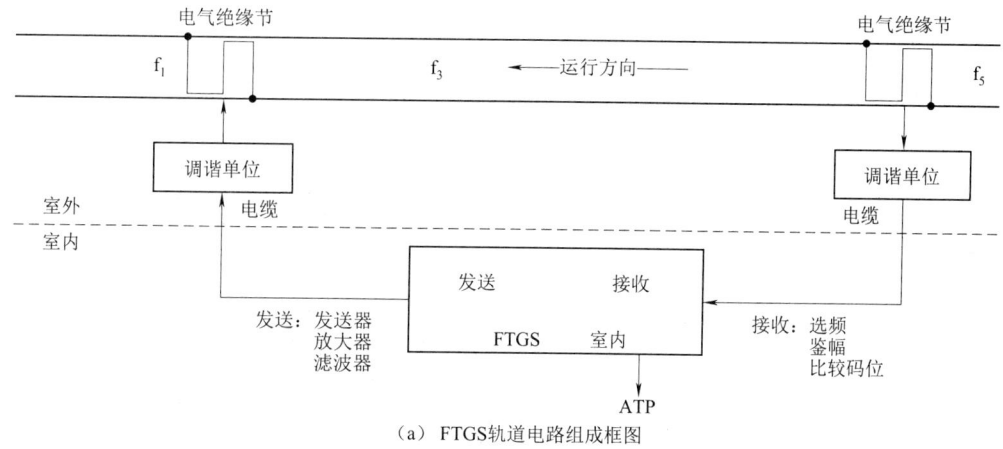

(a)　FTGS轨道电路组成框图

图 3-19　FTGS 轨道电路工作原理图

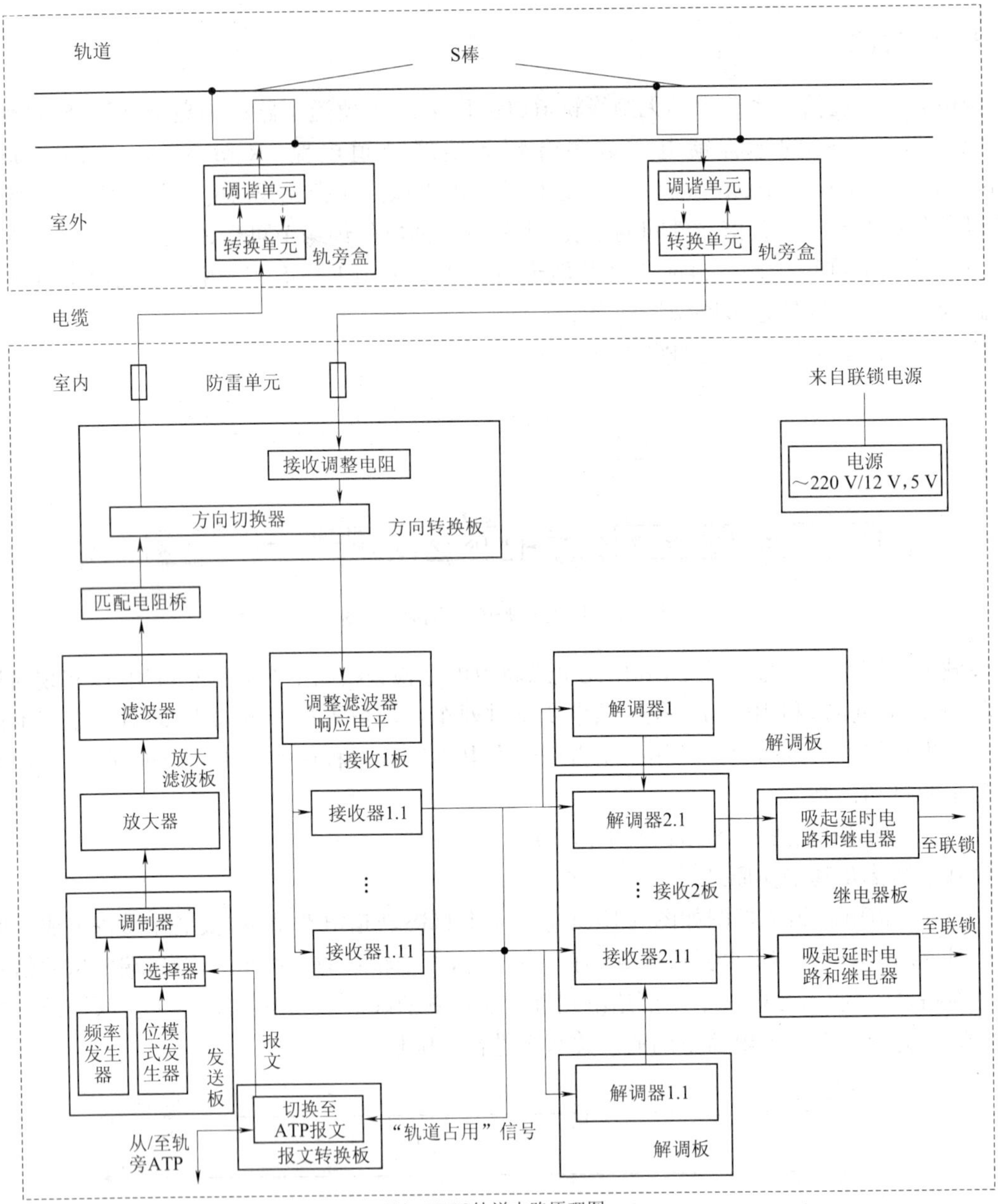

（b）FTGS轨道电路原理图

图 3-19　FTGS 轨道电路工作原理图

FTGS 轨道电路工作原理如图 3-19(b)所示。室内设备主要有发送器、解调器、接收器、滤波放大器、继电器板及室内分线架等。室外设备主要有调谐单元、连接线、电气绝缘及电缆等。

发送部分由发送器、放大器和滤波器组成。为防止电气干扰，发送器进行频率调制。调制器位于发送板（TX）上。在同一块电路板上，通过设置两个编码插头跳线来设置轨道区段的频率和位模。

音频调制信号由功率放大器放大至所需的等级。放大器中二级窄带滤波器对方波的谐波进行衰减从而抑制其谐波馈入钢轨。滤波器的另一个功能是当发送器发出错误频率时防止其输送到钢轨。

经过滤波器滤波后,音频 AC 经过电缆发送至轨旁连接箱中的调谐单元。该单元含有调谐电气接续线和调整电平所需的所有无源元件。

音频信号从输入点沿着钢轨传送到接收器,该接头也被连接到带调谐单元的连接箱。所接收到的电压传回到信号楼中的接收设备,该距离最远为 4.5 km。

接收器 1(RX_1)包含有用于选频、鉴幅和信号整波的元件。所发送的音频信号的信息内容在解调器(MODEM)中,根据编码插头设定的内部位模进行检查。如果位模匹配且电压幅值足够,则在接收器 2(RX_2)的逻辑就触发继电器板上的两个轨道电路继电器。

接收设备为双通道设计。结果是通过继电器板上的两个轨道电路继电器的敌对转换状态来指示故障。此外,联锁机不断地验证轨道空闲/占用状态。

轨道电路的发送器、接收器和运算部分组成了装入组匣中的单个单元。相关的电源提供必要的稳定 12 V 和 5 V DC 给电子电路使用。

(1)发送电路原理

发送端电路工作原理如图 3-20 所示。

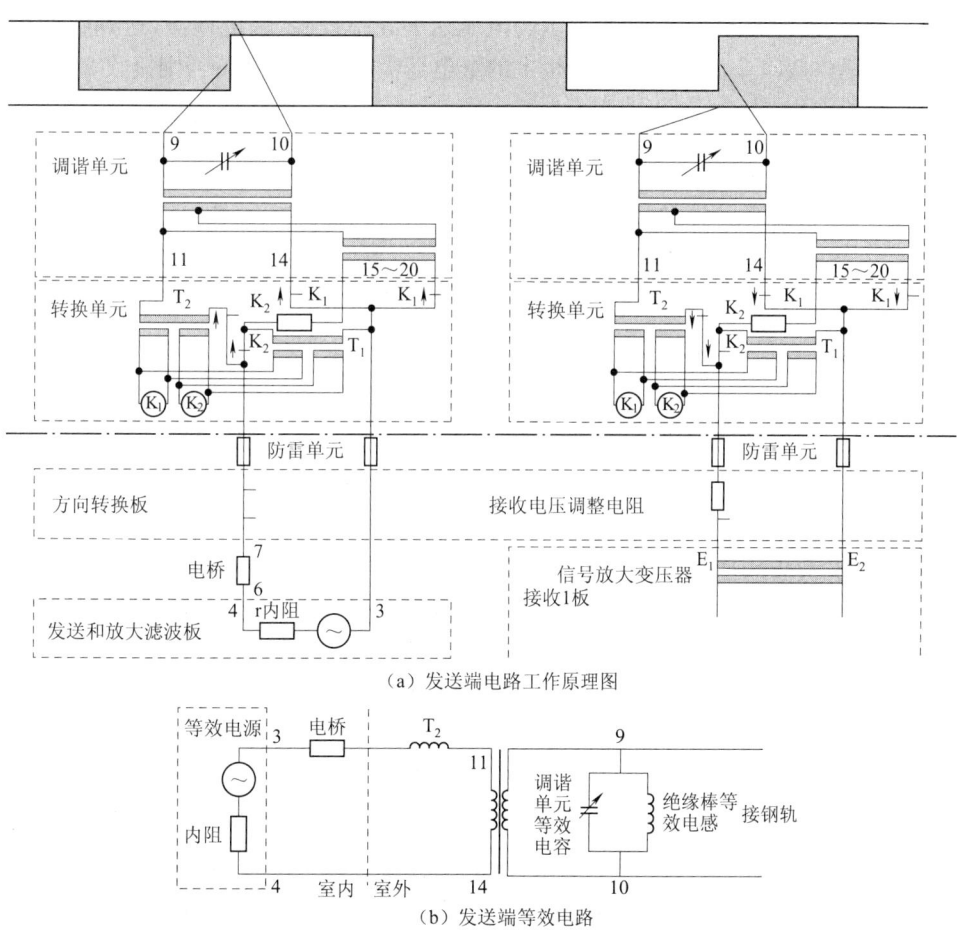

(a)发送端电路工作原理图

(b)发送端等效电路

图 3-20　发送端电路工作原理

如图 3-20 所示,把发送板和放大滤波板看作一个输出音频的交流电源,经过电桥降压,经方向转换板上的继电器接点,输出到转换单元。由于室内送出高电位,转换单元上的变压器

T₁ 电压足够高,使继电器 K₁ 和 K₂ 吸起,把电经变压器 T₂ 的 I 次线圈送到调谐单元的 11 和 14 端,把电压输入到调谐单元,此时继电器 K₁ 和 K₂ 则由 T₂ 供电保持吸起状态。此时由于 K₂ 吸起,断开了通往 T₁ 的电路。

调谐单元中的调谐部分可以等效为一个可变电容,各种绝缘棒可以等效为一个电感,调谐单元和绝缘棒的电路构成一个并联谐振回路。调整调谐单元上的可变电感器(也就是改变调谐单元的电容值),可以改变并联谐振回路的谐振频率,以适合轨道电路的各种工作频率。当谐振频率与当前区段工作频率一致时,整个并联谐振回路阻抗最大,分压最高,因此发送到轨面电压最高(即 9/10 端电压最高)。

(2)接收电路原理

接收端电路工作原理如图 3-21 所示,因为接收端的绝缘棒与调谐单元形成的谐振回路的谐振频率也与当前区段工作频率一致,所以从轨面接收回来的电压最高。接收电压经过两个耦合变压器调整为约 0.6 V 电压,经转换单元直接送回室内。

接收电压经防雷单元,经方向转换板中的调整电阻,进入接收 1 板。接收 1 板上有可调的耦合变压器对电压进行放大,然后把放大了的电压送去频率校验,幅值检测,送到解调板核对位模式,一切正确由接收 2 板驱动继电器板上的继电器吸起,区段空闲;否则接收 2 板不送电,继电器落下,区段占用。

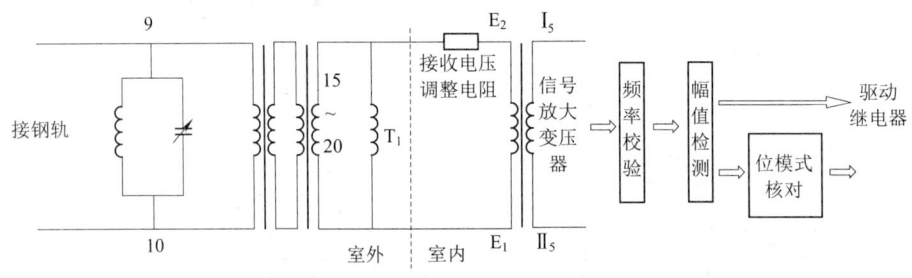

图 3-21　接收端电路工作原理

(3)各部件作用

①把发送板和放大滤波板看作一个输出音频、电压约为 60~80 V 的交流电源,此电源并非理想的电源,它有内阻:当接上正常的负载(设备正常情况下),电压输出为 50~60 V;当空载时,电压约为 60~80 V。

绝大多数区段各方向发送电压相差小于 4 V,两边使用不同绝缘棒的区段相对相差大一些,相同的一般相差小于 2 V。这可以作为提前发现轨道电路电气特性变差的方法之一。

②电桥串接在线路上用来平衡电缆阻抗和保护发送电路不会过载,亦称为电缆匹配电阻。不同区段电桥的连接方式不同,产生了不同压降,压降可以由零至 20 多 V。测量电桥的 6/7 端,可以测出电桥压降。电桥故障往往是由于接线松脱造成,使形成开路状态,发送电源空载,测电桥的 6/7 端和放大滤波板 3/4 端电压约为 60~80 V。

③方向转换板是由一组继电器相互动作来切换发送和接收方向的,继电器性能不佳会在转换方向后造成粉红光带或红光带,也可能造成单方向红光带。值得注意的是:在不同方向下,发送端和接收端向室外的线不同,接向室内的线相同。

④防雷单元暂时没出现过故障,随着使用时间增长,可能会出现接触不良或对地短路等故障。它的左排接线端子是室外配线入室内的连接点,测量它的电压能迅速、准确判断是室内还是室外的故障,并能初步判断故障位置。

⑤转换单元用来自动判断当前的工作状态:当工作在发送状态时,室内送出高电位,T_1电压足够高,使继电器 K_1 和 K_2 吸起(此时转换单元上两个绿色发光二极管会亮),把电经 T_2 送到调谐单元的 11 和 14 端,继电器 K_1 和 K_2 则由 T_2 保持吸起状态,而不经 T_1;当工作在接收状态时,室内没电送出,T_2 断电使继电器 K_1 和 K_2 落下,接通调谐单元的 15～20 端,接收回来的电通过 15～20 端经转换单元送入室内,又由于接收电压比较低,经过 T_1 不足以使继电器 K_1 和 K_2 吸起,保持接收状态。故障较多为:线的松脱,线圈的线虚焊,继电器性能变差。

当 11、14 端松脱时:作为发送端时,由于室内送出高电位,T_1 电压足够高,使继电器 K_1 和 K_2 吸起,但 11、14 端松脱,T_2 没有电流继电器 K_1 和 K_2 落下,又接通 T_1,T_1 电压足够高,使继电器 K_1 和 K_2 吸起,因此会造成继电器反复动作。当继电器 K_1 和 K_2 吸起时,没负载;而继电器 K_1 和 K_2 落下时,室外的负载为 T_1 的线圈,此时,室内发送端防雷单元侧:电压约为 12 V。作为接收端时,电路不通过此接线,设备正常。

当 15～20 端松脱时:由于只有作为接收端电路才通过此接线,因此此端作为发送端时设备正常。

继电器接点接触不良:这会造成粉红光带,甚至红光带,但这些现象一般会出现在区段转换方向过程中。

⑥调谐单元与绝缘棒形成一个并联谐振回路,当谐振频率与当前区段工作频率一致时,整个并联谐振回路阻抗最大,分压最高。作为发送端时:发送到轨面电压最高;作为接收端时:从钢轨接收到的电压最高。

一旦这个谐振回路出现"缺陷"(即失谐状态),就会使当前谐振频率与当前区段工作频率不一致,谐振回路阻抗变小,分压降低。作为发送端时:谐振回路作为主要负载,它的阻抗变小,会对前级电压造成影响,防雷单元的电压明显降低;作为接收端时:谐振回路与钢轨阻抗、道床电阻共同做负载,它的阻抗变小,对整个负载电阻影响比较小,因此对前级电压影响不明显。

造成谐振回路"缺陷"的原因主要有:绝缘棒外皮破损,使铜线与钢轨接触短路;S 棒中间接触不良;棒的螺丝松;调谐单元电器特性改变等。

连接 15～20 端的耦合变压器,只工作在接收状态下,其损坏不会影响在发送状态下工作。

⑦钢轨是轨道电路的一部分。钢轨部分故障对任何一方的发送端几乎没有影响,但会使接收端接收电压降低(但往往不会没电压输入)。

在普通区段,钢轨故障的概率很低,主要原因有:中间有物体穿过并短路了钢轨、断轨、钢轨绝缘破损接地。在道岔区段,钢轨故障主要原因有:道岔绝缘破损、道岔跳线破损短路了钢轨、中间有物体穿过并短路了钢轨、断轨、钢轨绝缘破损接地。

⑧接收 1 板、解调板、接收 2 板:至今故障率比较低,但有一点要注意,接收 1 板上的指示灯亮而解调板的不亮或解调板的亮了而接收 2 板的不亮,不能武断地认为是解调板或接收 2 板故障,要测一下接收电压(Ⅰ5/Ⅱ8 端)。因为当接收电压比较低但有靠近临界值时会出现上述现象。

⑨中间馈电式轨道电路的方向转换是通过中间馈电转换板控制的,当中间馈电转换板故障,会造成红光带,由于转换电路部分由门电路组成,因此中间馈电转换板故障率很低。值得注意的是:当发送方向不是 G 方向时,中间馈电式轨道区段会显示红光带,而且满足一定条件才能恢复为 G 方向,出现空闲后不能转回 G 方向而产生的红光带,不能简单地判断为转换板的故障,要测量故障下的所有数据,才能准确判断。

中间馈电转换板的指示灯:FG 与 FA 灯不会同时亮;S_1 与 S_2 灯不会同时亮。

2)电气绝缘节

(1)电气绝缘节与位模式

电气绝缘节区别于一般的机械绝缘节,是划分 FTGS 轨道区段的重要设备。它由短路棒和轨旁盒内的调谐单元共同组成。除道岔本身和终端棒必须采用机械绝缘节外,其他轨道电路都采用电气绝缘分割。S 棒电气绝缘节原理如图 3-22 所示。

电气绝缘节是 FTGS 轨道电路的一个重要环节。采用电气绝缘节(通常采用 S 棒)不仅隔离相邻区段电气回路,同时利用电气绝缘节的电气特性实现列车位置的再同步。这些 S 棒在不用物理锯断钢轨的情况下可以实现轨道区段的电气隔离,同时,平衡两钢轨之间的牵引电流。

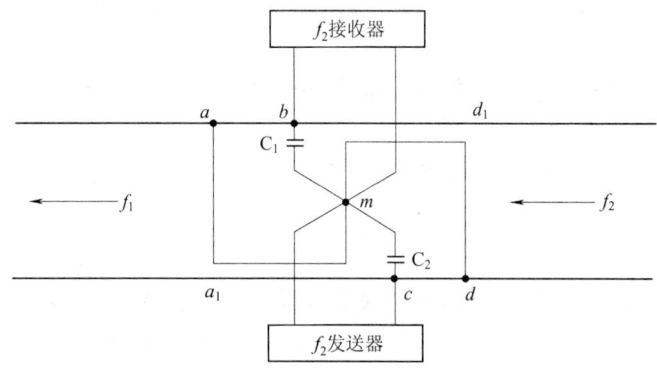

图 3-22　S 棒电气绝缘节原理图

FTGS 轨道电路采用 FSK(移频键控)调制模式,同时为了防止相邻区段信号的越区传输,相邻区段使用不同载频和不同调制信号(位模式)。

位模式是数字式音频轨道电路设备内发出的预定序列二进制代码。位模式的选定由序列转换开关完成。也就是说,对于某一轨道区段来说,只有当收到的信号频率和调制信号与本区段相同并且电压足够高时,轨道继电器才励磁吸起,即区段空闲;否则继电器落下,即区段占用。

FTGS 轨道电路按以下三个步骤进行空闲检测的:

①鉴幅:检测接收回来的电压。

②鉴频:检测接收回来的电压的中心频率是否正确。

③比较位码(选通调制):检测接收回来的电压所带的位模式是否正确。

FTGS 轨道电路现在通常采用 FTGS-917 型。该类型的轨道电路使用 8 种频率,分别为 9.5 kHz、10.5 kHz、11.5 kHz、12.5 kHz、13.5 kHz、14.5 kHz、15.5 kHz、16.5 kHz。调制信号采用的位模式一共有 15 种不同的位模式:

2.2、2.3、2.4、2.5、2.6

3.2、3.3、3.4、3.5

4.2、4.3、4.4

5.2、5.3

6.2

相邻区段使用不同的位模式。位模式用 $X.Y$ 表示:把一小段时间分成八等份,在一个周期内,先是 X 份时间的高电平,然后是 Y 份时间的低电平且要求 $X+Y\leqslant8$。这样可以有 $1.1\cdots1.7;2.1\cdots2.6\cdots6.1、6.2;7.1$ 共 28 种位模式,FTGS-917 型只使用其中的 15 种。这些高、低电平不断循环就构成了位模式脉冲。调制采用的频偏为 ±64 Hz。图 3-23 为位模式 2.3 调制 9.5 kHz 频率而得到的移频键控信号波形。

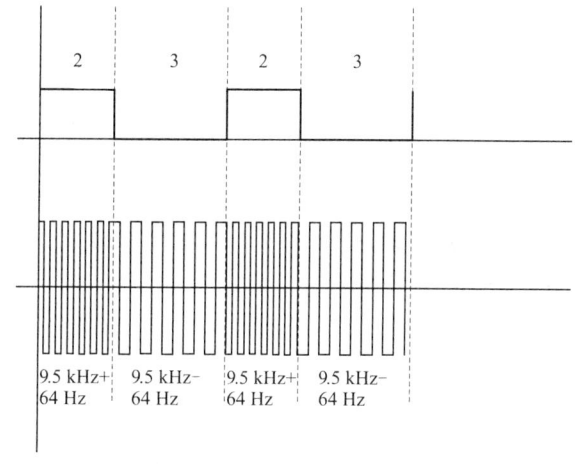

图 3-23　位模式 2.3 调制 9.5 kHz 频率所得的 FSK 波形示意图

由位模式脉冲把区段的中心频率调制成移频键控信号(FSK),其中,上边频频率为:中心频率 $+64$ Hz;下边频频率为:中心频率 -64 Hz。调制后的信号可以抵抗钢轨牵引回流中谐波电流的干扰。

根据基于轨道电路的 ATC 系统的结构及其地车信息传递的方式,要求 ATP 轨旁信息一定要迎着列车运行方向发送的特点,因此,轨道电路的发送端一定也要在列车运行方向的远端。因此,为了确保 ATP 信息帧(即报文)的发送和接收,FTGS 必须能够根据列车的运行方向切换轨道电路送电端和受电端,即发送方向的切换。

(2)S 棒原理

下面以 S 棒为例,介绍其电气特性,如图 3-24 所示。

接收器的谐振回路由电容 C_1(调谐单元上电路的等效电容)、钢轨区段 ab 和电缆 am 等组成;发送器的谐振回路由电容 C_2、钢轨区段 cd 和电缆 dm 等组成。

①接收。在正常状态下,钢轨 ab 的电感、电缆 am 的电感及它们之间的互感与电容 C_1 构成并联谐振(利用调谐单元可以将其调到谐振点),因此电容 C_1 两端呈现高阻抗,与电容 C_1 两端 d_1d 轨间有较高的电压,接收到从右端输入的载频信号。

②发送。钢轨 cd 的电感、电缆 dm 的电感及它们之间的互感与电容 C_2 构成并联谐振,因此电容 C_2 两端呈现高阻抗,与电容 C_2 两端 a_1a 轨间有较高的 f_1 电压,此电压可以向左传输。

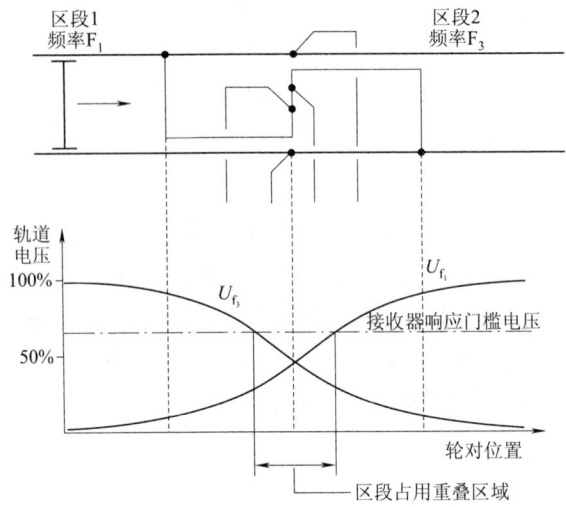

图 3-24 S 棒的电气特性示意图

S 棒长度为 7.8 m 左右,其中 S 棒的 1/4～3/4 处(约 3.9 m)为分路感应的模糊区段,在此区段内有车占用左右两边的区段都允许显示占用,而无法精确判断列车占用的区段。

棒的隔离原理是只有在接收器接收到的轨道电压幅值足够高,解调板确认传输的位码正确的条件下,接收器部分才给出轨道空闲信号。在这种情况下,两个轨道电路继电器被触发,并给出"轨道区段空闲"表示。一旦列车进入轨道电路区段,车轴分路导致接收器端的电压降低到轨道电路区段被表示为占用的电压值。

(3)棒的类型

电气绝缘节一般有 S 棒、短路棒、中央馈电棒(也称横"8"字形棒)、终端棒、调整短路棒和道岔区段使用的 D 棒等六种电气绝缘节分割。调谐单元位于轨旁连接箱内,用以将本区段的调频信号调整至相应的轨道电路频率,以完成本区段的电气连接。同时,也由隔离"棒"隔离相邻区段的信号。

①S 棒

大多数的轨道电路区段(主要是正线区间的轨道电路)采用了 S 棒电气绝缘节,它是镜像对称的。以 S 棒的中心线作为轨道电路区段的物理划分。S 棒长度为 7.8 m 左右,模糊区段长度≤3.9 m。这里所谓的模糊区段是指当车压 S 棒的 1/4 处至 3/4 处时,该 S 棒左右两边的区段都允许显示占用,无法精确判断列车占用的区段。S 棒如图 3-25 所示。应避免列车的第一个和最后一个轮对在 S 棒上运行停车,这可能会导致联锁系统错误解锁进路。

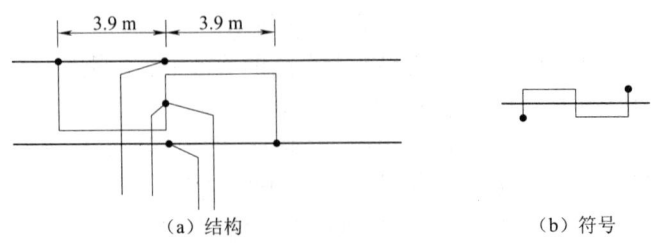

图 3-25 S 棒示意图

②短路棒

除了 S 棒外,短路棒则用于一端为轨道电路区段,而另一端为非轨道电路区段的情况。该棒长度约为 4.2 m。如图 3-26 所示。

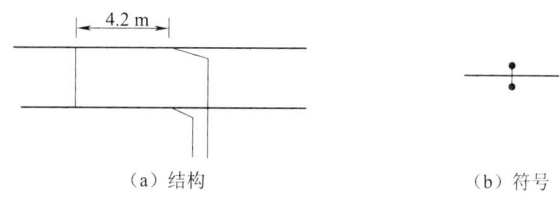

（a）结构　　　　　　　　　　（b）符号

图 3-26　短路棒

③终端棒

终端棒由终端短路棒和一个机械绝缘节共同组成。它主要用在双轨条牵引回流区段。棒长约 3.5 m,距机械绝缘节 0.3～0.6 m,如图 3-27 所示。

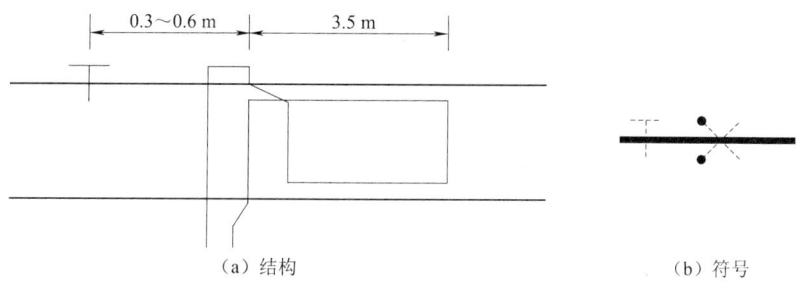

（a）结构　　　　　　　　　　（b）符号

图 3-27　终端棒

④8 字棒

使用于中央馈电式轨道电路的中央。如图 3-28 所示。

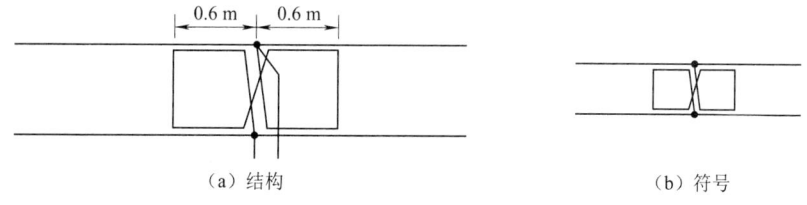

（a）结构　　　　　　　　　　（b）符号

图 3-28　中央馈电棒

⑤调整短路棒

调整短路棒如图 3-29 所示。它主要应用于车站站台区段两端。

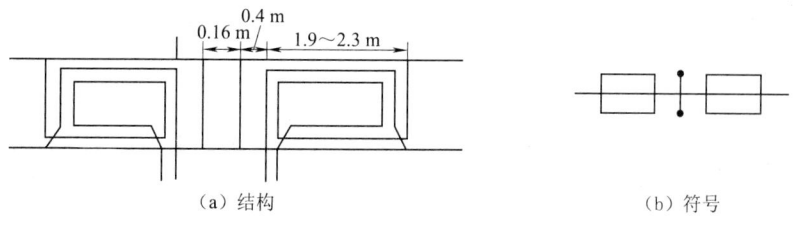

（a）结构　　　　　　　　　　（b）符号

图 3-29　调整短路棒

⑥在道岔区段的连接棒——D棒

对于侧线不足 20 m 长的道岔,例如无警冲标的道岔,侧线和直线可以平行连接。此时道岔轨道电路与标准轨道电路一样,仅需要一个输出。需要注意的是:这不能用于需要断轨检测的系统。同时,所有道岔都需要交叉接续线。带交叉接续线的道岔轨道电路如图 3-30 所示。

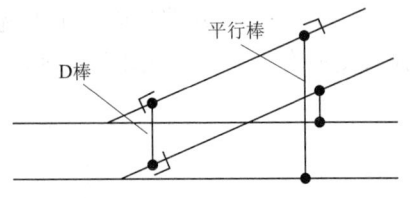

图 3-30 带交叉接续线的道岔轨道电路

(4)调谐单元

调谐单元被用来把电气隔离联结(S棒、终端棒、M棒)调为谐振。调谐单元型号是由当前区段的频率和相邻区段的频率来决定的。调谐单元的次级电路阻抗特性呈容性,调节调谐单元上的可调电感器,可以改变调谐单元的电容值,使绝缘棒与调谐单元调谐部分达到谐振点,使发到轨面上的电压最高,接收到的相应频率电压最高。

调谐单元原理如图 3-31 所示,调谐单元上的 11、14 端子与转换单元上 XK_3、XK_4 端子相连接,其中 11 端接蓝线,14 端子接红线。15~20 端子其中两个与转换单元上 XK_5、XK_6 端相连,其中一个端子接灰线,另一个端子接黄线,选择不同的端子可以选择变压器 UE_E 不同抽头,调整引入室内的电压值。

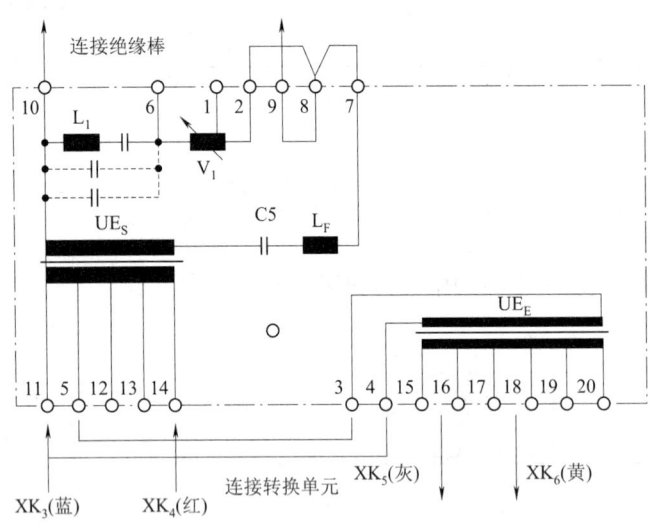

图 3-31 调谐单元原理图

使用 S 棒时,直接相邻的音频轨道电路也影响调谐,因此在选择调谐单元时也要考虑相邻区段的频率。变压器提供电气隔离。此外选择正确的抽头也允许馈出电压和与室内设备相连的电缆长度相匹配。通过设置或撤销跳线可以使调谐单元按照使用情况对馈入或馈出进行编程。

轨旁盒内一般可分为左右两部分,对称结构布置。每部分都由一个调谐单元(S棒和调整短路棒使用的调谐单元型号不同)和一个转换单元组成;一部分作为一个区段的发送端时,则另一部分作为相邻另一个区段的接收端。每一部分的调谐单元接电气绝缘节,转换单元接室内设备。轨旁盒结构如图 3-32 所示。

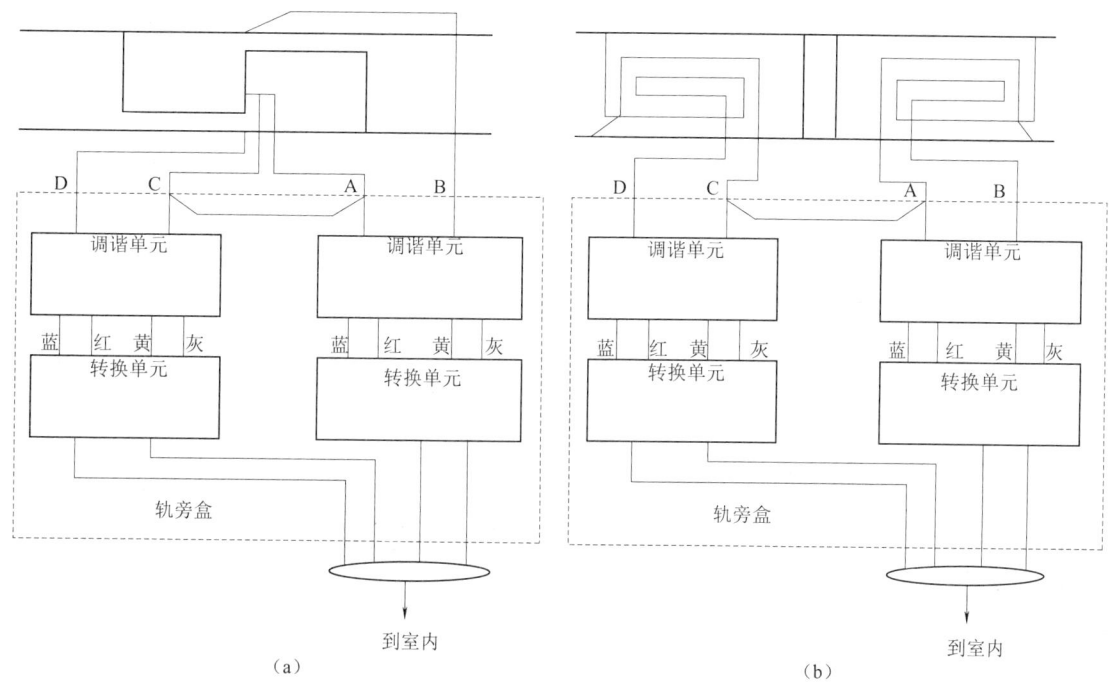

图 3-32 轨旁盒结构图

轨旁盒是连接电气绝缘节与室内设备的中间设备,是轨道电路室外的发送、接收设备。每个轨旁盒有一根电缆与室内设备连接,有四根电缆与电气绝缘节相连,另有一根地线。轨旁盒主要有两种不同的结构:一种是 S 棒结构;另一种是双轨条牵引回流区段的终端棒结构。这里主要讨论 S 棒结构的轨旁盒。由于它安装在轨旁,从外部看就是一个密封的盒子,因此把它称为轨旁盒。当轨旁盒的左边一部分作为左边区段的发送端时,则右边另一部分则作为相邻右边区段的接收端。而当轨道电路的方向改变时,这两部分的发送端/接收端也将进行互相切换。每一部分的调谐单元通过连接电缆接到电气绝缘节,转换单元通过室内、外连接电缆与室内电缆终端架相连接,经过防雷单元、室内分线架与轨道电路架连接。

2.FTGS 轨道电路的三种组合

1)FTGS 轨道电路组合

室内设备由 FTGS 组合框架构成。每个组合框架有正反两面,每面可分为 A、B、C、D、E、F、G、H、J、K、L、M、N 共 13 层,如图 3-33 所示,其中:前视图中,A～K 层是轨道电路标准框架层,每一层代表一个轨道电路区段。每层都与 L 层的一块方向转换板相对应。A 层轨道电路与左数第一块方向转换板相对应;B 层轨道电路与左数第二块方向转换板相对应;L 层:方向转换板框架层;M 层:24 V 电源层及保险层;N 层:230 V 电源入线、各轨道电路电源分线排。

后视图中,A～K 层是轨道电路电源模块层,每个电源模块输出 12 V 和 5 V 直流电供给两个区段使用;L 层是电缆补偿电阻设置层;M 层是信息输入、输出层。保险轨及终端板结构如图 3-34 所示。

2)FTGS 轨道电路的三种组合

FTGS 轨道电路有三种类型的组合,即:标准型、道岔型和中间馈电型。

(1)标准型轨道电路

标准型轨道电路的面板布置如图 3-35 所示。

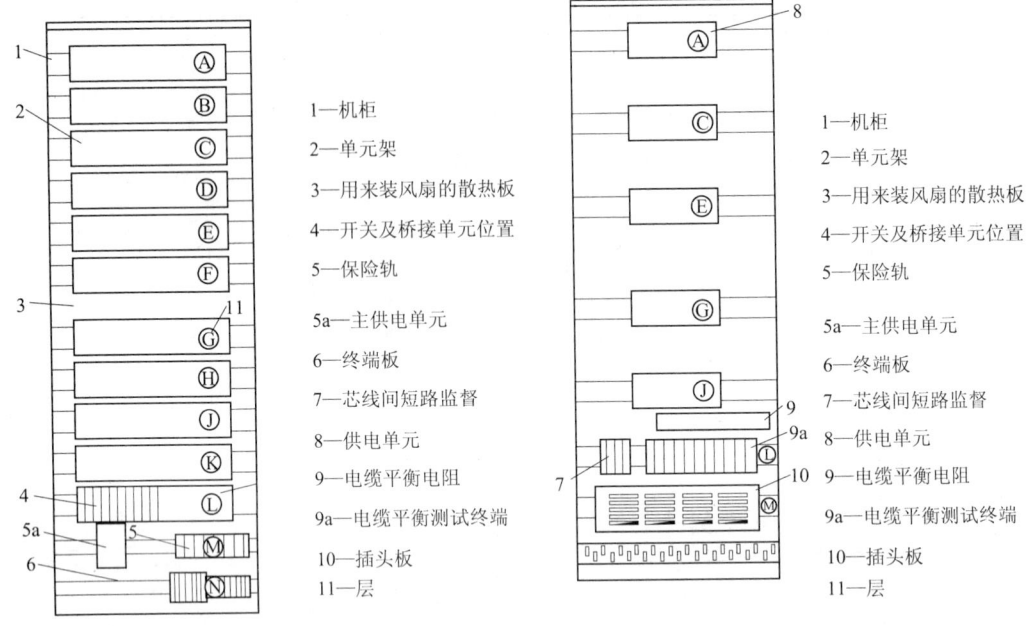

（a）机柜前视图　　　　　　　　　　（b）机柜背面图

图 3-33　FTGS 组合柜结构示意图

1—机柜
2—单元架
3—用来装风扇的散热板
4—开关及桥接单元位置
5—保险轨
5a—主供电单元
6—终端板
7—芯线间短路监督
8—供电单元
9—电缆平衡电阻
9a—电缆平衡测试终端
10—插头板
11—层

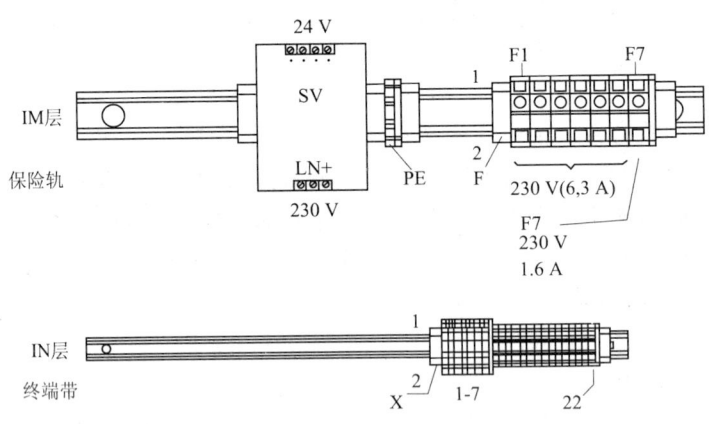

图 3-34　保险轨及终端板结构图

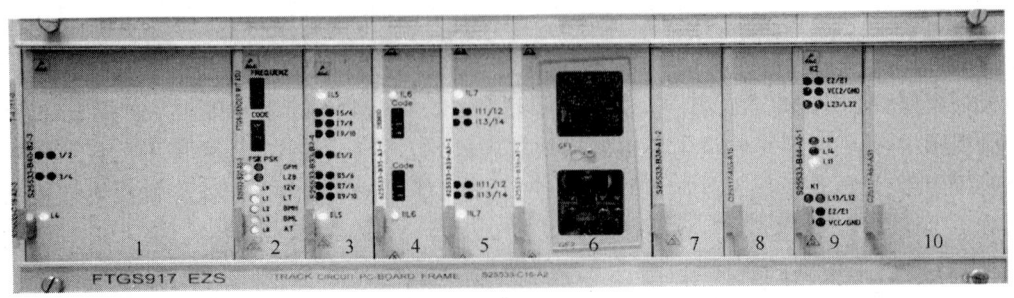

图 3-35　标准型面板图

1—放大滤波板；2—发送板；3—接收 1 板；4—解调板；5—接收 2 板；6—继电器板；7—代码板；8—空；
9—报文转换板；10—空

在轨道电路空闲时，由室内发送器发送带有一定频率和位模式的交流音频信号至室外轨旁发送端设备，再馈送至S棒经由钢轨至接收端S棒，再由室外接收端设备馈回室内接收器，形成一个闭合的信息回路。在这个过程中，如何避免干扰，保证信息按照正确的方向传送、接收很重要。FTGS-917型数字轨道电路系统在解决这个问题时，首先利用了S棒和轨旁设备在信息回路中形成了一个谐振电路，使得对回路外方（相邻区段）相当于高阻状态，迫使信号电流按照预定的方向传输；其次，相邻区段采用不同的频率和位模式信号，避免串频干扰。此外，S棒还有平衡钢轨中的牵引回流的作用，能有效避免牵引回流对轨道电路信号的干扰，这一点对电气牵引区段的轨道电路，特别是地铁的轨道电路是很重要的。

标准型FTGS空闲检测原理如前所述。

（2）道岔型轨道电路

道岔型轨道电路结构如图3-36所示，其设备面板布置如图3-37所示。

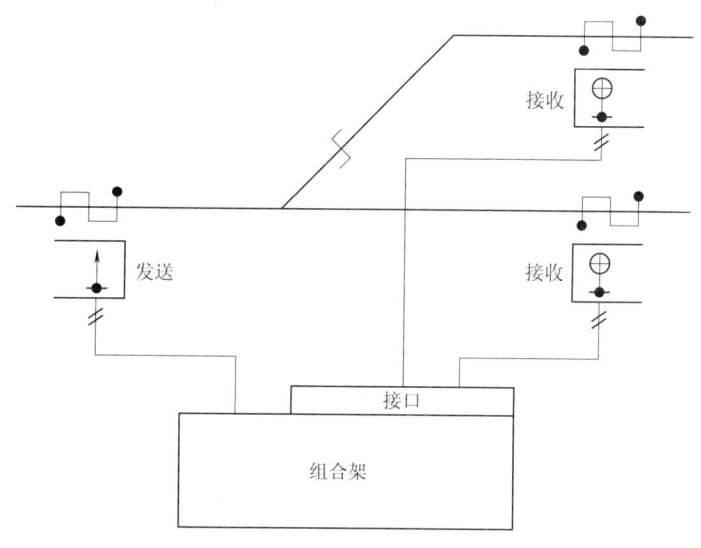

图3-36　道岔轨道电路

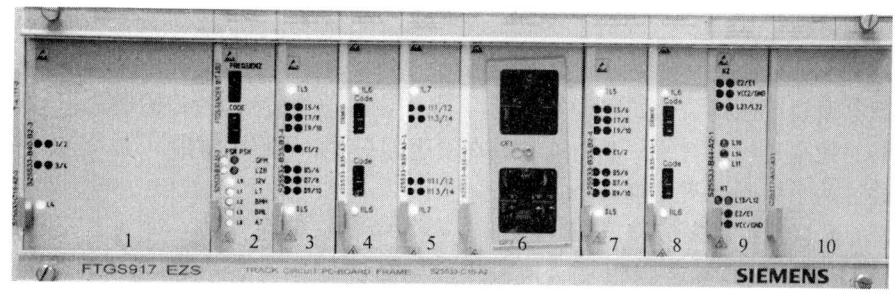

图3-37　道岔型面板图

1—放大滤波板；2—发送板；3—接收1板；4—解调板；5—接收2板；6—继电器板；7—接收1板；

8—解调板；9—报文转换板；10—空

　　道岔型与标准型不同之处在于多了一块接收1板和一块解调板，这是因为道岔型是一送二受的缘故。

注意：并不是所有的道岔区段都采用道岔型（只有少数采用）。在特殊情况下，道岔型可向标准型转换，即将道岔型中的"7"板和"8"板拔出，将标准型中的"7"板拔出再插入到道岔型中的"7"处即可。

（3）中间馈电型轨道电路

中间馈电型轨道电路如图 3-38 所示，其设备面板布置如图 3-39 所示。

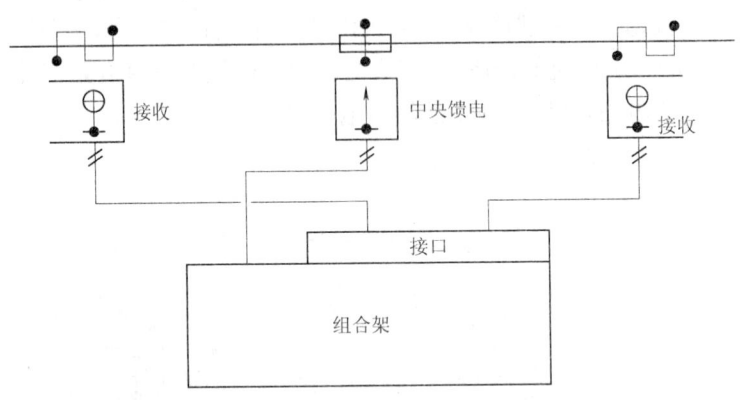

图 3-38 中间馈电轨道电路

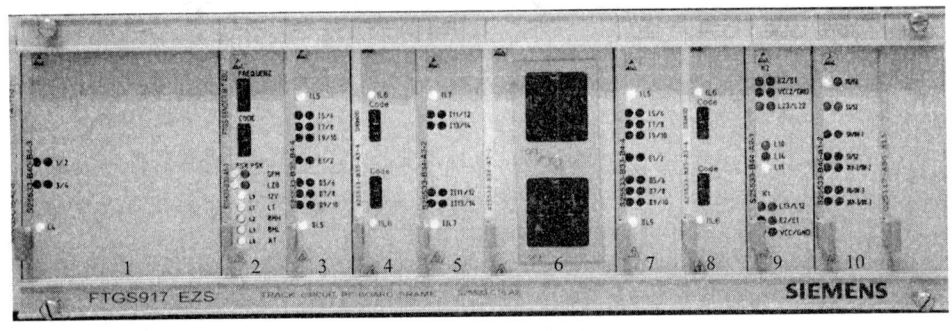

图 3-39 中间馈电型面板图

1—放大滤波板；2—发送板；3—接收 1 板；4—解调板；5—接收 2 板；6—继电器板；7—接收 1 板；

8—解调板；9—报文转换板；10—中间馈电转换板

其中，ISCS 是综合监控电缆芯线短路监督。

中间馈电型轨道电路结构如图 3-40 所示。发送设备包括发送器、传输放大器和传输滤波器。发送器的频率是经调制的。调制器安装在发送器板上。要传输的频率编码和位模式在同一块板上通过两个编码插头设置。

FTGS 的配置还可用来传输 ATP 报文。这就是为什么发送器板允许从 FTGS 位模式转换为发送 ATP 报文的理由。当报文转换板接收到"轨道占用"信号时，它将触发转换，并将 ATP 室内单元的报文传至发送器。

功率放大器可将调制的音频提高到要求的功率电平。随后的窄带传输滤波器将衰减离开传输放大器的方波谐波，使得这些谐波不能馈入轨道。此外，当发送器工作频率错误时，传输滤波器将中断对轨道的传输。

音频离开传输滤波器后，将经过缆芯转换板，然后通过电缆传输至轨旁连接箱内的调谐单元。轨旁调谐单元包括将电气棒的谐振频率调谐到轨道电路频率和电平匹配所需的无源器件。

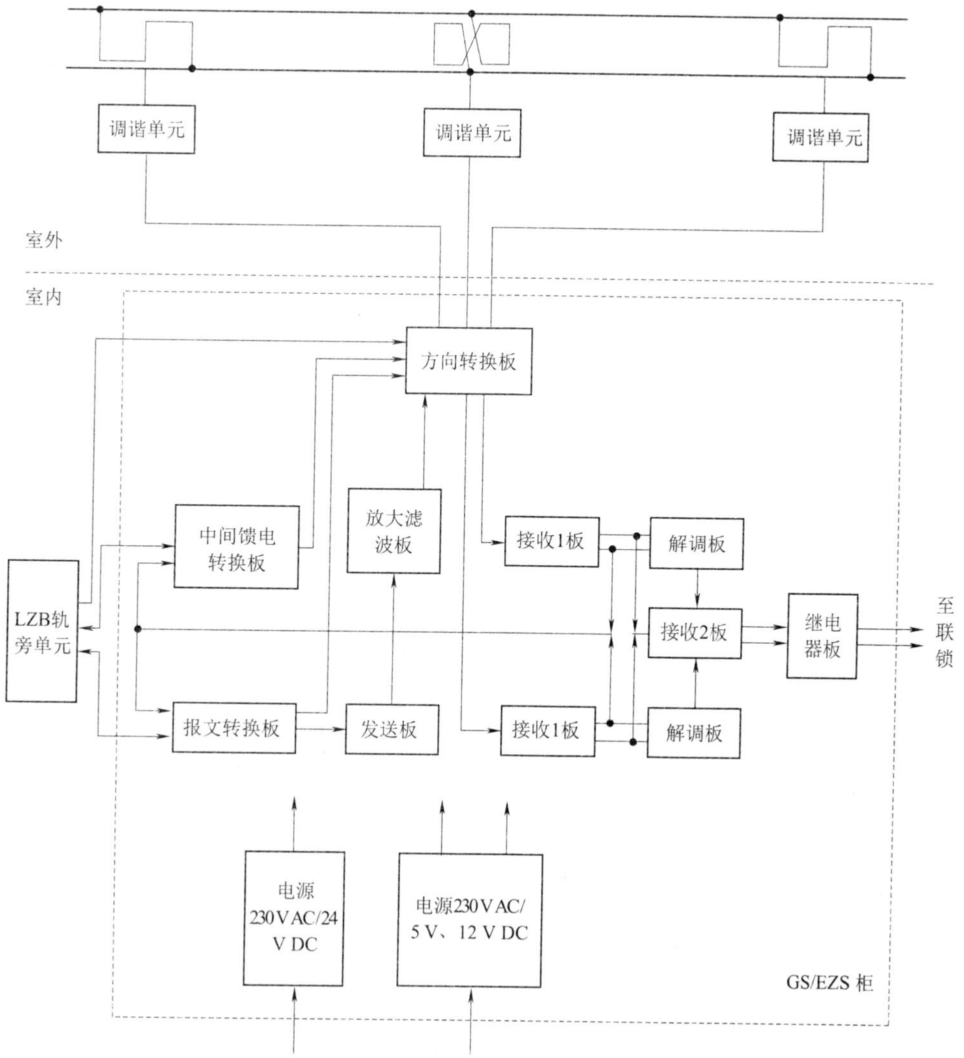

图 3-40 FTGS/EZS 中间馈电式轨道电路结构框图

通过作为传导体的行车轨,音频将从馈入点传输至接收器接头。接收电压从这个接头通过电缆传送至信号楼内的接收设备。

1 号接收器板选择频率,确定电压幅值(响应极限值定位),并为解调器规定信号。在解调器板中,所传输的音频信息将通过与用编码插头设置的内部位模式进行比较来校验。当位模式完全一致且电压幅值足够高时,2 号接收器板的逻辑单元将驱动继电器板上的轨道继电器。

电子器件失效的可能范围要求接收设备具备双通道结构。由于器件失效所引发的故障,将通过在继电器板上两个轨道继电器的非一致性开关状态来表示。为了检测这些故障,联锁和 ATP 对开关状态进行周期校验。

轨道电路的发送、接收和评价设备组成一个单元,安装在一个安装机箱内。该机箱还包括一个可通过 230 V AC(50 Hz 和 60 Hz)生成电子电路工作所需的 5 V DC 和 12 V DC 稳定的工作电压。该电源最多可供两个轨道电路使用。

接收器转换模块的任务就是要检查各项参数,然后将发送器从其正常位置(轨道电路中间)转换到走行方向轨道电路的末端。当接收器的空闲表示出现中央馈电棒处时,系统将回复到正常设置状态,其工作状态如下:

①状态 1 未被占用

发送器位于中央馈电棒处。两个接收器检测电压电平及位模式。轨道电路空闲。在该情况下,车辆在正常走行方向行驶。区段未被占用如图 3-41 所示。

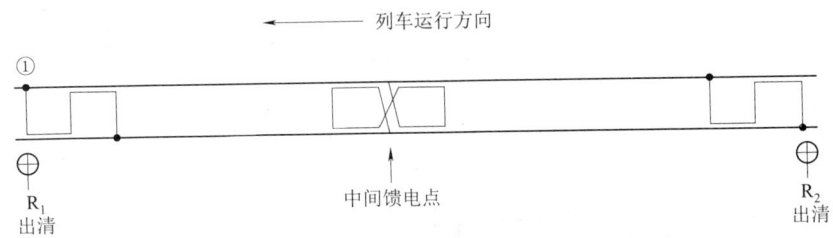

图 3-41   区段未被占用

②状态 2 第一个轮轴进入

第一个轮轴占用轨道电路。R_2 接收器检测到降低的电压电平,整个轨道电路检测为被占用。在中央馈电棒处的发送器双向发送 ATP 报文。第一轮对进入如图 3-42 所示。

③状态 3 第一个轮轴向中央馈电棒移动

列车的第一个轮轴向中央馈电棒移动。R_1 的电平缓慢下降,但接收器继续发出空闲信号。R_2 的电平信号表明轨道电路被占用。中央馈电棒处的发送器双向发送 ATP 报文。第一个轮轴向中央馈电棒移动如图 3-43 所示。

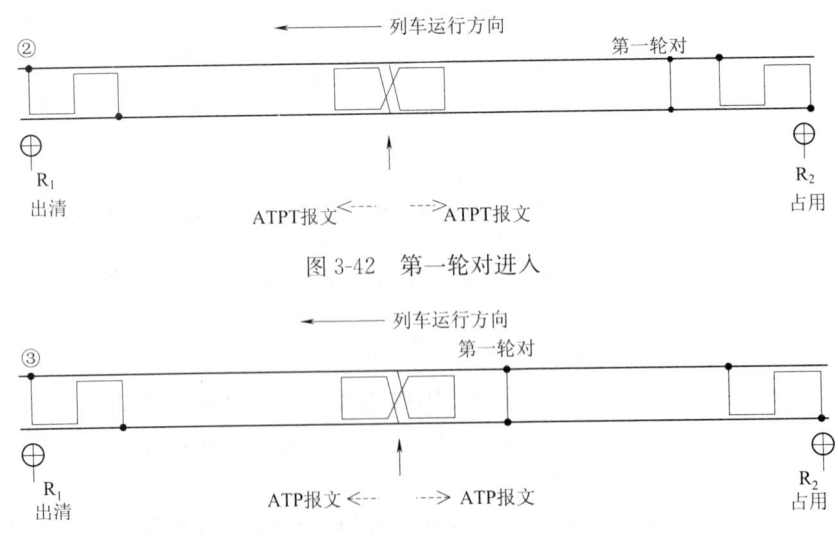

图 3-42   第一轮对进入

图 3-43   第一个轮轴向中央馈电棒移动

④状态 4 第一个轮轴将通过中央馈电棒

第一个轴轮已接近中央馈电棒,在该处,接收器 R_1 检测到一个降低的 ATP 报文电平,发出轨道被占用信号。经 200 ms 延时后,位于中央馈电棒的发送器将转换至左边的 S 连接器。完成该转换后,此状态还将保持 2 s,以防由于接收器电平的短暂升高而导致的意外复位。这样就可确保车载单元至少可接收到一个完整的 ATP 报文。ATP 报文继续被发送。接收器 R_1 向中央馈电棒转换且由于电平降低,还将检测到轨道电路已被占用(类似于接收器 R_2)。第一个轮轴将通过中央馈电棒如图 3-44 所示。

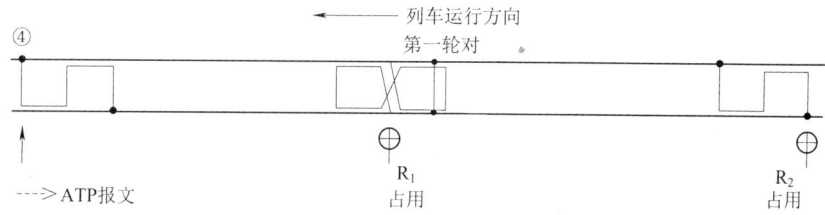

图 3-44　第一个轮轴将通过中央馈电棒

⑤状态 5 第一个轮轴将离开中央馈电式轨道电路

第一个轮轴即将占用相邻的轨道电路,当前的轨道电路仍被占用。第一个轮轴将离开中央馈电式轨道电路如图 3-45 所示。

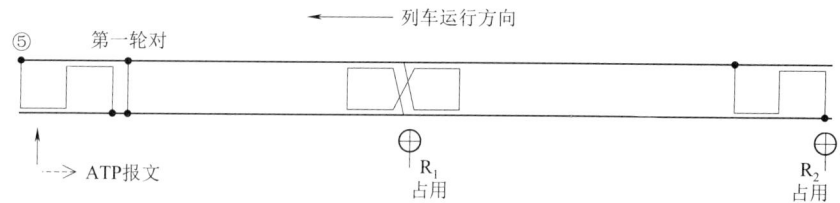

图 3-45　第一个轮轴将离开中央馈电式轨道电路

⑥状态 6 最后一个轮轴将离开中央馈电式轨道电路

最后一个轮轴即将离开轨道电路。当前的轨道电路仍被占用,相邻的轨道电路此时也被占用。最后一个轮轴将离开中央馈电式轨道电路如图 3-46 所示。

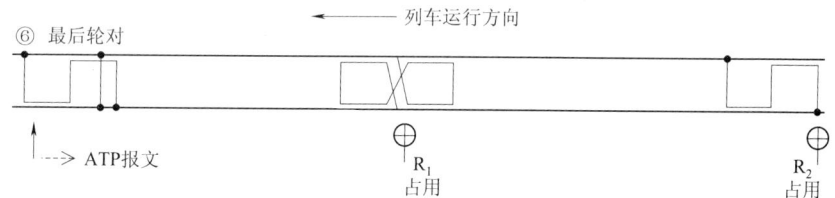

图 3-46　最后一个轮轴将离开中央馈电式轨道电路

⑦状态 7 最后一个轮轴已离开中央馈电式轨道电路

最后一个轮轴已经离开轨道电路。在中央馈电棒 R_1 处的接收器只接收电平(ATP 报文),如图 3-47 所示。

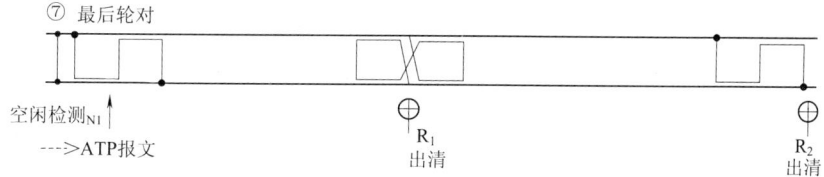

图 3-47　最后一个轮轴已离开中央馈电式轨道电路

⑧状态 8 列车出清

当 R_1 发出空闲信号(仅为电平)时,发送器重新回复到中间位置。接收器 R_1 再次转换回左边的 S 连接器。如果两个接收器模块均发出"空闲"信号,则在大约 80 ms 延时后,将传输 FTGS 位模式。如果在 S 连接器处的两个接收器均接收到电平和随后的位模式,轨道电路的检测结果为再次空闲(安全)。列车出清如图 3-48 所示。

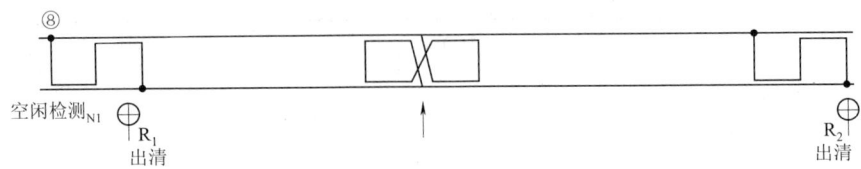

图 3-48　列车出清

接收器将根据正常走行方向(G)来定义。正常走行方向是这样规定的:列车从接收器 R_2 驶经中央馈电棒至接收器 R_1。反方向 A 为从 R_1 驶经中央馈电棒至 R_2。接收器报文定义如图 3-49 所示。

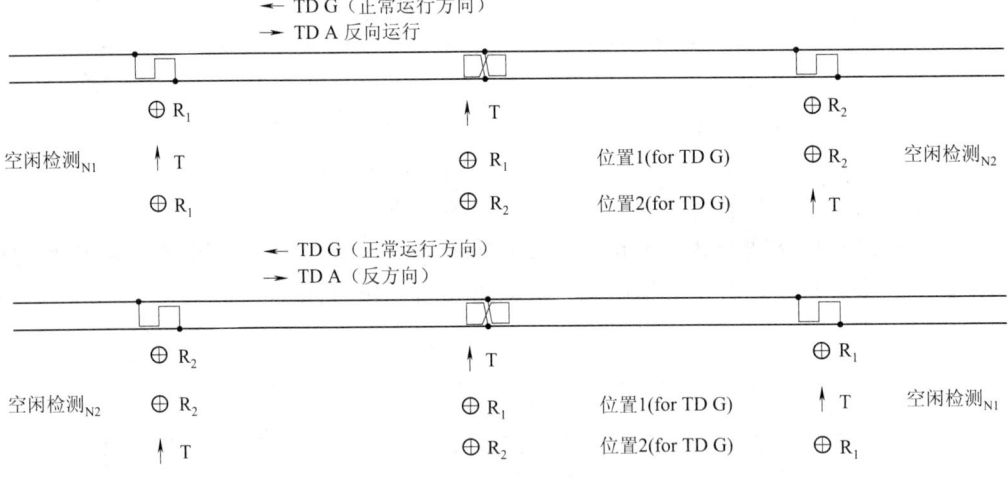

图 3-49　接收器报文定义

3. 组合单元的作用和原理

轨道电路室内部分包括外电源输入层及电源输出保险层、电缆补偿电阻值设置层、信息输入、输出层、轨道电路计算机板组合框架层。它主要包括供电单元、放大滤波板、发送板、接收器板、解调板、继电器板、报文转换板和方向转换板、中央馈电转换板等。

1)发送板

发送板原理如图 3-50 所示,其由一个带调制器的石英晶体振荡器(简称:晶振,频率为 16.336 MHz)组成,从这里产生:通过一个可变频的数字分频产生 9.5～16.5 kHz 音频电压。

数字分频器由一个计数器和一个预置了数据的存储芯片组成。通过不同频率插塞设置不同地址,从存储芯片就会输出相应地址的数据,计算器根据数据把晶振频率降低到相应频率。

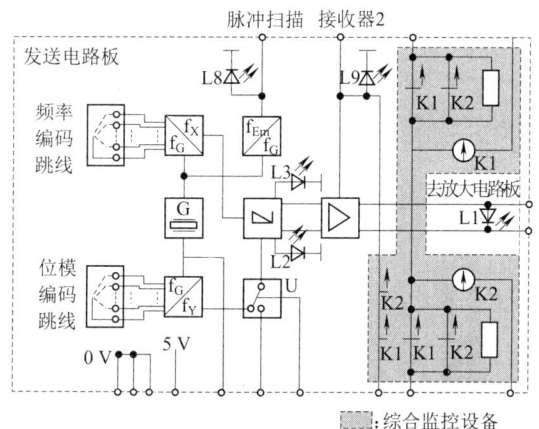

图 3-50 发送板原理图

K₁,K₂—ISCS 校验继电器;fₓ—轨道电路频率;U—报文转换;f_G—晶振频率;
f_Y—位模(只用于列车自动控制);L₁~L₉—前面板上的 LED;G—晶振

发送板上另一个插塞(位模式插塞),与另一个存储芯片相连,提取出位模式编码的"并行"编码,然后转为"串行"编码,用此串行位模式编码对轨道电路音频电压进行调制,产生移频键控信号(FSK),并送至放大滤波板输入端。在串行位模式编码进行调制前要经过一个选择开关,此开关是由报文转换板控制的。当轨道"空闲"时,开关接通位模式编码,向放大滤波板输出调制后位模式;当轨道"占用"时,由报文转换板提供一个触发脉冲,转换器截止了位模式的输出,切换为输出 ATP 报文。ATP 报文同样会对轨道电路音频电压进行频率调制,再输出。发送板上还有一个 1 000 倍分频,把晶振频率降为 16.336 kHz 的扫描脉冲,作为接收 2 板的驱动脉冲。指示灯 L8 指示此电路工作正常。

为提高 FTGS 的可靠性,发送板上装有电压检测电路,如果工作电压低于预定值时,位模式取反,解调板不能解调出正确的位模式编码,轨道继电器落下,发出轨道"占用"信号;若电压恢复正常,只要设备没故障,而且此时轨道确实没"占用",轨道继电器吸起,发出轨道"空闲"信号。

发送板上有 3 组跳线,不允许改变其状态:J1(GFM):断开;J2(ATP):断开;J5:断开。

发送板输入信息有:报文和触发信号。

报文:由报文转换板送入,当占用时,报文经调制后由轨道电路送上列车。

触发信号:由报文转换板送入,当占用时,向发送板发出"占用"信号,驱使转换开关切换为发送报文。

发送板输出信息有:FSK 信号、扫描脉冲和时钟脉冲。

FSK 信号:送入放大滤波板,经调制的 FSK 信号(方波)送入放大滤波板进行放大和滤去高次谐波。

扫描脉冲:送入接收 2 板,频率为 16.336 kHz,用作接收 2 板的驱动。

时钟脉冲:送入报文转换板。

FTGS 的 8 个频率只需一个标准组件(位模式和发送频率由插件决定),在发送板上可看见对应轨道电路区段的发送频率及位模式。

2)放大滤波板

放大滤波板原理如图 3-51 所示,其把发送器过来的调制音频电压提升到所需的电平,并通过带通滤波器送到轨道馈入点,每种频率都有自己专用的放大滤波板。

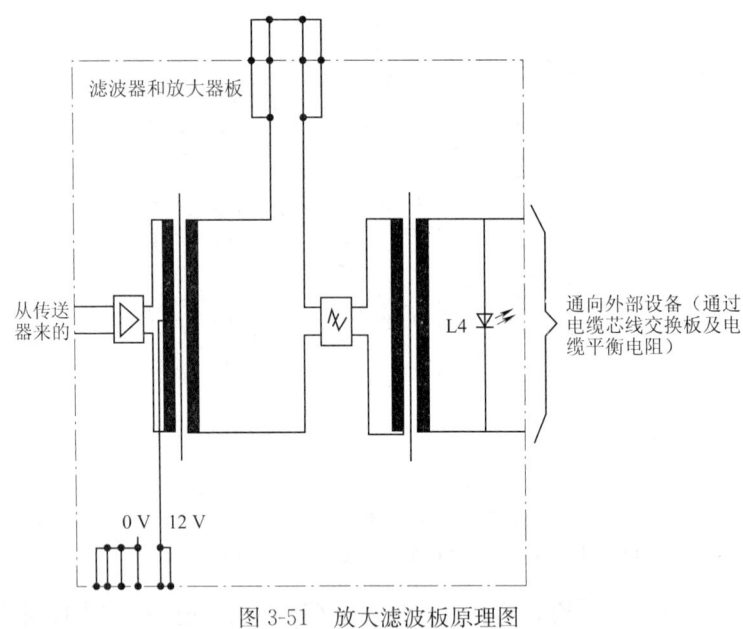

图 3-51　放大滤波板原理图

L4—前面板上的 LED

　　放大滤波板上的放大器设计为带变压器退耦的推挽放大器,由发送板的输出信号(方波)驱动,输出经放大后的信号(方波)。方波被馈送到发送滤波器,变成正弦波经电缆匹配电阻输送到方向转换板。

　　发送滤波器有以下特点:只把输入信号中的方波的基波(与方波频率相同的正弦波)送入发送电缆之中,并抑制所有高次谐波,以免对轨道中及轨旁的其他系统造成干扰。当工作频率发生波动时,滤波器会降低输出电平。

　　发送滤波器输入信息有 FSK 信号,其由发送板送入,经调制的 FSK 方波信号。

　　发送滤波器输出信息有 FSK 正弦波信号,其经过电桥,送入方向转换板。此信号是已经放大和滤去高次谐波的相应频率的正弦波。

　　3)接收 1 板

　　接收 1 板用来检测轨道电路频率及电压幅值,其原理如图 3-52 所示。

　　把从轨道上接收回来的信号分为两个通道,并分别进行频率及电压幅值的检测。在轨道空闲时送一个 14.8 V 控制电压给接收 2 板,同时把经放大和调频的振荡信号送给解调器;当轨道占用时送一个"占用"信息给报文转换板。

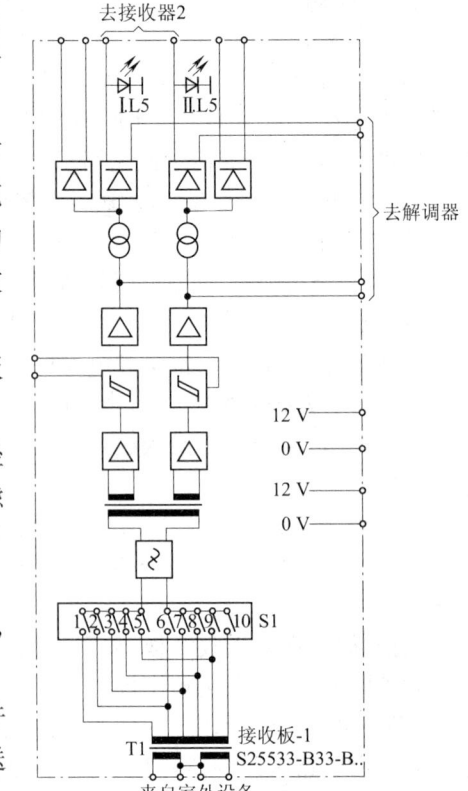

图 3-52　接收 1 板原理图

Ⅰ.L5,Ⅱ.L5—前面板上的 LED;S1—调整接收器

电压的开关;T1—输入变压器

该板对应于每一个运行方向及轨道电路的长度和电气节的类型设定了响应值,使得对应每一个频率有相应的接收1板。

4)解调板

解调板设计为双通道,用于检测接收到音频信号的频率及解调出位模式编码。它由接收1板驱动,当轨道电路被占用时,解调器的驱动被切断;当轨道空闲时,解调板将接收到的位模式与内部参考位模式(由代码插件决定)进行比较,一致时,输出低电平给接收2板,其原理如图3-53所示。

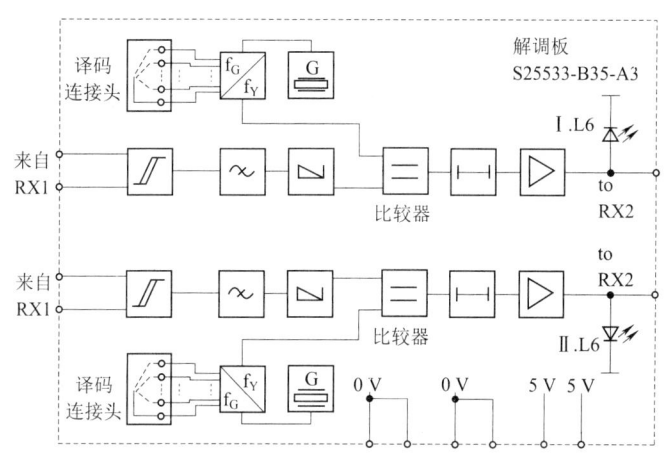

图3-53　解调板原理图

f_G—振荡频率;RX1—接收器1板;f_Y—位模;RX2接收器2板;G—石英振荡器

由于解调器不记录信号频率,它只判别信号是上边频还是下边频,所以对总共8个频率和15个位模式只需一个标准型解调器组件。

5)接收2板

标准轨道电路接收2板工作原理如图3-54所示。接收2板设计为双通道,它将接收1板的输出信号和解调板进行位模式检查后产生的TTL电平进行动态"AND"运算,如果接收1板输出为14.8 V的电压且解调板输出低电平,则发送板输出的16.336 kHz驱动脉冲可以通过接收2板上的安全触发电路,并将此脉冲放大到16 V,输出到继电器板。

6)继电器板

继电器板为双通道,每个通道有一个K50型缓吸缓放继电器,两通道是一样的,联锁定时检查开关状态,两组继电器的开关状态必须一致。观察继电器板上继电器接点的吸起或落下,可判断相应轨道电路处于空闲或占用状态。它发送"轨道占用"或"空闲"信号到联锁和ATP。

继电器动作电压由接收2板输出的直流16 V电压供给。

7)报文转换板

报文转换板原理如图3-55所示。报文转换板完成FTGS的位模式和ATP报文之间的转换,列车占用轨道区段时,发送ATP报文,并使发送方向迎着列车方向。由于ATP系统要利用FTGS轨道电路发送ATP报文给列车,在有列车占用轨道区段时,FTGS的位模式无效,同时,ATP报文被激活。发送板执行一个报文转换信号进行开关切换,再通过一个光耦合器,ATP报文就从报文转换板传送到发送板。

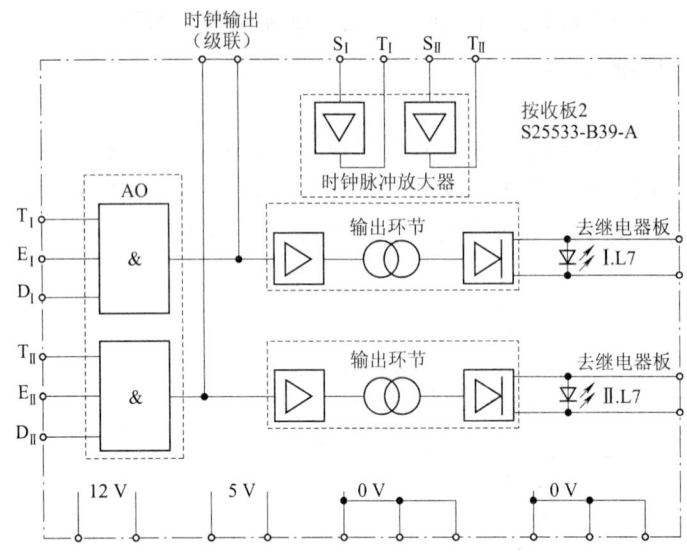

图 3-54　标准轨道电路接收 2 板原理图

AO—与操作；E—来自接收器 1 的信号；Ⅰ.L7，Ⅱ.L7—前面板上的 LED；T—时钟信号；

D—来自解调器的信号；Ⅰ，Ⅱ—分别为通道Ⅰ和Ⅱ；S—输入扫描脉冲

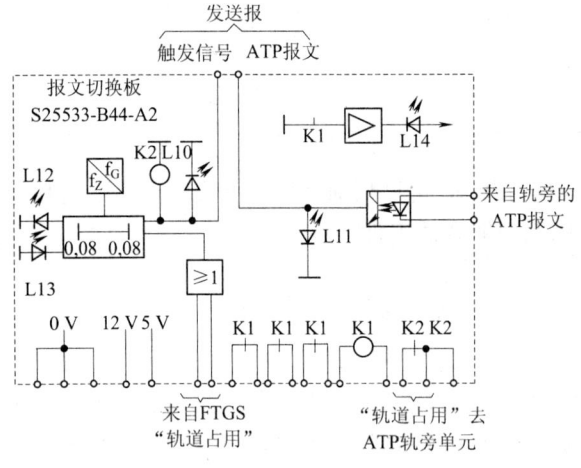

图 3-55　报文转换板原理图

8）中间馈电转换板

中间馈电转换板电路如图 3-56 所示。当列车的车头进入轨道电路并靠近轨道电路中央的发送端时，中间馈电转换板把发送端由轨道电路中央移到尾端（在列车运行方向的前方），因此保证轨道电路永远迎着列车发送，当进入的列车离开后，发送端又切换到轨道电路中央。

从 ATP 轨旁单元传过来的运行方向信息决定了哪里是轨道电路的尾端。通过中间馈电转换板 S1 和 S2 端的电压来控制方向转换板上继电器，实现了发送端与接收端的切换。当高电平（24 V DC）时，继电器落下；当低电平（0 V DC）时，继电器得电吸起。

当发送端切换后，会大约保持 2 s 不进行切换，防止系统受瞬间波动的接收电压影响而切换回去，保证车载单元能收到至少一个完整的 ATP 报文。

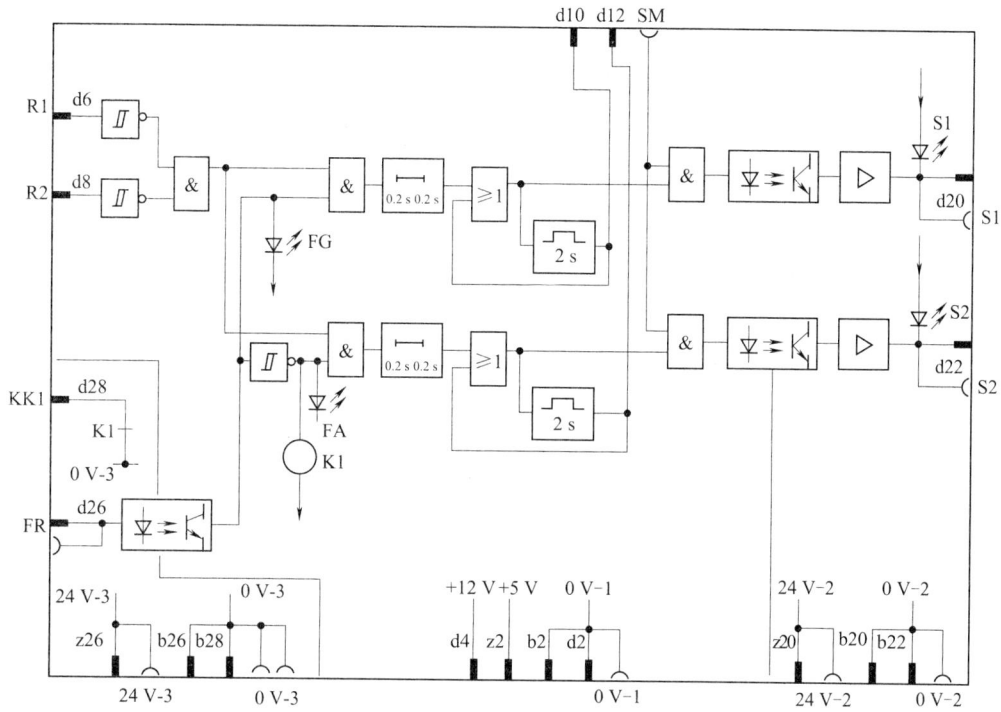

图 3-56 中间馈电转换板原理图

中间馈电转换板输入信息有 FR、R1 和 R2。

FR 由轨旁 ATP 送出。高电平(H):运行方向为 G 方向;低电平(L):运行方向为 A 方向。

R1 由接收 1 板送出。高电平(H):接收 1 端为空闲;低电平(L):接收 1 端为占用状态。

R2 由接收 1 板送出。高电平(H):接收 2 端为空闲;低电平(L):接收 2 端为占用状态。

中间馈电转换板输出信息有 S1 和 S2。

S1:送到方向转换板,低电平时,方向转换板上继电器 K2,K12 得电励磁吸起。

S2:送到方向转换板,低电平时,方向转换板上继电器 K3,K13 得电励磁吸起。

由于光电耦合器具有反相功能,中间馈电转换板输入和输出信息的逻辑关系式见表 3-2。

表 3-2　中间馈电转换板输入和输出信息的逻辑关系

输入信息			输出信息		输入信息			输出信息	
FR	R1	R2	S1	S2	FR	R1	R2	S1	S2
L	L	L	H	L	H	L	L	L	H
L	L	H	H	H	H	L	H	H	H
L	H	L	H	H	H	H	L	H	H
L	H	H	H	H	H	H	H	H	H

注:当 S1 或 S2 由高电平转为低电平后 2 s 内,不会因输入信息发生变化而转回低电平。

列车经过时中间馈电转换板信息变化过程见表 3-3。

表 3-3 列车经过时中间馈电转换板信息变化过程

发生事件	FR	R1	R2	S1	S2	接收 1.1 Ⅰ5/Ⅱ8 电压	接收 1.2 Ⅰ5/Ⅱ8 电压	继电器	备 注
正常方向行车									
排列正常方向进路	H	H	H	H	H	空闲值	空闲值	吸起	
列车接近	*	*	*	*	*	>6.5	>临界值	吸起	
列车刚进入	*	*	L	*	*	逐渐下降	<4.5 V	落下	
列车接近 8 字棒	*	L	*	L	*	<4.5 V	<4.5 V	落下	转 A 方向,S1 灯亮
列车离开	*	H	*	*	*	>临界值	<4.5 V	落下	
	*	*	*	H	*	>临界值	<4.5 V	落下	因 R1 为高电平,所以 S1 为高电平,转 G 方向
	*	*	H	*	*	>临界值	>6.5	吸起	因转 G 方向,所以接收 1.2 Ⅰ5/Ⅱ8 电压>6.5,所以 R2 为高电平,继电器吸起
列车远开	*	*	*	*	*	空闲值	空闲值	吸起	
反方向行车									
排列反方向进路	L	H	H	H	H	>6.5	>6.5	吸起	
列车接近	*	*	*	*	*	>临界值	>6.5	吸起	
列车刚进入	*	L	*	*	*	<4.5 V	逐渐下降	落下	
列车接近 8 字棒	*	*	L	*	L	<4.5 V	<4.5 V	落下	转 B 方向,S2 灯亮
列车离开	*	*	H	*	*	<4.5 V	>临界值	落下	
	*	*	*	*	H	<4.5 V	>临界值	落下	因 R2 为高电平,所以 S2 为高电平,转 G 方向
	*	H	*	*	*	>6.5	>临界值	吸起	因转 G 方向,所以接收 1.1 Ⅰ5/Ⅱ8 电压>6.5,所以 R1 为高电平,继电器吸起
列车远开	*	*	*	*	*	空闲值	空闲值	吸起	

注:"*"表示状态保持不变。

通过短路面板上的插孔,可以实现中间馈电式轨道电路的方向转换:

(1)短路 SM 与 0 V-1,可以强行屏蔽 R1 和 R2 输入信息,同时使 S1 和 S2 置为高电平,转为 G 方向。

(2)短路 SM 与 0 V-1 和 S1 与 0 V-2,可以强行屏蔽 R1 和 R2 输入信息,强置 S1 为高电平,转为 A 方向。

(3)短路 SM 与 0 V-1 和 S2 与 0 V-2,可以强行屏蔽 R1 和 R2 输入信息,强置 S2 为高电平,转为 B 方向。

当区段空闲(接收1和接收2的接收电压足够高)时,可以通过以下方式快速转换方向:

(1)短路 S1 与 0 V-2 时,S1 低电平,G 方向的接收 1 端转为发送端,发送端转为接收 1 端(A 方向)。

(2)短路 S2 与 0 V-2 时,S2 低电平,G 方向的接收 2 端转为发送端,发送端转为接收 2 端(B 方向)。

(3)拔出所有短路线,可以直接恢复 G 方向。

转换成"A"或"B"方向后,区段中间的 8 字棒接收了几乎所有的电压,而另一个 S 棒得不到要求的电压,相应的接收 1 板 I 5/ II 8 电压<4.5 V,向接收 2 板输出低电平,轨道继电器落下,使轨道区段红光带。

9)方向转换板

方向转换板原理如图 3-57 所示。标准区段和道岔区段由 ATP 根据进路的方向直接控制方向转换板上的继电器,来转换方向;中间馈电式区段由 ATP 提供进路的方向信息给中间馈电转换板,再由中间馈电转换板根据区段占用情况和进路方向,控制方向转换板上的继电器来转换方向,实现发送端电缆与接收端电缆之间的转换,使轨道电路的发送方向始终迎着列车的运行方向。在板上可以调整各方向各接收端的接收电压。

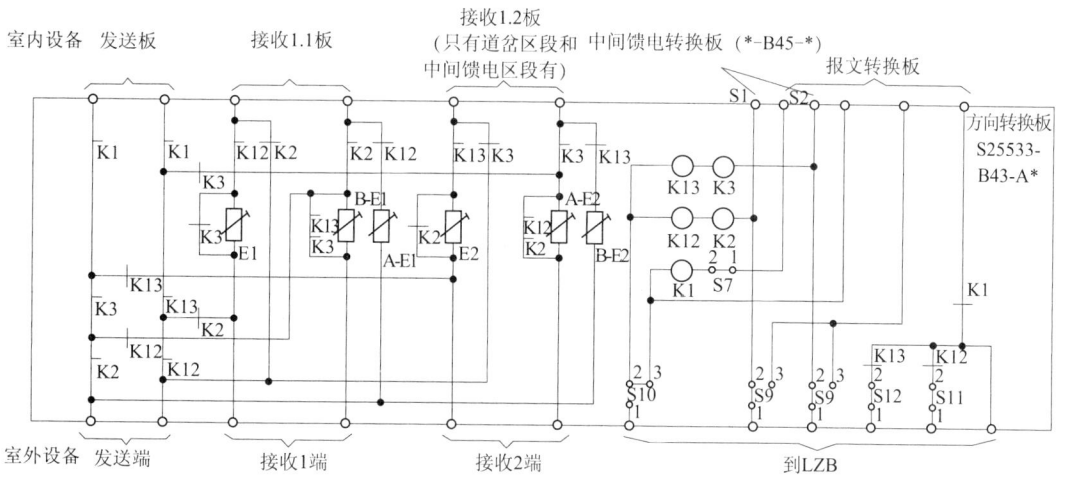

图 3-57 方向转换板原理图

方向转换板用于标准型和道岔型轨道电路。它可以通过板内的跳线帽人工改变轨道电路的方向。跳线帽示意图如图 3-58 所示。

图中,"S7""S8""S9""S10"分别表示"1-2 连""1-2 连""1-2 连""2-3 连"。其中"S7""S10"两个开关不变。因此只要通过变换"S8"或"S9"两个开关中的一个即可改变方向。图中所示为"G"方向。

"A"方向:将"S8"改为"1-2 连";"B"方向:将"S9"改为"2-3 连"。

需要注意的是,当 ATP 把轨道电路设置为"A"或"B"方向时,不要用改变跳线的方法来转换方向。同时 S7、S10 跳线位置不能改变。

中间馈电型跳线示意图如图 3-59 所示。

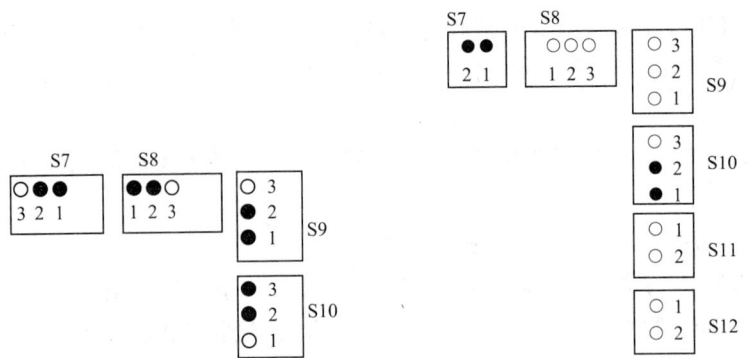

图 3-58 标准型和道岔型跳线示意图   图 3-59 中间馈电型跳线示意图

10)电源单元

电源单元原理如图 3-60 所示。每两套轨道电路系统都必须配置有电源单元,这个单元安装在机架背面。电源单元输入 220 V AC,输出 12 V DC 和 5 V DC,供各板块工作用电。红线:12 V DC;白线:5 V DC,蓝线、黑线:0 V DC。

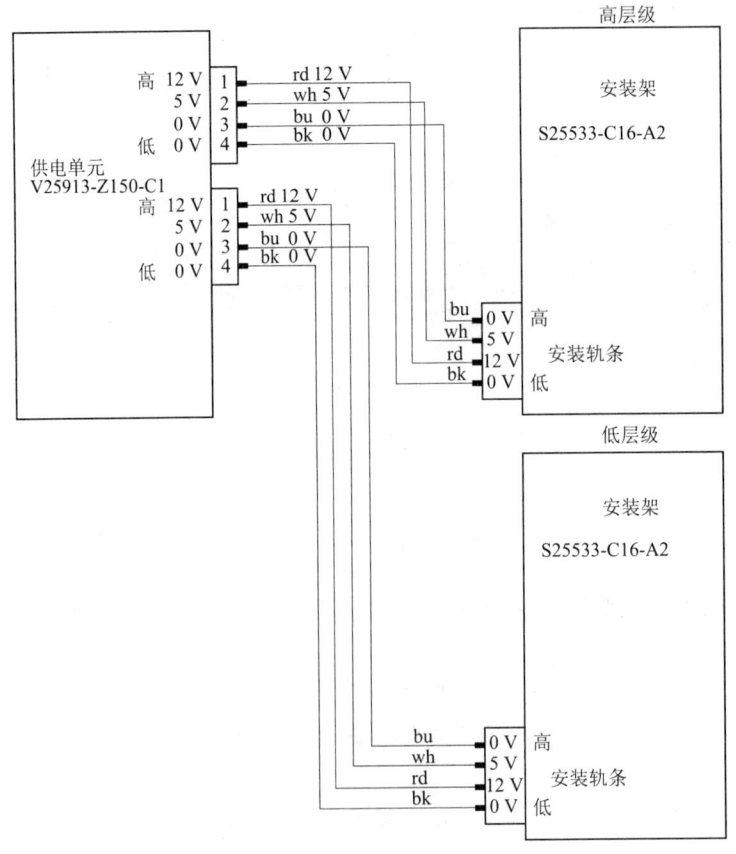

图 3-60 电源单元原理图

11)电缆匹配电阻

电缆匹配电阻串接在线路上,用来平衡电缆阻抗和保护发送电路不会过载,常称为电桥。

12)插塞

插塞实际上是一组跳线,根据跳线不同设置不同地址,从预置存储芯片中读出相应地址的数据,计算器根据数据把晶振频率降低到相应频率。

13)防雷单元

并接在与室外相连线路上的防雷组件,保护室内设备不受室外瞬间的电压冲击而损坏。

14)转换单元

转换单元原理如图3-61所示,其只用于普通型和道岔型轨道电路上。不同频率对应不同的转换单元。带防雷功能的转换模块,根据XK1、XK2端的电压及频率决定调谐单元是接收模式还是发送模式。其判断依据为XK1、XK2端电压的高低,高为发送模式,低则为接收模式。

在继电器K1、K2释放状态下,XK5、XK6端的电压通过电阻R1传到XK1、XK2端,模块处于接收模式下。

当馈送一个发送电压到XK1、XK2端,此电压经过变压器T1送到电压比较器D1、D2(为了安全,采取双通道设计),如果两个通道都检测出高电压,继电器K1、K2吸起,并点亮V9、V10。

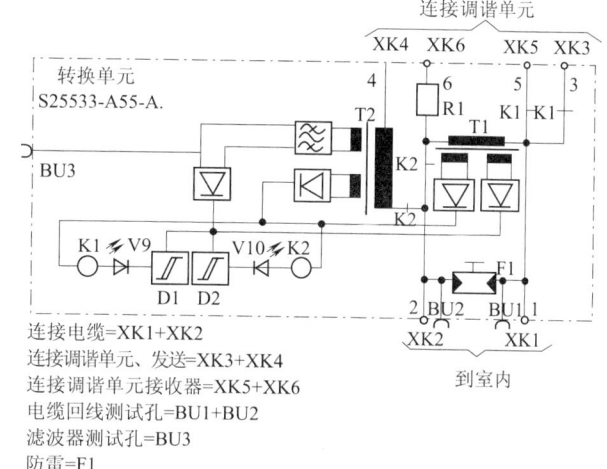

连接电缆=XK1+XK2
连接调谐单元、发送=XK3+XK4
连接调谐单元接收器=XK5+XK6
电缆回线测试孔=BU1+BU2
滤波器测试孔=BU3
防雷=F1
V9+V10=前置面板LEDS表达灯

图3-61　转换单元原理图

继电器K1、K2的吸起断开了通往XK5、XK6的电路,同时也断开了通往变压器T1的电路,而接通经过变压器T2,通向XK3、XK4的电路,此时转换单元切换为发送模式。虽然通往变压器T1的电路已断开,但流过变压器T2的电流继续为比较器和继电器供电,使继电器保持吸起状态、保持发送模式。

为了准确地发送信号,发送信号要经过三路窄频带通滤波器后进行幅值的检查。当发送信息不正确或切换为接收端,此时通过滤波器后的电压不足以驱动继电器的吸起,继电器落下,同时断开通向XK3、XK4的电路,接通通往XK5、XK6的电路,此时切换为接收模式。

使用在中间馈电式轨道电路中,它连接室内设备与调谐单元,保护设备瞬间的电压冲击而损坏。

4.FTGS轨道电路技术参数

1)FTGS-917技术数据(表3-4)

表3-4　FTGS-917技术数据

项　　目	标　称　值
应用范围	车站和区间轨道,道岔和交分道岔
隔离节	用S棒、终端棒和短路棒的电气隔离节
牵引回流	双轨

项　　目	标　称　值
干扰	调频发送使得抗干扰
电缆故障	通过编码发送和电缆芯线短路监督的防护
元件故障	安全措施： 接收设备的双通道设计。 轨道电路继电器的并行工作(同步性)： 通过两个继电器的状态不同检测错误
安全(电压)	室内和室外设备电气绝缘
额定工作频率 f(kHz)	9.5、10.5、11.5、12.5、13.5、14.5、15.5、16.5
频率调制频偏	±64 Hz
调制方式	相移键控(频率)
编码位模	15种位模式 2.2、2.3、2.4、2.5、2.6 3.2、3.3、3.4、3.5 4.2、4.3、4.4 5.2、5.3 6.2
传输速度	对于时分比特位传输，V_b=最大 200 bit/s ATP 电码传输，V_b=最大 200 bit/s 位错率约为 10^{-4}
轨道电路继电器缓吸 t_{pi}	约为 0.6 s(特殊情况下 1.3 s)
轨道电路继电器缓放 t_{dr}	约为 0.45 s(特殊情况下 0.17 s)
供电电源工作电压	U=230 V AC +10%/−15%，50(60)Hz+2%
功耗	标准轨道电路：65 VA 中央馈电轨道电路：75 VA 道岔轨道电路：75 VA 交分道岔轨道电路：85 VA
轨道数据	最小允许道床电阻：R_B=1.5 Ω·km 注：对于少道砟的轨道，可能对有效范围和远程馈电有限制
额定分路灵敏度	R_A≤0.5 Ω，车站和区间
远程馈电	星绞电缆，每个有一对馈入芯线和一对馈出芯线，使用 1.4 mm 的芯线电缆(四芯星形电缆)，一组芯线发送，另一组接收。如下： <table><tr><td>电缆芯线线尺寸</td><td>φ1.4 mm</td><td>φ0.9 mm</td></tr><tr><td>最大电缆长度</td><td>6.5 km</td><td>3.3 km</td></tr></table>
轨道电路有效长度	30～300 m

2)FTGS-917 室内参考电压测量技术标准(表 3-5)

表 3-5 FTGS-917 室内参考电压测量技术标准

位　　置	测量插孔	测量值	备　　注
放大滤波板	1/2	9～12 V	发送器,方波电压 18 V 输出周期 $T=1/F_0=69～210\ \mu s$
	3/4	30～100 V	滤波器输出到轨道(在平衡电阻前)的电压,一般在 50～60 V
接收 1 板	Ⅰ5/Ⅱ8 Ⅱ5/Ⅱ8	≥6.5 V	轨道电路空闲状态
		约 4.5 V	继电器处于临界状态(反复吸起和落下)
		≤4 V	轨道电路占用状态
	Ⅰ6/Ⅱ8 Ⅱ6/Ⅱ8	12～15 V	接收 1 输出
	Ⅰ7/Ⅱ8	1.3～2 V	解调器输入
	Ⅰ8/Ⅱ8	11～13 V	12 V 供电单元,电源电压。其中Ⅰ8 接＋12 V,Ⅱ8 接 0 V
	Ⅰ10/Ⅱ8 Ⅱ10/Ⅱ8	5.6 V	参考电压
	E1/E2	0.3～2 V	接收 1 输入(空闲状态)
接收 1 板	Ⅰ11/Ⅰ12 Ⅱ11/Ⅱ12	(16.5±1) V	继电器电压
	Ⅰ13/Ⅰ14 Ⅱ13/Ⅱ14	4～5 V	级联
电源单元	12 V/0 V	(12±1) V	12 V 供电电源单元
	5 V/0 V	(5±0.5) V	5 V 供电电源单元
报文转换板	E1/GND	≥2.4 V ≤0.7 V	接收 1.1 输出(分别切换电源通道 1、2 的空闲、占用)
	E2/GND	≥2.4 V ≤0.7 V	接收 1.2 输出(分别切换电源通道 1、2 的空闲、占用)
	VCC/GND	(5±0.5) V	"－B44－"5 V 供电
	VCC2/GND	(5±0.5) V	"－B44－"5 V 供电(稳压)

3)FTGS-917 室外参考电压测量技术标准(表 3-6)。

表 3-6 FTGS-917 室外参考电压测量技术标准

测量插孔	测量值	备　　注
1/2(发送端)	30～40 V	室内送出电压
11/14	30～40 V	发送端电缆电压,数值比 1/2 端(发送端)电压低几伏
9/10(发送端)	3.5～8.0 V	送出轨面电压(S 棒)
	18～30 V	送出轨面电压(新型 8 字棒)
	4～8.0 V	送出轨面电压(8 字棒)

续上表

测量插孔	测量值	备　　注
1/2(接收端)	0.5～0.9 V	回室内电压,电压等于15～20端电压
15～20	0.5～0.9 V	接收端电缆电压
9/10(接收端)	0.3～0.9 V	接收轨面电压

4)FTGS-917 组合单元面板显示意义(表3-7)

表3-7　FTGS-917 组合单元面板显示意义

位　　置	板上各表示灯的意义		显示	正常状态	
				占用	空闲
放大滤波板	L4:放大滤波板工作有电压输出		绿	亮	亮
发送板	FSK	GFM:轨道空闲检测信号是使用 FSK 调制方式	黄	亮	亮
		ATP:报文信号是使用 FSK 调制方式	黄	亮	亮
	PSK	GFM:轨道空闲检测信号是使用 PSK 调制方式	绿	灭	灭
		ATP:报文信号是使用 PSK 调制方式	绿	灭	灭
	L9:一送两受芯线混线显示		绿	亮	亮
	L1:发送器有输出		绿	亮	亮
	L2:位模式高位或 ATP 报文低位		黄	闪	闪
	L3:位模式低位或 ATP 报文高位		黄	闪	闪
	L8:电码转换显示		绿	亮	亮
接收1板	Ⅰ L5:接收器1的Ⅰ路正常工作		绿	灭	亮
	Ⅱ L5:接收器1的Ⅱ路正常工作		绿	灭	亮
解调器板	Ⅰ L6:解调器Ⅰ路正常工作		绿	灭	亮
	Ⅱ L6:接收器Ⅱ正常工作		绿	灭	亮
接收2板	Ⅰ L7:接收器2的Ⅰ路正常工作		绿	灭	亮
	Ⅱ L7:接收器2的Ⅱ路正常工作		绿	灭	亮
继电器板	CF1、CF2吸起表示空闲;落下表示占用		/	落下	吸起
报文转换板	L10:电码转换显示		绿	亮	灭
	L11:ATP 报文		绿	灭	亮
报文转换板	L14:允许进行电码切换显示		黄	灭	灭
	L12:通道1报文延时关		黄	灭	灭
	L13:通道1报文延时开		黄	灭	灭
	L22:通道2报文延时关		黄	灭	灭
	L23:通道2报文延时开		黄	灭	灭

续上表

位　置	板上各表示灯的意义	显示	正常状态	
			占用	空闲
中间馈电转换板	FG:G 方向	黄	G 方向时亮	G 方向时亮
	FA:A 方向	黄	A 方向时亮	A 方向时亮
	S1:S1 端输出高电平	黄	G 方向时,当列车接近 8 字棒时亮	灭
	S2:S2 端输出高电平	黄	A 方向时,当列车接近 8 字棒时亮	灭
方向转换板	S:发送输出被切断	红	灭(会瞬间闪动)	
	A:A 方向显示	黄	A 方向时亮	
	B:B 方向显示	黄	B 方向时亮	
电源架(背面)	靠近电源输出线:12 V	绿	亮	
	远离电源输出线:5 V	绿	亮	

5)FTGS-917 室内设备连接见表 3-8

表 3-8　FTGS-917 室内设备连接

对应层	位　置	经　过	到　达	备　注
M 层 背后	21	A01-XA	A01-XC	G 方向送端
	61	A01-XB	A01-XE	A 方向受端
	62	A01-XB	A01-XE	B 方向受端(并不是每个区段都有)
	22、23、31	L01-XD	L01-XA	到联锁(占用/空闲信息)
	51～55	ATP(K 层)		ATP 报文
	33、34、35			互相连接
	25、64、65			接模块 V25132-A221-X-1
	24、32、63			空

5. FTGS 轨道电路调整

调整前要确保接收 1 板和方向转换板的各波段开关全在"on"位。FTGS 的调整主要由以下几个调整步骤组成:

(1)各方向送端调谐。调整各方向送端的电感,使送端工作在谐振状态。

(2)各方向受端的电压调整。调整各方向接收端的端子,使接收电压在 0.5～0.9 V 之间(最好为 0.6 V)。

(3)调整室内的接收 1 板。测量该板各方向的所有受端的 Ⅰ5/Ⅱ8 之间的电压,调整波段开关,使电压最低的方向的接收电压在 8 V 左右。

(4)调整方向转换板上的波段开关,使各方向的电压也在 7.5～10 V 之间。

(5)分路试验。在各方向的所有送端和受端进行分路试验,确保轨道电路工作状态满足以下条件:外部分路继电器能可靠吸起(电压值应大于 6.5 V);内部分路继电器能可靠落下(电压值应小于 4 V)。如果不行,根据情况调整接收 1 板和方向转换板的波段开关,如果再调整了接收 1 板,则所有方向应重新进行分路试验,如果只调整了方向转换板,则只需对该方向进行分路试验。

(6)排列不同方向的进路,测试方向切换功能,对于中间馈电轨道电路还要进行室外中间棒分路位置短路后的自动切换。

(7)测量临界值。

(8)测量干扰信号强度。

其中,步骤(1)和(2)属于室外调整,步骤(3)、(4)属于室内调整,而步骤(5)为分路试验,要对室内调整的参数进行确认,如不行则再次重复步骤(3)、(4)。

关于调整方法,下面进行一一介绍。

1)室外调整

(1)发送端调谐(任何一端均需作为发送端调谐)

首先要将需调谐的一端设为发送端,在室外可通过转换模块单元的两个二极管发光来判断,如果亮,则表示是发送端,否则为接收端。通过以下任一方法可以完成调谐:

方法一,不采用调谐电阻:接上9、10端(图3-31所标端子号),转换单元出来的蓝线接在11端,红线接在14端,把测试仪表接在9、10端子上。用内六角起子调节调谐单元上的可变电感器,使电压最大,如果内六角钥匙向左和向右转动时,测试仪表上的电压都变小,则说明已调到最大值(峰值)。

方法二,方法二连接方式如图3-62所示,采用调谐电阻:断开9、10端子连线,转换单元出来的蓝线接在11端,红线接在调谐电阻的红色插座上,连上调谐电阻的绿色插座与11端,黄色插座与14端连上,再把测试仪表接在6、10端子上。用内六角起子调节调谐单元上的可变电感器,使6、10端电压达到峰值,然后恢复连接。

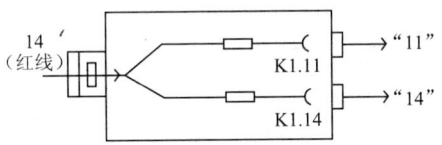

图3-62 方法二连接方式

注意:不管使用哪种方法,如果可变电感调至将近末端位置时仍找不到最大值,这时可将端子2~8连线改为1~8连线,然后再调。

调到峰值后,用测试仪表测出9/10端和11/14端电压并记录下来。

参考电压:9/10端:S棒　　　　　　　　　3.5~8 V

8字棒　　　　　　　　　　　　　　　4~8 V

11/14端:　　　　　　　　　　　　　30~40 V

(2)接收端电压调整

只有当所有方向的送电端均已调谐后,才可以开始进行接收端的电压调整。在调谐单元的15~20端子中选择其中两个端子(端子间的电压变化见表3-9),把黄线和灰线接上,使两线间的电压约为0.6 V左右(一般使用18、19或19、20端子)。电压允许在0.3~0.8 V范围内。将各方向接收端的9/10端电压,15~20端子中选用端子的端子号及电压记录下来,同时室内记录各接收1板的E1/E2和Ⅰ5/Ⅱ8的电压值。见表3-9。

表3-9　15~20端子电压调整对照表

15/16	16/17	15/17	17/18	16/18	15/18	19/20	18/19	17/19	16/19	15/19	18/20	17/20	16/20	15/20
65%	60%	35%	45%	20%	55%	20%	30%	10%	7%	20%	15%	7%	5%	

大约改变的百分比(从左往右增加)

渐小 ◄———————— 电压 ————————► 渐大

2）室内调整

（1）接收 1 板的调整

对于一送一受和一送两受的轨道电路，该调整方法是一致的，只是多了相同的步骤。

根据同一接收 1 板记录的各方向的 Ⅰ5/Ⅱ8 的电压值，将轨道电路的方向设为电压最低的方向，调整室内的接收 1 板上的 10 位波段开关，使该板在该方向的接收电压在 9 V 左右。各开关位置对应的电压变化见表 3-10。

表 3-10　接收 1 板的 10 开关调整对照表

2/7	3/8	4/9	2/8	5/0	3/9	2/9	4/0	3/0	2/0	1/6	1/7	1/8	1/9	1/0
30%	50%	20%	10%	25%	30%	10%	30%	15%	15%	30%	15%	20%	20%	

大约改变的百分比（从左往右增加）

渐小 ◄－－－－－－－－－ 电压 －－－－－－－－► 渐大

（2）方向转换板的调整

依次切换至其他方向，调整方向转换板上的相应方向的 E1，E2 开关，使该方向的两个接收 1 板的 Ⅰ5/Ⅱ8 的电压值在 7.5～10 V 之间，建议也在 9 V 左右。

发送方向和接收设备对应的各波段开关见表 3-11。

方向转换板上的 5 位开关调整对照表，电阻越小接收电压越高，各开关位置对应的电阻变化见表 3-12。

表 3-11　发送方向和接收设备对应的各波段开关

方向	接收 1.1 板	接收 1.2 板
G	E1	E2
A	A-E1	A-E2
B	B-E1	B-E2

表 3-12　方向转换板上的 5 位开关调整对照表

电阻(Ω)	开关(ON)					电阻(Ω)	开关(ON)				
0	1	2	3	4	5	179					5
10		2	3	4	5	190		2	3	4	
22	1		3	4	5	202	1		3	4	
32			3	4	5	212			3	4	
47	1	2		4	5	227	1	2		4	
57		2		4	5	237		2		4	
69	1			4	5	249	1			4	
79				4	5	259				4	
100	1	2	3		5	280	1	2	3		
110		2	3		5	290		2	3		
122	1		3		5	312	1		3		
132			3		5	337			3		
147	1	2			5	349	1	2			
157		2			5	359		2			
169	1				5						

方向转换板上的 7 位开关调整对照表,电阻越小接收电压越高,见表 3-13。

表 3-13　方向转换板上的 7 位开关调整对照表

电阻(Ω)	开关(ON) 1	2	3	4	5	6	7	电阻(Ω)	开关(ON) 1	2	3	4	5	6	7
0	1	2	3	4	5	6	7	417		2		4		6	
10		2	3	4	5	6	7	429	1			4		6	
22	1		3	4	5	6	7	439				4		6	
32			3	4	5	6	7	460	1	2	3			6	
47	1	2		4	5	6	7	470		2	3			6	
57		2		4	5	6	7	493			3			6	
69	1			4	5	6	7	517		2				6	
79				4	5	6	7	529	1					6	
100	1	2	3		5	6	7	539							7
110		2	3		5	6	7	557	1	2		4			7
122	1		3		5	6	7	567		2		4			7
132			3		5	6	7	579	1			4			7
147	1	2			5	6	7	589				4			7
157		2			5	6	7	610	1	2	3				7
169	1				5	6	7	620		2	3				7
179					5	6	7	642			3				7
190		2	3	4		6	7	667		2					7
202	1		3	4		6	7	679	1						7
212			3	4		6	7	689							7
227	1	2		4		6	7	700		2	3	4			
237		2		4		6	7	712	1		3	4			
249	1			4		6	7	722			3	4			
259				4		6	7	737	1	2		4			
280	1	2	3			6	7	747		2		4			
290		2	3			6	7	759	1			4			
312			3			6	7	769				4			
337		2				6	7	790	1	2	3				
349	1					6	7	800		2	3				
359						6	7	822			3				
370		2	3	4		6		847		2					
382	1		3	4		6		859	1						
392			3	4		6		869							
407	1	2		4		6									

3）分路试验

对 S 棒作内部分路：使用 0.5 Ω 分路电阻在离 S 棒中心 1～1.5 m 位置处分路，要求 I 5/ II 8 处电压在分路时＜4.5 V，继电器可靠落下，如图 3-63(a) 所示。

对 S 棒作外部分路：使用短路线在离 S 棒外侧 1.5～2 m 位置处分路，要求 I 5/ II 8 处电压 6.5 V＜$U_{I5/II8}$＜12 V，继电器可靠吸起，如图 3-63(b) 所示。

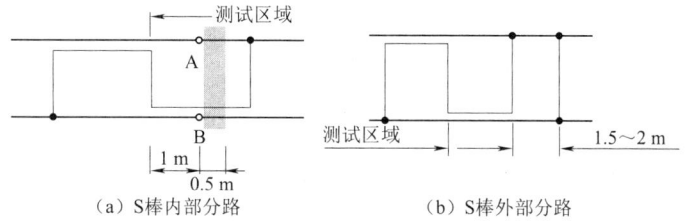

（a）S棒内部分路　　　　　（b）S棒外部分路

图 3-63　S 棒分路位置示意图

对终端棒作内部分路：使用 0.5 Ω 分路电阻在机械绝缘节前 0～0.8 m 处分路，要求 I 5/ II 8 处电压在分路时＜4.5 V，继电器可靠落下，如图 3-64(a) 所示。

对短路棒作内部分路：使用 0.5 Ω 分路电阻在轨旁盒引线接钢轨点前 0～0.5 m 处分路，要求 I 5/ II 8 处电压在分路时＜4.5 V，继电器可靠落下，如图 3-64(b) 所示。

对机械绝缘节作内部分路：使用 0.5 Ω 分路电阻在机械绝缘节前 0～0.5 m 处分路，要求 I 5/ II 8 处电压在分路时＜4.5 V，继电器可靠落下，如图 3-64(c) 所示。

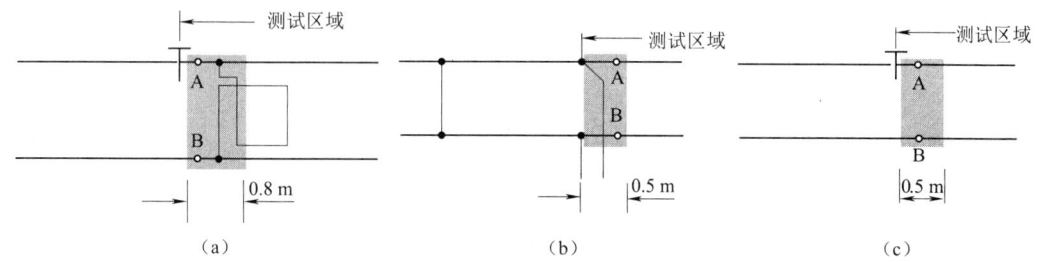

（a）　　　　　　　　　　（b）　　　　　　　　　　（c）

图 3-64　终端棒、短路棒、机械绝缘节分路位置示意图

对 8 字棒作内部分路：使用 0.5 Ω 分路电阻在 8 字棒前进行分路，如图 3-65 所示。

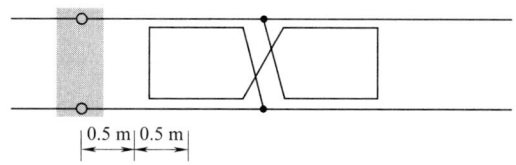

图 3-65　8 字棒分路位置示意图

道岔区段的送电端分路附加调整：

（1）对一送两受的道岔区段，如图 3-66(a) 所示的分路区域用 0.5 Ω 电阻进行分路，测量 a、b 发送方向时的 I 5/ II 8 电压，并分别和 a、b 两处发送端内部分路时所测得 I 5/ II 8 的电压值进行比较，如果低于 a、b 两处的值，则不记录；如果高于 a、b 两处的值，则用该数据替换原表

格所测的数据。同样在 c 方向测量如图 3-66(b)所示的区域分路的分路电压值(接 0.5 Ω 电阻),并和 c 方向的发送端内部分路电压值比较,如果低于送电端分路值,则不记录;若高,则用该数据替换原表格所测的数据。

(2)若是一送一受的道岔区段,在图 3-66(b)所示的分路区域用 0.5 Ω 电阻进行分路,测量 c 发送方向时的 Ⅰ5/Ⅱ8 电压,并分别和 c 处发送端内部分路时所测得 Ⅰ5/Ⅱ8 的电压值进行比较,如果低于 c 处的值,则不记录;如果高于 c 处的值,则用该数据替换原表格所测的数据。同样在 d 方向测量如图 3-66(c)所示的区域分路的分路电压值(接 0.5 Ω 电阻),并和 d 方向的发送端内部分路电压值比较,如果低于送电端分路值,则不记录;若高于送电端分路值,则用该数据替换原表格所测的数据。

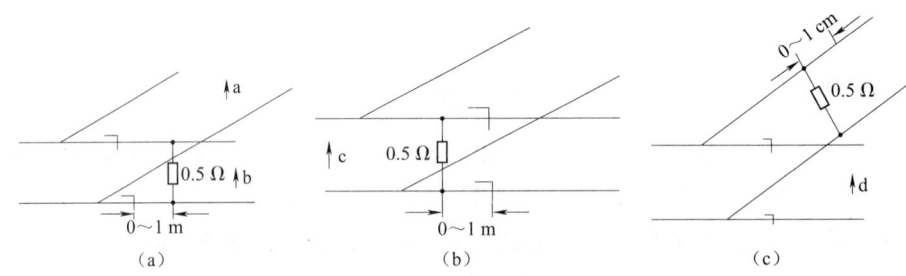

图 3-66 一送两受的道岔区段分路

4)测量临界值

各接收板都要进行临界值测试。在接收 1 板的 E1/E2 处接可调电阻器,调整可调电阻器,使接收 1 板的 ⅠL5/ⅡL5 和解调板的 ⅠL6/ⅡL6 同时闪烁,轨道继电器处于不稳定的跳动状态,记录此时 Ⅰ5/Ⅱ8 的电压值为临界值(参考值范围:4～5 V)。

5)测量干扰电压

S 棒由于结构的原因,不可能 100%阻隔外界电压的干扰,但要求经阻隔后的电压不能高于区段空闲电压的 10%。测量方法:测量空闲时 Ⅰ5/Ⅱ8 的电压,并记录。

6)记录表

记录电压值的样表见表 3-14。

表 3-14 记录电压值样表

方向	接收 1.1 板				接收 1.2 板			
	空闲	内部分路		外部分路		空闲	内部分路		外部分路	
		发送端	接收 1 端	发送端	接收 2 端		发送端	接收 1 端	发送端	接收 2 端
G										
A										
B										

7)FTGS-917 设备维护所需工具

FTGS-917 设备维护所需工具见表 3-15。

表 3-15　FTGS-917 设备维护所需工具表

序 号	名 称	规格/型号	数量	单位	作 用
1	螺丝刀(一字)	3 mm;6.5/5 cm	1	把	拧盒内模块上的螺丝
2	螺丝刀(一字)	102	1	把	拧转换单元的安装螺丝
3	皮卷尺	50 m	1	把	分路试验
4	尖嘴钳	5″/125 mm	1	把	多用途
5	胶柄斜嘴钳	5″/125 mm	1	把	多用途
6	手锤	1 kg	1	把	调整棒件形状
7	扭力扳手,带 19 mm 的套筒头子	20～120 N 19 mm 套筒头子	1	把	拧 S 棒安装螺丝
8	双套筒 L 形扳手	13 mm	2	把	开盒盖、拧棒的接线
9	内六角扳手	2～10 mm(8 件套)	1	套	发送端调谐
10	分路夹	专用	1	对	分路试验
11	轨旁电话	专用	2	台	室内、外联系
12	调谐电阻	专用	1	块	发送端调谐
13	分路电阻	专用	1	块	分路试验
14	星形螺丝刀	3 mm	1	把	更换轨旁盒
15	绑扎带	专用	1	捆	调整棒件形状
16	万用表	FUKE 87Ⅲ 或 FTGS 专用电压表	2	块	测量电压(一只用于室内,一只用于室外)
17	清洁布	棉质	1	条	清洁

8)标准区段的调整

标准区段如图 3-67 所示,其调整内容见表 3-16。

图 3-67　标准区段示意图

表 3-16　标准区段的调整内容

方 向	S 棒 1	S 棒 2	方 向	S 棒 1	S 棒 2
G	↑	⊕1	A	⊕1	↑

调谐步骤见表 3-17。

表 3-17　调谐步骤

步骤	方向	操 作	要 求	不符合要求时调整	备 注
1	G	S 棒 1 的调谐	9/10 端电压最高	调谐单元中的可调电感器	按照"发送端调谐"的方法

步骤	方向	操 作	要 求	不符合要求时调整	备 注
2	A	S棒2的调谐	9/10端电压最高	调谐单元中的可调电感器	按照"发送端调谐"的方法
3	G	S棒2的接收电压	要求黄、灰线间电压约0.6 V(0.5~0.9 V)	选择15~20端中满足要求的两个端子,把黄、灰线接上	按照"接收端调整"的方法
4	A	S棒1的接收电压	要求黄、灰线间电压约0.6 V(0.5~0.9 V)	选择15~20端中满足要求的两个端子,把黄、灰线接上	按照"接收端调整"的方法
5		记录室外各要求电压			
6			接收1板的Ⅰ5/Ⅱ8的电压约为8 V	调整接收1板上的10位开关	对新安装的区段才进行此步骤的调整
7	G	S棒1的内部分路	接收1板的Ⅰ5/Ⅱ8的电压<4.5 V,继电器可靠落下	调整接收1板上的10位开关,使电压降低	
8	G	S棒1的外部分路	继电器可靠吸起	调整接收1板上的10位开关,使电压升高	如果进行了调整,重做步骤7测试 若不是S棒不进行外部分路
9	G	S棒2的内部分路	接收1板的Ⅰ5/Ⅱ8的电压<4.5 V,继电器可靠落下	调整接收1板上的10位开关,使电压降低	如果进行了调整,重做步骤8测试
10	G	S棒2的外部分路	继电器可靠吸起	调整接收1板上的10位开关,使电压升高	如果进行了调整,从步骤7开始,重新测试。若不是S棒不进行外部分路
11	A	S棒2的内部分路	接收1板的Ⅰ5/Ⅱ8的电压<4.5 V,继电器可靠落下	方向转换板上A-E1的5位开关,使电压降低	如果电压还是不满足,调整调整接收1板的10位开关,从步骤7开始,重新测试
12	A	S棒2的外部分路	继电器可靠吸起	方向转换板上A-E1的5位开关,使电压升高	调整后重做步骤11。如果电压还是不满足,调整调整接收1板的10位开关,从第步骤7开始,重新测试。若不是S棒不进行外部分路
13	A	S棒1的内部分路	接收1板的Ⅰ5/Ⅱ8的电压<4.5 V,继电器可靠落下	方向转换板上A-E1的5位开关,使电压降低	调整后重做步骤12。如果电压还是不满足,调整接收1板的10位开关,从步骤7开始,重新测试

续上表

步骤	方向	操 作	要 求	不符合要求时调整	备 注
14	A	S棒1的外部分路	继电器可靠吸起	方向转换板上A-E1的5位开关,使电压升高	调整后重做从步骤11,开始测试;如果电压还是不满足,调整接收1板的10位开关,从步骤7开始,重新测试。若不是S棒不进行外部分路
15		测量各种要求电压			
16		记录好测试记录,更新轨道电路数据表			

注意:如果是道岔区段,还要进行附加测试,参考"道岔区段占用的附加调整"中的一送一受相关内容。

9)道岔区段的调整

(1)室外调整部分

①检查室外轨旁盒的接线

S棒的轨旁盒内的调谐单元上的连线分别为:2-7-8;4-5;3-11;转换模块上的蓝线接到"11"端,红线接到"14"端;以S棒过来的电缆线接到9、10端上(端子号参考图3-31)。

短路棒和终端棒轨旁盒内的连线按S棒的连线。

②室外调谐

S棒、调整短路棒、终端棒、短路棒的室外调谐基本上是一样的,它们都是首先作为发送端调谐,再作为接收端调谐。

a.发送端调谐。对各方向的发送端进行调谐,调谐方法参考"发送端调谐"相关内容。

b.接收端的调谐。找道岔区段的一端作为接收端,该区段的另一头为发送端。在接收端的调谐单元的15～20端子中找两个端子的电压在0.5 V左右(<0.6 V)记录这一对端子号和其电压值(>0.4 V)并测量记录9/10端电压值。然后把转换单元上的黄线和灰线分别接到这两个端子上。如果该道岔区段是一送两受区段时(即存在G、A、B三个方向),这时就要用上述方法先找出其中一个接收端的调谐单元的15～20端子中的两个端子电压在0.3～0.8 V之间(最好在0.5 V左右),再改变方向,使它成为另一个方向的接收端。用仪表测一下这两端子间电压应在0.3～0.8 V的范围内。如果不在范围内,则需重新找出一对端子,使其电压在两个方向的接收端时都满足要求。在范围内,则记录端子号和该电压值,并测出9/10端电压记录下来。

(2)室内调整部分

①调整前先把室内的接收1.1板和接收1.2板的10位开关拨到1/0 ON处,把方向转换板上的五位开关E1、E2、A-E1、A-E2、B-E1、B-E2全部拨到1/2/3/4/5 ON的位置,这时送回室内的电压最高,便于调整。

②室外做分路试验,室内调整电压:

a.对一送两受区段,应先做G方向分路试验,再顺序做A方向、B方向分路试验。

b.对每一个方向,应先做发送端分路,再做接收端分路(此原则可变通以简化调试步骤,例:当做完G方向发送端分路后,可通过改变方向直接做A方向接收端分路)。

c.有调整短路棒的区段,则先做调整短路棒的分路。

d. 需要测试的记录见表 3-18。

表 3-18　需要测试的记录表

方向	接收 1.1					接收 1.2				
	空闲	内部分路		外部分路		空闲	内部分路		外部分路	
		发送端	接收 1 端	发送端	接收 2 端		发送端	接收 1 端	发送端	接收 2 端
G	E1	E1	E1	E1	E1	E2	E2	E2	E2	E2
A	A-E1	A-E1	A-E1	A-E1	A-E1	A-E2	A-E2	A-E2	A-E2	A-E2
B	B-E1	B-E1	B-E1	B-E1	B-E1	B-E2	B-E2	B-E2	B-E2	B-E2

内部分路时,在室内测量相应接收 1 板上 I 5/II 8 电压,使 I 5/II 8 处电压低于 4.5 V,并保证轨道继电器可靠落下。如果电压太高,则先调整对应接收 1 板的 10 位开关,再调整方向转换板上的 5 位开关,使电压降至符合要求为止。若接收 1 板在上一步骤中已调过,则直接调整方向转换板上 5 位开关,若不满足,才调整接收 1 板。

外部分路时:在室内测量相应接收 1 板上 I 5/II 8 电压,保证轨道继电器可靠吸起,如电压太低,先调方向转换板上的 5 位开关,使电压降至符合要求为止,若不满足,才调整接收 1 板。

需要注意的两点有:若调整了接收 1 板上的 10 位开关,一定要重新进行分路试验。接收 1 板的调整参考"接收 1 板的 10 开关调整对照表";方向转换板的调整参考"方向转换板上的 5 位开关调整对照表"。

10)中间馈电式区段的调整

中间馈电式区段如图 3-68 所示,其调整内容见表 3-19。

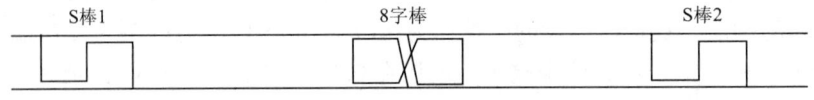

图 3-68　中间馈电式区段示意图

表 3-19　调整内容

S 棒 1	8 字棒	S 棒 2
⊕1	↑	⊕2
↑	⊕1	⊕2
⊕1	⊕2	↑

调谐步骤见表 3-20。

表 3-20　调谐步骤

步骤	发送端位置	操　作	要　求	不符合要求时调整	备　注
1	8 字棒	8 字棒的调谐	9/10 端电压最高	调谐单元中的可调电感器	按照"发送端调谐"的方法
2	S 棒 1	S 棒 1 的调谐	9/10 端电压最高	调谐单元中的可调电感器	按照"发送端调谐"的方法

步骤	发送端位置	操 作	要 求	不符合要求时调整	备 注
3	S棒2	S棒2的调谐	9/10端电压最高	调谐单元中的可调电感器	按照"发送端调谐"的方法
4	8字棒		接收1.1板的Ⅰ5/Ⅱ8的电压约为8 V	调整接收1.1板上的10位开关	对新安装的区段才进行此步骤的调整
			接收1.2板的Ⅰ5/Ⅱ8的电压约为8 V	调整接收1.2板上的10位开关	
5	8字棒	8字棒前的分路	接收1.1板的Ⅰ5/Ⅱ8的电压<4.5 V,继电器可靠落下	调整接收1.1板上的10位开关和方向转换板上E1的7位开关,使电压降低	
			接收1.2板的Ⅰ5/Ⅱ8的电压<4.5 V,继电器可靠落下	调整接收1.2板上的10位开关和方向转换板上E2的7位开关,使电压降低	
6	8字棒	S棒1的内部分路	接收1.1板的Ⅰ5/Ⅱ8的电压<4.5 V,继电器可靠落下	调整接收1.1板上的10位开关和方向转换板上E1的7位开关,使电压降低	
7	8字棒	S棒1的外部分路	继电器可靠吸起	调整接收1.1板上的10位开关和方向转换板上E1的7位开关,使电压升高	如果进行了调整,重做步骤4、5中接收1.1板的测试
8	S棒1	S棒1的内部分路	接收1.1板的Ⅰ5/Ⅱ8的电压<4.5 V	调整方向转换板上A-E1的7位开关,使电压降低,如果无法满足要求,调整接收1.1板上的10位开关	如果调整接收1.1板,重做步骤6中接收1.1板的测试
9	S棒1	S棒1的外部分路	接收1.1板和对应的解调板上灯亮	调整方向转换板上A-E1的7位开关,使电压升高,如果无法满足要求,调整接收1.1板上的10位开关	如果调整接收1.1板,从步骤4开始,如果调整方向转换板,从步骤7开始,重做有关接收1.1板的测试
10	S棒1	8字棒前的分路	接收1.1板的Ⅰ5/Ⅱ8的电压<4.5 V	调整方向转换板上A-E1的7位开关,使电压降低,如果无法满足要求,调整接收1.1板上的10位开关	如果调整接收1.1板,从步骤6开始,如果方向转换板,从步骤8开始,重做有关接收1.1板的测试
11	8字棒	S棒2的内部分路	接收1.2板的Ⅰ5/Ⅱ8的电压<4.5 V,继电器可靠落下	调整接收1.2板上的10位开关和方向转换板上E2的7位开关,使电压降低	

续上表

步骤	发送端位置	操 作	要 求	不符合要求时调整	备 注
12	8字棒	S棒2的外部分路	继电器可靠吸起	调整接收1.2板上的10位开关和方向转换板上E2的7位开关,使电压升高	如果调整接收1.2板,重做步骤10中接收1.2板的测试
13	S棒2	S棒2的内部分路	接收1.2板的Ⅰ5/Ⅱ8的电压<4.5 V	调整方向转换板上B-E2的7位开关,使电压降低,如果无法满足要求,调整接收1.2板上的10位开关	如果调整接收1.2板,从步骤4开始,重做有关接收1.2板的测试
14	S棒2	S棒2的外部分路	接收1.2板和对应的解调板上灯亮	调整方向转换板上B-E2的7位开关,使电压升高,如果无法满足要求,调整接收1.1板上的10位开关	如果调整接收1.2板,从步骤4开始,如果调整方向转换板,从步骤12开始,重做有关接收1.2板的测试
15	S棒2	8字棒前的分路	接收1.2板的Ⅰ5/Ⅱ8的电压<4.5 V	调整方向转换板上B-E2的7位开关,使电压降低,如果无法满足要求,调整接收1.1板上的10位开关	如果调整接收1.2板,从步骤11开始,如果方向转换板,从步骤13开始,重做有关接收1.2板的测试
16		测量各种要求电压			
17		记录好测试记录,更新轨道电路数据表			

6. 部分常见故障处理

1)FTGS故障处理常用方法

FTGS故障处理常用方法有:调整电压法;回避法;转换方向法;改变接收端法等。

(1)电压法

在通电状态下,按轨道电路发送、接收电路逐段测量各关键点电压,与标准值进行比较来判断故障点;也可以用二分法,从电路中间测量,判断是测量点前方还是后方故障,然后用同样方法逐段缩小范围来找出故障点。此方法比较常用,特别在运营期间,能在不影响行车下进行故障判断。

(2)电阻法

通过用电阻挡测量判断线路的通断,当接线过长而无法测量时,可在线的另一端与另一条线短接,形成一个回路,再进行测量。

(3)开路法

断开后边级联电路,测前端输出电压,如果电压正常,说明前级设备正常;如果电压不正常,说明前级设备有故障。

注意：①断开部分端子会造成部分继电器反复动作，应尽量避开此情况，如果必须如此应尽快测量，尽快接上。

②断开后级会造成负载变化，影响前级电压，易造成故障点的误判。

③使用 FLUKE 表测电压时，可能会出现串频现象，因此要先确认测得电压是否为当前区段频率的电压。

（4）替代法

当无法确定具体哪块模块故障时，用已知完好的模块替换怀疑故障的模块，可以使用备用模块替换，也可以与正在使用设备对调。

注意：①更换、对调时要注意模块的型号、插塞、开关、跳线是否一致。

②更换、对调后要测量各关键点电压是否正确。

③更换、对调与频率相关的模块，一定要重新进行调谐，分路试验并更新该驱动的数据表。

（5）比较法

对某模块工作时电气参数不熟悉的情况下，测量另一个正常的相同设备同样工作状态下的电气参数作为参考数值，来判断模块是否工作正常。

（6）干扰法

人为地对棒件各部分进行敲打、震动，并观察其现象，来诊断因接触不良而造成的不稳定性故障。

（7）转换方向法

①在室内可以通过转换方向，测防雷端的接收和发送电压，可以大致判断故障点在接收端、发送端还是在钢轨上。

②某些情况下，转换方向可以使电压变化更明显，故障点更明显显示出来。

③如果经过多次转换方向，都会出现同一方向故障，而且电压完全与正常时的吻合，就能肯定故障出在转换模块与调谐模块之中的接收部分或发送部分。

注意：①当 ATP 把轨道电路设置为"A"或"B"方向时，不要用改变跳线的方法来转换方向，只能用排列进路方法；否则可能会损坏设备。

②中间馈电式轨道电路转换为"A""B"方向后会使轨道继电器落下。

③强行转换与行车方向不一致的方向后，会使列车接收不到报文。

（8）粉红光带处理方法

粉红光带出现比较多，产生原因复杂，而且经常处理时几乎无迹可寻，对此也没有什么好的方法处理，以下的方法只能供参考。

①遇到粉红光带一定要了解清楚当时的情况，要排除由于施工造成的粉红光带，这是处理故障的唯一线索。

②测量接收电压（Ⅰ5/Ⅱ8 端）：

偏低：则按红光带处理方法处理。

正常：根据了解的情况按第③点进行判断处理。

③粉红光带出现一般有 5 种情况：

a. 车过后连续 3 个区段粉红光带。这是中间那个区段状态不稳定造成，原因：可能中间区段分路状态不良、继电器板继电器性能不佳、信息反馈电路电气特性不良等。

b. 某区段突然出现红光带,过一段时间消失了。不管有无车经过,现象说明了,设备曾经出现一小段时间故障,肯定不会是分路状态不良造成的,这往往是室外某处接触不良、绝缘破损瞬间短路或带继电器的板件上的继电器性能不良造成的。

c. 某区段车过后出现粉红光带。这往往是区段分路状态不良、钢轨生锈、室外某处接触不良、绝缘破损瞬间短路或带继电器的板件上的继电器性能不良造成的。

d. 某区段无车情况下突然出现粉红光带。由于无车经过,也不会是分路状态不良造成的,这往往是室外某处接触不良、绝缘破损瞬间短路或带继电器的板件上的继电器性能不良造成的。

e. 排列进路过程中出现粉红光带。排列进路某些区段会进行方向转换,方向转换板、转换单元上的继电器接点不良和转换时间过长会造成粉红光带;道岔区段故障,要检查道岔的绝缘情况。

④处理方法如下:

a. 根据轨道电路的电路走向逐块板、逐根线、逐个接头进行检查。

b. 反复排列正/反方向通过故障区段的进路,室内监测电压。

目的:捕捉故障一瞬间电压参数。此方法对转换电路的故障有效。

c. 更换部分板块后进行检测。

(9)临时应变措施

临时应变措施:在故障情况下,临时采取的用来缩小故障影响面或暂时恢复以应付行车需要的措施。这要求处理人要非常熟悉设备性能状况,能根据故障情况灵活运用各种方法。

(10)预防故障可采取的措施

从以上故障记录中可以看出轨道电路多数故障是红光带、粉红光带故障。

①粉红光带故障的预防

粉红光带大多是因为轨道电路红光带瞬间出现又消失而造成的,伴随着粉红光带的出现,一般都会有该轨道区段至联锁"双通道输入不一致"的报警。预防此类故障要求平时日常的轨道电路维护时做到勤测放大滤波板的输出电压,一旦发现与以前数据有较大的下降,必须采取更换放大滤波板的措施。

②红光带故障的预防

红光带出现是有原因的,排除人为因素,绝大多数也是由于放大滤波板的输出功率降低导致的。稳定的红光带出现之前其轨道区段一般都会出现粉红光带。这就要求现场的维护人员在接到粉红光带的故障报警后要对该区段的放大滤波板进行电压测量,往往都可以发现其输出功率的较大下降。在当天运营结束之后,对其进行更换,可以有效避免出现影响严重的红光带故障。

③天气原因造成故障的预防

对于高架车站的轨道电路箱盒要定期检查其密封性,避免进水。对于电缆进口处可以适当地采取用玻璃胶密封,箱盒所安装的槽内要定期检查其出水口是否被堵塞,确保每月箱内更换一次干燥剂。对于易发故障区段要制定周密的检修计划,制定详细的应急措施。

(11)快速处理轨道电路故障方法

①先观察表面现象情况:查看 LOW 显示,故障信息;观察轨道电路各模块上的表示灯;询问操作员具体情况:如故障出现时列车位置,然后初步分析故障种类、位置,选择合理的处理、查故障方法。

②再测量数据：根据初步分析结果，测量各关键点电压，条件允许，建议测量各方向电压。

在室内先判断故障点在室内还是在室外：在室外，可以先通过倒方向测量判断故障点在哪端，再到室外故障端去查找；在室内，可以沿信息传递路径去查找。

③最后进行处理：根据情况进行修复故障、设备更换、临时应付、停用设备等处理。

2）轨道电路故障处理流程

轨道电路故障处理流程如图 3-69 所示。

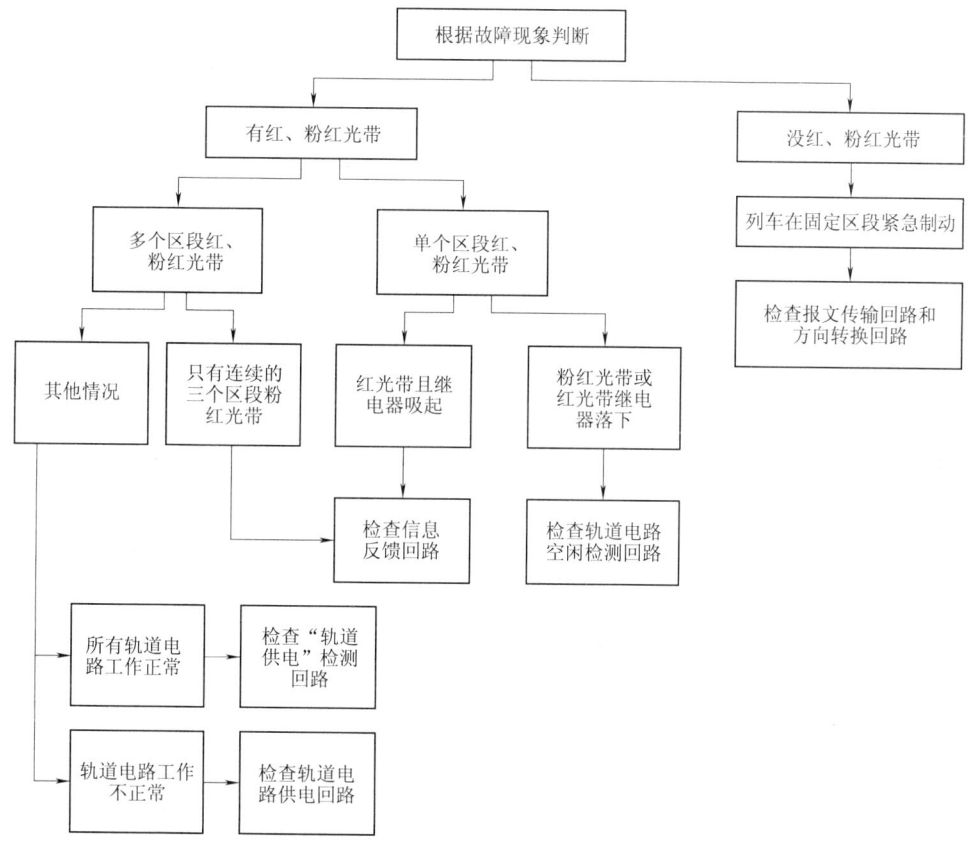

图 3-69　轨道电路故障处理流程图

3）典型故障举例

【案例 1】　各方向发送电压约为 0 V 或偏低

此情况应是室内发送部分故障。如果是没有发送电压，检查发送部分的元件：电源电压、保险、发送板、放大滤波板、电桥、方向转换板及沿途接线；如果是发送电压不正常（偏低或偏高），检查电源电压（5 V/12 V/220 V），发送板、放大滤波板、电桥，重点检查放大滤波板和电源电压。

【案例 2】　某个方向发送电压约为 0 V

此情况应是室内发送部分故障。其他方向正常说明发送板、放大滤波板、电桥和各接线都正常，只有方向转换板继电器的状态不良，才会出现此现象。可以直接更换方向转换板。

【案例 3】 某个方向发送电压偏高(约 60~80 V),其他方向发送正常,但无接收电压

此情况应是室外发送端故障。这是由防雷单元到室外接线、转换单元中的耦合变压器 T1 前的元件故障造成的现象。检查发送端的防雷单元到室外的接线及转换单元。

【案例 4】 某个方向发送电压偏低,其他方向发送正常,但无接收电压或电压偏低

此情况应是室外发送端故障。这是典型的发送端谐振回路故障引起的,检查绝缘棒的绝缘,绝缘棒的安装螺丝及 S 棒中间连接部分是否接触良好,调谐单元是否不良。

注意:轨面靠近谐振回路处出现短路、断轨、绝缘破损都会影响谐振回路。

【案例 5】 各方向发送正常,但各方向都无接收电压或接收电压偏低

此情况应是室外钢轨故障。是由于轨面有问题,如出现短路、断轨、绝缘破损,特别是道岔区段要检查道岔安装绝缘、钢轨上的机械绝缘、道岔跳线绝缘。

【案例 6】 某个方向发送电压偏低,其他方向发送和接收都正常

此情况应是室外发送端发送回路故障。是发送端的转换单元故障或 11/14 接线松脱造成的,此时在发送端防雷单元侧会测得约有 12 V 电压,室外发送端转换单元的继电器会反复吸合并产生"滴答滴答"的声音。

【案例 7】 某方向发送接收正常,但其他方向发送正常,接收 1 或接收 2(一送两受区段)无接收电压

此情况应是室外发送端接收回路故障。检查 15~20 端子接线、转换单元、调谐单元。

【案例 8】 各方向发送接收正常

此情况应是室内接收部分故障。当继电器落下时,检查室内方向转换板,接收部分板件;当继电器吸起但显示红光带时,要检查与 SICAS 相连的空闲/占用信息信息反馈线。

【案例 9】 故障情况判断

故障情况速查见表 3-21。

表 3-21　故障情况速查表

某方向发送	某方向接收	另外方向发送	另外方向接收	原　　因
无	无	无	无	检查电源电压、发送板、放大滤波板、电桥、方向转换板及沿途接线
无	无	正常	正常	检查方向转换板
偏高	无	正常	无	检查发送端的防雷单元到室外的线、转换单元
偏高	偏高	偏高	偏高	检查电源电压、发送板、放大滤波板、电桥
正常	低或无	正常	低或无	检查轨面情况、道岔跳线、绝缘
正常	正常	正常	低或无	检查发送端 15~20 端子接线、调谐单元、转换单元
偏低	偏低	偏低	偏低	检查电源电压、发送板、放大滤波板、电桥
偏低	低或无	正常	正常	检查发送端 11/14 端子接线、转换单元
偏低	无	正常	无	检查绝缘棒的绝缘、绝缘棒的安装螺丝、S 棒中间连接部分,调谐单元
正常	正常	正常	正常	检查室内接收部分板件、方向转换板、空闲/占用信息信息反馈线

注:a. 发送(接收)端是指某方向发送(接收)端。

b. 发送端电压正常约为 30~50 V,偏高时为 60~80 V,偏低时为 10~30 V。

c. 接收端电压正常约为 0.3~0.7 V,如果低或无时通常会小于 0.3 V。

3.2.3　相关规范、规程与标准

1.《地铁设计规范》(GB 50157—2013)。

2.《铁路信号设计规范》(TB 10007—2017)。

3.《铁路信号站内联锁设计规范》(TB 10071—2000)。

4.《信号工》。

5.《城市轨道交通信号系统通用技术条件》(GB/T 12758—2004)。

6.《铁路应用 可靠性,可用性,可维护性和安全性技术条件和验证(RAMS)》(EN 50126—1999)。

7.《城市轨道交通信号工程施工质量验收规范》(GB 50578—2010)。

8.《系统接地的型式及安全技术要求》(GB 14050—2008)。

9.《城市轨道交通工程基本术语标准》(GB/T 50833—2012)。

10.《铁路工程基本术语标准》(GB/T 50262—2013)。

典型工作任务 3　计轴轨道检查装置维护

3.3.1　工作任务

计轴轨道检查装置(简称计轴)是城市轨道交通信号系统中必不可少的设备之一。它用于检测轨道区段是否有车占用或空闲,作为列车控制的基本条件之一,因此,计轴轨道检查装置也是信号系统中重要的设备之一。通过对这部分内容的学习,做到以下几点:

(1)了解计轴类型及其结构与工作原理。

(2)能对计轴设备进行测试与检修。

(3)能对计轴设备进行故障判断、分析与处理。

(4)能对计轴设备进行安装。

(5)能对计轴设备的工作内容进行指导。

(6)能读懂书末附图 2 中每个图形符号的含义。

3.3.2　知识链接

1. 计轴的主要功能

计轴轨道检查装置是通过计入、计出列车轮对轴数的算术运算,输出控制条件,实现对轨道区段空闲、占用检查的安全装置,即是通过检测、比较进入和离开轨道区段的列车车轮轮轴数来判断相应轨道区段的空闲/占用状态,并将判断的结果经继电器输出的一种轨道空闲检测设备。采用计轴轨道检查装置检查空闲/占用状态的轨道电路区段叫计轴轨道区段。对计轴轨道区段而言,检出的线路状态有以下三种:

(1)空闲状态,即计轴轨道区段在计入轴数和计出轴数相等时的状态。

(2)占用状态,即计轴轨道区段在计入轴数和计出轴数不等时的状态。除空闲、占用状态外,还有一种状态叫负轴状态,即计轴轨道区段在无计入轴数而有计出轴数或计出轴数多于计入轴数时的状态。

(3)计轴磁头收到干扰或计入与计出存在不一致的情况下,为实现"故障—安全"原则,

计轴设备报告则为故障状态。

计轴设备的最大优势在于它与轨道和道床状况的无关性,这使其不仅具备检查长大区间的能力,而且也解决了长期因道床潮湿和钢轨生锈影响城市轨道交通安全运行的问题,其具体功能有以下几点:

(1)设备具有监测功能,能对运算单元电路板、传感器及传输线、站间传输通道、电源等进行检测,一旦发生故障,设备持续表示占用,直到故障排除并复位后轨道继电器才吸合。

(2)设备具有监督、统计和显示功能,能监视系统的工作情况并将其显示出来,系统的各项统计数值可以手动查阅。

(3)一个运算单元可给出区段的空闲或占用状态指示,各区段可单独复位。一个运算单元可直接连接的计轴点数量取决于各类型的设计。

2. 系统对计轴设备的基本技术要求

(1)计轴应用系统应符合"故障—安全"原则。计轴轨道检查装置应在所防护区段的入口和出口处分别装设双套车轮传感器,并应设于同一轨条的两侧。

(2)计轴轨道检查装置应正确识别列车运行方向。

(3)计轴应用系统输出条件响应时间应满足闭塞与联锁要求。

(4)当计轴轨道区段因电源停电、故障、外界干扰需要恢复时,应先人工确认该区段空闲后,再进行"复零"操作。

所谓复零,即对计轴轨道区段从占用状态改为空闲状态的操作。复零分为预复零和立即复零,而预复零则是指通过按压计轴轨道区段的预复零按钮后,该区段保持占用状态,只有在经该区段运行一列车,当计轴轨道检查装置确认计入和计出轴数相等后,该区段才可恢复为空闲状态的一种操作方法。立即复零,是在计轴轨道区段呈占用状态时,同时按压计轴立即复零按钮及预复零按钮后,该区段立即呈空闲状态的操作方法。

(5)计轴应用系统应设置计轴立即复零按钮和表示,按钮应加铅封和计数器或其他防误操作措施。计轴轨道区段还应设如下按钮和表示:

①计轴轨道区段空闲或占用表示。

②计轴使用/停用按钮。

③计轴使用/停用表示。

④计轴轨道区段预复零按钮。

⑤计轴轨道区段预复零表示。

⑥大区段空闲或占用表示。

(6)计轴设备通信传输通道应符合以下要求:

①计轴系统站间、室内至室外设备间通信传输通道应采用专用传输线对(光缆或对称电缆)。

②计轴系统应连续监督其通信传输通道,当通道发生故障后,其相应计轴轨道区段应为占用状态,并给出提示。

(7)应配置可靠电源,保证系统不间断正常工作。

(8)计轴系统应有故障报警功能,当发生故障后,其相应的计轴轨道区段应为占用状态,并给出相应提示。

(9)计轴系统应有标准接口。

（10）计轴系统的通道、设备、电源等均应按规定配置防雷设施。接地应采用综合接地方式，接地电阻值不大于 1 Ω。关于综合接地参见《高速铁路设计规范》《电子计算机机房设计规范》和《系统接地的型式及安全技术要求》。

（11）计轴系统的设备及元器件应符合有关标准，微电子设备应符合电磁兼容有关规定。

3. 计轴轨道检查装置基本组成及基本工作原理

计轴最主要的基本原理是通过安装在线路上的计轴磁头对列车通过的轮对轴数进行计数，根据区段入口和出口轴数的比较，从而判断本区段是否有车占用。因此，对计轴设备来讲，最重要的装置便是计轴磁头。通常计轴磁头采用磁电传感，有的通过磁弹性效应对轴重获得的感应信号来进行计数；有的利用轮对对磁场产生的涡流造成的磁场衰耗而形成的负脉冲进行计数，总之，现在计轴的方法很多。

下面仅以西门子 AzS350U（U 为 Universal 首字母"万能型"）计轴设备为例进行讲解。它采用安全型微机为控制核心，配以外围电路构成运算单元，每个运算单元可以直接连接多个 ZP43 计轴点设备，并且通过多个运算单元之间的有机组合来构成一个整体系统，用以检查不同规模的站场和区间轨道空闲或占用状态。该系统还具有远程监控功能。西门子 AzS350U 微机计轴系统是可直接同 5 个计轴点相连，且一个运算单元可检测四个区间，两运算单元之间的数据传输采用调制解调器和通信电缆/光缆或者通过无线传输，两个运算单元放置在同一机柜内时，可直接连接，不需要调制解调器。

1）计轴磁头

磁头计轴原理如图 3-70 所示，列车从所检测区间的一端出发，驶入区段，经过计轴点时，运算单元对传感器产生轴信号进行处理，判别及计数（一个传感器有两对收发线圈，以这两对接收线圈中电压幅度的改变和改变的时间顺序，就可以为计数和识别运行方向提供必要的信息），此时轨道继电器落下，同时将"计轴数"及"驶入状态"等存储起来。当列车驾驶出区间，经过任意一端计轴点时，运算单元对传感器产生的轴信号进行处理、判别及记数，运算单元将"计轴数"及"驶出状态"等不断地与原存储的数据进行校核。当运算单元对"计轴数"及"驶入、驶出状态"等校核无误后方可使轨道继电器吸起，从而给出所检测区间的空闲信号。

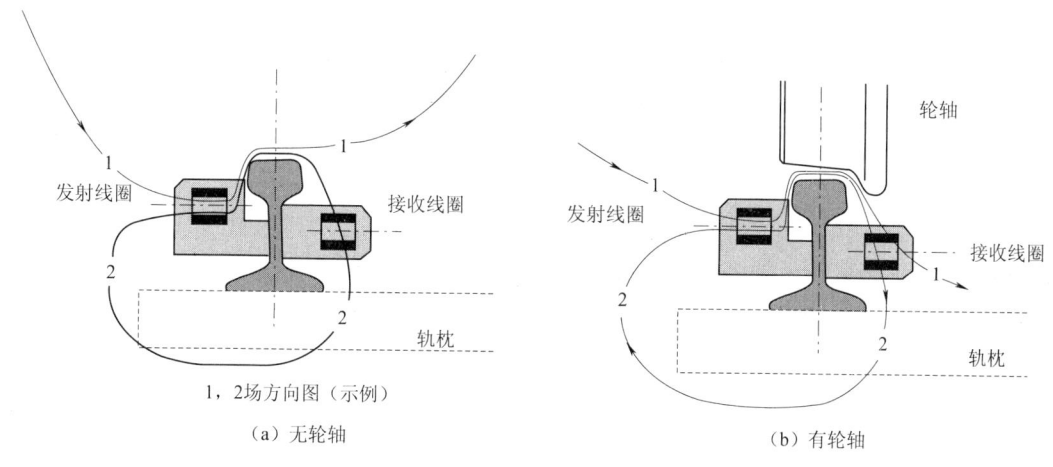

图 3-70　磁头计轴原理示意图

2）室外设备组成

这部分设备一般由计轴磁头和轨旁连接箱组成，如图 3-71 所示。

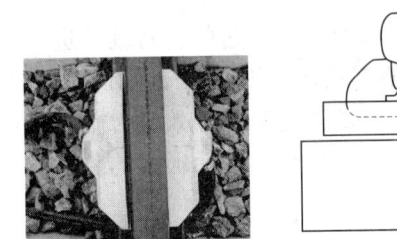

（a）磁头

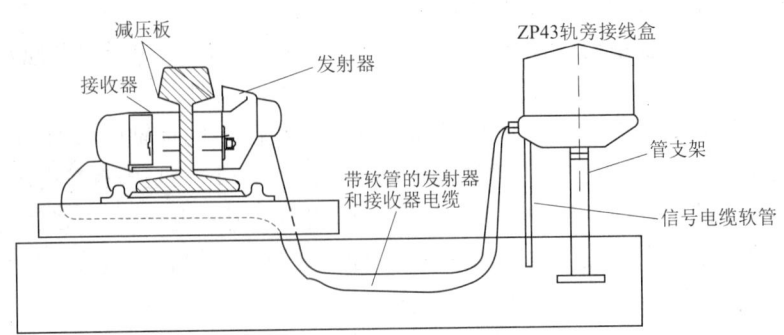

（b）计轴磁头和轨旁连接箱

图 3-71　计轴轨道检查装置轨旁布局

（1）计轴传感器

计轴头由装在一体的两个电子传感器组成的双置传感器（两个发送器和两个接收器）构成，发射器装在钢轨外侧、接收器装在钢轨内侧，当车轮经过双置传感器时，接收器的感应电压增强。每对磁头都有一个发送部分和一个接收部分。发送器机架位于钢轨外侧，而接收器机架位于钢轨轨距侧。为防止来自轨道的干扰（例如牵引回流导致的干扰），发送器与接收器都安装了减压板。减压板安装在面向轨道的一侧。减压板与钢轨断面相吻合，从轨底越过轨腰延伸至轨头。当车轮经过计轴传感器时，接收器端的感应电压幅度将发生变化。信号幅度的改变及其超时变量，可产生计轴和方向数据。

（2）轨旁连接箱

轨旁接线盒如图 3-72 所示，从左至右由 5 块板卡组成。

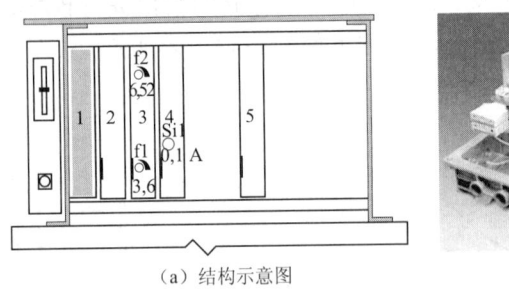

（a）结构示意图

（b）外观图

图 3-72　轨旁接线盒

第 1 块板卡主要用来调试与检查测量，是用于诊断单元的插件式连接端子。

第 2 块板卡主要用于防雷，是将连接电缆中的感应过电压限制在安全的层面上（芯对芯）。

第 3 块板卡是信号发生器，主要用来传输生成器，接收信号的条件。

第 4 块板卡是信号处理板，实现信号带通滤波及设备供电。

第 5 块板卡是附加的板卡，主要用来为双用模式预留所需的板卡插槽。

（3）连接电缆

采用屏蔽电缆用于连接双置计轴探头与轨旁接线盒。连接电缆与双置计轴探头有一个单方固定连接,并组成一个单元。

计数及确认方向所需的信息从幅度的变化和它们的时间顺序中获得。轨旁连接箱是安装在轨旁的具有防潮功能的金属盒,一般为黄色,盒内装有预处理传感器信息所需要的电子元件,主要包括数字信号处理模块、处理器模块、电源模块和调制解调器模块。轨道箱通过电缆与计轴头连接起来组成计轴点设备。

3)计轴设备组成及其原理

计轴轨道检查装置一般由计轴磁头、轨旁连接箱、运算单元组合和连接电缆组成。AzS(M)350U 核心是 ZP43V 型计轴点设备和 AzS(M)350U 运算单元。ZP43V 型计轴点设备安装于铁路轨道区段的各端点位置,每个端点位置安装一套,使得这几个 ZP43V 计轴点共同检测这个封闭的轨道区段。ZP43V 型计轴点通过车轮传感器感应进/出区段的车轮及其运行方向,并将感应信号预处理,将与处理后的信号经连接电缆系统传输至室内运算单元。计轴轨道检查装置组成如图 3-73 所示。

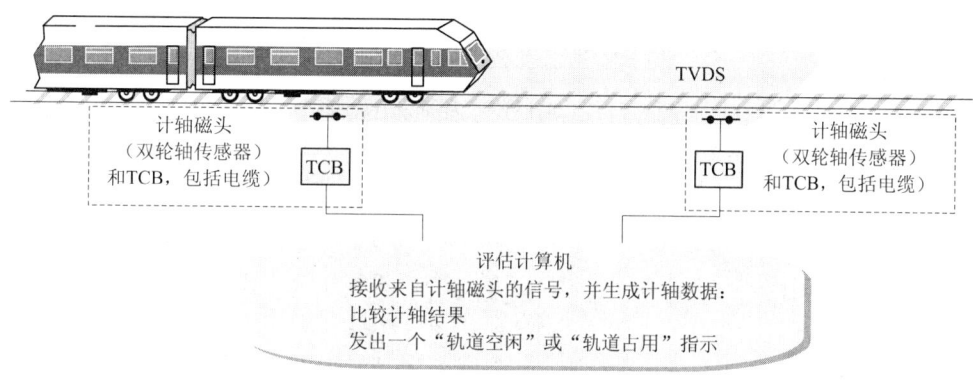

图 3-73　计轴轨道检查装置组成框图
——计轴磁头的图形符号;TCB—轨旁连接箱;TVDS—轨道空闲检测区段

(1)计轴磁头与轨旁连接箱

计轴轨道检查装置通过安装在一根钢轨上的双置传感器来检测通过的车轮,当车轮通过时,它将改变传感器的发送器和接收器之间的交变电磁场,从而改变接收线圈上的感应电压。幅度的变化及其变化的时间顺序包含了计数和识别方向所必需的信息,这个信息通过星形四芯纽绞信号电缆中的两芯从轨旁连接箱(轨旁盒)传送到运算单元。

(2)运算单元

处理从计轴点传来的信号,比较进入区段和离开区段的轴数,最后给出区段空闲/占用指示。

计轴设备室内部分组成如图 3-74 所示。

计轴系统根据信息差异进行轨道区段状态检测,先由运算单元评估从计轴磁头上接收到的信号,再将进入轨道空闲检测区段(TVDS)的轴数与离开该区段的轴数进行比较,从而监控轨道空闲检测区段并产生一个“轨道空闲”或“轨道占用”指示。

4)计轴评估计算机——运算单元

室内设备由运算单元(EC)组成,是一个故障导向安全的计算机数据处理设备,作为中央处理和监控单元,可以通过处理计轴点传来的信息给出所检测轨道区段的状态及计轴设备工

作状态,其结构如图 3-75 所示。运算单元的主要功能如下:

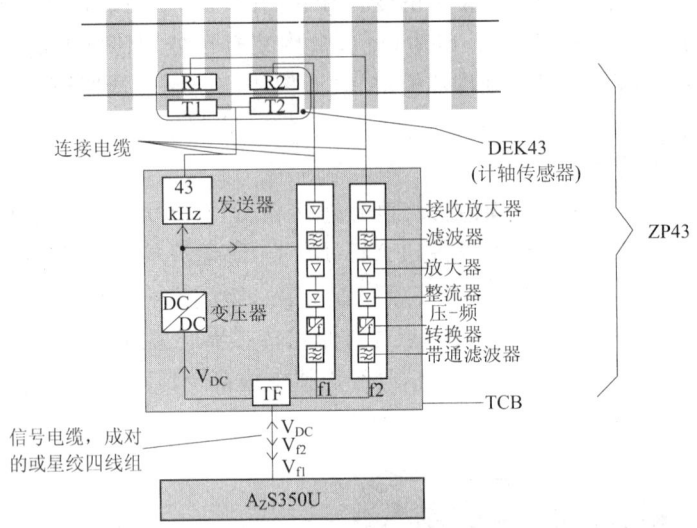

图 3-74 计轴设备室内部分组成框图

ZP43—计数磁头;R1,R2—接收器;T1,T2—发送器;TCB—轨旁箱;TF—变压器;

VDC—供电电压;V_{f_1}—f1 供电电压;V_{f_2}—f2 供电电压

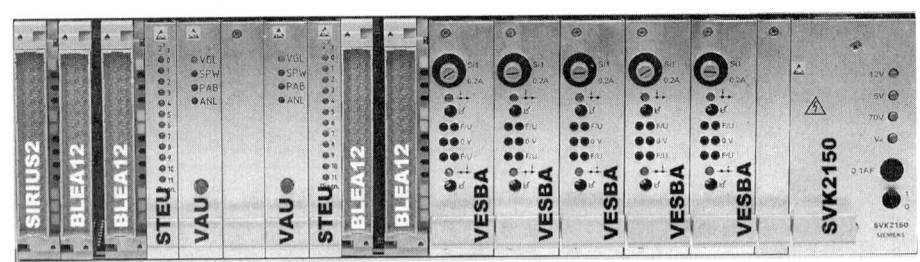

图 3-75 AzS350U 运算单元

BGR—运算单元组匣;VAU—处理和监控板;STEU—控制和诊断板;BLEA12—闭塞输入/输出板;

SIRIUS2—串行计算机接口通用板;VESBA—放大器、触发器和带通滤波板;SVK2150—电源板

(1)处理从计轴点传来的信号。

(2)比较进入区段的轴数和离开区段的轴数。

(3)监控线路区段,给出空闲/占用指示。

与轨道电路检测一个区段相比,使用计轴设备可以使监测区段的长度大得多。

计轴系统的运算单元能够识别一个轴在传感器上可能出现的摆动,因而避免了计数错误。

对于系统复位,运算单元提供一个连接计轴复零按钮(AzGrT)的输入端。当投入运行或维护和维修后,按压此按钮使运算单元恢复到起始位。

通过传感器的数据(一个车轮通过)被处理后,以两个信号频率(振幅和频率 f1、f2)传送到 VESBA 组件上。

VESBA 组件将计轴点的数据在电隔离后继续在两个独立的通道里传递。如果一个信号在通过带通滤波组件后超限,则产生一个"高"(无车通过)或"低"(有车通过或信号出错)信号触发电路(K1、K2)。

STEU 控制诊断组件接收信号数据,在这里暂时存储计轴点信息,并将其向 VAU 处理监控组件传输。SIMIS C 计算机处理和计算计轴数据,并通过 BLEA12 输入/输出组件(继电器输出)将结果输出给联锁电路。

　　除其他计轴点外,为将计轴点信息进行数字复用,将发送/接收的运算单元连接到背板的插头(插头 20 和插头 22)上。经过 ZP43 En/V 和组件 VESBA 处理过的计轴信息通过插头 20 和插头 22 传送到本地或远程的 STEU 组件的输入端上。

　　AzS(M)350U 在多点计轴技术中应用时,如果两个相邻区段采用的都是计轴技术,则共用的计轴点信息可以进行复用。对于不相邻的计轴区段无法复用。

　　在装上背板的组件匣里,插入可以插上的组件,对于可选择的组件,先用空的组件。另外,组件匣用来从机械上固定其他功能部件(干扰抑制滤波器),干扰抑制滤波器抑制频率超过 20 kHz 的干扰信号。这些高频干扰信号可通过供电线路进入设备。

　　VAU 是中央处理单元,并构成"故障—安全"的微机系统(SIMIS C 计算机的核心),VAU 组件具有双通道同步运行的检查器和比较器功能。

　　每个直接连接的计轴点都需要一个 VESBA 组件,它将室内和室外设备(WDE)从电气上进行隔离。

　　VESBA 组件将 f1 和 f2 分成两个独立的通道并对其进行滤波、放大、检波和整形。

　　每个计算机通道都有 STEU 组件,可分析接收到的信号(计轴点和区间)。

　　BLEA12 组件输入/输出所有进出联锁系统的信号(CI、OI、AzGrT 或 vAzGrT、RR、RA 用户定义的信息)。可有选择地插入另外一对 BLEA12 组件。

　　SIRIUS2 组件将运算单元进行连接,它提供两个双向的串行接口(传输数据),每个接口都有一根 V.24 输出端。

　　SVK2150 供电组件为两个 SIMIS C 计算机通道(VAU 组件)和其他外围组件 STEU、BLEA12、SIRIUS2,以及 VESBA 供电。

　　(1)运算单元

　　对由计轴设备传输的信号进行评估,对进入与离开轨道空闲检测区段的轴数进行对比,并发布轨道空闲/占用表示并检测轨道空闲检测区段的空闲/占用状态。

　　运算单元由以下板构成:Vau 板、Steu 板、Blea12 板、Sirius2 板、Vesba 板、SVK2150 板,且安装在计轴柜中。

　　①Vau 板

　　VAU 板是计轴设备的中央处理单元。Vau 板监控并比较两台微型计算机的同步和一致性运算操作,如果出现故障,便传输一个关闭信号,以断开接通信号与安全外部设备。Vau 面板及其指示灯含义见表 3-22。每个 VAU 板都具有检测和比较的功能,可检查两个微机的同步运行情况。故障时,VAU 板发出一个切断控制信号(SCS)来切断信号及与外围设备的连接。若 LED"SPW"点亮,则说明供电电压过高或低于 5 V DC,系统必须复位。若 LED"PAB"点亮,则表明程序控制紧急切断。系统故障后,为使运算单元同步启动,则必须同时按下两个 VAU 板上的红色复位按钮并持续 1 s。运算单元的重新启动方法如下:

　　将电源开关置于"1"位。同时按压两块 VAU 板上的红色按钮(系统复位按钮)并持续约 1 s。

表 3-22　Vau 面板及指示灯含义

	描　述	含　义	正常运行状态
VGL SPW PAB ANL （图示）**VAU 面板**	VGL	亮黄灯:运算单元可投入运转	亮
	SPW	亮红灯:故障电压高于或低于允许值 5 V DC	灭
	PAB	亮红灯:表示程控紧急关闭	灭
	ANL	亮红灯:运算单元在启动	灭
	红按钮	系统复位:用于运算单元同步启动	

②Steu 板

控制和诊断板 Steu 缓冲由计轴设备传来的信号。由于运算单元的双通道设计,每个通道有一个 Steu 板,Steu 面板及其指示灯含义见表 3-23。每个 STEU 板显示两个区段的状态(0～5 为一个;6～11 为一个)。

表 3-23　Steu 面板及其指示灯含义

	描述	含　义	正常运行状态
2 ×× 0 1 2 3 4 5 6 7 8 9 10 11 Diagn **Steu 面板**	LED 0	亮黄灯:已进行系统复位,需激活计轴复位按钮	灭
	LED 1	亮黄灯:负的轮轴闭塞有效,超出计轴能力,无法解释已检测到的脉冲	灭
	LED 2	亮黄灯:计数监控	灭
	LED 3	亮黄灯:运算单元之间的报文传输故障或第二个运算单元已被切断	灭
	LED 4	亮黄灯:执行复位限制(RR)	灭
	LED 5	亮黄灯:区段处于占用状态:计轴车 0 或其他 LED 灯亮	灭
	LED 6	亮黄灯:含义与 LED 0 到 LED 5 相同	灭
	LED 7	亮黄灯:含义与 LED 0 到 LED 5 相同	灭
	LED 8	亮黄灯:含义与 LED 0 到 LED 5 相同	灭
	LED 9	亮黄灯:含义与 LED 0 到 LED 5 相同	灭
	LED 10	亮黄灯:含义与 LED 0 到 LED 5 相同	灭
	LED 11	亮黄灯:含义与 LED 0 到 LED 5 相同	灭

③Blea12 板

Blea12 板是 AzS350U 的输入/输出接口,其面板及指示灯含义见表 3-24。BLEA12 组件由联锁电路中输入信息或向联锁电路输出信息的功能单元组成。它由 12 个动态继电器输出端、12 个光电耦合器输入端及 96 个配置开关组成。每块 BLEA12 板最多能给出 4 个 TVDS

的空闲/占用信息。BLEA12 板可实现 12 个用户自定义的特殊操作信息(如闭塞信息)的输入/输出。输出 TVDS 的空闲/占用表示(CI 和 OI),具有功能如下:

表 3-24　Blea12 面板及其指示灯含义

	描　述	含　义	正常运行状态
T1 T2 T2 T4	按钮 T1	用于 AzGrH 和诊断	未按下
	按钮 T2	在分区已被设置时用于 AzGrH 和诊断	未按下
	按钮 T3	在分区已被设置时用于 AzGrH 和诊断	未按下
	按钮 T4	在分区已被设置时用于 AzGrH 和诊断	未按下

• Blea 12 板的面板　• Blea 12 板的前端接器

Blea12 面板

a. 可输出多达 4 个 TVDS 的轨道空闲/占用指示(CI 和 OI)。

b. 输出每个 TVDS 运算单元的复位限制(RR)指示。

c. 在每个 TVDS 计轴复位成功后输出复位确认(RA)指示。

d. 为运算单元的每个 TVDS 输入立即复位或预复位(通过激活 AzGrT 或者 vAzGrT 按钮)命令。

e. 通过前端连接器激活 AzGrH 按钮,为每个 TVDS 输入取消复位限制(RR)命令。

f. 通过 96DIP 开关对系统进行配置。

④Sirius2 板

Sirius2 板为数据传输提供两个串行的双向接口,每个接口配备有一个 V.24 输出。其中一个 V.24 接口具有两个控制信号(RTS1 和 CTS1)。

在外围设备和硬件核心之间,Sirius2 板通过提供可靠的电绝缘来保证"故障—安全"原则。为了传输"故障—安全"数据,将使用加密的数据传输程序 FASIT。

⑤VESBA 板

VESBA 组件实现了室内设备和室外设备(车轮传感器)之间的电气隔离。它把从车轮传感器传来的信号 f1 和 f2 分离并送入两个独立的通道,然后通过带通滤波、放大、整形,最后计数(触发)。WDE 和 AzS(M)350 U 之间通过一根两芯电缆连接。在 VESBA 组件上还有一个用于数字复用的附加的输出接口。VESBA 组件面板上安装了用于故障诊断的测量孔及 LED 灯,LED 灯用于显示列车通过时的状态。Vesba 面板及其指示灯含义见表 3-25,其功能如下:

a. 实现与 ZP43E 计轴设备相连接;

b. 传送电源(从 SVK2150)到计轴设备。

表 3-25　Vesba 面板及其指示灯含义

	描述	含　义	正常运行状态
Vesba 面板	LED	黄灯亮:双置计轴磁头的系统 1 正处于通过或占用状态(或 $V_1 < 1.3$ V DC)	
	测量插孔 F	测量插孔:信号频率 F1 = (3.60±0.05) kHz (在计轴设备上调频)	
	测量插孔 U	电压 V_1 = (3.0±0.10) V DC	
	测量插孔 0 V	两个系统的 0 V 插孔	

⑥SVK2150 板

SVK2150 板为运算单元将联锁电压转换为 5 V DC 控制电压,为向计轴设备提供电源将联锁电压转换为 70 V DC 的控制电压。所有电压由电压检测器监控,输入和输出电压彼此电气绝缘,SVK2150 板面板及其指示灯含义见表 3-26。SVK2150 板将联锁系统来的电源电压转换成所需的电压,所有的电压均由电压控制器监控。输入/输出电压进行电气隔离。欠压时,输出电压被切断;过压时,0.2 A 保险丝(快动)熔断,切断输出。SVK2150 电源板最多可直接向 5 个计轴点供电。通过连接在 SVK2150 上的端子排,可使室内、室外设备进行电气隔离。

表 3-26　SVK2150 面板及表示灯含义

	描述	含　义	正常运行状态
SVK2150 面板	LED 12 V	AzS350U 系统中不使用	灭
	LED 5 V	亮黄灯:运算单元电压已送	亮
	LED 70 V	亮黄灯:计轴设备电源电压已送	亮
	LED Vin	亮黄灯:输入电压已送	亮
	保险丝	0.1 A(快速熔断)	
	开关	电源板的开/关按钮	亮

⑦计轴柜

计轴系统部件,如运算单元安装架、风机组件、底座、电缆连接及端子板等安装在计轴箱内。AzS350U 运算单元采用 19 英寸计轴柜,其外观如图 3-76 所示。

⑧BM-1000 型调制解调器

a)面板上的控制单元

在 BM-1000 调制解调器的正面有:LED 灯 9 个和切换电源开关状态的主开关,其外观如图 3-77 所示,表示电源状态的 LED 灯"PWR"属于 9 个灯之一。

图 3-76　计轴柜外观图

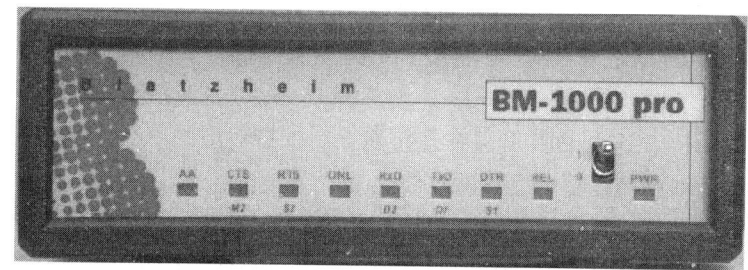

图 3-77　BM-1000 调制解调器外观图

LED 灯将指示 RS-232/V.24 通信信号的部分内容,包括 D1 和 D2 数据线,来自计算机的 S1 和 S2 控制线及来自调制解调器的 M2 指示线。

(a)"PWR"LED。这个 LED 灯在调制解调器电源接通时点亮。

(b)"REL"LED(安全连接)。这个 LED 灯在已建立"故障—安全"连接时点亮。

(c)"DTR"LED(数据终端就绪—S1)。终端设备就绪中,这个 LED 灯指示 DTR 线的状态,在 DTR 激活时点亮。

(d)"TxD"LED(传输数据—D1)。这个 LED 灯表示数据正从电脑传向调制解调器。

(e)"RxD"LED(传输数据—D2)。这个 LED 灯表示数据正从调制解调器传向电脑。

(f)"ONL"LED(数据载波检测—DCD)。这个 LED 在连接已建立,调制解调器处于数据模式下点亮。在连接建立过程中灯将闪烁。

(g)"RTS"LED(请求发送—S2)。这个 LED 显示 S2 控制线的状态。通常这根控制线用于控制传向电脑的数据。

(h)"CTS"LED(清除发送—M2)。这个 LED 显示 M2 指示线的状态,通常这根控制线用于控制传向调制解调器的数据。

(i)"AA"LED[自动应答(M3)/振铃(RI)]。这个 LED 在自动应答功能激活时点亮,在应答处理中自动闪烁。

b)背面的控制单元

在 BM-1000 的背面有以下控制单元:

(a)AC/DC 12～24 V 电源供应。用于连接电源的插座。最大允许输入 10～28 V 的交/直流电压。如果使用直流电,极性将没有影响。

(b)RS-232/V.24。串行接口(DB9,母头)。

(c)AUX。数字输入/输出,各接点的具体功能可以配置。

(d)LINE。这个接头用于通过电话线将调制解调器连接到市话网络中,调制解调器配有输出线,连接的电话可以通过 NFN 插头简易操作。

(e)DIP 开关。可以将调制解调器的背板撤去,操作 4 个 DIP 开关:

a.DIP1。调制解调器只使用默认的参数设置,忽视放置在可间断存储单元中的参数。在调制解调器被设定不接受任何命令时,这个开关可以用于操作调制解调器。

b.DIP2。调制解调器被强迫接受固件更新。

c.DIP3。如果该开关被关闭,调制解调器不检测任何命令模式,也不发布任何指示。

d.DIP4。这个 DIP 开关在连接建立后保持对应的 Key,消除取消命令。

2)计轴点与运算单元间的电缆连接

计轴点与运算单元间的电缆连接是将室外的计轴点设备与室内的运算单元通过电缆连接起来,组成完整的计轴系统。当计轴点距离运算单元电缆长度大于 65 km(长度与线径和发送电平有关)时,需使用宽带/隔离变压器。加隔离变压器时,计轴点由交流供电。

3)计轴设备与其他设备的接口

计轴设备与其他设备的接口主要有以下几个方面:

(1)运算单元与车站联锁系统之间的接口电路。计轴设备通过 INOM2 板连接至联锁设备。

(2)置于行车控制室的控制按钮或人机操作界面。

(3)配套的电源设备等。

4)"故障—安全"原则的实现

当设备断电、重启后,所有区段会设置为占用状态;当列车驾驶出区间而计轴数比较结果不为零(可能为正数,也可能为负数),此时该区段仍会处于占用状态。这时列车无法出清,需要由行车人员确认该区间无车后,先对区段进行预复位,然后正常通过一列列车,才能使区段空闲。

以西门子计轴设备为例,它采用二取二结构的计算机来管理 AzS350U。该设备检测所有对安全极为重要的信息,并对它们进行双通道的处理,再由两个相互独立的微机组成,其配置相同,为它们供给相同的输入信息。由于程序完全相同,所以它们不断地处理相同的任务,产生一个相同的双通道输出信息。如果两个计算机结果一致,两个相互独立的比较器才允许将一个输出传给程序控制电路。为此,给比较器附加一个切断装置,在出现不一致的情况下,该装置切断输出电路。该设备包括一个测试程序,它及时显示故障,同时为了实现较高的安全性和可靠性,计轴系统采用了二取二配置的方法,如图 3-78 所示。

4.主要技术参数

室外部分电气特性参数见表 3-27。

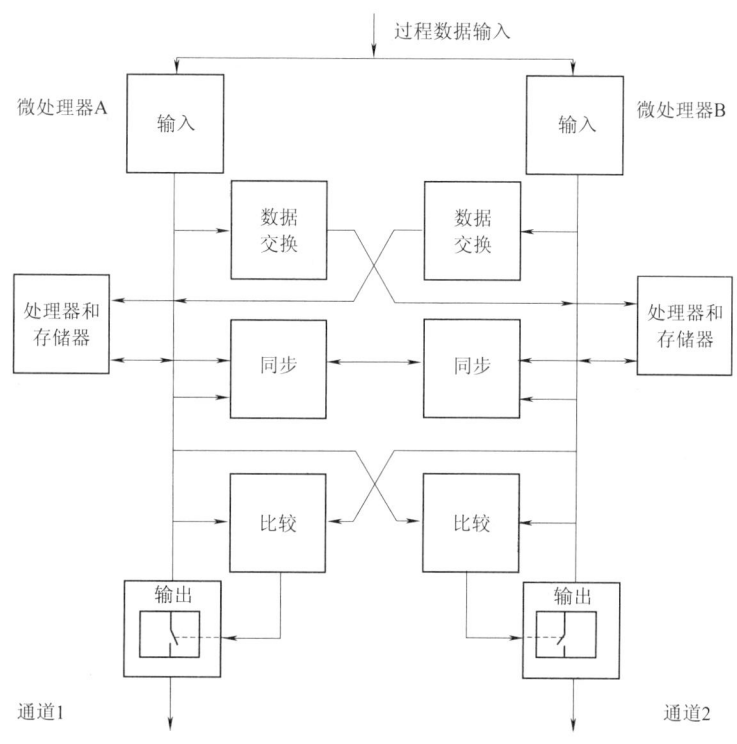

图 3-78　计轴系统二取二的配置方法

表 3-27　室外部分电气特性参数表

工作频率	43 kHz
双置传感器的安装位置	距钢轨接头大于 4 根枕木的两枕木间轨腰处
双置传感器的安装环境	传感器周围 0.5 m 范围内无其他金属物
轨道箱(ZP43E)尺寸:w×d×h	360 mm×360 mm×210 mm
轨道箱(ZP43 V)尺寸:w×d×h	241 mm×241 mm×174 mm
双置传感器和轨道箱之间的电缆长度	4.2 m
环境温度	−40 ℃～+80 ℃
耐压	≥10 kV,对钢轨
供给计轴点的电压	30 V DC～72 V DC
外部供电	21 V AC～50 V AC
计轴点的功耗	约 2.5W(不计线损)
保护等级(DIN 40 050)	IP 68
信号频率 f1	3.60 kHz(无车轮通过)
信号频率 f2	6.52 kHz(无车轮通过)
接口	屏蔽信号电缆,4 芯星绞

室内部分电气特性参数见表 3-28。

表 3-28　室内部分电气特性参数表

模块化系统		SIPAC-INCH(19 英寸工业技术),单行
供电电压		不间断
	运算单元	24 V DC～60 V DC
	波动	−10%～20%
运算单元的功耗(不包括计轴点)		约 40 W
轨道空闲/占用指示		各有一个常开和常闭接点
输出接点		≤72 V DC
	接通电压	≤72 V DC
	接通电流	≤3 A
	持续工作电流	≤2 A
GT 表示		每个都有一个常闭接点
	接通电压	≤72 V DC
	接通电流	≤3 A
	持续工作电流	≤2 A
复位按钮 AzGrT		每通道 1 个数字化输入
	输入类型	光电耦合
	输入电压	21.6 V DC～72 V DC
	功耗	0.1～1.1 W
	光电耦合器的反馈	0 V DC 输入电压
闭塞信息的输出		每个通道 4 个安全型继电器接点
输出接点		≤72 V DC
	接通电压	≤72 V DC
	接通电流	≤3 A
	持续工作电流	≤2 A
闭塞信息的输入		每个通道 4 个数字化输入
	输入类型	光电耦合器
	输入电压	21.6 V DC～72 V DC
	功耗	0.1～1.1 W
WDE 保险		200 mA
计数容量		每区段 32 767 轴
工作温度		−25 ℃～+70 ℃

调制解调器电气特性参数见表 3-29。

表 3-29　调制解调器电气特性参数表

传输方向	计轴点轴数信息	双向
	闭塞信息	双向
传输模式		全双工,异步
传输速率		9 600 bit/s 或 1 200 bit/s
传输可靠性		汉明距离=9.64 bit 安全码

调制解调器与运算单元的连接		接口按建议的 CCITT V.24/V.28 和 DIN66020
调制解调器之间的连接		电缆/光缆
电码	数据位	8 bit
	停止位	1 bit
	奇偶位	0 bit

计轴电源电气特性参数见表 3-30。

表 3-30　计轴电源电气特性参数表

输入电压		AC 220 V±30%,50 Hz±5%
输出		DC 24 V/6 A
		DC 24 V/2 A
		±12 V DC/2 A
不间断时间		>30 分钟
供电切换时间		0 ms
使用环境	温度	−10 ℃～+45 ℃
	湿度	<95%(25 ℃时)

计轴容量每区段可计轴数:32～767 轴。

每个系统最多可连接的传感器数量:5 ,直接:6 ,远程:左 3,右 3。

检测区段最大数量:4。

控制距离典型值: 6.5 km。

采用特殊装置时的控制距离:≤21 km。

输出信息(通过无电位的继电器接点):0～4 空闲指示(CI)。

最多 24 条特殊操作信息(如:闭塞信息)。

复位限制(RR),非"故障—安全"。

复位确认(RA),非"故障—安全"。

运行速度(取决于车轮直径):$v_{max}=400$ km/h(车轮直径 $d \geqslant 865$ mm)。

车轮:材料为钢、铸铁。直径≥300 mm;宽度≥115 mm;轴距≥700 mm。

车轮检测器数据的扫描速度 SEUZI 512 μs。

允许传输时间 500 ms～2 000 ms(可配置)。

轨道占用指示:

干扰直接连接的传感器时,指示占用的时间:$t_{占用} \leqslant 300$ ms。

干扰远程连接的传感器并无故障传输时,指示占用的时间:$t_{占用} \leqslant 800$ ms。

传输故障时间为 0.5 s 时,指示占用的时间:$t_{占用} \leqslant 1\ 000$ ms。

传输故障时间为 2 s 时,指示占用的时间:$t_{占用} \leqslant 2\ 300$ ms。

轨道空闲指示:

出清直接连接的传感器时,指示空闲的时间:$t_{空闲} \leqslant 1\ 300$ ms。

出清远程连接的传感器并无故障传输时,指示空闲的时间:$t_{clear} \leqslant 2\ 000$ ms。

5. 设备维护与操作

1）AzS(M)350U 维护与维修时注意事项

（1）所有有关 AzS(M)350U 的维护与维修作业，必须由经过专门培训、经设备信号人员考评合格后的人员完成。

（2）维护工作应在停轮时间进行。

（3）所有车轮传感设备的元件、信号电缆、外接端子块及连接到运算单元带通滤波板上的电缆有可能载有干扰电平。

（4）在维护和维修 AzS(M)350U 时，应通知操作值班员改变办理闭塞的方式。

（5）在轨旁作业前，必须按现行铁路规则进行相应的安全检查。

（6）一旦维修完成，必须进行运行试验。运行试验的形式和车速由操作值班员决定。试验必须经过有问题的运算单元所连接的计轴点，有些情况下还须用模拟车轮在 DEK 车轮传感器上模拟运行来测试运算单元。如果所有区段在列车经过后出清，则试验通过。

（7）AzS(M)350U 只有其处在完好工作状态（即工作稳定或无人身安全问题）时才能使用。

（8）不允许对 AzS(M)350U 随意改动，所有的改动需经厂家书面授权。

（9）在插拔电路板之前，必须先关闭 SVK2150 电源转换板。

（10）车轮传感设备和运算单元的检查周期间隔：无故障时，每 12 个月一次；有故障时，应立即进行。

（11）每个计轴点每 30 天至少经过一次车，如果值班员不能保证此项，危险程度将增加，要采用更长的行车周期，需得到值班员或主管部门认可。

（12）测试测量仪器每年校准一次，只有经过校准的仪器才能用于测量。

（13）一旦改变了带通滤波板上的电平开关位置，运算单元上 VESBA 板所要求的（3±0.1）V 电压必须重新调整（要避免不必要的调整，只有参数值超出容限时，才需要调整）。

2）计轴传感器维修工作内容、周期及工时表

计轴传感器维修工作内容、周期及工时见表 3-31。

表 3-31　计轴传感器维修工作内容、周期及工时表

修程	工作内容	单位	工时 （min）	周期	备注
日常养护	1. 检查机械装置螺栓有无松动、裂缝及损伤	处	20	每日不少于 2 次	
	2. 检查距轨面距离是否超限				
	3. 检查磁头状态				
集中检修	1. 同"日常维护"工作内容	处	20	每 2～3 月 1 次	
	2. 电子盒检查、调整、清扫		20		
	3. 油饰		45	2 年 1 次	

AzS350U 计轴系统提供直观的指示和测量特征，大部分指示可以对确认故障提供帮助。在外部设备里，用 WDE 维护设备进行调整和测量，为此，ZP43En/V 提供了一个插头位置，供诊断连接器进行连接。

为在故障情况下迅速并准确地查明故障位置，用 WDE 维护设备的优点是不管 AzS350U

的组成来进行这项工作,即不用断开导线或拔出电路板。功能检查在运行的间隙进行。

在室内设备中,AzS350U 的诊断通过 STEU 组件上的 LED 指示灯进行,或者把一个 PC 机(诊断 PC 机)连接到 Sirius2 组件上(诊断 PC 机)。

3)复零操作

作为线路状态检测设备,设备必须严格遵守"故障—安全"原则。当计轴设备发生任何故障时,检查轨道区段空闲与占用状态的轨道继电器应可靠落下,并持续显示占用状态;故障排除后,未经人工办理,不得自动复位。对计轴轨道区段从占用状态人工改为空闲状态的操作对行车组织来讲是件非常危险的操作。因此计轴设备的复零操作必须要经过人工确认,以确认此时的占用状态确实是无车占用,是设备故障造成的。复零操作分为预复零和立即复零。通过设置 BLEA12 板上的 DIP 开关,可以使用以下复位方法:

(1)预复零(vAzGrT)

按压计轴轨道区段的预复零按钮后,该区段保持占用状态,只有在经该区段运行一列车,当计轴轨道检查装置确认计入和计出轴数相等后,该区段才可恢复为空闲状态。

(2)立即复零(AzGrT)

计轴轨道区段呈占用状态时,同时按压计轴立即复零按钮盒预复零按钮后,该区段立即呈空闲状态。

4)造成电路板或元件损坏的情况故障分析与处理

印制电路板有"静电敏感器件",在接触带此标志的器件或板子前,有必要进行电荷均衡。电荷平衡能防止通过电路板内的元件放电。

(1)对有"静电敏感器件"标记的电路板在接触时应特别小心,在接触有此标记的电路板前,人体应先接触机匣、机架或机柜的裸露部位进行电荷平衡。

(2)在作业时,须使用指定的工具、专用设备、仪器及材料。

(3)只能用把手或用启拔工具来卸下电路板。

(4)一定不要接触电路板上的焊盘、导线、元件和插接件。

(5)在拿起或放下电路板之前,手应先接触板子放置处进行电荷均衡。

(6)只能拿电路板的边沿、面板或把手。

(7)电路板只能放置在具有导电性或变成可导电的台子上(比如:炭化的泡沫垫子)。

(8)在拔出或插入机匣内的电路板时,应先接触机匣、机架或机柜的裸露部位进行电荷平衡。

(9)不用的电路板应在其包装盒内保存和运输。

(10)当电路板在非包装状态下手持交给他人前,二人应通过手之间的接触达到电荷均衡。

(11)坏电路板不予修理,应予更换,换下的电路板应返回厂家。

5)故障分析与处理流程

运算单元故障类型有:电路板的故障和紧急关闭(双通道关闭)。

电路板的故障。如果是一个外围设备板出现了故障,比如 BLEA12 板,则如果系统未处于紧急关闭状态而出现了这种情况,用备用板替换掉有问题的通道中的故障板。

紧急关闭(双通道关闭)。如果系统出现了紧急关闭,则维修人员应按照"运算单元紧急关闭后的维修"来进行维修工作。

（1）故障分析

从计轴设备故障统计来看，多是由于计轴磁头受干扰所致，因为隧道内常会有检修人员，包括供电，工务等非信号专业的，往往多带有金属器具，假如有一个金属物体，哪怕是很小的一个手电筒靠近磁头都能使计轴系统误认为是车轮经过，误判为有车占用轨道区段。一般情况就是做预复位处理，若故障不能恢复正常，则要进行下面的分析来查找故障原因了。

（2）故障指示

如果轨道区段的轨道空闲检测设备出现故障，则该轨道区段在控制室中显示为被占用。检测出故障以后，信号工（或者授权人员）通知维护人员进行计轴设备检查。

（3）初步机械检查

①轨旁接线盒是否已连接到铁路接地导体、建筑接地体或回流系统，接地导体两端是否连接到位。

②安装在计轴传感器上的减压板是否在发射器和接收器下方。

③计轴传感器的连接螺栓是否拧紧。

④线缆是否连到正确的端子，信号电缆的极性是否正确。

⑤端子板的螺丝是否拧紧。

⑥安装组匣中的板件是否已按要求插好并锁定。

⑦轨旁接线盒内是否有蓝色的袋装干燥剂，若包装为粉红色，必须更换或在约100 ℃进行干燥。

（4）PEGA 1211测试装置

测试装置（PEGA 1211）用于执行参数调整，检查测量值及测试计轴设备，其外观如图3-79所示。该装置与其一同提供的WDE适配器用于与WDE的连接。若连接正确，测试装置不影响计轴设备的运行。

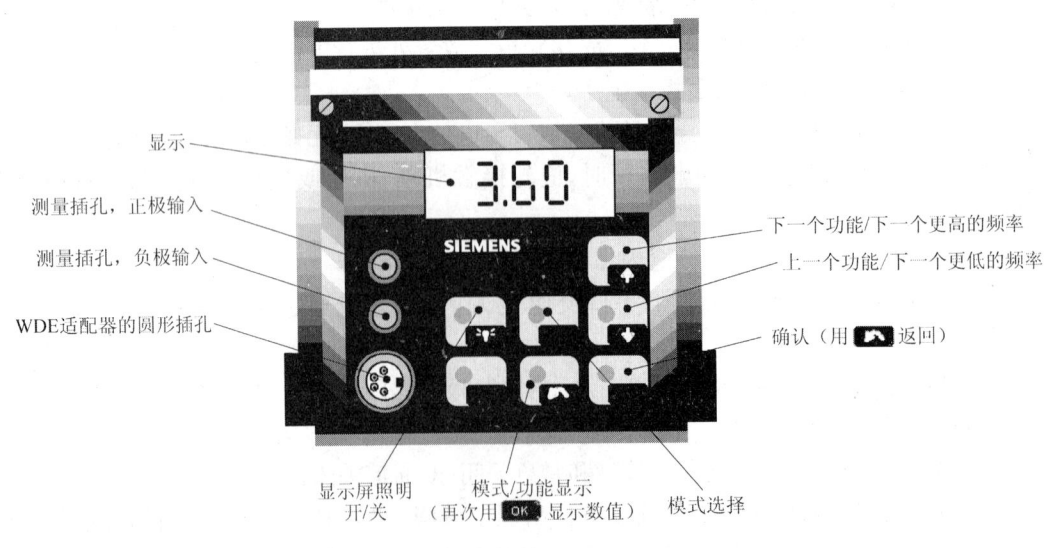

图3-79　PEGA 1211测试装置外观图

LCD 显示(需要时,可打开背景照明)功能如下:

①使用 WDE 适配器时,电压表的电压范围从 280 mV～280 V DC,以及 40 mV AC 到 200 V AC,频率范围在 100 Hz～99.99 kHz。

②使用 WDE 适配器时,频率计显示的频率高达 99.99 kHz。

③菜单选择功能,按下 OK 按钮,可以显示有关的测定值。

④使用两个附加的 4 mm 安全测量插孔可进行附加测量(如用于故障定位)。

(5)PEGA 1211 测试装置的测定量(ZP43 模式)

室外参数调整包括以下几个方面:

①设置发送器频率 FS。

②设置信号频率 f1、f2。

③设置信号频率测量整流电压 UR1、UR2。

④测量接收器电压 UE1、UE2。

⑤测量传输电平 UL。

需要注意的是:当电源电缆接反时,U60 显示"-POL"。

正常情况下的测量值见表 3-32。

表 3-32　正常情况下的测量值

显示	测定量	设置值	公差范围
U60＝	WDE 电源电压	60 V DC	30～72 V
U24＝	工作电压	24 V DC	21.3～22.4 V
FS	计轴传感器的发射器频率	43 kHz	42.8～43.2 kHz
f1	信号频率 1	3.60 kHz	3.55～3.65 kHz
f2	信号频率 2	6.52 kHz	6.42～6.62 kHz
UR1＝	整流电压 1	5.5 V DC	5.3～6.0 V
UR2＝	整流电压 2	5.5 V DC	5.2～5.9 V
UE1	接收器电压 1	AC	60～150 mV
UE2	接收器电压 2	AC	60～150 mV
UL	WDE 输出电压		
	带直接电源	≥1.0 V AC	0.48～1.80 V
	带外部电源	≥1.0 V AC	0.70～2.70 V

6)排除故障

故障排除应从室内设备(运算单元)开始,同时应记录并通过 LED 灯评估当前的工作状态。如果不能通过计轴复位操作来消除故障,则按下任意一个通道上的 AzGrH 按钮,以激活统计功能并记录和评估统计数据。同时,将信号频率 f1、f2 和运算单元的信号电平与系统调试时的记录值比较:

(1)若信号频率在允许的公差内且信号电平仍然过高,则故障原因很可能与运算单元有关。

(2)若信号电平比原始值下降 20%以上且计轴设备内未能发现故障,则可能是电缆故障。

(3)若信号频率 f1 或 f2 超出公差范围,则需检查计轴设备。为查明计数错误的原因,在

3.60 kHz 的测量插孔 f1 上和 6.52 kHz 的测量插孔 f2 上，重新测量频率 3.60 kHz 的信号频率 f1（公差范围 3.55～3.65 kHz）和频率 6.52 kHz 的信号频率 f2（公差范围 6.42～6.62 kHz）。此外，在 Vesba 板的测量插孔"U"上，重新测量输出电压 U_1（3.0 V DC）和 U_2（3.0 V DC）。这些值必须在允许的公差范围（2.90～3.10 V）内。值得提醒的是，在检查室外设备前，先检查 VESBA 板上的保险丝（0.2 A），并检查室内设备是否给计轴点供电。

（4）如果信号频率 f1、f2 和电压 V1、V2 在允许的公差范围内，则故障原因最有可能出现在运算单元中。

（5）如果电压超出允许的公差范围，则检查计轴磁头。如果证明计轴磁头没有故障，则检查传输路径（电缆）。如果信号频率 f1 和/或 f2 超出允许的公差范围，则检查计轴磁头。

7）检查室外设备

在检查室外设备之前，检查运算单元中 Vesba 板（0.2 A）上的保险丝是否故障，以及在室内设备中是否存在 WDE 电源电压。用 GLS/AZS 测试单元（PEGA 1211）或 ZP43E/V 的测试适配器板连同万用表进行测试，并将测得的值与测量值表格中给出的数值比较。必须更换故障板件。

WDE 电源电压 U60 故障、WDE 电源电压低于 30 V DC，故障原因及措施见表 3-33。

表 3-33　WDE 电源电压 U60 故障原因及措施

故障原因	措　施
信号电缆断裂	检查信号电缆
WED 极性反接	检查极性
防雷或跳线板短路获中断	更换防雷或跳线板
电压控制器故障	更换带通滤波板
发生器故障	更换发生器板
室内设备无电源电压	检查室内设备的故障；保险丝故障；检查 WED 电源电压的信号电缆和运算单元中的接口板是否短路

WDE 内部电压低于 21.3 V DC 或高于 22.4 V DC，故障原因及措施见表 3-34。

表 3-34　WDE 内部电压低于 21.3 V DC 或高于 22.4 V DC 故障原因及措施

故障原因	措　施
电压控制器故障	更换带通滤波板
更换带通滤波板的保险丝故障	更换保险丝

发射器频率超出公差范围，其故障原因及措施见表 3-35。

表 3-35　发射器频率超出公差范围故障原因及措施

故障原因	措　施
发生器故障	更换发生器板
防雷原件故障	更换防雷板
频率调谐板故障	更换安装组匣
计轴传感器故障	更换计轴传感器

信号频率 f1 和 f2 超出公差范围，其故障原因及措施见表 3-36。

表 3-36　信号频率 f1 和 f2 超出公差范围故障原因及措施

故障原因	措　施
计轴传感器松动	拧紧连接螺栓，从新调整发射器频率 FS 和信号频率 f1、f2
计轴传感器安装错误	正确安装计轴传感器

接收器电压 UE1 和 UE2(1)故障：接收器电压小于 60 mV，故障原因及措施见表 3-37。

表 3-37　接收器电压 UE1 和 UE2(1)故障原因及措施

故障原因	措　施
计轴传感器故障或松动	拧紧连接螺栓或更换计轴传感器
计轴传感器在轨面的安装位置过高	检查计轴传感器安装是否正确，若 UE1 和 UE2 最低为 54 mV，可将信号频率调整到设定值，无须其他操作

接收器电压 UE1 和 UE2(2)故障：接收器电压高于 150 mV，故障原因及措施见表 3-38。

表 3-38　接收器电压 UE1 和 UE2(2)故障原因及措施

故障原因	措　施
计轴传感器安装错误	正确安装计轴传感器
计轴传感器安装在很小的轨面上	若计轴传感器安装正确，无须其他操作

接收器电压 UE1 和 UE2(3)故障：电压之差大于 10 mV，故障原因及措施见表 3-39。

表 3-39　接收器电压 UE1 和 UE2(3)故障原因及措施

故障原因	措　施
计轴传感器故障	更换计轴传感器的发射器或接收器部分
计轴传感器安装错误	正确安装计轴传感器

发射器电平 UL 故障：发射器电平太低，故障原因及措施见表 3-40。

表 3-40　发射器电平 UL 太低故障原因及措施

故障原因	措　施
带通滤波板故障	更换带通滤波板
带通滤波板故障、外部电源故障	更换带通滤波板、外部电源
发生器故障	更换发生器板
双用途附加板故障	更换双用途附加板

发射器电平 UL 故障：发射器电平太高，故障原因及措施见表 3-41。

表 3-41　发射器电平 UL 太高故障原因及措施

故障原因	措　施
带通滤波板故障	更换带通滤波板
带通滤波板故障、外部电源故障	更换带通滤波板、外部电源
发生器故障	更换发生器板
仍无正确输出，可能电缆上有干扰频率	通过测量检查电缆

6. 室内室外配置

AzS350U 的一个重要的特性是,可以直接连接 5 个 ZP 43 计轴点,每个运算单元可以检测 4 个线路区段。3 个 AzS350U 构成一个计轴系统如图 3-80 所示。

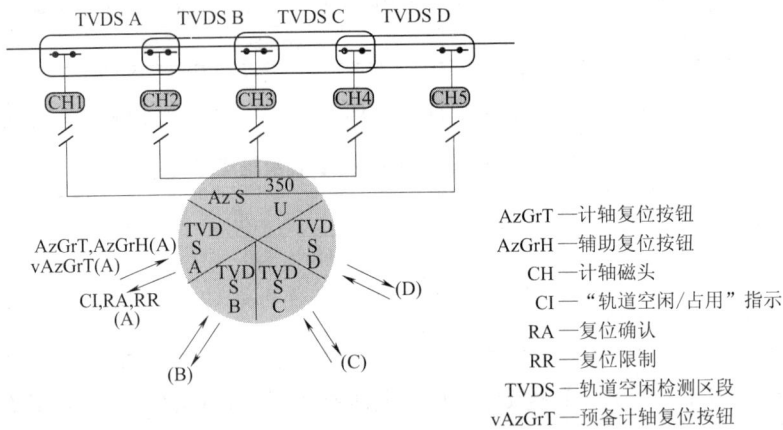

图 3-80　3 个 AzS350U 构成一个计轴系统

通过 Modem 可以将 AzS350U 和两边的运算单元连接。在使用 Modem 进行信息传输时,线路区段的长度不受限制(长度只取决于传输介质和 Modem 类型)。3 个运算单元可以通过调制解调器接线连接成一个完整系统。运算单元的连接,可以处理一个完整系统里的 6 个"远程"的计轴点的信号。作为远程的计轴点,从物理意义上说,即直接连接在一个"邻近的"(左边或右边)运算单元上的计轴点。6 个"远程"的计轴点分为属于左边邻近系统的 3 个计轴点和属于右边邻近系统的 3 个计轴点。它们的信息通过在邻近的运算单元之间的串行数据线(V.24 接口)用报文的形式进行交换。由 3 个运算单元组成的一个完整系统可以在一个运算单元里处理 11 个计轴点的信息,整个系统监控 12 个线路空闲显示区段。两个运算单元通过插座(V.24 接口)和双芯屏蔽铜导线连接,也可通过光纤或无线系统(如无线中继)传输数据。运算单元可以通过"级联"的形式进行任意数量的连接,可以处理相邻系统的信息。AzS350U运算单元的级联如图 3-81 所示。

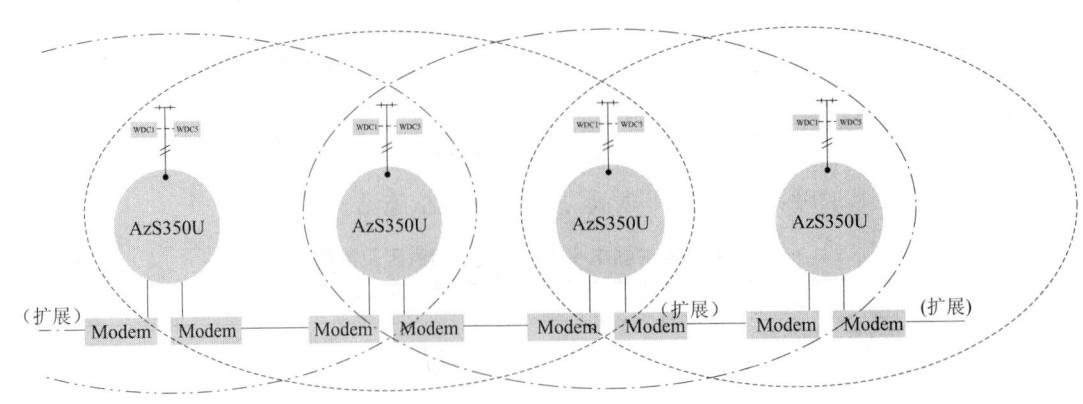

图 3-81　AzS350U 运算单元的级联

数字复用,即两个运算单元利用同一个计轴点的信息,可以节省计轴点。通过将计轴点信号数字复用,一个计轴点的信号可以被其他运算单元使用。此时不需要数据远距离传输所必需的组件 Sirius2 板。

除计轴点和区段数据外,AzS350U 还能双向传输二进制数据(特殊的操作信息、用户定义的信息、如闭塞信息)。二进制数据的传输通过 Sirius2 板实现,二进制数据的输入/输出通过 BLEA12 板实现。AzS350U 的组件进行最大配置时(2 对 BLEA12 板),可以最多传输 24 个用户定义的二进制信息(输入/输出),见表 3-42。

表 3-42   AzS350U 用户定义的信息数量表

检测区段数量	BLEA12-第一对用户定义的信息数量	BLEA12-第二对(可选)附加的用户定义的信息数量	使用两对 BLEA12 板用户定义的信息数量
0	12	12	24 *
1	10	12	22
2	8	12	20
3	6	12	18
4	4	12	16

注:使用 24 个用户定义的信息时,不能检测区段空闲。

数据通过光电耦合器输入,继电器接点输出。在整个计轴系统里,特殊的操作信息是双向传输的,在级联情况下,输出的信息各自连接到邻近系统里。

1)每个运算单元带两个计轴点(图 3-82)。

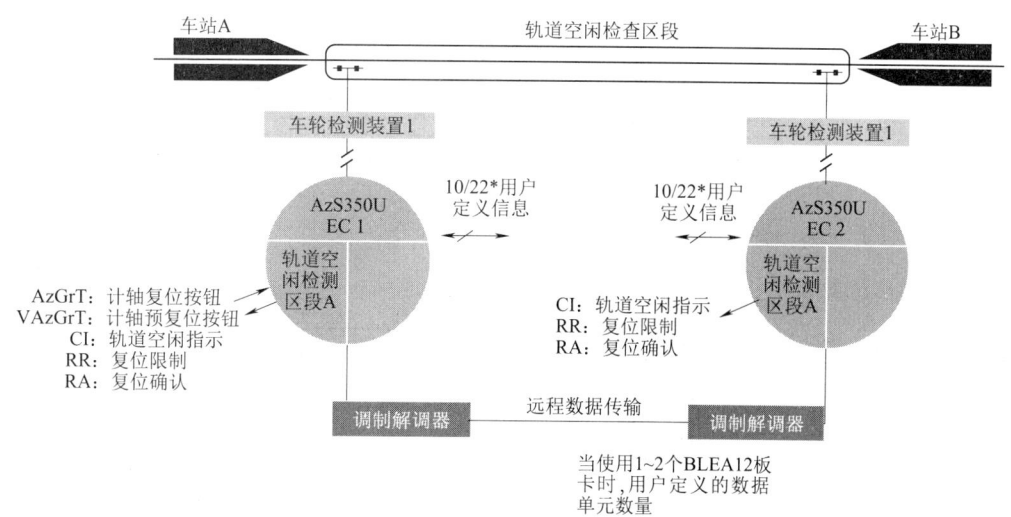

图 3-82   每个运算单元带两个计轴点

2）多个计轴点检测一个 TVDS（图 3-83）。

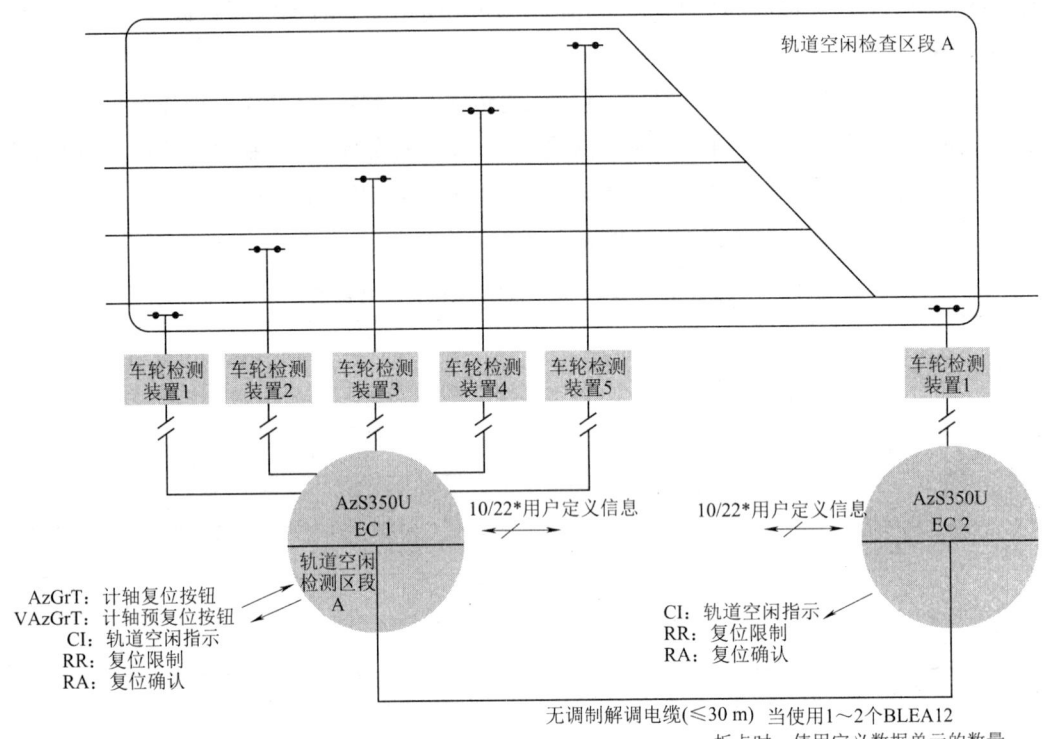

图 3-83　多个计轴点检测一个区段

3）一个运算单元检测两个 TVDS（图 3-84）。

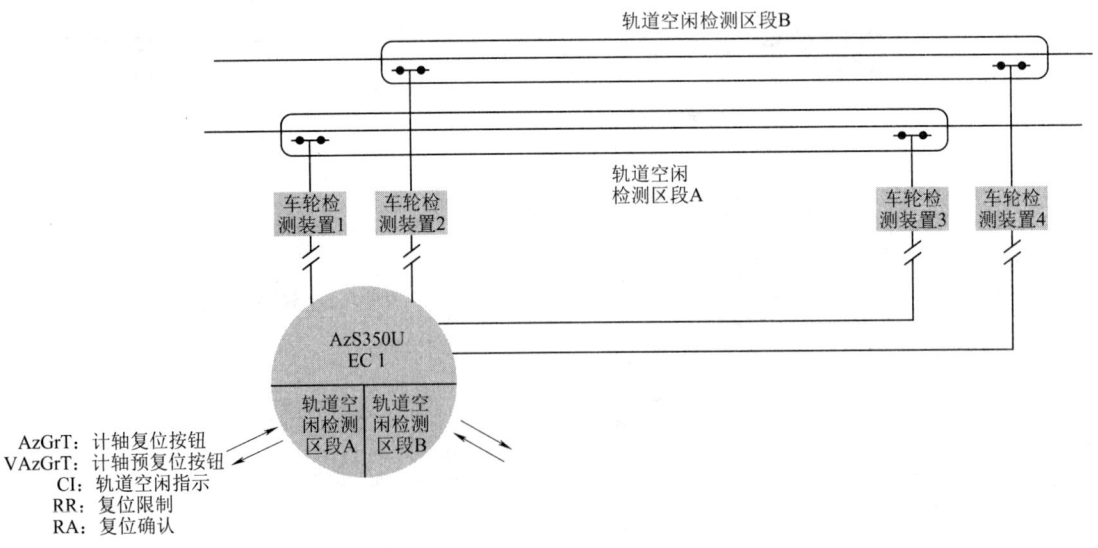

图 3-84　一个运算单元检测两个区段

4)两个道岔区段共用一个车轮检测器(图 3-85)。

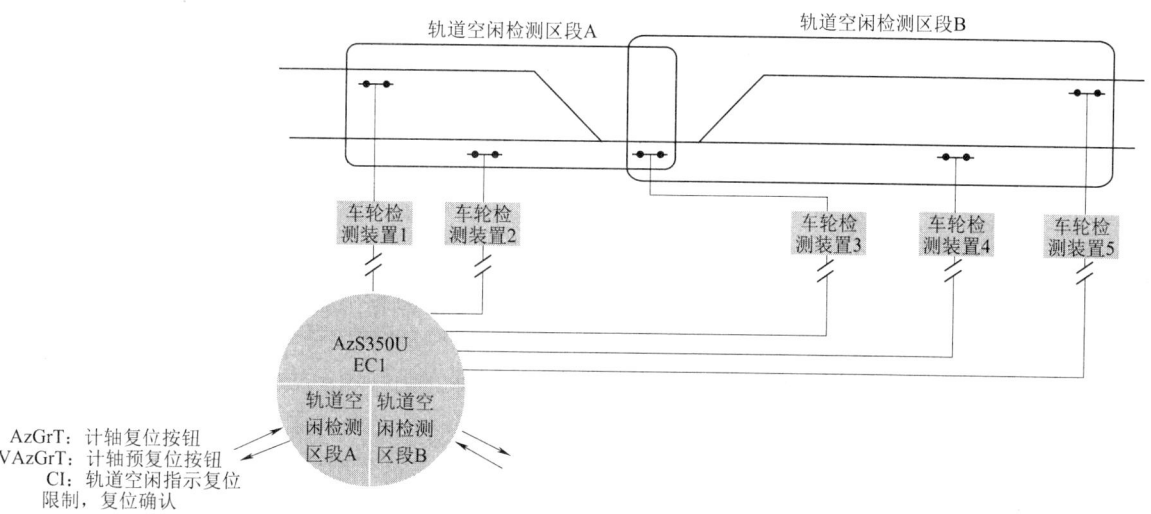

图 3-85　两个道岔区段和一个共同使用的计轴点

3.3.3　相关规范、规程与标准

1.《地铁设计规范》(GB 50157—2013)第 17 章。

2.《铁路信号设计规范》(TB 10007—2017)。

3.《铁路信号站内联锁设计规范》(TB 10071—2000)第 2 章。

4.《信号工》。

5.《铁路信号图形符号》(TB 1122—1992)。

6.《透镜式色灯信号机构及信号表示器》(TB/T 1413—2016)。

7.《城市轨道交通信号系统通用技术条件》(GB/T 12758—2004)第 6 章。

8.《铁路应用　可靠性,可用性,可维护性和安全性技术条件和验证(RAMS)(EN 50126—1999)》。

9.《城市轨道交通信号工程施工质量验收规范》(GB 50578—2010)第 5 章。

10.《高速铁路设计规范》(TB 10621—2014)。

11.《电子计算机房设计规范》(GB 50174—2016)。

12.《系统接地的型式及安全技术要求》(GB 14050—2008)。

13.《铁路信号计轴应用系统技术条件》(TB/T 3189—2007)。

典型工作任务 4　应答器与轨旁电子单元

3.4.1　工作任务

应答器是列车运行控制系统的重要基础设备,负责向 ATP 车载设备提供控制信息(报文),直接涉及行车安全。通过研读要能完成以下任务:

(1)能对应答器数据进行分析。

(2)能对故障应答器进行快速更换。

(3)能对备用应答器进行数据写入。

(4)能对应答器进行安装。

3.4.2 知识链接

1. 应答器功能及分类

1)应答器定义及功能

应答器是一种用于地面向列车传输信息的点式设备,有时也叫信标。应答器是数字式的转发器,由来自列车的能量信号触发,因此应答器属于一种被动式设备。为了使来自任何运行方向的所有信号装备的列车接收到应答器的数据,应答器安装在轨道道床上或其他有效的位置。城市轨道交通信号控制系统大量采用应答器(Balise),一方面在无线通信方式下实现了列车的精确定位;另一方面在无线通信故障后,应答器能够提供移动授权、临时限速等信息,实现了列车降级后的正常运行,保障了行车安全,提高了城市轨道交通运营效率。

根据应答器设置的位置不同,其主要作用也不同,具体如下:

(1)车站站台设置无源应答器,用于精确停车,对于需要双方向运营的站台应具有双向精确停车功能。

(2)正线(含出入段线、转换轨及联络线)区间、正线停车线设置无源应答器,用于列车定位。

(3)正线(含出入段线、转换轨及联络线)设置有源应答器,用于向列车发送行车信息。

(4)转换轨、联络线入口处、正线停车线入正线处设置无源应答器,用于列车初始化。

(5)区间间隔3~5 km成对设置无源应答器分别提供正向、反向前方一定距离内的线路参数及定位信息,原则上设置在闭塞分区分界处。

(6)在全自动驾驶工程设计中,正线和车辆段/停车场的适当地点设置用于休眠唤醒的应答器设备。

(7)应答器的正线线路参数应交叉覆盖,实现信息冗余。

2)应答器分类及组成

(1)按数据状态分类,应答器可分为固定数据(无源)应答器和可变数据(有源)应答器,主要用途是向列控车载设备提供可靠的地面固定信息和可变信息。应答器设备可以简单地理解为一个数据存储器和发送器,当车载天线激活该应答器时,应答器发送自身存储的应答器报文或地面电子单元(LEU)传送的应答器报文。该报文给出了应答器的标识并给出 TDB 的数据,尤其是该应答器中心点的地理位置。地面应答器与车载查询器实物如图 3-86 所示。

①无源应答器。即固定数据应答器,没

图 3-86　地面应答器与车载查询器实物图

有外接数据线缆及外接电源供电。在点式列车控制模式和基于无线的列车控制模式下,用其向列车传送固定信息。平时无源应答器处于静止休眠状态,当列车经过无源应答器上方时,地面应答器接收到车载天线传递的载频能量(激励信号),获得电能量使地面应答器中的信号发生器工作,然后将实现存储在地面应答器中的数据发送出去。无源应答器(组),用于发送固定不变的数据,用于提供线路固定参数,如线路坡度、线路允许速度、轨道电路参数、链接信息、列控等级切换等。当列车经过无源应答器上方时,无源应答器接收到车载天线发射的电磁能量后,将其转换成电能,使地面应答器中的电子电路工作,把存储在地面应答器中的数据循环发送出去,直至电能消失(即车载天线已经离去),平常处于不工作状态。无源应答器如图 3-87 所示。

（a）　　　　　　　　　　　　　　　　　　（b）

图 3-87　无源应答器

　　②有源应答器。即可变数据应答器,需要外部数据源及外接电源向其供电。在点式列车控制模式下用来向列车传送实时可变信息。有源应答器发送实时变化的及固定的信息:临时限速[①]、进路坡度、轨道电路参数、信号点类型等。它由可变信息应答器(VB)、填充应答器(IB)、轨旁电子单元(LEU)、车站信息编码设备和连接电缆组成。有源应答器内的报文可以随外部控制条件产生变化,例如设置于地面信号机旁的应答器,它将信号机的显示状态的数据信息通过应答器传送给列车。信号机不同显示,数据信息是可变的。应答器通过专用的应答器电缆与 LEU 设备连接,可以根据 LEU 设备所发送的报文,变化地向列车传送应答器报文信息。与 LEU(地面电子单元)连接,用于发送来自于 LEU 的报文,在既有线提速区段,有源应答器设置在车站进站端和出站端,主要发送进路信息和临时限速信息。有源应答器通过电缆与地面电子单元(LEU)连接,可实时发送 LEU 传送的数据报文。当列车经过有源应答器上方时,有源应答器接收到车载天线发射的电磁能量后,将其转换成电能,使地面应答器中发射电路工作,将 LEU 传输给有源应答器的数据循环实时发送出去,直至电能消失(即车载天线已经离去)。有源应答器平常处于休眠状态。当与 LEU 通信故障时,有源应答器变为无源应答器工作模式,发送存储固定信息(缺省报文)。有源应答器根据其主从关系分为主信号应

---

　　①临时限速—由行车人员临时给出的列车限速。与临时限速对应的是固定限速,即由线路结构及道岔位置决定的最高运行速度。

答器和补充数据应答器,补充数据应答器实际是主信号应答器可变数据的一种复制。有源应答器如图 3-88 所示。

无源应答器与有源应答器区别如下:

a. 无源应答器与外界无物理连接,向列车传送固定预存信息。

b. 有源应答器通过电缆与 LEU 连接,向列车传送实时可变信息,但当电缆断线时发送自身预存信息(默认/缺省报文),缺省报文应按照信号机所防护的进路范围内的最低道岔限速和最短进路长度等最不利条件设置。补充数据应答器与主信号应答器之间的关系如图 3-89 所示。

图 3-88　有源应答器

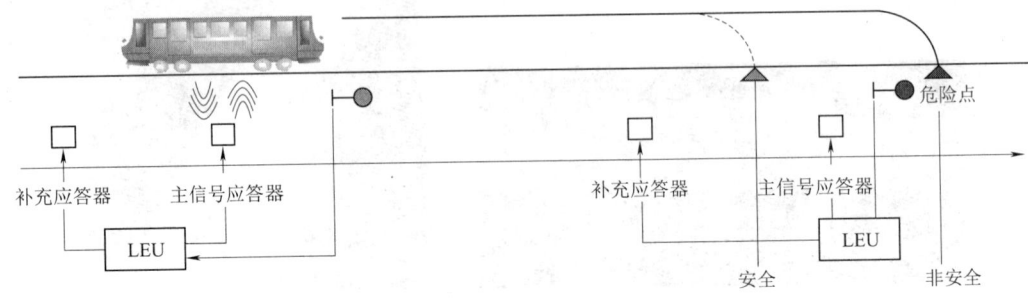

图 3-89　补充数据应答器与主信号应答器之间的关系

(2)按功能分类,应答器又可分为定位应答器(用于点式和连续式列车控制模式)、重定位应答器(仅用于点式列车控制模式)、主信号应答器(只用于点式列车控制模式)、填充应答器(仅用于点式列车控制模式),其设置如图 3-90 所示。

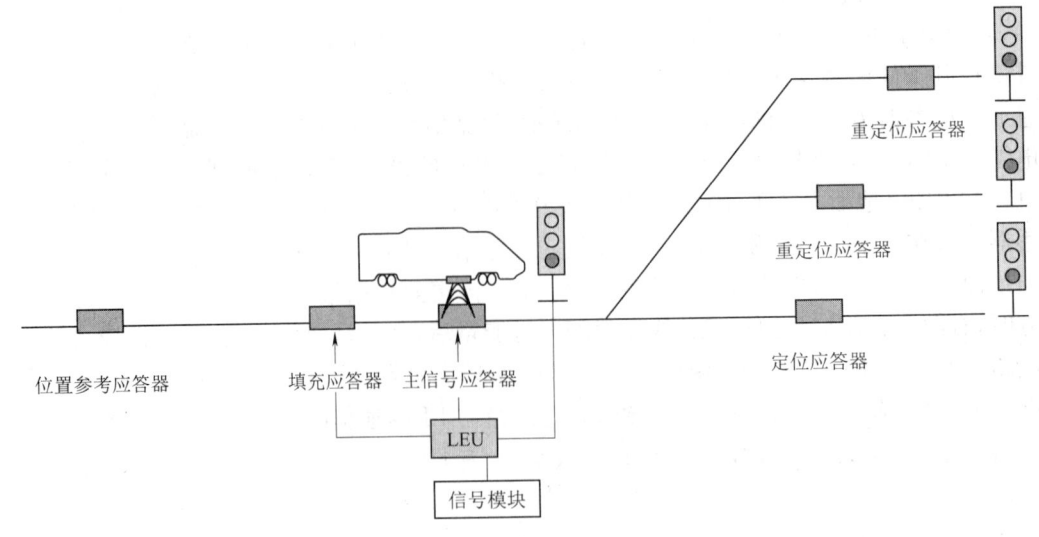

图 3-90　应答器设置示意图

一个应答器可以根据其运行方向有多种用途。例如,一个主信号应答器也可以用作反方向运行时的重定位应答器。在线路数据库中,会详细说明双方向上应答器的类型。

①定位应答器。CBTC 系统中所有应答器都是定位应答器。定位应答器沿线路设置,作为如下目的之用的参考位置:

a. 初始化列车位置。

b. 减少列车安全相关位置的不确定性。

c. 保证车站要求的安全相关和非安全相关停车精度。

d. 车载子系统通过读取定位应答器,获得应答器在线路数据库中的特定位置,从而进行定位调整。

纯粹的定位应答器是固定数据应答器。

②重定位应答器。重定位应答器设置在分歧道岔之后、主信号应答器的不确定的点式列车控制模式下列车的移动权限以内,用以更新列车的实际移动授权,以使列车获得确定的安全停车点(POP)(或称为保护点)和运营停车点(OSP)。应答器在信号系统中作为地面里程信标,为列车提供精确定位矫正功能,及时修正因列车本身测量位置产生的测量误差。随着列车走行距离的增大,列车本身的测量装置如测速电机、测速雷达的测量数据不可避免地会出现积累误差,为了消除该误差,当列车运行一定距离后必须对测量数据进行矫正。通过列车车载轨道数据库与应答器的物理位置进行比较,可以精确地重新校准列车的实际位置。当列车经过一个应答器,它会接收到一个用于应答器识别的应答器报文。用于点式通信级的应答器,还为点式列车防护提供其他信息。根据应答器的识别号,车载 ATP 可以利用线路数据库里的线路信息对应答器进行定位。应答器信息通过编码保证数据安全性;通过应答器的报文在规定的距离外不会发生交叉干扰来保证列车安全定位。

③主信号应答器。主信号应答器是安装在主信号机前方的可变应答器,其用以支持点式列车控制(ITC)级的运行。主信号应答器通过 LEU 的开关量接点连接到一个主信号机。主信号应答器根据信号机的显示,向通过该应答器的车载子系统以应答器报文的形式发送 ITC 运行授权。

④填充应答器。填充应答器实际上是主信号应答器移动授权(MA)信息包的转发器,即如果显示为通过信号,则填充应答器发送和相应的主信号应答器相同的移动授权信息。填充应答器设置在相应主信号机前方至少一个常用制动距离之外的地方,这样当主信号应答器已经转变为"通过"时,列车通过填充应答器时可以避免产生制动。区间正向运行信号机应配置填充应答器。

通常固定数据(无源)应答器可用于一般位置参考应答器、重定位应答器及反向应答器。可变数据(有源)应答器通常作为主信号应答器及补充数据应答器。

2. 应答器基本工作原理

应答器由地面设备和车载设备组成。应答器是一种基于电磁耦合原理构成的高速点式数据传输设备,它利用无线感应原理,在特定地点实现车地的双向通信。所以地面应答器为了完成上述功能,必需和车载设备配合使用,车载设备主要包括车载查询天线和车载查询器。天线与应答器之间的作用原理如图 3-91 所示,当能量频率≤30 MHz 时,磁场起着主导作用,电

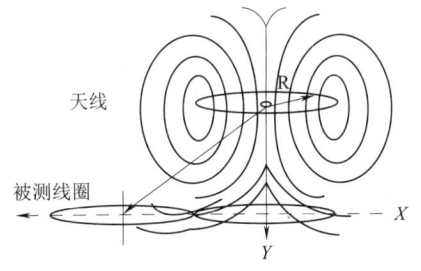

图 3-91 天线与应答器之间的作用原理图

场起着次要作用。

为便于分析,将矩形线圈按面积等效成圆形线圈计算。如果被测线圈沿 X 轴方向运动,那么场强 H 随着距离 X 的增加不断减弱。当被测线圈沿线圈 X 轴方向移动距离超过圆半径 R 时,场强急剧下降,为 60 dB/每 10 倍距离;当移动距离超过圆半径 $3R$ 时,场强的衰减变得比较平缓约为 20 dB/每 10 倍距离。

当天线与应答器线圈垂直作用时,安装高度 Y 方向的场强曲线(H)可用下式计算:

$$H = \frac{I \cdot N \cdot Y^2}{2\sqrt{(R^2 + Y^2)^3}}$$

式中　N——线圈匝数;

　　　R——圆半径;

　　　Y——Y 轴偏离线圈中心的距离。

应答器的基本工作原理如图 3-92 所示,当列车驶过地面应答器且车载应答器与地面应答器对准时,车载应答器首先以一定的频率,通过电磁感应方式将能量传递给地面应答器,地面应答器的内部电路在接收到来自车上的能量后即开始工作,将所存储的数据以某种调制方式(通常用 FSK 方式)仍通过电磁感应传送至车上,表示点式列车速度控制系统及车载应答器与地面应答器之间的耦合关系。其中 27 MHz 为能量通道;4.2 MHz 为信息数据通道。

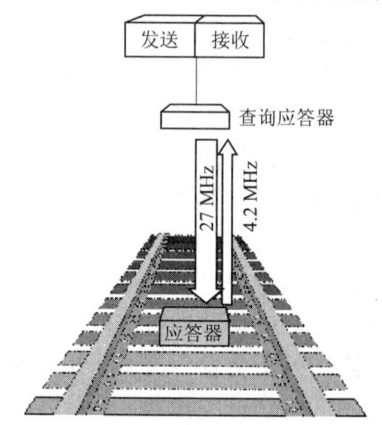

图 3-92　应答器的基本工作原理示意图

应答器安装于轨旁,地面应答器与车载查询应答器协同工作,用来提供列车定位系统所需的信息。每个应答器被赋予一个唯一的身份标识(ID 号)。应答器 ID 号与所处线路位置的对应关系会存储在数据库里。列车采用应答器来确定列车位置,系统使用校准应答器来提供明确的轨道位置标志,确定已行进距离。在两个应答器之间,列车位置由输入的转速计信号而确定。当列车检测到轨旁的应答器,随之提供了同步点。当检测到两个相邻的应答器,列车位置就被初始化。

1)应答器地面设备

(1)应答器地面设备包括:地面无源应答器、地面有源应答器、与地面有源应答器连接的地面电子单元(LEU)。

(2)地面无源应答器通过接受应答器车载天线传递的载频能量,获得电能量使地面应答器中的信号发生器工作,将事先存储在地面应答器中的数据报文发送出去。

(3)地面有源应答器通过连接地面电子单元(LEU),可实现地面应答器对变化数据的传输。对于有源应答器,除了利用无源应答器的判断方式判断应答器是否故障外,还需要利用报文读写工具判断应答器是否可以可靠发送来自地面电子单元(LEU)的报文。地面电子单元(简称 LEU)是一种数据采集与处理单元,当有数据变化时依据变化后的数据形成报文并送给地面有源应答器进行发送。车载应答器与地面应答器之间的能量与数据传输如图 3-93 所示。

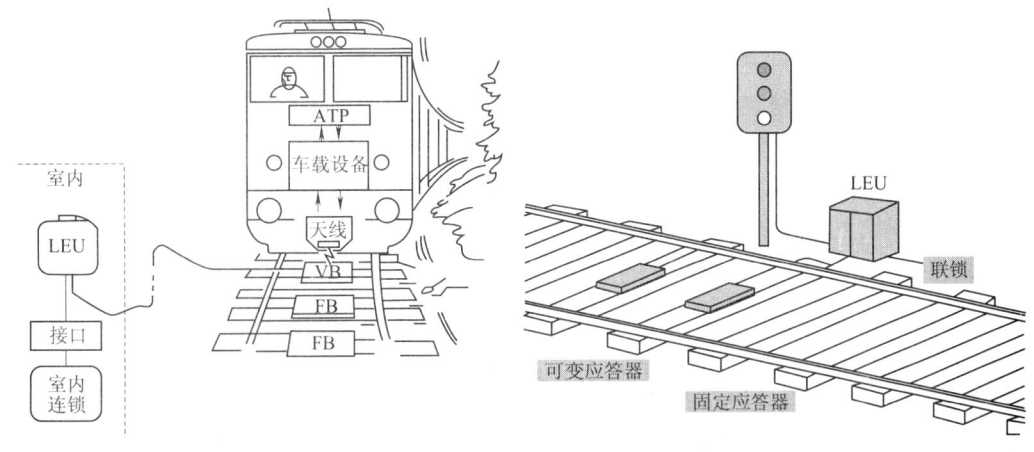

图 3-93　车载应答器与地面应答器之间的能量与数据传输

2)车载设备

(1)应答器车载设备包括:车载天线、解码器、载频发生器与功率放大器。

(2)载频发生器与功率放大器用于产生激活地面应答器所需的载频能量,并通过车载天线传递给地面应答器。

(3)解码器用于对地面应答器信息的接收、滤波、数字解调与处理及相关数据的传输。处理好的数据通过相应的接口在约定的接口协议下传送至相关的设备,如 ATP 设备、显示设备或无线设备。

在车载信号设备与应答器通信过程中主要完成以下工作:

①发送地面应答器需要的能量。

②接收来自地面应答器的信息。

③分析接收到的数据流,找出完整的报文。

④形成处理好的无错码报文,确定定位参考点。

⑤循环测试车对地发送通道(包括天线)的有效性。

下面以无源应答器为例,对其工作原理进行简单分析:

无源应答器,需要由列车提供能量。列车经过应答器时,应答器会向车载子系统发送一个安全相关的应答器报文。该报文含有识别应答器的信息,可以在线结数据库(TDB)中确定其在路网中的位置。无源应答器是一种信息编码调试器,其工作电能来自列车发出的功率载频,应答器与车载天线之间的通信属于无线传输,降低工作电压、降低功耗,必须使用低功耗的器材,内部还需有整流装置,把列车提供的功率载波变为直流电压,使时钟、信源编码器、调制器、放大器等有源器件工作,进而把存储在芯片内的数据以高速数字通信方式送出。

当车载应答器天线与地面应答器在有效作用范围内时,地面应答器需发送连续的**数据信息**。实际上是一个无缝的报文信息流,该报文由同步码、有效信息及校验码等组成。一个应答器只能发送一种长度的报文。

车载子系统通过监督一个所谓的应答器"预期窗口"检查每一个成功读取到信息的应答器的真实性。如果车载子系统在"预期窗口"外成功地读取到应答器信息,列车位置状态变为"失去定位"。车载子系统可忽略 TDB 中标明的单个应答器的丢失(未读取)。

3. 列车定位原理

列车定位的先决条件是存储于车载设备中的线路数据库。一旦列车驶过两个连续的应答器,则列车就被定位,具体步骤如下:

(1)检测到第一个应答器后就可以从线路数据库中确定该应答器位置,但是列车不知道自身在轨道上的运行方向。

(2)检测到第二个应答器后就可以确定列车的运行方向及相对于分区方向的列车的前进方向。根据线路数据库里应答器的顺序,第二个应答器用于确定列车的运行方向。在两个应答器之间,已定位的列车位置参数得到更新,这都得益于测速发电机和雷达的连续位移测量。

(3)通过第二个应答器后,列车位置可由测速发电机或雷达进行测量。在应答器之间,由于连续的位移测量,被定位列车的定位参数可以被实时更新。安全型传感器(OPG,测速雷达)被结合使用来测量列车的位移及速度。当列车运行时,位移测量的误差可能导致列车的位移增加一个不确定的值。当列车经过一个应答器时,列车为了获得更精确的位置将重新调整其定位参数。因此,对列车定位及速度测量功能的要求车载控制单元(OBCU)可以在任何时刻估算其对列车定位检测的误差。

OBCU 将考虑以下所有可能出现误差的因素:

①应答器安全检测精度,该值为系统参数。

②应答器安装精度,该值对不同应答器有所不同(精确安装的/非精确安装的一实际值被定义为系统参数)。

③从接收到最后一个应答器起,列车位移测量的不确定性由里程计系统确定。

当经过另外一个应答器时,一列已定位的列车将调整它的位置参数,以便通过计算一个更小的位置不确定值,得到更加精确的位置。OBCU 连续的监督列车定位误差,以使该误差限定在给定的最大值内。在列车定位误差超出最大允许值时,列车将不再被定位。如果 ITC 或中央集中控制(CTC)控制级别下发生这种失去定位的情况,车载子系统将触发紧急制动,并在列车停止后将系统切换为限制速度驾驶(RM)驾驶模式、联锁列车控制(IXLC)控制等级。

4. 应答器报文

运行于点式列车控制区域(ITCT)的 OBCU 为了使用应答器信息,将 TDB 存储于车载设备中。

(1)一般位置参考应答器包含有下列数据:应答器 ID、应答器版本、ATP、分区 ID。

(2)重定位应答器包含有下列数据:应答器 ID、应答器版本、移动授权的延伸。

(3)可变数据应答器(主信号应答器及填充应答器)包含有下列数据:应答器 ID、应答器版本及受下一道岔位置影响的确定性的或非确定性的移动授权(ITC_MAL)。

5. 应答器的布置原则

1)应答器的基本布置原则

(1)在点式 ATP/ATO 模式下,信号机前设置有源信号应答器,为保证列车读取有源应答器的信号显示与地面信号显示的一致性,要求有源应答器和地面信号机尽量同地点设置,设置距离原则上应小于 5 m。

①起预告作用的有源应答器设置在相应信号机前方至少一个常用制动距离之外的地方。

②若存在分歧线路,则在分歧线路处设置无源应答器,用于实现重定位。

③减小列车在接近预先定义的区域或指定点时位置的不确定性而设置的无源应答器,如道岔前一定距离内(如50 m)设置无源应答器。

(2)系统应保证在不连续丢失2个位置校准设备的情况下,列车正常运行不会受到影响。

2)各种功能应答器具体布置原则

(1)固定应答器的设置原则

每600~800 m布置固定数据应答器,用做列车定位的参考点。当列车经过一个应答器时,所行驶距离3%的测距误差将被归零。在安全制动曲线的计算中考虑累积误差,以便该误差不会影响安全性或列车运行。连续式列车控制允许一个定位应答器的丢失(或故障),而不影响列车的运行。应答器故障由OBCU探测到后传送给控制中心(OCC)的ATS,并可以显示在诊断与维修计算机系统上。正常行驶时最大允许累计误差为20 m。

(2)重定位应答器设置原则

重定位应答器设置在分歧道岔之后、主信号应答器的非确定的点式列车控制模式的移动权限范围以内,用以列车实际移动授权的更新,以使列车获得确定的保护点(POP)和运营停车点(OSP)。

(3)主信号应答器设置原则

主信号应答器是安装在主信号机前方的可变应答器,其用以支持ITC级的运行。

(4)填充应答器设置原则

填充应答器设置在相应主信号机前方至少一个常用制动距离之外的地方,这样当主信号应答器已经转变为"通过"时,列车通过填充应答器时可以避免产生制动,保证列车平稳运行。主信号应答器与填充应答器之间的关系如图3-94所示。

▨—补充数据应答器图形符号; ▭—主信号应答器图形符号

图3-94 主信号应答器与填充应答器之间的关系

6. 应答器数据提供方式及其接口

1)应答器数据

应答器用户数据表格主要包括:制表依据文件清单;应答器位置表;区间信号点、轨道区段数据表;区间线路坡度表;区间线路速度表;铁路线路里程断链明细表;车站列车进路数据表等。特殊区段和线路的特殊用户数据表格,由各方协商确定。

2)应答器用户数据表提供方式

(1)表格文件应按照合同规定日期及要求向应答器、LEU、供应商提供电子版和印刷版(打印版),同时提供制表依据清单中所列文件。

(2)电子版数据表格的文件为".xls"文件格式。

(3)印刷版表格应按站归类汇总、整理成册,在封面上注明线路名称、制表单位、建设单位、铁路局(公司)电务处,依次盖章确认。对于各数据表格,制表者、复核者、建设单位和电务处责任人签字有效,并注明数据填写的日期。

(4)每种表格应在表格顶端填写该表所对应的线路、车站、上/下行线路名称和"第×页共×页"。具体的填写方法详见各表填写说明及数据填写举例,提供数据表时可将填表说明省略,特殊情况应在备注栏中填写清楚。

编程设备 TPG 包括:手持终端、TPG 主机,其使用方法如图 3-95 所示。

数据写入步骤如下。

①利用 U 盘将应答器程序复制到手持终端。

②将连接好手持终端的 TPG 主机放置在需要编程的应答器上方。

③在手持终端完成应答器数据写入。

7. 应答器接口

应答器接口有:固定数据应答器与车载设备间的无线接口、有源应答器与 LEU 间的报文传输接口、LEU 与地面列控中心间的串行通信接口。

图 3-95　编程设备 TPG 使用方法示意图

1)固定数据应答器与车载设备间的无线接口

固定数据应答器与车载设备间的无线接口包括如下几个方面:

(1)地面应答器将数据报文向车载天线发送

采用的调制方式和主要参数如下:

①频移键控调制(FSK)。

②逻辑 $0(f_L)$:3.951 MHz。

③逻辑 $1(f_H)$:4.516 MHz。

④中心频率 $(f_H+f_L)/2$=4.234 MHz$\pm$200 kHz。

⑤频偏 $(f_H-f_L)/2$:282.24$\times$(1$\pm$5%) kHz。

⑥平均传输速率:564.48 kbit/s(调制系数为 0.5)。

⑦有效作用长度:2.0 m$\geqslant d \geqslant$0.5 m。

⑧车载接收天线与应答器的距离249~469 mm。

(2)车载天线向应答器发送能量信号

①信号为连续波形。

②磁场频率为 27.095 MHz$\pm$5 kHz。

(3)应答器编程接口

①由读写器对应答器报文进行读写。

②三种信号用于编程:

a. 27 MHz 远程供电信号。

b. 4.2 MHz 上行链路信号。

c. 9 MHz 编程信号。

2)有源应答器与LEU间的报文传输接口

有源应答器与LEU间的报文传输接口包括如下几个方面：

(1)基带信号传输

①波形：方波。

②采用DBPL(Differential Bi-Phase-Level)编码。

③等效负载：120 Ω(有源应答器输入阻抗90 Ω<|Z|<150 Ω)。

④电平幅值：14～16 Vpp(发送端)。

⑤传输速率：564.48 kbit/s(同应答器-BTM)。

⑥平均传输速率的精确度：误码<±200 ppm。

(2)车载天线经过时，应答器产生低阻信号

启动后200～350 μs，把"现在有车"信息发送到LEU，表明应答器已上电。

(3)LEU向应答器提供波形

由LEU向应答器提供接口电压信号波形。

3)LEU与地面列控中心间的串行通信接口

LEU与地面列控中心间的串行通信接口为应答器设备(LEU)与联锁等设备间的通信接口，连接方式为：与计算机联锁设备间应采用RS-485、CAN总线或其他串行数据总线方式进行连接。

3.4.3　应答器维护

应答器的维护主要内容如下：

(1)检查应答器的存在。

(2)检查应答器安装位置正。

(3)检查安装架螺丝紧固。

(4)检查有源应答器尾缆连接紧固。

(5)在室内发送端端测量接口C信号波形。

(6)在室外分线盒测量接口C信号波形。

应答器本身设备故障，需要更换应答器的处理程序：

(1)核对确认三项内容

①故障应答器安装位置(公里标)。

②应答器编号(大区、分区编号，车站编号，应答器编号)。

③应答器数据报文(MD4码)。

(2)准备材料

冲击钻、发电机、电源线、18钻头、16套筒、应答器、18锚栓、固定杆、化学药剂、底座、吹风鼓、棉纱、灯。

(3)更换步骤

①打18眼，按照锚栓长度－5 mm掌握。

②擦试、吹干净周围及内部水泥杂物。

③放入药剂用电钻带杆，用化学锚栓打入锚栓固定。

④等化学锚栓凝固定后，用底座4厚1薄及固定杆，加垫片固定应答器。若重新打眼，平行与原眼20 cm为适宜。

3.4.4 相关规范、规程与标准

1.《地铁设计规范》(GB 50157—2013)。

2.《城市轨道交通信号工程施工质量验收规范》(GB 50578—2010)。

3.《城市轨道交通信号系统通用技术条件》(GB/T 12758—2004)。

4.《客运专线铁路信号工程施工技术指南》(TZ 226—2008)。

 复习思考题

1. 举例说明城轨交通信号有绝缘轨道电路的使用场合、结构及其基本工作原理。

2. 说明 50 Hz 相敏轨道电路极性交叉的目的和方法。

3. 说明 50 Hz 相敏轨道电路的电气特性参数及其测量方法。

4. 50 Hz 相敏轨道电路如何实现防雷?

5. 50 Hz 相敏轨道电路有哪些常见故障?怎么处理?

6. 无绝缘轨道电路的作用有哪些?

7. FTGS 数字音频轨道电路的类型及其构成有哪些?

8. FTGS 数字音频轨道电路道岔型和中央馈电型的异同有哪些?

9. 说明标准型 FTGS 数字音频轨道电路的基本工作原理。

10. FTGS 数字音频轨道电路的电气绝缘节有哪些类型?画图表示。

11. FTGS 数字音频轨道电路在 LOW 机上有哪些状态?怎么表现?

12. FTGS 数字音频轨道电路的电气特性参数有哪些?分别怎么测试?并说明分路测试的步骤。

13. FTGS 数字音频轨道电路有哪些常见故障?怎么处理?

14. 用 FTGS 数字音频轨道电路传递行车信息时,为何要迎着列车的运行方向?

15. 计轴轨道检查装置通常由哪几部分构成?

16. 举例说明计轴轨道检查装置的结构及其基本工作原理。

17. 计轴复零怎么操作?

18. 举例说明计轴设备的主要技术参数及其测试方法。

19. 计轴设备有哪些故障类型?怎么处理?

20. 计轴磁头安装有哪些要求?

21. 应答器的作用有哪些?怎么分类?

22. 叙述应答器的基本工作原理。

23. 列车如何使用应答器进行定位?

24. 应答器的布置原则有哪些?

25. 应答器有哪些接口?

26. 应答器怎么安装?

项目4 道岔转换及锁闭装置维护

项目描述

转辙装置是城市轨道交通信号系统室外基础设备之一,道岔的转换和锁闭直接关系到行车安全,转辙机是道岔控制系统的执行机构,用于道岔的转换与锁闭,以及道岔所处位置和状态的监督,是设备维护过程中重点关注的内容。

本项目是本课程中的重要内容之一,通过本项目的学习与实践,能对ZD系列转辙设备、S700K转辙机、ZD(J)9系列电动转辙机和ZYJ7-GZ液压转辙设备进行维护,并能进行简单故障的分析与处理。

教学目标

1. 能力目标

(1)能对转辙装置进行检修与测试。

(2)能对转辙装置进行简单故障分析与处理。

(3)能识读电缆配线图与设备电路图。

(4)能对单项设备进行更换与安装作业。

2. 知识目标

(1)掌握转辙装置的结构与工作原理。

(2)掌握转辙装置的技术原则。

(3)掌握相关电气特性参数标称值。

(4)了解设备配线图及电路图。

(5)熟悉转辙装置故障处理流程及常见故障分析方法。

3. 素质目标

明确对转辙装置进行维护时的岗位职责,遵章守纪,能安全规范地进行相关操作。

典型工作任务1 ZD6系列转辙机维护

4.1.1 工作任务

1. 对ZD6系列转辙机中的某型号转辙机进行拆解。

2. 对ZD6系列转辙机常见故障进行分析与处理。

3. 对相关的道岔控制电路进行分析。

4.1.2 知识链接

1. 转辙装置概述

转辙装置由转辙机及其安装装置构成。转辙机是指转换、锁闭道岔尖轨并表示其位置状态的机械设备。转辙机安装装置是使转辙机固定并与道岔连接的成套装置。

1）转辙机的作用

（1）位置转换。根据需要转换道岔，使其位置至左位或右位（定位或反位）。

（2）锁闭道岔。锁闭是为实现联锁①关系而将机具限制于一定状态的技术措施。道岔转至所需位置而且密贴后，实现锁闭，防止外力转换道岔。

（3）正确反映道岔位置。道岔的尖轨密贴于基本轨并锁闭后，给出相应的位置表示。

（4）报警。道岔被挤或因故处于"四开"（两侧尖轨均不密贴）位置时，将及时给出报警及显示。

2）转辙机的基本要求

（1）作为转换装置，应具有足够大的拉力，以带动尖轨作直线往返运动；当尖轨受阻不能运动到底时，应随时可以通过操纵使尖轨回复原位。

（2）作为锁闭装置，当尖轨和基本轨不密贴时，不应进行锁闭；一旦锁闭，应保证不致因机车通过道岔时的振动而错误解锁。

（3）作为监督装置，应能正确地反映道岔的状态。

（4）道岔被挤后，在未修复前不应再使道岔转换。

（5）应有安全装置，确保维修人员的安全。

3）转辙机的分类

（1）按动作能源和传动方式分类，可分为电动转辙机、电动液压转辙机（电液转辙机）和电空转辙机。

电动转辙机和电液转辙机均由电动机提供动力，分别采用机械传动和液压传动的方式。电空转辙机由压缩空气作为动力，由电磁换向阀控制。

（2）按供电电源种类分类，可分为直流转辙机和交流转辙机。

直流转辙机采用直流电源，由直流电动机作为动力，如 ZD6 系列电动机转辙机。直流转辙机采用直流电动机，由于存在换向器和电刷，易损坏，故障率较高。交流转辙机采用三相交流电源或单相交流电源，由三相异步电动机或单相异步电动机（一般用三相异步电动机）作为动力，如 S700K 型电动转辙机和 ZY（ZYJ）7 型电液转辙机。交流转辙机采用异步电动机驱动，不存在换向器和电刷，因此故障率低且单芯电缆控制距离远。三相异步电动机旋转方向与 U、V、W 三相的排列顺序一致，当 U、V、W 三相顺时针排列时，电动机顺时针旋转；逆时针排列时，则逆时针旋转。在转辙机控制电路中采用控制 L2、L1 来实现。三相异步电动机有 Y 形联结启动和辅助线圈连接启动两种方式，启动后可以断相旋转。

（3）按锁闭道岔方式分类，可分为内锁闭转辙机和外锁闭转辙机。

内锁闭转辙机依靠转辙机内部的锁闭装置锁闭道岔尖轨，是间接锁闭的方式，如 ZD6 型电动转辙机和 ZY（ZYJ）7 型单机联动牵引系列转辙机。该装置锁闭可靠程度较差，列车对转辙机的冲击大。

---

①联锁是通过技术方法，使信号、道岔和进路必须按照一定程序并满足一定条件，才能动作或建立起来的相互关系。

外锁闭转辙机虽然内部也有锁闭装置,但主要依靠转辙机外的外锁闭装置锁闭道岔,将密贴尖轨直接锁于基本轨,斥离尖轨锁于固定位置,是直接锁闭的方式,如 S700K 型转辙机。该装置锁闭可靠,对转辙机几乎没有冲击,使用寿命长。

(4)按是否可挤分类,可分为可挤型转辙机和不可挤型转辙机。

可挤型转辙机内设挤岔保护装置(挤切或挤脱),道岔被挤时,动作杆解锁,保护了整机。不可挤型转辙机内不设挤岔保护装置,道岔被挤时,挤坏动作杆与整机的连接结构,应整机更换。可挤型和不可挤型的选择主要是从安全角度考虑。

2.ZD6 型转辙机的整体结构

关于 ZD6 型电动转辙机的编号,如 ZD6-D165/350,由左向右:Z 为转辙机,D 为电动机,6 为设计顺序号,D 为派生顺序号,165 为动程[①],350 为拉力。

ZD6-A 型电动转辙机主要由电动机、减速器、摩擦联结器、主轴、动作杆、表示杆、移位接触器、外壳等组成,其结构及外形和传动原理分别如图 4-1 和 4-2 所示。

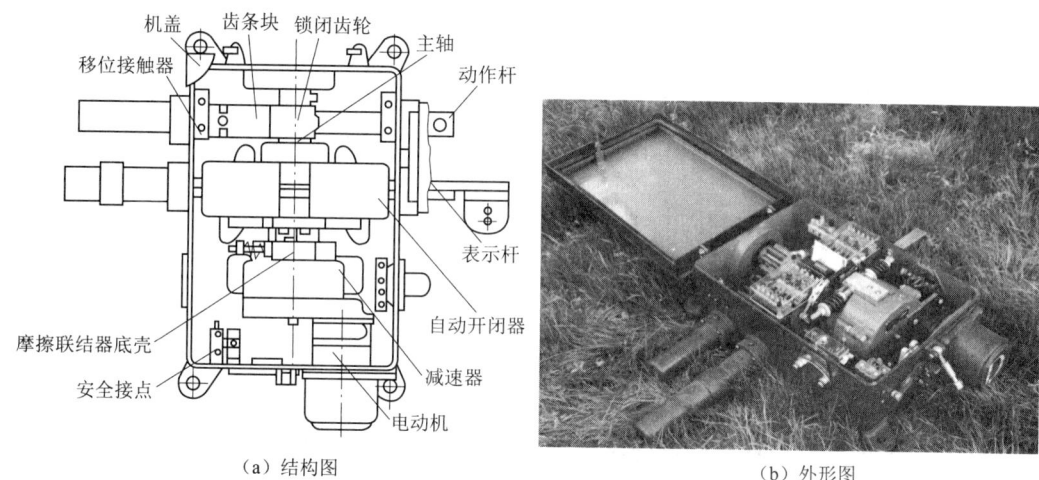

（a）结构图　　　　　　　　　　（b）外形图

图 4-1　ZD6 型转辙机结构及外形图

1)安全接点

安全接点,也称作遮断接点,是在维修或人工转岔时,用以切断道岔电路的电气接点。安全接点用来保证维修安全。检修时,当打开转辙机后,便断开了遮断接点,以防止检修过程中转辙机转动影响维修人员作业。检修完毕一定要合上遮断接点,才能接通道岔动作电路。

2)电动机

电动机为断续工作制直流串激可逆电机,它具有允许过载,在额定转矩的 1.8 倍情况下安全使用的特点,使用中最大摩擦电流允许为 3.3 A。采用双定子线圈串联后,再与电枢串联的激磁方式,可以满足道岔控制电路的要求。

3)减速器

减速器用来降低转速以获得足够的转矩,并完成传动。第一级为定轴传动外啮合齿轮,第二级为一齿差行星传动内啮合齿轮。两级间以输入轴联系,减速器由输出轴和主轴联系。

[①]动程——尖轨或可动心轨在道岔拉杆或岔心位置上的扳动距离。

ZD6-A 总传动比为 156.4；ZD6-D 总传动比为 225.5；ZD6-E 总传动比为 403.2；ZD6-F 的总传动比为 225.5。减速器采用弹簧和摩擦制动板，组成输出轴和主轴间的摩擦联结装置，防止尖轨受阻时损坏机件。

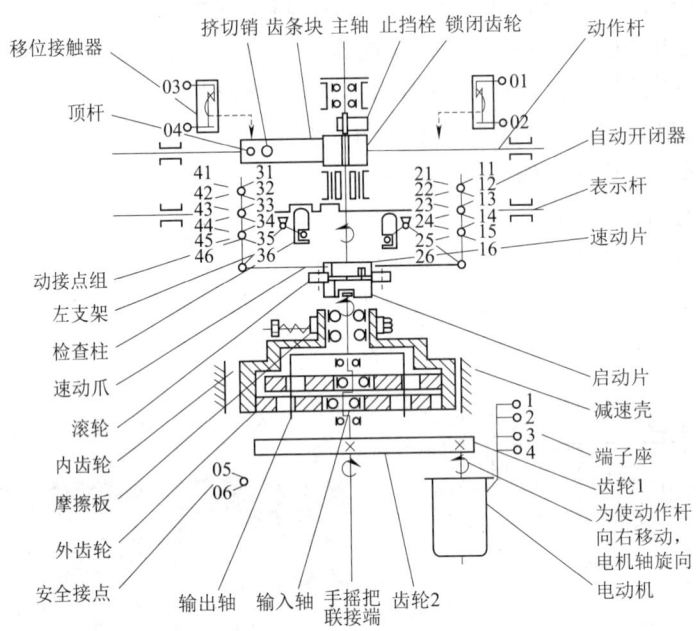

图 4-2　D6-A 型电动转辙机的传动原理图

4）自动开闭器

自动开闭器由静接点、动接点、速动片、速动爪、检查柱组成，用来表示道岔尖轨所在位置。自动开闭器是整体式部件，设有四排静接点、两排动接点、两个速动爪、两个检查柱。拧动速动爪背部上的螺钉，即可调整动接点的插接深度。

5）主轴

主轴是一套单独的部件，由主轴、主轴套、止挡栓、锁闭齿轮、挡圈及滚动轴承等组成。主轴由输出轴通过启动片带动旋转，主轴上安装锁闭齿轮。该主轴由底壳的一端插入或拉出，不受其他部件影响，将止挡栓转至其出/入口的位置，并保持齿条块应停放的相应位置，利用卸轴器可由底壳的一端抽出主轴。

6）动作杆

动作杆由齿条块带动，两者之间由挤切销连成一体。齿条块装进的两个挤切销，其主销应能顺利进入动作杆上的圆形挤切孔内，起主要连接作用；备用销应能顺利进入动作杆上的扁圆形挤切孔内，起备用连接作用。正常动作时，齿条块带动动作杆。挤岔时，挤切销折断，动作杆和齿条块分离，避免机件损坏。

锁闭齿轮和齿条块相互动作，将转动变为平动，通过动作杆带动道岔尖轨运动，并完成锁闭作用。

7）表示杆

表示杆由前、后表示杆及两个检查块组成。表示杆随尖轨移动，只有当尖轨密贴且锁闭后,自动开闭器的检查柱才能落入表示杆缺口,最后才会接通道岔表示电路。挤岔时,表示杆被推动,顶起检查柱,从而断开道岔表示电路。

8)移位接触器

移位接触器用来监督挤切销的受损状态,道岔被挤或挤切销折断时,断开道岔表示电路。在转辙机内安装移位接触器两个,分别与齿条块在伸出及拉入时的顶杆位置互相对应。该接触器为非自复式微动开关,内有一组常闭接点,用来监督挤切销的折损状态。两个移位接触器中的常闭接点,分别与道岔定位和反位表示电路串联使用。因此,当道岔被挤或挤切销折损时,均可从表示电路中得到反映。

9)壳体

壳体用来固定转辙机各部件,提供整机安装条件。它由底壳和机盖组成。底壳是壳体的基础,也是整机安装的基础。底壳上设有特定形状的窗孔,便于整机组装和分解。机盖内侧周边有盘根槽,内镶有密封用盘根(胶垫)。

3.ZD6 系列转辙机传动原理

1)直流电动机

直流电动机是转辙机转换道岔的动力源,是将电能转换成机械能的一种装置,通过减速和传动系统推动道岔转向所需的位置。ZD6 系列电动转辙机采用直流串激电动机,主要由定子、转子及换向片等部件组成。定子是产生电动机磁场的部件,由机体磁极和定子绕组构成。转子(即电枢)部分由铁芯、绕组、换向器及转子轴组成。转子铁芯采用优质硅钢片冲压,共110 片。

(1)转子

转子,即电枢部分。它由铁芯、绕组、换向器及转子轴等组成。转子铁芯采用优质硅钢片冲压成带槽的型片,共用 110 片叠成柱状体,通过花键与转子轴联成一体。在铁芯两端附有环氧玻璃布板冲压而成的绝缘端板。转子上均匀分布着 15 个槽,槽内采用 2~3 层聚酯薄膜作为绕组的绝缘,槽口销采用环氧玻璃布板制成。绕组用聚酯漆包线在专用的模板上绕成,嵌入转子槽内以后将绕组的端头用焊锡牢固地焊在换向片的槽口内。换向器由换向片、云母绝缘片组成,用酚醛玻璃纤维塑料将它们压制成型,具有良好的绝缘和机械性能。换向器表面要车削光滑,以保证它与碳刷接触良好。

(2)定子

电动机的磁场是靠激磁绕组通过直流电流产生的。因为它相对于转子来讲是不动的,故称其为定子。根据激磁绕组与转子的电气连接方式的不同,直流电机又分为串激、并激、复激和它激等类型。ZD6 型转辙机用的电机,它的激磁绕组与电枢绕组是串联的,故称它为直流串激电动机。

定子的结构由壳体、磁极和激磁绕组等组成。定子壳体用 10 号碳素结构钢的无缝钢管车制而成。磁极有两个,也是用 10 号钢整体锻造、车制而成,通过螺丝固定在壳体上。磁极的磁场空间与壳体必须有较高的同轴度。对应于每一个磁极有一个激磁绕组,两个激磁绕组均用增厚绝缘的 Qz-2 型聚酯漆包线双股并绕而成。两个双线绕组在机内串联,使其产生的磁通相互叠加。定子绕组对外引出四根线。

由于直流串激电动机软机械特性,故适用于作为转辙机的动力。采用直流串激电动机作为动力,可以在比较宽的范围内适应道岔转换力的变化。负载小于额定值时,可以加快道岔的转换，减少进路办理的时间；负载稍大于额定值时，转辙机仍然可以牵引，只是转换时间稍长，但不会因过负载而烧毁电动机。

道岔转换需要具有足够的功率，以获得必要的转矩和转速。电动机要有较大的启动转矩，以克服尖轨与滑床板间的静摩擦。

（3）直流电动机的工作特性

直流电动机通电以后，其转子便会转动，但是，根据电磁感应原理：在磁场中切割磁力线运动的导体将产生感应电势，电枢中各导体感应电势之和就是直流电机的反电势。分析指出，该反电势的大小与电枢的转速成正比，即

$$E = KN\Phi$$

式中　　K——比例常数；

　　　　N——电枢转速，rad/min；

　　　　Φ——磁通。

电枢中的电流为

$$I = \frac{U' - E}{R}$$

式中　　U'——电枢端电压；

　　　　R——电枢绕组的电阻。

由于 R 很小（例如 5 Ω），那么电机的电流实际上受 E 控制，而 E 又和转速成正比，所以电机电流实际上由电机的转速决定。电机起动时转速 N 等于零，故 E 也为零，电机的起动电流：

$$I = \frac{U}{R + R'}$$

式中　　U——电动机端电压；

　　　　R'——定子绕组的电阻。

由上可见，电机的启动电流是相当大的。所以对一些大型电机，为防止电网瞬间过负荷和烧坏电机，不得不采取降压启动的办法。既然电机启动电流很大，如果激磁绕组与电枢绕组又是串联的，势必在启动瞬间要产生强大的磁通。电机的转矩与定子产生的主磁通及电枢中的电流成正比，即

$$M = C\Phi I$$

式中　　C——比例常数；

　　　　Φ——定子绕组产生的磁通；

　　　　I——电机电流。

由于 Φ 又正比于电流 I，故串激电动机的转矩实际是与电流的平方成正比的。由于启动时转速 N 为零，电机电流很大，定子产生的磁通也很大，所以串激电动机有特别大的起动力矩。随着电机转速的上升，反电势上升，电机电流逐渐减小，力矩也逐渐下降，此种转矩随转速而迅速变化的特性称为软特性或串激特性。

直流电动机的电气参数如下：

①额定电压：160 V。

②额定电流：2.0 A。

③摩擦电流：2.3～2.9 A。

④额定转速：2 400 rad/min。

⑤额定转矩：0.882 6 N·m。

⑥短时工作输出功率：≥220 VA。

⑦单定子工作电阻(20 ℃)：(2.85±0.14)×2 Ω。

⑧刷间总电阻(20 ℃)：(4.9±0.245) Ω。

（4）ZD6 型电动转辙机的转向控制

道岔需要向定、反位转换，要求电动机能够逆转。ZD6-A 型转辙机配用断续工作制直流串激可动电动机。直流电动机的正转和反转可通过改变激磁绕组（定子绕组）或电枢（转子绕组）中的电流方向来实现。为配合四线制道岔控制电路，采用正转和反转分开定子绕组的方式，如图 4-3 所示。两个定子绕组通过公共端子分别与转子绕组串联。

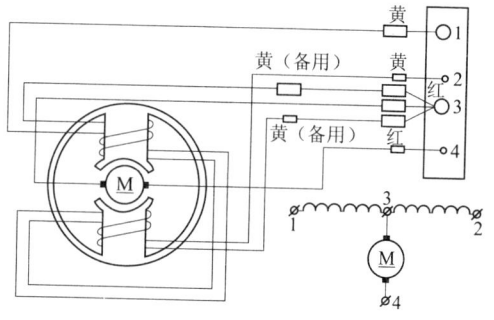

图 4-3　电动机内部接线

ZD6 电动转辙机用的直流电机，为了达到可逆性的要求，在定子绕组的结构上做了一些考虑。四线制电机有一个定子绕组。图 4-3 为四线制直流电动机的内部接线及配线图。图中 1、3 和 2、3 分别为两个定子绕组，1 和 3 为同名端①。3、4 为转子绕组。作为四线制配线时，1 套黄色长套管(接端子 1)，2 套黄色短套管(接端子 2)，表示 1、2 是两个定子绕组的异名端；与 3 端子相连的线端套红色长套管，4 套红色短套管接端子 4。

2)传动装置

ZD6 转辙机内部起传动作用的传动装置包括减速器、摩擦联结器、启动片、主轴、锁闭齿轮、齿条块和动作杆。把来自减速器的转矩，通过启动片传给主轴，又由主轴通过花键配合将转矩传到锁闭齿轮，锁闭齿轮和齿条啮合传动，就把旋转运动转换成动作杆的水平移动，并且完成锁闭动作。

（1）减速器

减速器是将电动机比较高的转速降低到动作系统所需速度的器具。减速器是电动转辙机的主要部件，由减速器壳、内齿轮、外齿轮、偏心中间板、输入轴、大齿轮、输出轴等组成。它的作用是将电动机的高转速降低为适合道岔转换的低转速，与此同时，将电动机输入的低转矩增大到足以能够驱动带规定负载的道岔转换锁闭机构。由于采用行星减速机构，故具有一定程度的防逆转功能，以防列车通过道岔产生的冲击力矩而解锁道岔。它的特点是当道岔转换完成时，将电动机旋转剩余惯量吸收掉，遇到障碍时起摩擦联结作用。通过电流调整、控制道岔的实际转换力矩，起到设备的作用。当停电或故障时，其输入轴头部方榫供手摇转动道岔。

因体积、重量的限制，转辙机所用电动机功率不可能很大，为了得到较大的转矩来带动道

① 同名端的定义是：绕在同一芯柱上的几个线圈，当穿过它们的磁通发生变化时，感应电势极性相同的端子互为同名端，极性不同的端子互为异名端。同名端有这样的性质。两个方面相同的电流从同名端流入，则这两个线圈所产生的磁通方向也相同，两个方向不同的电流，从异名端流入，则这两个线圈所产生的磁通方向也相同，以上两种不同说法表达的是同一个意思。

岔转换,必须用减速器把转速降下来。对减速器的要求是减速比要大,这样可以缩小减速器的体积同时也减少机械能的损失;第二要求是"软联结",防止道岔受阻转不到底,电机不能转动,感应电势降为零,电机电流猛增数倍而烧坏电机。

ZD6-A 型转辙机的减速器由两级组成如下:

第一级,为定轴传动外啮合齿轮,即小齿轮带动大齿轮,减速比为 103:27(3.815)。

第二级,为渐开线内啮合行星传动式减速器,减速比为 41:1,于是总减速比为 $103/27 \times 41/1 = 156.4$。

行星传动式减速器如图 4-4 所示。内齿轮由靠摩擦联结器的摩擦作用固定在减速器壳内。内齿轮里装有外齿轮。外齿轮通过滚动轴承装在偏心的轴套上。偏心轴套用键固定在输入轴上。外齿轮上有八个圆孔,每个圆孔内插入一根套有滚套的滚棒。八根滚棒固定在输出轴的输出圆盘上。当外齿轮作摆式旋转时,输出轴就随着旋转。

当输入轴随第一级减速齿轮顺时针旋转时,偏心轴套也顺时针旋转,使外齿轮在内齿轮里沿内齿圈作逐齿啮合的偏心运动。当输入轴旋转一周,外齿轮也做一周偏心运动。外齿轮 41 个齿,内齿轮 42 个齿槽,两者相差一齿。因此,外齿轮做一周偏心运动时,外齿轮的齿在内齿轮里错位一齿。在正常情况下,内齿轮静止不动,迫使外齿轮在一周的偏心运动中反方向旋转一齿的角度(如图 4-4 中,外齿轮 1 从 A 进入 B,齿 2 进入 A)。当输入轴顺时针方向旋转 41 周,外齿轮逆时针方向旋转一周(齿 1 又返回原位 A),带动输出轴逆时针方向旋转一周,这样就达到了减速的目的。

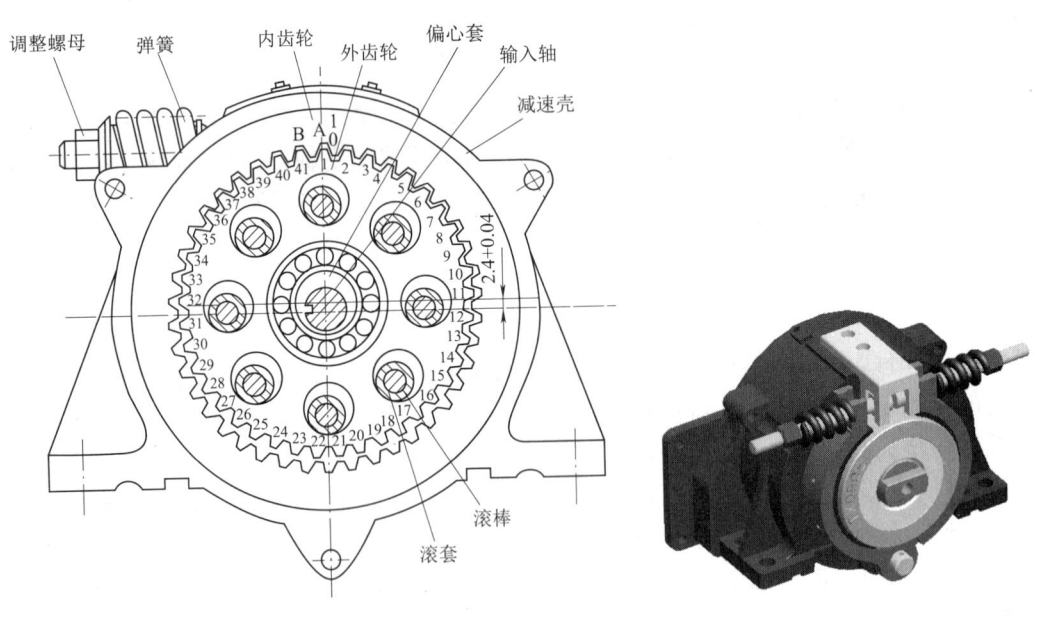

图 4-4　行星传动式减速器

外齿轮既在输入轴的作用下作偏心运动,又与内齿轮作用做旋转运动,类似于行星的运动,即既有自转又有公转,所以外齿轮称为行星齿轮,该种减速器称为行星传动式减速器。为了达到机械转动的平衡,内齿轮里有两个外齿轮,它们共同套在一个输出轴圆盘的八根滚棒上,两个外齿轮之间偏向成 $180°$。

（2）摩擦联结器

摩擦联结器是保护电动机和吸收转动惯量的联结装置。其作用有两点：

①当道岔因故转不到底，电机电路不能切断，如果电机突然停转，电机将被烧坏，在有摩擦联结器的情况下，电机将受到保护。

②在正常使用过程中，道岔转动到位，输出轴不能再转动了，电机电路被切断以后，用以吸收电机的惯性，以免使内部部件受到不应有的撞击或毁损。

在行星传动式减速器中安装了摩擦联结器、ZD6-A 型的摩擦联结器是在行星传动式减速器内齿轮延伸部分的小外圆上套以可调摩擦板构成的，如图 4-5 所示。

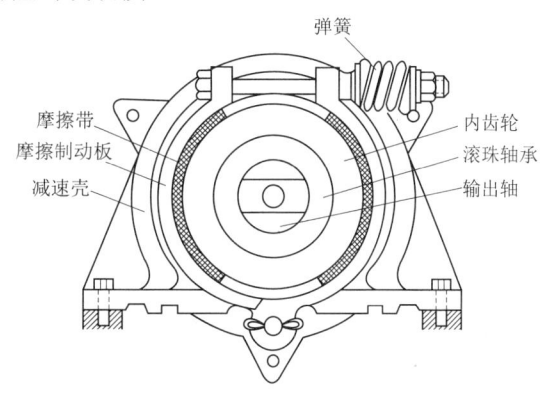

图 4-5　摩擦联结器的结构

行星传动式减速器的内齿轮大外圆装在减速壳内，可自由滑动。内齿轮延伸的小外圆上装上有摩擦带的摩擦制动板。摩擦制动板下端套在固定于减速壳的夹板轴上，当上端由螺栓弹簧压紧时，内齿轮就靠摩擦作用而被固定。在正常情况下，依靠摩擦力，内齿轮反作用于外齿轮，使外齿轮作摆式旋转，带动输出轴转动，使道岔转换。当发生尖轨受阻不能密贴和道岔转换完毕电动机惯性运动的情况下，输出轴不能转动，外齿轮受滚棒阻止而不能自转，但在输入轴带动下作摆式运动，这样外齿轮对内齿轮产生一个作用力，使内齿轮在摩擦制动板中旋转（称为摩擦空转），消耗能量，保护电动机和机械传动装置。

摩擦联结器的摩擦力要调整适当，过紧会失去摩擦联结作用，损坏电动机和机件；过松不能正常带动道岔转换。摩擦联结器的松紧用调整螺母调整弹簧压力来实现。调整的标准是，额定摩擦电流应为额定动作电流的 1.3～1.5 倍。

（3）启动片

启动片是介于减速器和主轴间的传动媒介，如图 4-6 所示，它联结输出轴与主轴，利用其正、反两面互相垂直成"十"字形的沟槽，在旋转时自动补偿两轴不同心的误差。它还与速动片相配合，在解锁、锁闭过程中控制自动开闭器的动作。

启动片除了起联结主轴的作用外，还对自动开闭器起控制作用。启动片的"十"字连接方法，使它与输出轴、主轴同步动作，因此能反映锁闭齿轮各个动作阶段（解锁、转换、锁闭）所对应的转角，用它来控制自动开闭器的动作最能满足要求。启动片上有一梯形凹槽，道岔锁闭

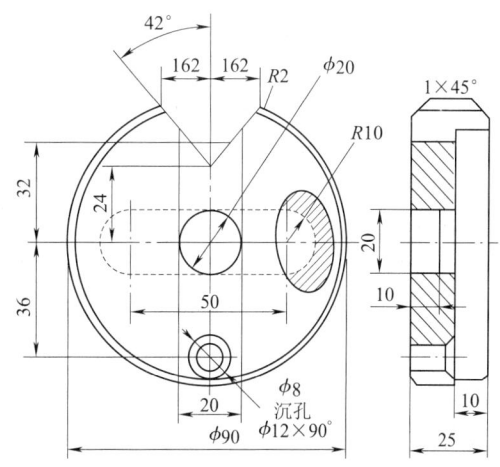

图 4-6　启动片（单位：mm）

后总会有一个速动爪占据其中。道岔解锁时，启动片一方面带动主轴转动，另一方面利用其凹槽的坡面推动速动爪上的小滚轮，使速动爪抬起，以断开表示接点。在道岔转换过程中，两个

速动爪均抬起。在道岔接近锁闭阶段，启动片的凹槽正好转到应速动断开道岔电机电路的速动爪下方，与速动片配合，完成自动开闭器的速动。

（4）主轴成套装置

主轴装置主要由主轴、主轴套、轴承、止挡栓等组装而成，如图 4-7 所示，主轴带动锁闭齿轮，通过与齿条块配合完成转换和锁闭道岔。主轴上的止挡栓用来限制主轴的转角，使锁闭齿轮和齿条块达到规定的锁闭角，并保证每次解锁以后都能使两者保持最佳的啮合状态，使整机动作协调。

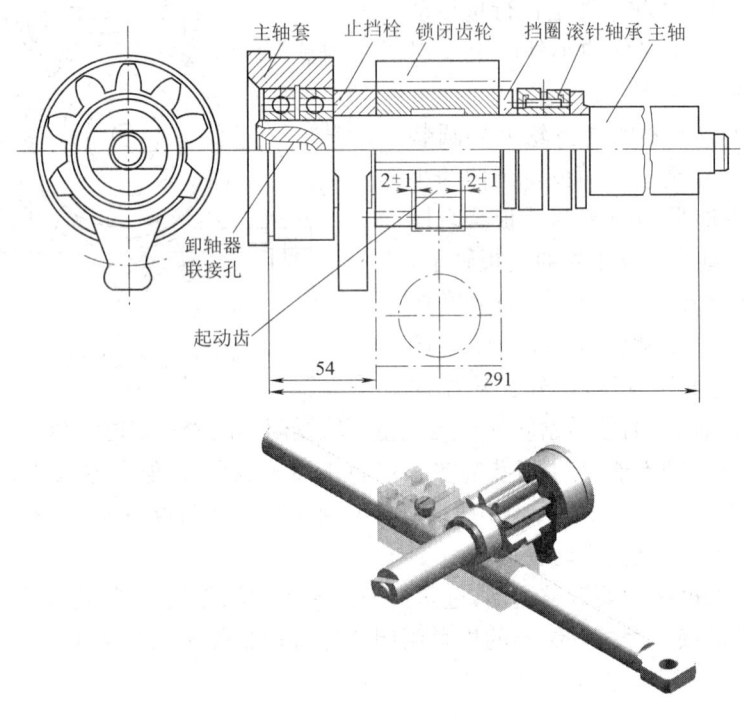

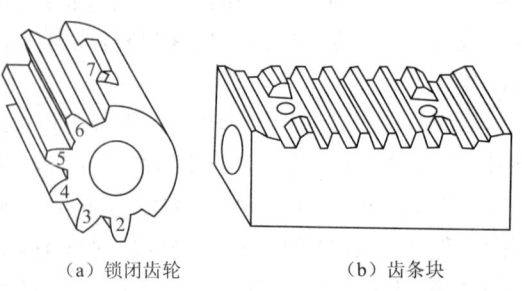

图 4-7　主轴（单位：mm）

转换锁闭装置由锁闭齿轮和齿条块、动作杆组成，用来把旋转运动改变为直线运动以带动道岔尖轨位移，并最后完成内部锁闭。

（5）锁闭齿轮和齿条块

锁闭齿轮如图 4-8（a）所示，共有 7 个齿，其中 1 和 7 是位于中间的起动小齿，在它们之间是锁闭圆弧，其中，第 1 齿轮位于第 7 齿轮的对称位置。齿条块上有 6 个齿 7 个齿槽，如图 4-8（b）所示。齿条块由动作杆、压簧、顶杆、挤切销、螺堵、齿条块等零部件组成。动作杆与齿条块通过挤切销连接成一体，齿条块动作就带动与机外密贴调整杆相

（a）锁闭齿轮　　　（b）齿条块

图 4-8　锁闭齿轮和齿条块

连的动作杆转换并锁闭道岔。中间 4 个是完整的齿，两边的两个是中间有缺槽的削尖齿。缺槽是为了锁闭齿轮上的起动小齿能顺利通过而设的。

当道岔在定位或反位,尖轨与基本轨密贴时,锁闭齿轮的圆弧正好与齿条块的削尖齿弧面重合,如图 4-9 所示。这时如果尖轨受到外力要使之移动,或列车经过道岔使齿条块受到水平作用力,这些力只能沿锁闭圆弧的半径方向传给锁闭齿轮,它不会转动,齿条块及固定在其圆孔中的动作杆也不能移动,这样就实现了对道岔的锁闭。

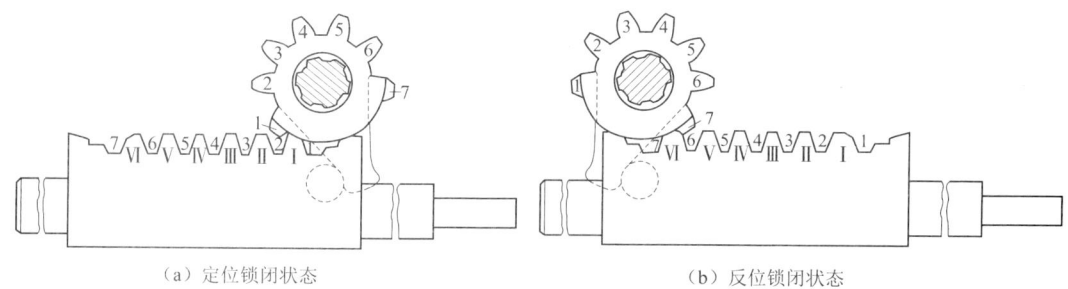

（a）定位锁闭状态　　　　　　　　　　　（b）反位锁闭状态

图 4-9　转辙机的内锁闭

电动转辙机每转换一次,锁闭齿轮与齿条块要完成解锁、转换、锁闭三个过程。

①解锁

图 4-9(a)为定位锁闭状态,若要将道岔转至反位,电动机必须逆时针旋转,输入轴顺时针旋转,使输出轴逆时针旋转,通过启动片带动主轴及锁闭齿轮作逆时针转动。此时,锁闭齿轮的锁闭圆弧面首先在齿条块的削尖齿上滑退,锁闭齿轮上的起动小齿 1 从削尖齿 I 旁经过。当主轴旋转 32.9°时,锁闭圆弧面全部从削尖齿上滑开,起动小齿 1 与齿条块齿槽 1 的右侧接触,解锁完毕。

②转换

起动小齿拨动齿条块,锁闭齿轮带动齿条块移动,即将转动变为平动。锁闭齿轮转至 306.1°时,齿条块及动作杆向右移动了 165 mm,使原斥离尖轨转换到反位,与另一基本轨密贴。

③锁闭

道岔转换完毕必须进行锁闭,否则齿条块及动作杆在外力作用下可倒退,造成"四开"的危险。道岔转换完毕后,锁闭齿轮继续转动到 339°,锁闭齿轮的起动小齿 7 在削尖齿 Ⅵ 旁经过,锁闭齿轮上的圆弧面与齿条块削尖齿弧面重合,实现了锁闭,如图 4-9(b)所示。此时,止挡栓碰到底壳上的止挡栓,锁闭齿轮停止转动。

(6)动作杆

动作杆是在转辙机中输出作用力以动作道岔尖轨的拉杆。动作杆是转辙机转换道岔的最后执行部件。动作杆一端与道岔的密贴调整杆相连接,带动尖轨运动。动作杆通过挤切销和齿条块连成一体,正常工作时,它们一起运动。之所以用挤切销连接,是为了挤岔时,动作杆和齿条块能迅速脱离联系,使转辙机内部机件不受损坏。挤切销分主销和副销,分别装于锁闭齿轮削尖齿中间开口处的挤切孔内。主销挤切孔为圆形,主销能顺利插入起主要联结作用。副销挤切孔为扁圆形,副销插入起备用联结作用。如果是非挤岔原因使主销折断,副销还能起到联结作用。这是因为,副销挤切孔为扁圆形,齿条块在动作杆上有 3 mm 的窜动量。

3)转辙机状态表示

转辙机由表示杆、自动开闭器、启动片、速动片和移位接触器构成状态表示,其功能是表示道岔开通的位置:定位或是反位,同时还监督道岔的状态:是否密贴、是否发生挤岔、主挤切销是否完好等。

（1）表示杆

表示杆是转辙机中接受尖轨所施作用力、动作接点系统的拉杆，主要由两根带缺口的杆件及两个检查块等组成，这两根杆件与道岔尖轨组合一起相连接，用于尖轨联动的道岔。表示杆随尖轨而移动，以确保表示杆能正确反映道岔尖轨的移位。

电动转辙机的表示杆与道岔的表示连接杆相连随道岔动作，用来检查尖轨是否密贴，以及在定位还是在反位。对表示杆的技术要求：

第一，表示杆对各种不同的道岔开程要具有广泛的适应性。

第二，对转辙机不同的安装方式同样也要具有适应性。

第三，是表示道岔尖轨密贴的可靠性，即表示杆应能与道岔第一连接杆上的象鼻铁相连。

第四，对挤岔反应灵敏，能可靠地切断表示电路。

因此，表示杆的作用是检查道岔尖轨的开通方向、监督道岔的状态、给自动开闭器的准确动作提供充分条件。

为了适应道岔的不同开程，表示杆分为前杆和后杆，两杆通过固定螺母和调整螺母固定在一起。需要调整时，只需拧松固定螺母，用扳手调整杆的六角帽，后表示杆就可以前后移动。调整原理是：在前表示杆的后端有一个横穿后表示杆的调整螺母，后表示杆末端有一轴向长孔，内穿一根调整螺杆并拧入调整母内，由于在调整螺杆颈部有一个销子，使它与后表杆连为一体，当拧动调整螺杆时，它必然带着后表示杆在调整母（与前表示杆是一体的）内前后移动。由于后表示杆的前端与固定螺母相连的是一长孔，所以调整的范围是很大的。ZD6 转辙机表示杆动程可以在86～167(162) mm 之间调整，以满足不同道岔开程的需要。表示杆结构及外观如图 4-10 所示。

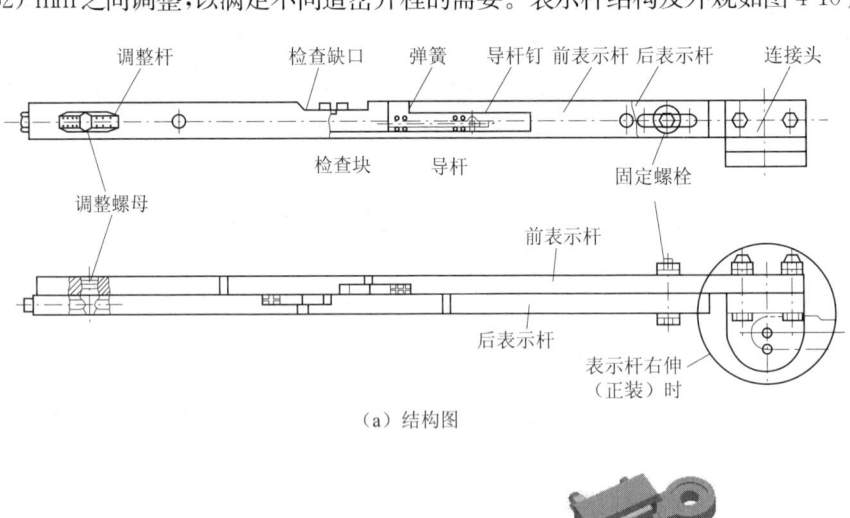

（a）结构图

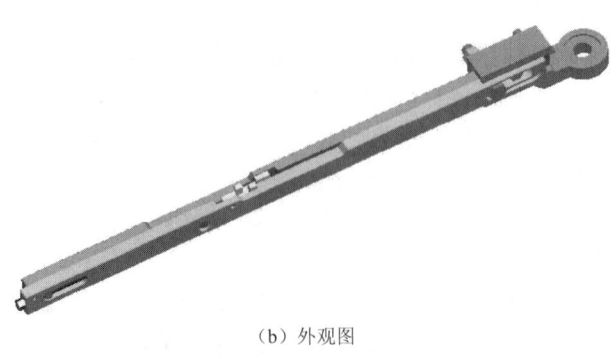

（b）外观图

图 4-10　表示杆

为检查道岔是否密贴，在前、后表示杆的腹部空腔内分别设一个检查块。每个检查块上有一个缺口，道岔转换到位并密贴后，自动开闭器所带的检查柱落下此缺口，使自动开闭器动作。设两个检查块是为了满足道岔定位和反位检查的需要。若左侧检查柱落在后表示杆缺口中，则右侧检查柱将落在前表示杆缺口中，表示杆与检查柱的关系如图 4-11 所示。检查柱落入表示杆缺口时，两侧应各有1.5 mm 的空隙。

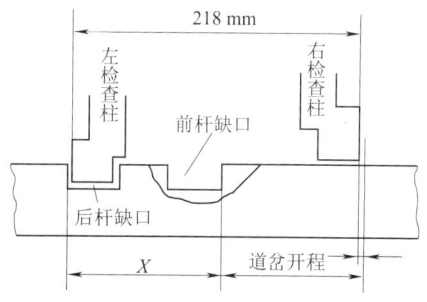

图 4-11　表示杆与检查柱的关系

在现场维修中调整表示杆缺口是一项重要的工作。现场调整应在道岔密贴调整好以后进行，先在动作杆伸出位置，调整表示连接杆螺母，使前表示杆上的标记，与窗口标记重合，这时检查柱应落入表示杆缺口并保持每侧有 1.5 mm 的间隙。然后在动作杆拉入位置，道岔密贴后，松开并拧紧螺栓，调整后表示杆的螺母，使检查柱落入后表示杆的缺口且保持每侧有1.5 mm 的间隙。再经几次定、反位动作试验，设备工作正常，上紧并拧紧螺栓，调整工作即告完毕。检查块轴向有一导杆，上面穿有弹簧和导杆钉，平时靠弹簧弹力顶住检查块，以完成对检查柱的检查。挤岔时，检查块缺口被检查柱占有，挤岔瞬间检查块动不了，挤岔的冲击力使表示杆向检查块运动，弹簧受到压缩，检查块和检查柱并未直接受到挤岔冲击力，不会损坏。另一方面，表示杆被挤，用缺口斜面迫使检查柱抬起，脱离检查块缺口，各部件不致受损。此时由于检查柱的抬起，自动开闭器的动接点立即退出静接点组，断开道岔表示电路。

4）自动开闭器

自动开闭器是表示转辙机的拉杆伸出或拉入位置的电气接点。它主要由机械联动机构和连接点开关系统两部分组成，接点系统的连接与断开由机械联动机构带动。机械联动机构由启动片、速动片、速动爪、调整架、拉簧、检查柱、拐轴和支架等零部件组成。接点开关系统由 4 排静接点和 2 排动接点组成。自动开闭器是转辙机中以机械动作来实现电路控制的重要部件，又是一个监督检查机构。自动开闭器将监督转辙机的转换过程是否按要求完成，并与表示杆一起不间断地检查道岔开通位置及尖轨与基本轨的密贴状态。电动机驱动电路的接通与切断也要由自动开闭器完成。

自动开闭器用来及时、正确反映道岔尖轨的位置，并完成控制电动机和挤岔表示的功能。在解锁过程中，由自动开闭器接点断开原表示电路，接通准备反转的动作电路；锁闭后，由自动开闭器接点自动断开电动机动作电路，接通表示电路。自动开闭器由 4 排静接点、2 排动接点、2 个速动爪、2 个检查柱及速动片等组成。静接点、动接点、速动爪、检查柱对称地分别装于主轴的两侧，但又是一个整体。自动开闭器及与表示杆的动作关系如图 4-12 所示。

（1）自动开闭器的组成

自动开闭器分为接点部分、动接点块传动部分及控制部分。接点部分包括动接点块、静接点、接点座等。静接点左右对称地安装在接点座上。两组动接点块分别安装在左右拐轴上，拐轴以接点座为支承。动接点块可以在拐轴转动时改变对静接点组的接通位置。动接点块传动部分包括速动爪及其爪尖上的滚轮、接点调整架、连接板和拐轴，这些部件左、右各有一套。调整接点调整架上的螺钉可以改变动接点插入静接点的深度。

控制部分由拉簧、检查柱、速动片(还应包括启动片)组成。拉簧连接两边的调整架,将两边的动接点拉向内侧,为动接点速动提供动力。检查柱在道岔正常转换时,对表示杆缺口起探测作用。道岔不密贴,缺口位置不对,检查柱不会落下,它阻止动接点块动作,不能构成道岔表示电路。挤岔时,检查柱被表示杆顶起,迫使动接点块转向外方,断开道岔表示电路。

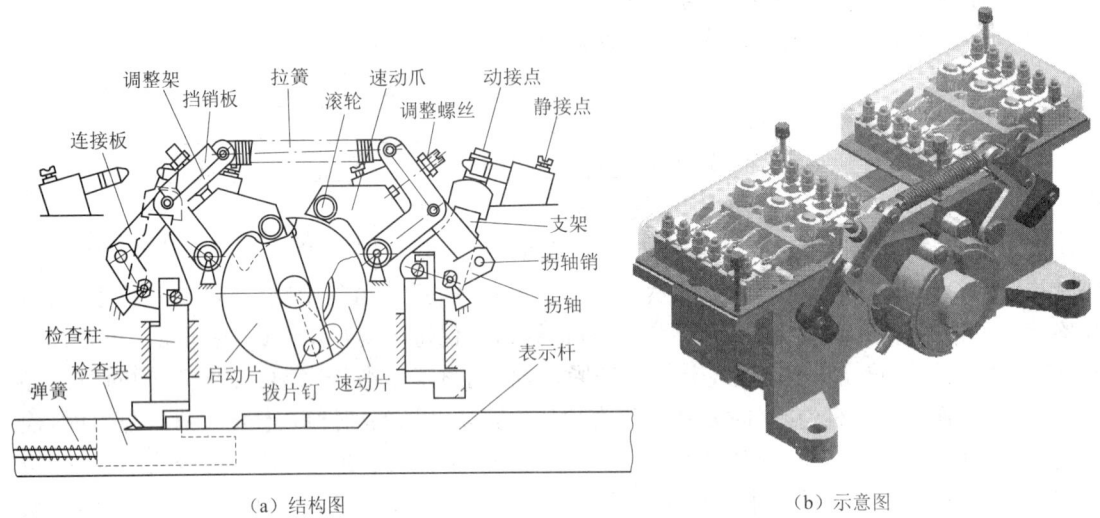

（a）结构图　　　　　　　　　　　（b）示意图

图 4-12　自动开闭器及与表示杆的动作关系

（2）速动片

速动片如图 4-13 所示。它有一个矩形缺口,缺口对面有一腰形扁孔。速动片通过速动衬套套在主轴上。启动片上的拨片钉插入速动片的腰形孔中。道岔锁闭后,拨片钉总是在腰形孔的一端。道岔解锁后,主轴反转,拨片钉在腰形孔中空走一段才拨动速动片一起转动。

速动片套在速动衬套上,速动衬套又卡在接点座上,它不随主轴转动。速动片直径比启动片略大,正常情况下,总有一个速动爪的小滚轮压在它上面,所以即使主轴转动,速动片也不会跟着转。它的转动只有靠拨片钉拨动。速动片的速动原理可用图 4-14 来说明。在锁闭齿轮进入锁闭阶段时,齿条块已不再动,为了完成内锁闭,主轴还在转动,启动片和速动片也在转动。这时启动片的梯形凹槽已经转到速动爪的下方,为速动爪的落下准备好条件。但是,速动片仍然支承着速动爪,使它不能落下。只有当速动片再转过一个角度,使速动爪突然失去支承,就在拉簧的强力作用下,迅速落向启动片凹槽底部,实现了自动开闭器的速动。因此速动的关键是尖爪从速动片的缺口尖角边(图中的 a、b)突然跌落。否则,尖爪沿启动片梯形凹槽边(图中的 a'、b')下滑,就不会有速动效果。

（3）自动开闭器的动作原理

自动开闭器的动作受启动片和速动片的控制。输出轴转动时带动启动片转动。速动片由启动片上的拨片钉带动转动。它们之间的动作关系及受它们控制的速动爪的动作情况如图 4-15 所示。

道岔在定位时,启动片沟槽与垂直线成 10.5° 角,将这个起始状态作为 0°(图 4-15 中的位置 1)。假设启动片逆时针转动,固定在左速动爪上的滚轮与启动片斜面接触,左速动爪随滚轮沿斜面滚动向上升(图 4-15 中位置 2),使 L 形调整架、连接板、拐轴、支架等相互传动。当启动片转至 10.2° 时,自动开闭器第 3 排接点断开;转至 19° 时,第 4 排接点开始接通断开;转至 26.5° 时,左速

动爪的滚轮升至最高(图 4-15 中的位置 4),左动接点完全打入第 4 排静接点。启动片转至 28.7°
时,拨片钉移动至速动片导槽尽头(图 4-15 中位置 5),拨动速动片随启动片一起转动,一直转到
335.6°时,速动片缺口对准右速动爪,在弹簧作用下,右速动爪迅速落入速动片缺口内(图 4-15 中
的位置 6),带动右动接点,使第 1 排接点迅速断开,第 2 排接点迅速接通。同时,带动右检查柱落
入表示杆检查块的反位缺口内,检查道岔确已转换至反位密贴状态。

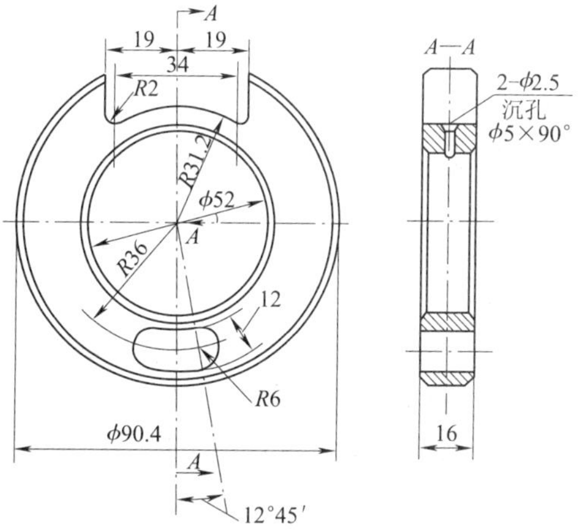

图 4-13　速动片(单位:mm) 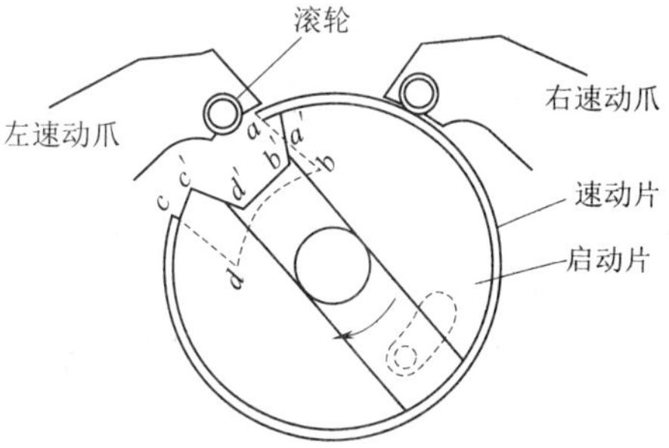　　　　　图 4-14　速动原理

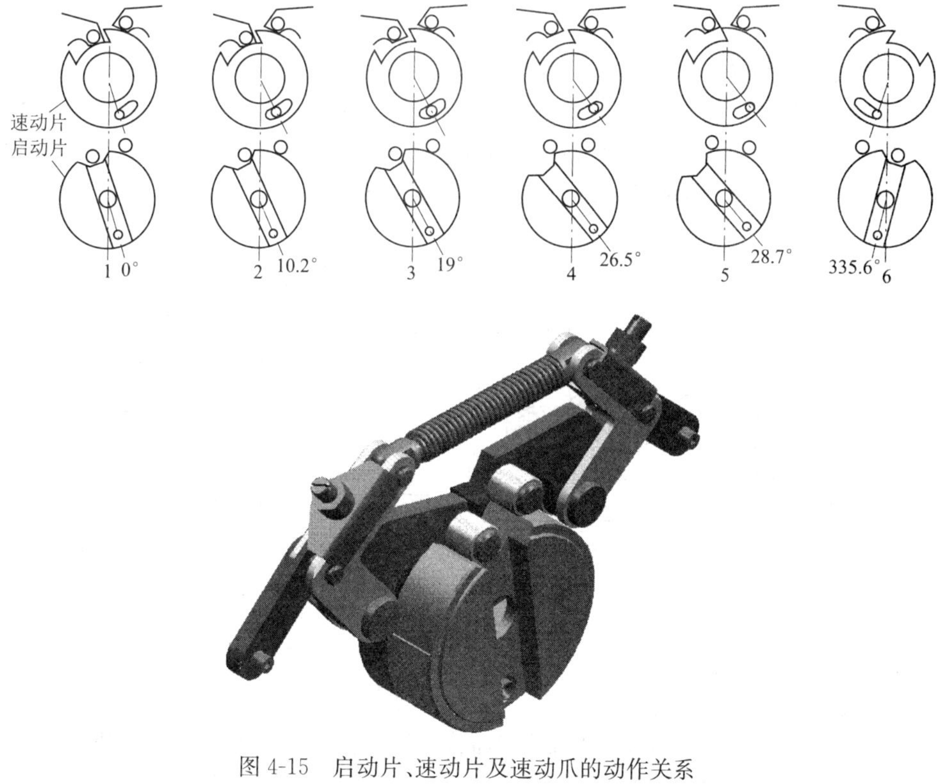

图 4-15　启动片、速动片及速动爪的动作关系

(4)自动开闭器接点

自动开闭器有 2 排动接点、4 排静接点。它们的编号是,站在电动机处观察,自右至左分

别为第 1 排、第 2 排、第 3 排，第 4 排接点，如图 4-16 所示。每排接点有 3 组接点，自上而下顺序编号，为第 1 排接点为 11-12、13-14、15-16，余类推。

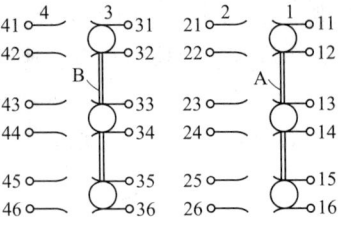

图 4-16　自动开闭器接点

若转辙机定位时 1、3 排接点闭合，则转辙机向反位动作，解锁时，左动接点先动作，断开第 3 排接点，切断道岔定位表示电路；接通第 4 排接点，为反转做好准备。转换至反位后，右动接点动作，断开第 1 排接点，切断电动机动作电路；接通第 2 排接点，沟通道岔反位表示电路。

若转辙机定位时 2、4 排接点闭合，则转向反位时，右动接点先动作，断开第 2 排接点，接通第 1 排接点；转换到反位时，左动接点动作，断开第 4 排接点，接通第 3 排接点。

从反位转向定位时，接点动作情况与上述相反。

5）移位接触器

移位接触器是电动转辙机中监督动作杆移位限度，以做到挤切销折断后能够报警用的电气接点。在转辙机内安装两个移位接触器，分别与齿条块在伸出及拉入时的顶杆位置互相对成。移位接触器是非自复式微动开关，内有一组常闭接点，用来监督挤切销折损状态。移位接触器上方留有人工恢复接点的窗口。

6）挤切装置

挤切装置包括挤切销和移位接触器，用来进行挤岔保护，并给出挤岔表示。

（1）挤切销

两个挤切销（主销和副销）把动作杆与齿条块连成一体，如图 4-17 所示。道岔在定位或反位时，齿条块被锁闭齿轮锁住，道岔也就被锁住。挤岔时，来自尖轨的挤岔力推动动作杆，当此力超过挤切销能承受的机械力时，主、副挤切销先后被挤断，动作杆在齿条块内移动，道岔即与电动转辙机脱离机械联系，保护转辙机主要机件和尖轨不被损坏。挤岔后，只要更换挤切销即可恢复使用。

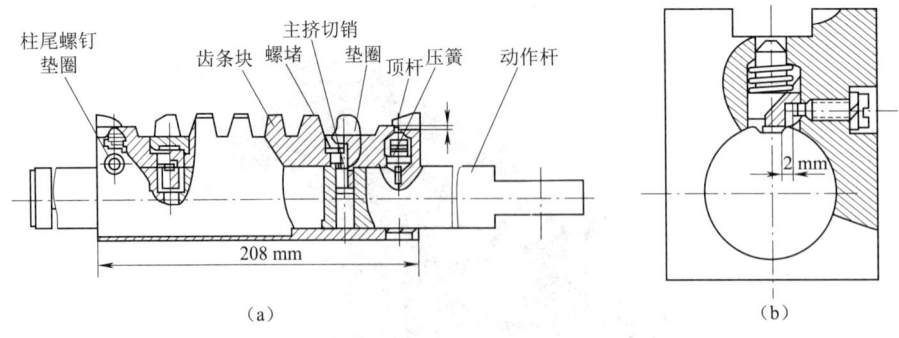

图 4-17　挤切装置

（2）移位接触器

自动开闭器检查柱和表示杆中段特制了斜面，挤岔时表示杆被推动，表示杆中段的斜面顺着检查柱的斜面移动，将检查柱顶起，使一排动接点离开静接点组，从而断开了表示电路。若挤岔时表示杆无动程或动程不足，检查柱没有顶起来，表示电路断不开，这将十分危险。为了确保断开表示电路，ZD6 型转辙机设有移位接触器。移位接触器安装于机壳内侧，动作杆上方，由触头、弹簧、顶销、接点等组成,如图 4-18 所示。它受齿条块内两端的顶杆控制(如图 4-17 所示)。平时顶杆受弹簧弹力,顶杆下端圆头进入动作杆上成 90°的圆坑内。挤岔时齿条块不动,挤切销被挤断,动作杆在齿条块内产生位移,顶杆下端被挤出圆坑,使顶杆上升,将移位接触器的顶销顶起,断开它的接点,从而断开道岔表示电路。移位接触器上部留有小孔,以便挤岔后予以恢复。

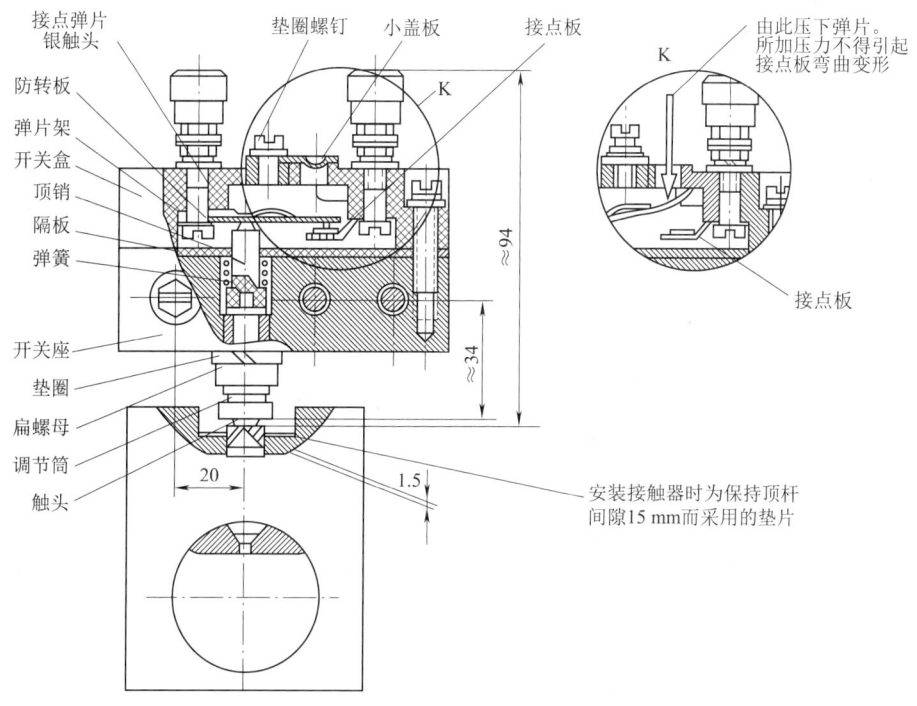

图 4-18　移位接触器(单位:mm)

图 4-19 是 ZD6-A 型电动转辙机的传动原理图。图中表示的各机件所处的位置是处于左侧锁闭(假设为定位)的状态,此时自动开闭器第 1、3 排接点闭合。现以定位转向反位的传动过程为例进行说明,其基本工作过程如下:

来自道岔控制电路的启动电流,通过电缆线路,经自动开闭器的 11-12 接点,接至电动机,使其向反位方向旋转。

电动机的旋转,通过齿轮带动减速器旋转。旋转输出轴的旋转方向和电动机一致。

输出轴通过摩擦联结器和主轴实现软性联结,所以主轴也随输出轴旋转。

①主轴旋转带动锁闭齿轮旋转。锁闭齿轮拨动动作齿条带动道岔尖轨向另一个位置移动,直至尖轨与基本轨密贴。

②当尖轨密贴锁闭,自动开闭器的 11-12 接点断开,切断动作电流,电动机停止旋转。

道岔由反位向定位转换时,工作原理相同,只是自动开闭器的启动接点不一样。

③在道岔转换过程中,道岔表示接点的工作过程是:当电动机刚旋转时,自动开闭器的 33-34 接点断开,切断了定位表示电路,同时接通了 41-42 接点,为使道岔恢复定位准备条件。当道岔转换到反位,完成锁闭后,在表示杆的配合下,自动开闭器在切断动作电流后,立即接通反位表示接点 23-24。在道岔尖轨转换过程中,道岔始终无表示。

在电动转辙机完成道岔转换的过程中,在接通表示前,经过三个阶段:解锁、转换、锁闭。

解锁过程就是道岔启动时,使锁闭齿轮上的锁闭圆弧离开动作齿条的削尖齿面,同时密贴调整杆走完空动距离。

锁闭过程就是道岔尖轨与基本轨密贴后,使锁闭圆弧面与削尖齿面重合。

电动转辙机在转换道岔过程中,各部件的动作顺序可表达如下:

电动机→减速器→主轴→锁闭齿轮→齿条块→动作杆→尖轨。

当电动机通入规定方向的道岔控制电流,电动机轴按图 4-19 所示的逆时针方向旋转。电动机通过齿轮带动减速器,这时输入轴按顺时针方向旋转,输出轴按逆时针方向旋转。输出轴通过启动片带动主轴,按逆时针方向旋转。锁闭齿轮随主轴逆时针方向旋转,在旋转中完成解锁、转换、锁闭三个过程,拨动齿条块,使动作杆带动道岔尖轨向右移动,密贴于右侧尖轨并锁闭。同时通过启动片、速动片、速动爪带动自动开闭器的动接点动作,与表示杆配合,断开第 1、3 排接点,接通第 2、4 排接点,完成电动转辙机转换、锁闭及给出道岔表示的任务。

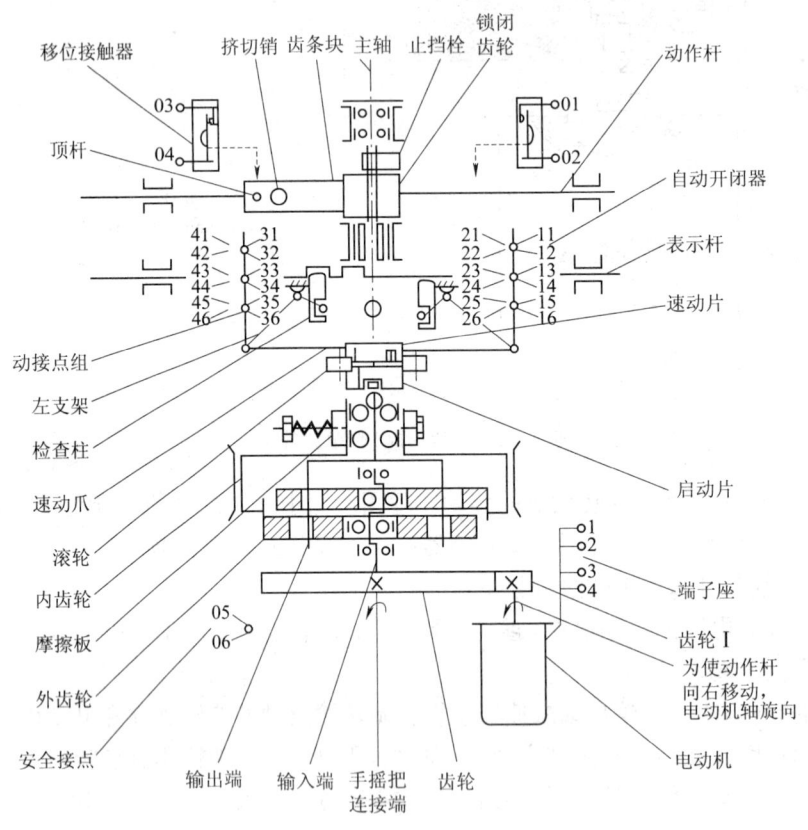

图 4-19 ZD6-A 型电动转辙机的传动原理图

电动转辙机在转换过程中转换锁闭装置和自动开闭器的动作情况见表 4-1。

表 4-1 ZD6 型电动转辙机动作过程

道岔状态	主轴转角	手摇圈数	转换锁闭装置动作	自动开闭器动作
定位锁闭	0°			右检查柱落入后表示杆缺口接通 1、3 排接点

道岔状态	主轴转角	手摇圈数	转换锁闭装置动作	自动开闭器动作
解锁	7.5°	0.85	启动片带动主轴转动,使锁闭齿轮的锁闭圆弧,从削尖齿上退转7.5°开始解锁	左侧速动爪上的滚轮在启动片凹槽中滚动
	10.2°	1.2		启动片坡面推动滚轮,使左速动爪抬高,第3排接点断开,左侧检查柱开始抬高
	19°	2.2		启动片坡面继续推滚轮,动接点开始接通第4排静接点,为电动机反转准备条件
	26.5°	3		左速动爪完全爬上启动片弧面,动接点完全插入第4排静接点,左侧检查柱完全退出表示杆缺口
	28.7°	3.3		启动片上拨钉片开始拨动速动片
	32.9°	3.7	锁闭圆弧完全退出削尖齿,解锁完成	
转换	306.1°	34.9	锁闭齿轮拨动齿条块,使动作杆右移(165+2)mm,尖轨运动至反位,锁闭齿轮的凸弧开始进入另一削尖齿,开始锁闭	动接点接向外侧1、4排接点,两个速动爪滚轮均在启动片和速动片上滚动
反位锁闭	335.6°	36.4	锁闭圆弧对齿轮条已达29.6°锁闭角	表示杆反位缺口已运动至右侧检查柱下方,右侧速动爪滚轮离开启动片弧面,速动爪完全由速动片承托。稍后,右侧速动爪突然跌落,右侧检查柱落入表示杆反位缺口,迅速断开第1排接点,切断电动机电路,接通第2排接点,接通反位表示电路
	339°	38.6	锁闭圆弧与削尖齿之间完成同心圆弧面重合32.9°的锁闭角	

手动摇动转辙机时,先用钥匙打开盖,露出摇把插孔,将摇把插入减速大齿轮轴,摇动转辙机至所需位置。此后虽抽出摇把,但安全接点被断开,必须打开机盖,合上安全接点,转辙机才能复原。

由于ZD6系列转辙机的发展并没有脱离ZD6-A型的基本结构和工作原理,只是在材质、功能、速度和质量上加以了改善。因此,我们这里先介绍ZD6-A型转辙机的传动原理,如图4-19所示。图中各机件所处的初始位置是动作杆由右向左移动后的停止状态。此时开闭器的第1、第3两排接点闭合。

来自道岔控制电路的电源,经图4-19中开闭器的第1排接点,接至电动机,使电动机轴按图中所示方向旋转。电动机通过小齿轮2传动大齿轮27,大齿轮与一齿差减速器的输入轴26是用键连接的。通过一齿差减速级减速后由输出轴25输出转矩。输出轴按反时针方向旋转并动作启动片4,启动片动作主轴11。输出轴与启动片用扁圆连接,启动片与主轴也是用扁圆连接,因此相当于一个十字滑块联结器。启动片上的斜面推动速动爪19上的滚轮20,使速动爪转动,速动爪的爪尖逐渐退出速动片5的缺口。通过自动开闭器断开第3排接点,切断表示电路,同时主轴的转动使锁闭齿轮9开始解锁。在启动片转动一定角度后,启动片上的拨片钉,带动速动片一起旋转。此时锁闭齿轮也已将齿条块12解锁,主轴就通过锁闭齿轮和齿条块将旋转运动转换成动作杆的直线运动,并通过密贴调整杆动作道岔。在完成转换过程后,锁闭齿轮的圆弧面即将进入齿块的另一个削尖齿的圆弧面上,对齿条块进行锁闭。因此,右侧速动爪快速落入速动片缺口中,使自动开闭器接点组快速断开第 1 排的电动机电路并接通第 2 排接点,表示道岔锁闭在新的位置。此时动接点支架上带动的检查柱 18 必须能进入表示杆检查块的缺口(此缺口在平时调整时,每侧应留 1.5 mm 的间隙)。检查柱进入检查块缺口表示道岔已被锁在正确位置。如果表示杆检查块的缺口位置偏移,检查柱落不到缺口内只能落到表示杆检查块的平面上,则表示电路不能接通。当尖轨与基本轨有障碍物,动作杆受阻不能锁闭时,电机动作电路不切断,迫使电动机带动摩擦联结器空转,防止转辙机各部件受伤。直到车务人员采取措施,将道岔往回转动。当挤岔时,车轮将尖轨移动,通过密贴调整杆传到动作杆。由于动作杆和齿条块是由挤切削连接的,齿条块被锁闭齿轮锁住不能动作,因此挤岔力超过挤切削的挤切力后就将挤切削挤断,移位接触器接点断开,切断表示电路。与此同时,表示连接杆[1]也受力再传动转辙机的表示杆,表示杆斜面推动检查柱向上运动,检查块移动压缩弹簧,在移动 8 mm 时表示接点被切断,给出挤岔表示。

综上所述,ZD6 型电动转辙机传动流程如图 4-20 所示。

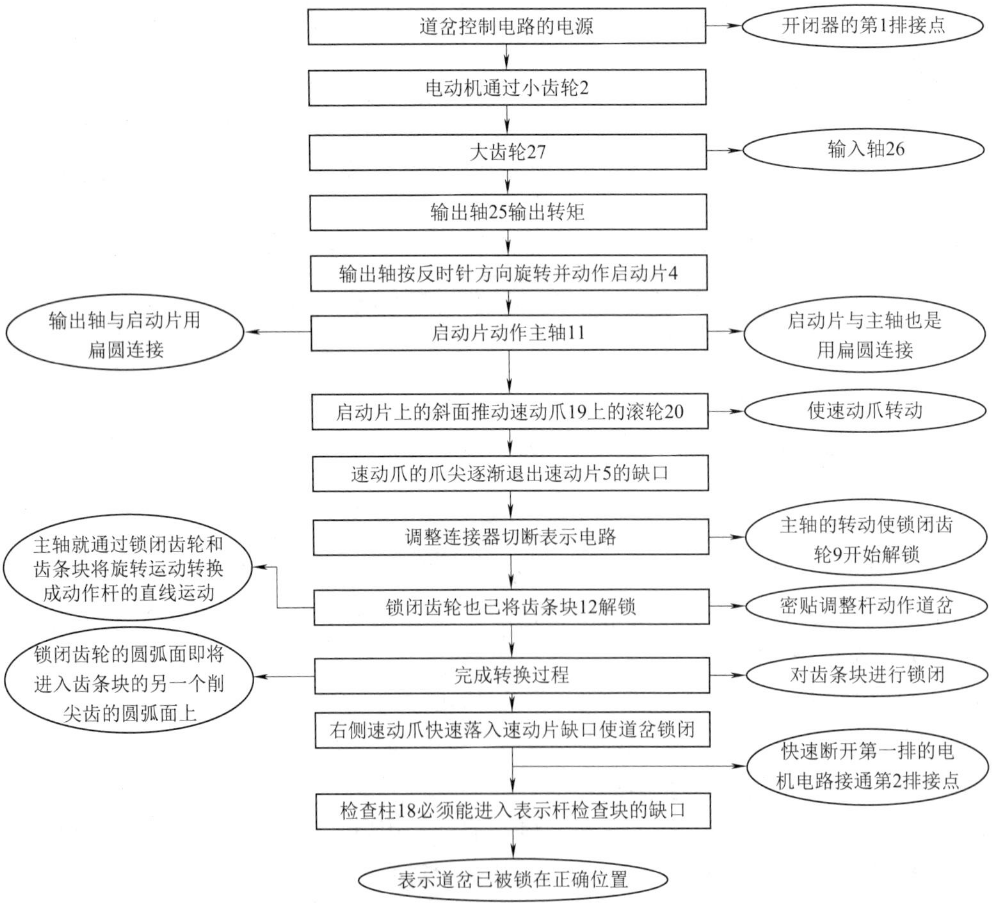

道岔控制电路的电源 → 开闭器的第1排接点

电动机通过小齿轮2

大齿轮27 → 输入轴26

输出轴25输出转矩

输出轴按反时针方向旋转并动作启动片4

输出轴与启动片用扁圆连接 ← 启动片动作主轴11 → 启动片与主轴也是用扁圆连接

启动片上的斜面推动速动爪19上的滚轮20 → 使速动爪转动

速动爪的爪尖逐渐退出速动片5的缺口

主轴就通过锁闭齿轮和齿条块将旋转运动转换成动作杆的直线运动 ← 调整连接器切断表示电路 → 主轴的转动使锁闭齿轮9开始解锁

锁闭齿轮也已将齿条块12解锁 → 密贴调整杆动作道岔

锁闭齿轮的圆弧面即将进入齿条块的另一个削尖齿的圆弧面上 ← 完成转换过程 → 对齿条块进行锁闭

右侧速动爪快速落入速动片缺口使道岔锁闭 → 快速断开第一排的电机电路接通第2排接点

检查柱18必须能进入表示杆检查块的缺口

表示道岔已被锁在正确位置

图 4-20　ZD6 型电动转辙机传动流程图

①连接杆——转辙器中连接两根尖轨的杆件,可动心轨钝角辙叉中连接两根可动心轨的杆件。

4. ZD6 系列电动转辙机的主要技术要求

1）ZD6 系列电动转辙机的主要技术特性

ZD6 系列电动转辙机技术特性见表 4-2。

表 4-2　ZD6 系列电动转辙机的主要技术特性

型　号	额定电压 DC(V)	额定转换力 (N)	动作杆动程 (mm)	表示杆动程 (mm)	转换时间 (s)	工作电流 (A)	动作杆主、副销抗剪切力 (N)	表示杆销的抗剪切力 (N)	备　注
ZD6-A165/250	160	2 450	165$^{+2}_{0}$	135～185	≤3.8	≤2.0	主销 29 420±1 961 副销 29 420±1 961	—	采用主、副杆同时与偏接头铁连接，双杆同时承担作用力的加强表示杆
ZD6-D165/350	160	3 430	165$^{+2}_{0}$	135～185	≤5.5	≤2.0	主销 29 420±1 961 副销 29 420±1 961	14 700～17 600	采用主、副杆同时与直接头铁连接，双杆同时承担作用力的加强表示杆
ZD6-E190/600	160	5 884	190$^{+2}_{0}$	140～190	≤9	≤2.0	主销 49 033±3 266 副销＞88 254	设固定检查缺口≥20 000	采用主、副杆同时与直接头铁连接，双杆同时承担作用力的加强表示杆
ZD6-F130/450	160	4 410	130$^{+2}_{0}$	80～130	≤6.5	≤2.0	主销 29 420±1 961 副销 49 033±3 266	14 700～17 600	采用主、副杆同时与直接头铁连接，双杆同时承担作用力的加强表示杆
ZD6-G165/600	160	5 884	165$^{+2}_{0}$	135～185	≤9	≤2.0	主销 29 420±1 961 副销 49 033±3 266	14 700～17 600	采用主、副杆同时与直接头铁连接，双杆同时承担作用力的加强表示杆
ZD6-H165/350	160	3 430	165$^{+2}_{0}$	80～185	≤5.5	≤2.0	主销 29 420±1 961 副销 29 420±1 961	—	采用主、副杆同时与偏接头铁连接，双杆同时承担作用力的加强表示杆
ZD6-J165/600	160	5 884	165$^{+2}_{0}$	50～130	≤9	≤2.0	主销 29 420±1 961 副销 29 420±1 961	—	采用主、副杆同时与直接头铁连接，双杆同时承担作用力的加强表示杆
ZD6-K190/350	160	3 430	190$^{+2}_{0}$	80～130	≤7.5	≤2.0	主销 29 420±1 961 副销 49 033±3 266	—	采用主、副杆同时与直或偏接头铁连接，双杆同时承担作用力的加强表示杆

注：用于多机牵引各牵引点的转辙机，必须具备挤岔保护功能。

2）整机技术要求

（1）转辙机的工作环境。周围温度 -40 ℃～60 ℃，空气湿度不大于 90％（25 ℃），空气压力不低于 74.8 kPa（海拔高度不超过 2 500 m），周围无引起爆炸危险的有害气体。

（2）转辙机的动作过程顺序。它应符合下列顺序：切断原表示电路→解锁道岔并转动道岔→锁闭道岔→接通新表示电路。

（3）转辙机的防尘、防水能力。它应符合《电机低压电器外壳防护等级》中 IP43 级的规定（防水的第 3 防护等级是防淋水，防与垂直成 60°范围内的淋水应无影响）。

（4）转辙机的绝缘电阻。各独立的部分（如端子、绕组）之间及其与机壳间的绝缘电阻，用500 V 兆欧表测量，在正常的试验大气条件下，其绝缘电阻应不小于 25 MΩ。

（5）绝缘耐压试验。它应能承受频率 50 Hz 正弦波、1 000 V 有效的交流电压，历时 1 min，不发生击穿或闪络现象。在重复试验时，电压为原试验值的 80%。

（6）转辙机的使用寿命试验。它是在额定负载、额定电压下应能连续可靠地工作 30×10^4 次（推或拉为一次）。

5. ZD6 型电动转辙机的调整

1）电动机

直流电动机的电气参数见表 4-3。

表 4-3 直流电动机的电气参数

项　　目	ZD6 系列	项　　目	ZD6 系列
额定电压（V）	160	额定电流（A）	2.0
额定转速（r/min）	2 400	额定转矩（N·m）	0.882 6（0.09 kg·m）
定子绕组直流电阻（Ω）	（2.85±0.14）×2	刷间总电阻（Ω）	4.9±0.245
短时工作输出功率（V·A）	≥220		

（1）技术标准

①取下电动机窗口板，检查转子与磁极间不磨卡，转子的轴向间隙不大于 0.5 mm。

②向片间的绝缘物不得高出换向器的弧面（一般要求 0.3～0.5 mm，至少要与弧面平），槽内无炭粉。

③电刷与刷握盒内上下无卡阻（四周旷量宽度不大于 0.15 mm，厚度不大于 0.1 mm）。

④弹簧压力适当，电刷与换向器接触面积不小于电刷面积的 3/4，工作时无过大火花；电刷长度不小于全长电刷的 3/5（电刷全长 15 mm）。

（2）清洁换向器

首先用白湿布（鹿皮）擦拭换向器表面，并用干净毛扫将附在换向器和电刷之间的炭粉清扫干净，再用白绸布将转换器表面抛光，使换向器表面光滑、洁净。保证向片间的绝缘物不得高出换向器的弧面，槽内无炭粉（注意不可使用擦铜油或其他油类）。

2）减速器硬摩擦联结器

（1）技术标准

①减速器安装牢固，转动无杂音。

②摩擦带与内齿轮伸出端清洁，不得锈蚀或无油污。

③摩擦联结弹簧调整在规定摩擦电流条件下，相邻弹簧圈最小间隙不小于 1.5 mm；弹簧及支撑垫不得与夹板接触。

④减速器的输入轴及输出轴在减速器中的轴向窜动量应不大于 1.5 mm，动作灵活，通电转动时无噪声。

⑤道岔在正常转动时,摩擦联结器不空转;道岔转换终了时,电动机应稍有空转;道岔尖轨因故不能转换至到位时,摩擦联结器应空转。

⑥带夹板轴不松动,顶杆螺钉紧同。

(2)故障电流的调整

当故障电流不能满足时(过小或进大),应对摩擦电流进行适当的调整,方法是旋紧(或放松)摩擦联结器的紧压弹簧的螺母,使摩擦联结器的摩擦带、夹板与内齿轮外壳之间的摩擦力加大(或减小),从而改变电动转辙机主轴输出旋转力矩。调整时不宜过紧或过松,否则需拆卸摩擦带夹板清洁或更换摩擦带后,再重新进行一次调整,以满足调整摩擦电流的要求,同时又不减小电动转辙机的负载力,保证转辙机正常工作。

3)自动开闭器

(1)技术标准

①自动开闭器座安装牢固、完整、无裂纹;动、静接点不松动;静接点长短须一致,相互对称,接点片不弯曲、不扭斜,辅助片作用良好;接点罩清洁明亮,无裂纹。

②动接点在静接点片内的接触深度不得小于 4 mm。用手扳动动接点,其摆动量不大于 3.5 mm;动接点与静接点座间隙不得小于 3 mm,接点压力不小于 40 N;速动爪下落前,动接点与静接点内有窜动时,亦应保证接点接触深度不少于 2 mm。

③在解锁时,速动爪抬起,在解锁时速动爪间隙不小于 0.2 mm;锁闭时速动爪与速动片缺口距离为 1～3 mm。速动爪与速动片的间隙如图 4-21 所示。

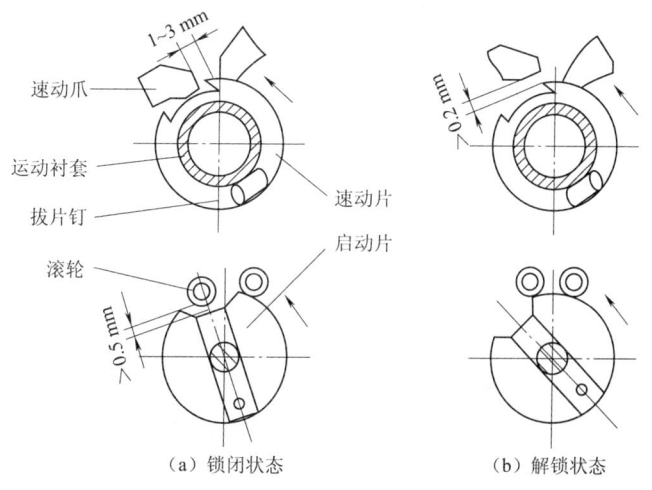

图 4-21　速动爪与速动片的间隙

④速动片的轴向窜动应保证速动爪滑轮与滑面的接触量不少于 2 mm,转辙机在转动中速动片不得提前转动。

⑤速动爪的滚轮在传动中,应保证在速动片上滚动,落下后不得与启动片缺口底部相碰。

⑥在动作杆、表示杆正常伸出或拉入过程中,拉簧的弹力适当,作用良好,保证接点迅速转接,并带动检查柱上升和下落。

(2)自动开闭器的调整

自动开闭器是整体式部件,设有 4 排静接点、2 排动接点、2 个速动爪、2 个检查柱。先松动速动爪背部上室外螺母,再拧动螺钉,即可调整动接点的插接深度。

4)主轴、动作杆及移位检查器

(1)技术标准

①动作杆与齿条块的轴向移位量和圆周方向的转动量(径向圆跳动)均不得大于0.5 mm；齿条内各部件和联结部分应保证油润,各孔内不得有铁屑及杂物；挤切销应固定在齿条块圆孔内；台上不得顶住或压住动作杆。

②锁闭齿轮圆弧与齿条块削尖齿圆弧应吻合,并无明显磨耗；接触面不小于50%。在动作齿条处于锁闭状态下,两圆弧面应保持同圆心。

③表示杆检查块的上平面应低于表示杆的上平面0.2～0.88 mm,检查柱落入检查块缺口内两侧间隙为(1.5±0.5)mm。表示杆检查块与检查柱位置尺寸如图4-22所示。

④移位接触器应能经常监督主销良好,当主销折断时,接点应可靠断开,切断道岔表示。

⑤顶杆与触头间隙为1.5 mm时,接点不应断开；用25 mm垫片试验或用备用销带动道岔(或推拉动作杆)试验时,接点均应断开,非经人工恢复不得接通电路。其所加外力不得引起接点簧片变形。

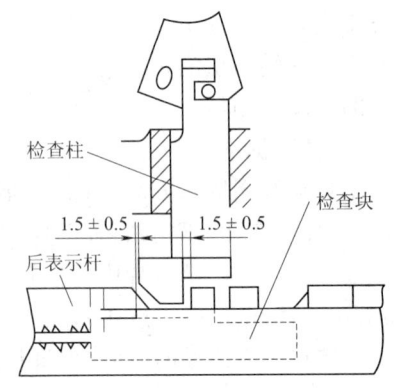

图4-22 表示杆检查块与检查柱位置尺寸
（单位:mm)

(2)调整方法

主轴由底壳的一端插入或拉出,不受其他部件影响,将止挡栓转至其出/入口的位置,并保持齿条块应停放的相应位置,利用电动转辙机专用卸轴器可由底壳的一端抽出主轴。操作时要注意,底壳两侧的圆孔套螺栓不松动,如螺栓发生松动,齿条块与底壳及动作杆与圆孔套摩擦卡阻,这时需适当调整圆孔套的方向即可。若问题不能解决,则需更换电动转辙机。

动作杆由齿条块带动,两者之间由挤切销连接成一体。操作时要注意,调整齿条块装进挤切销的状态,主销起主要连接作用,使其应能顺利进入动作杆的圆形挤切孔内,不与圆形挤切孔四周磨卡,装入和拔出顺利；副销起备用连接作用,应能顺利进入动作杆的扁圆形挤切孔内,不与扁圆形挤切孔两边磨卡,装入和拔出顺利。

在转辙机内安装移位接触器两个,分别与齿条块在伸出及拉入时顶杆位置相互对应。该接触器为非自复式微动开关,内有一组常闭接点,用来监督挤切销的折损状态。两个移位接触器中的常闭接点分别与道岔定位和反位表示电路串联使用。因此,当道岔被挤或挤切销折损时,均可从表示电路中得到反映。

5)表示杆

(1)技术标准

①表示杆应平整、无锈蚀、油润油饰良好。

②检查柱落入检查块缺口内两侧间隙为(15±0.5) mm(此时尖轨须密贴,无反弹)。

③表示杆检查块的上平面应低于表示杆上平面0.2～0.8 mm。

(2)调整方法

表示杆的检查块可以在表示杆中段的空腔内滑动。前表示杆的前端设有连接头用来和道岔的表示连接杆相连接；后表示杆的后伸端设有调控杆,用来调整两检查块间的缺口距离。

（3）在道岔上进行密贴和表示缺口调整

首先应摇动手摇把,将动作杆和表示杆保持在伸出位置。调节尖轨上的密贴调整杆,使尖轨与基本轨密贴,再调节尖轨上的表示杆,使表示杆伸出端一方的检查柱落入检查块缺口,并达到(15±0.5)mm的侧隙要求。但同时须复查,与尖轨第一连接杆处4 mm试验锤夹入尖轨和基本轨之间,这时主轴不应转至锁闭状态,检查柱不应下落。然后,再摇动手摇把,将动作杆和表示杆保持在拉入位置,再调节密贴调整杆。最后,拧动表示杆尾端的调整杆,使另一方的检查柱和锁闭满足上述同样的要求为止。

6.ZD6型电动转辙机的故障与处理

与道岔有关的故障,从动作层次上来分,可分为转换故障和表示故障;从结构上来分,可分为电路故障和机械故障。按照道岔控制电路的动作程序,分析启动道岔和控制台上电流表及道岔表示灯的变化情况,有助于缩小故障范围。

1)正确区分道岔故障的性质

道岔电路故障按电路区分,可分为启动电路故障和表示电路故障。单纯的表示电路故障,极易识别。例如,使用中的道岔突然失去表示,很明显这是表示电路故障。但在排列进路后,进路中的某一道岔没有表示,则既可能是启动电路的故障,亦可能是表示电路故障。因为不论是道岔启动电路故障,还是表示电路故障,此时最终表现都是道岔没有表示。

区分这两种性质的故障很容易,单操故障道岔时,观察控制台上电流表的动作,若电流表动作次数与道岔的组数一致,则是表示电路故障;若电流表不动或动作次数不足,则是道岔启动电路故障。

2)转辙机及安装基础的机械故障

（1）摩擦联结装置空转,转辙机不能实现内解锁。

①判断。摩擦压力减小,电动机启动后转矩无法通过摩擦联结装置向动作杆传递。

②处理。将松脱摩擦联结装置压力弹簧调整螺母的固定螺栓紧固。

（2）尖轨转换后无法实现内锁闭。

①判断。尖轨密贴调整过紧或基本轨高过尖轨太多,使尖轨爬不上坡;尖轨与基本轨间夹入异物;动作齿条面上落入异物;密贴调整杆杆架与轨枕摩擦。

②处理。应配合线路专业调整道岔尖轨后,调整故障电流。

（3）转辙机表示杆卡缺口。

①判断。表示杆调整不良,使检查柱与表示杆缺口间隙过小;前、后表示杆连接螺栓松动。

②处理。调整表示杆缺口间隙,使其达到标准范围及紧固连接前、后表示杆螺栓。

（4）电动转辙机摩擦电流无法调大或无法调小或调整后自动下降。

①判断。无法调大原因是摩擦带与内齿轮表面沾上了油脂和摩擦带不良;无法调小原因是压力弹簧已拧得很松;摩擦电流调整后自动下降的原因是:摩擦联结装置压力弹簧调整螺母松动。

②处理。清洁摩擦带与内齿轮表面或更换摩擦带;需用扳手轻轻敲击压力调整弹簧,左、右夹板便会随着调整而松开,摩擦电流即能正常调整;应紧固弹簧调整螺母。

（5）尖轨已密贴,但电动转辙机动接点无法实现第二次变位。原因有如下几点:

①道岔部分密贴调整过紧或表示杆位置调整不良,使表示杆缺口空隙调整不良,检查柱无法落入缺口。

②表示杆销钉孔与销钉磨耗,表示杆旷动使缺口变位而受卡。

③检查柱与自动开闭器座孔之间缺油或沾有油漆,检查柱上、下动作受阻,无法落入表示杆缺口。

④检查柱与自动开闭器座孔边摩擦或旷动,影响检查柱落入表示杆缺口。

⑤速动爪拉簧松弛使拉力不足,速动爪落入启动片缺口后,拉力无法将调整架拉至相应位置,动接点无法实现第二次变位。

⑥动接点与调整架之间的连接板与接点座平面边沿摩擦,或拐轴与接点座铸口凸面相碰,使连接扳动作受阻,影响调整架就位。

4.1.3 知识拓展

ZD6 型电动转辙机是目前应用最广泛的转辙机,已形成系列。从 1981 年开始生产ZD6-A 型转辙机后,随着铁路运输的发展,重型钢轨和大号码道岔的大量上道,额定负载 2 450 N 的 ZD6-A 型转辙机已不能满足要求,于是出现了满足各种需求的 ZD6 型转辙机的派生型号,逐步形成了 ZD6 系列。它们的简况见表 4-4。各型 ZD6 电动转辙机的额定工作电压均为直流 160 V。

表 4-4　ZD6 系列转辙机简况

型　号	额定电压 DC(V)	额定转换力 (N)	动作杆动程 (mm)	表示杆动程 (mm)	转换时间 (s)	工作电流 (A)	动作杆主、副销抗剪切力 (N)	表示杆销的抗剪切力 (N)	备　注
ZD6-A165/250	160	2 450	165^{+2}_{0}	135~185	≤3.8	≤2.0	主销 29 420± 1 961　副销 29 420± 1 961	—	采用主、副杆同时与偏接头铁联接,双杆同时承担作用力的加强表示杆
ZD6-D165/350	160	3 430	165^{+2}_{0}	135~185	≤5.5	≤2.0	主销 29 420± 1 961　副销 29 420± 1 961	14 700 ~17 600	采用主、副杆同时与直接头铁联接,双杆同时承担作用力的加强表示杆
ZD6-E190/600	160	5 884	190^{+2}_{0}	140~190	≤9	≤2.0	主销 49 033± 3 266　副销≥88 254	设固定检查缺口 ≥20 000	采用主、副杆同时与直接头铁联接,双杆同时承担作用力的加强表示杆
ZD6-F130/450	160	4 410	130^{+2}_{0}	80~130	≤6.5	≤2.0	主销 29 420± 1 961　副销 49 033± 3 266	14 700 ~17 600	采用主、副杆同时与直接头铁联接,双杆同时承担作用力的加强表示杆
ZD6-G165/600	160	5 884	165^{+2}_{0}	135~185	≤9	≤2.0	主销 29 420± 1 961　副销 49 033± 3 266	14 700 ~17 600	采用主、副杆同时与直接头铁联接,双杆同时承担作用力的加强表示杆

续上表

型 号	额定电压 DC(V)	额定转换力 (N)	动作杆动程 (mm)	表示杆动程 (mm)	转换时间 (s)	工作电流 (A)	动作杆主、副销抗剪切力 (N)	表示杆销的抗剪切力 (N)	备 注
ZD6-H165/350	160	3 430	165$^{+2}_{0}$	80~185	≤5.5	≤2.0	主销29 420±1 961 副销29 420±1 961	—	采用主、副杆同时与偏接头铁联接,双杆同时承担作用力的加强表示杆
ZD6-J165/600	160	5 884	165$^{+2}_{0}$	50~130	≤9	≤2.0	主销29 420±1 961 副销29 420±1 961	—	采用主、副杆同时与直接头铁联接,双杆同时承担作用力的加强表示杆
ZD6-K190/350	160	3 430	190$^{+2}_{0}$	80~130	≤7.5	≤2.0	主销29 420±1 961 副销49 033±3 266	—	采用主、副杆同时与直或偏接头铁联接,双杆同时承担作用力的加强表示杆

注:用于多机牵引各牵引点的转辙机,必须具备挤岔保护功能。

注:1. 采用方棒锁闭杆代替表示杆,配置2号后锁闭杆时,动程105~145 mm;配置3号后锁闭杆时,动程65~105 mm。

　a. ZD6-A型、D型、F型转辙机单机使用时,摩擦电流为2.3~2.9 A,E型和J型双机配套使用时,单机摩擦电流为2.0~2.5A。

1. ZD6-D 型转辙机

鉴于 ZD6-B 型和 ZD6-C 型已停止生产。这里从 ZD6-D 型转辙机开始进行逐一介绍。

ZD6-D 型转辙机适用于牵引道岔尖轨。它扩大了表示杆的功能,使之对尖轨也有机械锁闭作用,构成双锁闭。在表示杆检查块处增加一个销子(称为副锁闭销),使检查块与表示杆连为一体,检查柱落入缺口,道岔便被表示杆锁住。挤岔时副锁闭销切断,表示杆照常有挤岔断表示的功能。在前表示杆上设有前、中、后三个横穿孔,使后表示杆与之配合时有更大的选择余地,这样就扩大了表示杆动程的可调范围,使之既能适应普通道岔尖轨的动程,也能适应交分道岔和可动心轨道岔的动程需要。

2. ZD6-E 型转辙机

ZD6-E 型转辙机在原有电流消耗的前提下,增大了牵引力,扩大了转换动程,具有双锁闭功能,还设计了与之配套的新型电动机(与原电机通用),适用于特种断面的道岔、大号码道岔。将单侧圆弧锁闭改进为卧式圆柱体下方两侧对称圆弧接触面,实现双圆弧组成的圆槽锁闭,提高了锁闭的可靠性。启动齿结构从原来的半齿弱力启动改进为全齿啮合抗过载强力启动,提高了耐磨性能,延长了零件的使用寿命。强化了减速器,采用轴承钢,增设了固化板,行星齿轮的滚动轴承由滚珠式改为滚柱式,增加壳体局部厚度,提高了机械强度。

3. ZD6-F 型转辙机

ZD6-F 型转辙机在 ZD6-E 型基础上研制而成,将动程缩短为 130 mm,适用于可动心轨道岔的心轨。

主要改进是:在主轴轴尾原有的弹性制动防逆转措施基础上,叠加了刚性制动防逆转措施,采用了专用启动片和专用速动片。在自动开闭器下方设有方棒锁闭杆,以满足辅助锁闭、监督心轨位置及挤岔报警的要求。

4. ZD6-J 型转辙机

ZD6-J 型转辙机是 ZD6-D 型的派生产品,适用于 AT 道岔的第二牵引点,用来辅助牵引尖轨。它与 ZD6-E 型转辙机配合牵引 AT 道岔,称为"双机牵引"制式。它更换了 ZD6-E 型转辙机的第一级减速齿轮,使之与 ZD6-E 型动作同步。用前表示杆的第一个横穿孔,以适用道岔第二点动程小的需要。取消杆内副锁闭销,使之顺利地实现挤岔报警。

此外,还有 ZD6-G 型转辙机,额定负载 5 884 N,动作杆动程 165 mm,双锁闭,可挤型,适用于 60 kg/m 单开道岔。ZD6-H 型,额定负载 3 430 N,动作杆动程 165 mm,单锁闭,可挤型,适用于 50 kg/m 复式交分道岔。它们的运用数量较少。

4.1.4 相关规范、规程与标准

1.《普速铁路信号维护规则 技术标准》。

2.《地铁设计规范》(GB 50157—2013)第 17 章。

3.《铁路信号设计规范》(TB 10007—2017)。

4.《铁路信号站内联锁设计规范》(TB 10071—2000)第 2 章。

5.《信号工》。

6.《铁路信号图形符号》(TB 1122—1992)。

7.《城市轨道交通信号系统通用技术条件》(GB/T 12758—2004)第 6 章。

8.《城市轨道交通信号工程施工质量验收规范》(GB 50578—2010)第 5 章。

9.《转辙机通用技术条件》(TB/T 2614—2005)。

典型工作任务 2　S700K 型转辙机维护

4.2.1　工作任务

1. 对 S700K 型电动转辙机中的某型号转辙机进行拆解。

2. 对 S700K 型电动转辙机常见故障进行分析与处理。

3. 对相关的道岔控制电路能进行分析。

4.2.2　知识链接

1. S700K 电动转辙机整体结构

S700K 型电动转辙机的产品代号来自德文"Simens-700-Kugelgewinde",其含义为"西门子—具有 6 860 N(700 kgf)保持力—带有滚珠丝杠"的电动转辙机。S700K 型电动转辙机主要由外壳、动力传动机构、检测和锁闭机构、安全装置、接口配线等五大部分组成,其结构及部件三维图分别如图 4-23 和图 4-24 所示。

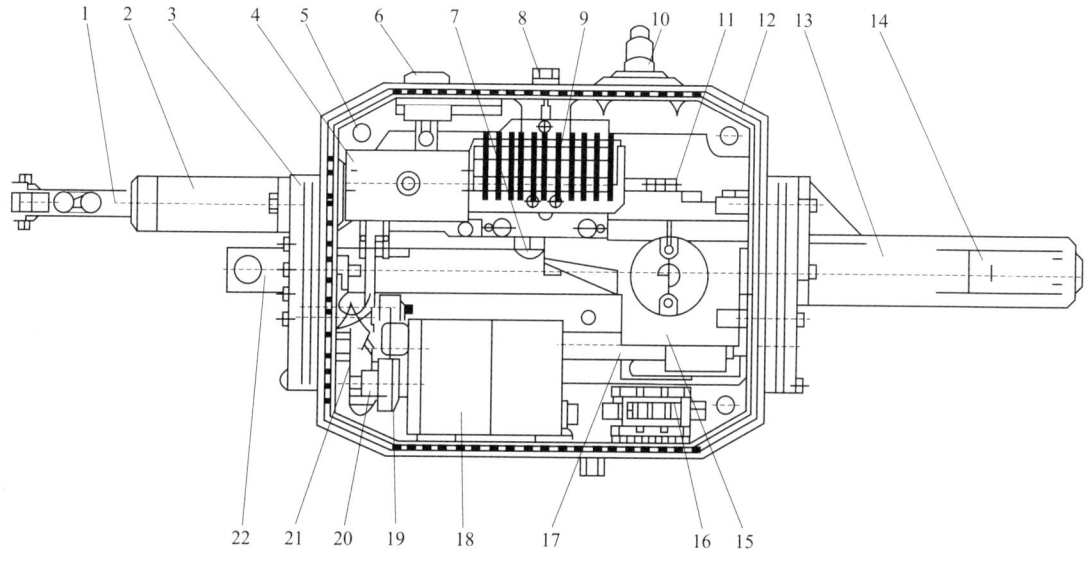

图 4-23　S700K 电动转辙机结构图

1—检测杆;2—导向套筒;3—导向法兰;4—速断开关;5—安装孔;6—开关锁;7—锁闭块及锁舌;8—接地螺栓;
9—速动开关组;10—电缆密封装置;11—表示标;12—底壳;13—动作杆套筒;14—止挡片;15—保持联结器;
16—插座;17—滚珠丝杠;18—电动机;19—摩擦联结器;20—摇把齿轮;21—连杆;22—动作杆

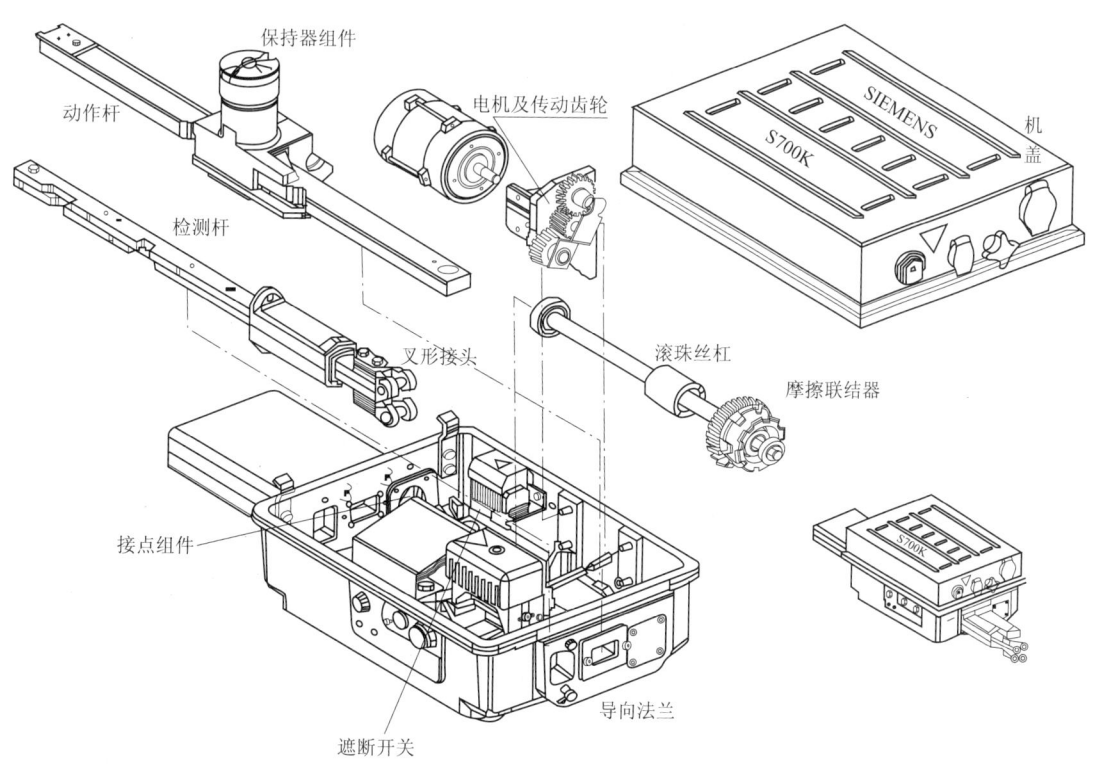

图 4-24　S700K 电动转辙机部件三维图

外壳,主要由铸铁底壳、机盖、动作杆套筒、导向套筒、导向法兰等组成。

动力传动机构,主要由三相交流电动机、齿轮组、摩擦联结器、滚珠丝杠、保持联结器、动作杆等组成。

检测和锁闭机构,主要由检测杆、叉形接头、速动开关组、锁闭块和锁舌、指示标等部分组成。

安全装置。主要由开关锁、遮断开关、连杆、摇把孔挡板等组成。

接口配线,主要由电缆密封装置、接插件插座组成。

根据功能不同,S700K 型电动转辙机可分为五个模块:外壳保护模块、动力传动模块、检测和锁闭模块、安全保障模块及配线接口模块,以 S700K-C 型电动转辙机为例,其模块结构如图 4-25 所示。

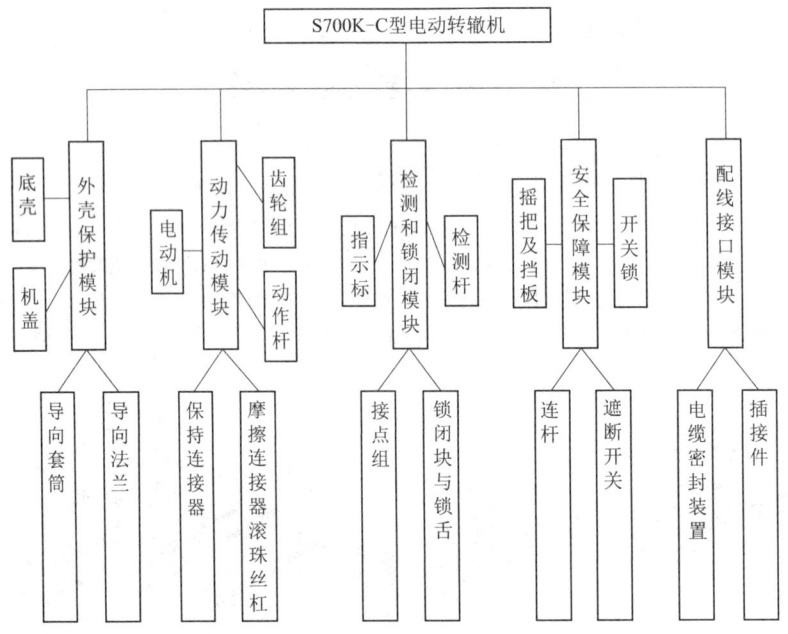

图 4-25 S700K-C 型电动转辙机功能模块结构图

1)S700K 型电动转辙机主要部件及其作用

S700K 型电动转辙机主要零部件及功能作用见表 4-5。

表 4-5 S700K 型电动转辙机主要零部件及功能作用

编号	部件名称	功能实现
1	底壳	提供所有其他零部件的安装基础
2	电动机	提供转辙机动力
3	带摩擦联结器的滚珠丝杠	将电动机的旋转运动转变为所需的直线运动;转辙机过载保护
4	保持联结器	建立滚珠丝杠与动作杆间的联动关系
5	锁闭块及锁舌	转换速动开关组;锁闭转辙机
6	速动开关组	转换接点
7	动作杆	将转辙机的转换力传递到岔心或心轨上
8	检测杆	检测道岔的状态及位置
9	遮断开关	安全接点

续上表

编号	部件名称	功能实现
10	开关锁	打开摇把儿孔,切断安全接点
11	接插件插座	外部电缆的接入
12	机盖	保护机内零部件
13	电缆密封装置	固定并密封所引入的电缆

（1）三相交流异步电动机

S700K型电动转辙机采用三相交流异步电动机为转辙机提供动力。S700K型电动转辙机采用三相异步电动机的三个绕组Y形联结,提供转辙机动力。铭牌标注见表4-6,其外观如图4-26所示。

表 4-6　S700K 型电动转辙机铭牌标注

电压	380/220 V	接法	Y△	动作电流（A）	2
额定功率（W）	400	功率因素	0.45	绝缘等级	B级
转速	1 350 min^{-1}	工作频率（Hz）	50		

三相异步电动机的特点是结构简单、运行可靠、坚固耐用、运行效率较高和具有适用的工作特性。它成功地减小了控制导线的截面,延长了控制距离,增强了系统的可控性。异步电动机运行时,定子绕组接到交流电源上,转子绕组自身短路,由于电磁感应在转子绕组中产生电动势、电流,从而产生电磁转矩。所以,异步电动机又叫作感应电动机。三相异步电动机当外加的电压及频率恒定时,电磁转矩跟随转差率而变化。在一定力的范围内,异步电动机电流的变化很小。

电动机为笼式转子,定子三个绕组呈星形接法。每相的引出线为单根多股软线,其

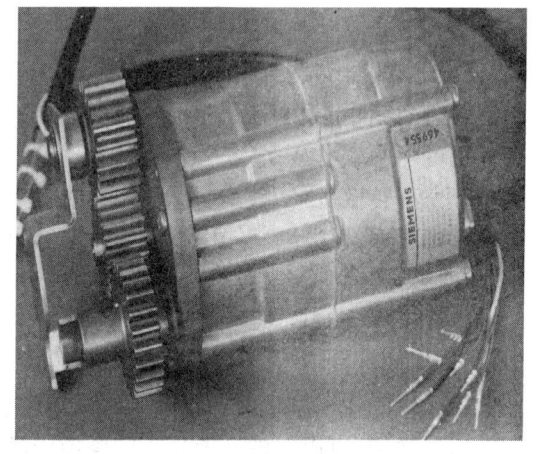

图 4-26　S700K 型电动转辙机采用三相交流异步电动机外观图

星形汇接点在安全接点座第61、71、81端子上,由跨接片跨接。安全接点座如图4-27所示,由于采用交流电动机,没有直流电动机的整流子,自然消除了电机电枢断线、枢间混线、炭刷与整流子接触不良等惯性故障,从而提高了设备的可靠性和使用寿命,减少了维修量。

电机正、反向旋转电路如图4-28所示。

（2）齿轮组

齿轮组由摇把齿轮、电机齿轮、中间齿轮及摩擦联结器齿轮组成,其中摇把齿轮与电机齿轮是一个传递系统,使得能用摇把对转辙机进行人工操纵。电机齿轮、中间齿轮、摩

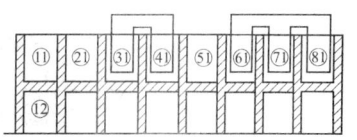

图 4-27　安全接点座

擦联结器齿轮是一个传递系统,将电机的旋转驱动力传递到摩擦联结器上,并将电动机的高速转速降速,以增大旋转驱动力,适应道岔转换的需要,这是转辙机的第一级降速。

（3）摩擦联结器

摩擦联结器将齿轮组变速后的旋转力传递给滚珠丝杠，其内有三对主被金属摩擦片，分别固定在外壳和滚珠丝杠上，摩擦片的端面有若干压力弹簧，通过调整弹簧压力，可以使主被摩擦片之间的摩擦结合力大小发生变化，实现了电动机和传动机构之间的软连接。这样，就可消耗因电动机转动惯性带来的电动机动作电路断开后的剩余动力。在尖轨转换中途受阻而不能继续转换时不使电动机被烧毁，即当作用于滚珠丝杠上的转换阻力大于摩擦结合力时，主被摩擦片之间相对打滑空转，保护了电动机。摩擦联结器的摩擦力必须能调节，使道岔在正常工作情况下，电动机能够带动转辙机工作，在道岔转换终了或尖轨被

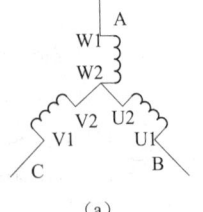

(a)

正常情况下相序ABC顺时针旋转，电机正转

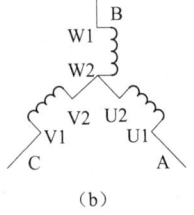

(b)

X1与X4或X1与X2交叉后，相序ABC变为逆时针旋转，电机反转

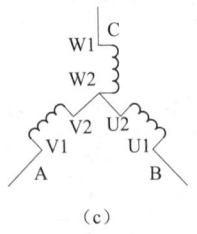

(c)

X1与X3或X1与X5交叉后，相序ABC变为逆时针旋转，电机反转

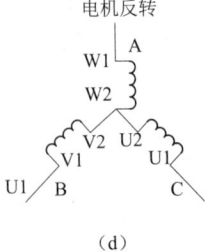

(d)

X2与X3或X4与X5交叉后，相序ABC变为逆时针旋转，电机反转

图 4-28　电机正、反向旋转电路图

阻时，使电动机能克服摩擦联结器的压力而空转，以保证电动机不致被烧毁。所以摩擦联结器调整好的摩擦力必须稳定，才能保证转辙机的可靠工作。

对于交流转辙机来说，其动作电流不能直观地反映转辙机的拉力，现场维修人员不能像对直流转辙机那样，通过测试动作电流来对摩擦力进行监测，必须由专业人员用专业器材才能进行这一调整。转辙机在出厂时已对摩擦力进行标准化测试调整，所以现场维修人员不得随意调整摩擦力。

（4）滚珠丝杠

滚珠丝杠的作用是将电动机的旋转运动转变为所需的直线运动。摩擦联结器的作用是通过调整压力弹簧，可以调整摩擦片之间摩擦力的大小，保证可靠转换。滚珠丝杠相当于一个直径 32 mm 的螺栓和螺母，如图 4-29 所示。当滚珠丝杠正向或反向旋转一周时，螺母前进或后退一个螺距。它一方面将电动机的旋转运动变成丝杠的直线运行；另一方面起到减速作用，减速比取决于丝杠的螺距。

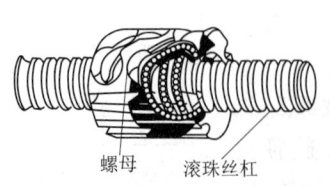

螺母　　滚珠丝杠

（a）示意图

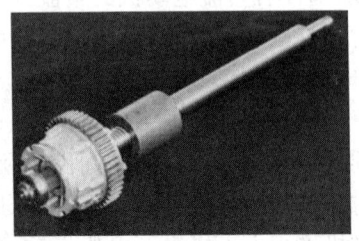

（b）外观图

图 4-29　滚珠丝杠

S700K-C 型电动转辙机采用了可靠的多片干式可调摩擦联结器,其内三对金属摩擦片分别固定在其外壳与滚珠丝杠上,摩擦片的端面设置了压力弹簧,弹簧的多少是由摩擦力的级别决定,有 6 kN、5 kN、2 kN 三种。通过调整压力弹簧,可以调整摩擦片之间摩擦力的大小,保证可靠转换。

在道岔转换到位或转换卡阻时,电动机能够克服摩擦联结器的压力而空转,实现电动机过载保护。

(5)保持联结器

保持联结器分可挤型或非可挤型,主要区别为是否安装了止动环。

可挤型是指保持联结器利用其内部弹簧的压力分别设置有 9 kN、16 kN、24 kN 或 30 kN,当道岔的挤岔阻力超过弹簧设定压力时,动作杆滑脱,起到整机不受损坏的作用。

非可挤型是指保持联结器内增加止动环。当挤岔阻力超过弹簧设定压力时,用于阻止与动作杆相连的保持栓的位移,从而保证挤岔是转辙机的不解锁。

保持联结器是转辙机的挤脱装置,利用弹簧的压力通过槽口式结构将滚珠丝杠与动作杆连接在一起,如图 4-30 所示。当道岔的挤岔力超过弹簧压力时,动作杆滑脱,起到整机不被损坏的保护作用,相当于 ZD6 型电动转辙机的挤岔装置。

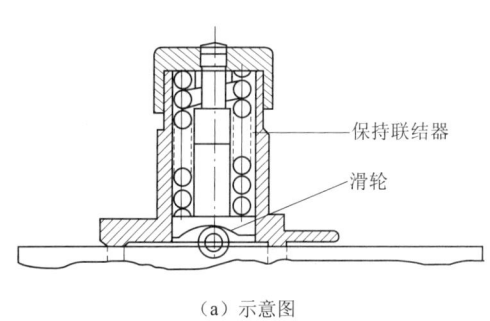

|（a）示意图|（b）外观图|

保持联结器

滑轮

图 4-30　保持联结器

根据现场实际需要,保持联结器可采用可挤型和不可挤型。可挤型是指保持联结器利用其内部弹簧的压力将滚珠丝杠和动作杆连接在一起。不可挤型是工厂将保持联结器内部的弹簧取消,放一个止挡环,用于阻止与动作杆相连的保持栓的移动,成为硬连接结构。挤岔锁定力为 90 kN。当道岔挤岔阻力超过 90 kN 时,挤坏硬连接结构的保持联结器,需整机送回工厂修理。

保持联结器的顶盖是加铅封的,维修人员不得随意打开。铅封打开后,必须由专职人员重新施封,以保证其安全可靠地运用。

(6)检测杆

检测杆随尖轨或心轨转换而移动,用来监督道岔在终端位置时的状态。检测杆有上、下两层,上层检测杆用于监督拉入密贴的尖轨或心轨拉入时的工作状态;下层检测杆用于监督伸出密贴的尖轨或心轨伸出时的工作状态,如图 4-31 所示。

上、下层检测杆之间没有连接或调整装置,外接两根表示杆,分别调整。道岔转换时,由尖轨或心轨带动检测杆运动。当密贴尖轨或心轨密贴、斥离尖轨或心轨到达规定位置,上、下层检测杆的大小缺口对准转辙机的锁闭块时,锁舌才能弹出。就是说,密贴尖轨或心轨、斥离尖轨或心轨到达规定位置时,才能给出有关表示。检测杆示意图如图 4-32 所示。

检测杆检测原理如图 4-33 所示,检测杆随着尖轨的转换而移动,用以监测道岔在终端位置时的状态。S700K-C 型电动转辙机的检测杆分为上、下两层,上层检测杆用于检测缩进的密贴尖轨的工作状态,下层检测杆则用来监测伸出密贴尖轨的工作状态。

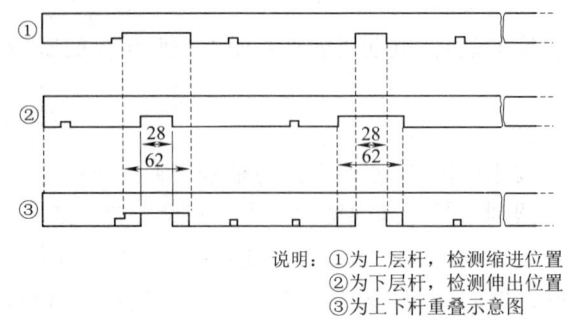

说明:①为上层杆,检测缩进位置
②为下层杆,检测伸出位置
③为上下杆重叠示意图

图 4-31　左装式 S700K 型电动转辙机检测杆示意图(单位:mm)

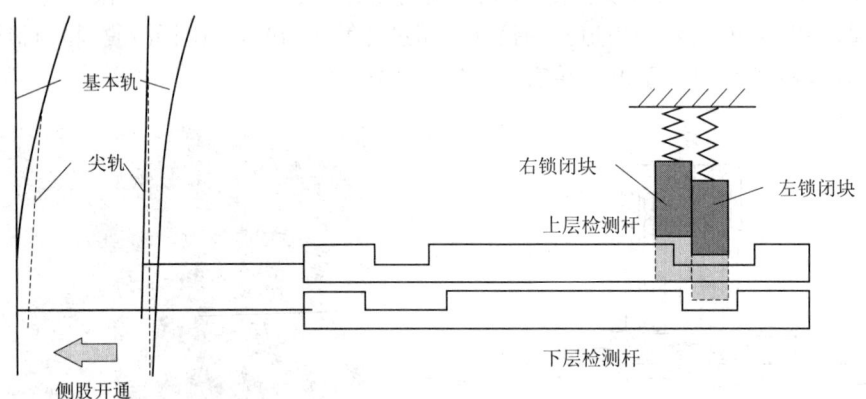

图 4-32　检测杆示意图

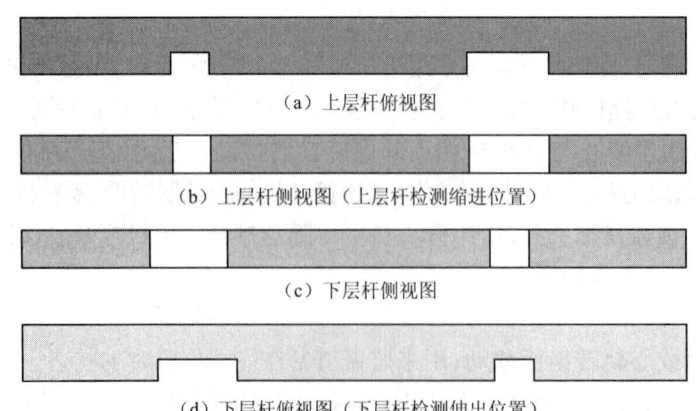

（a）上层杆俯视图

（b）上层杆侧视图（上层杆检测缩进位置）

（c）下层杆侧视图

（d）下层杆俯视图（下层杆检测伸出位置）

图 4-33　S700K-C 型转辙机右装式检测杆示意图

S700K-C 型电动转辙机的检测杆上的宽槽槽宽为 61.5 mm,窄槽槽宽为 28 mm(第二牵引点为 29 mm),锁闭块宽为 25 mm,则对密贴轨的检测精度则可以达到:

第一牵引点:(28−25)/2＝1.5 mm

为了保证 S700K-C 型电动转辙机所要达到的安全技术要求,在转辙机的安装和日常的维护过程中,要求:

①上、下两检测杆无张嘴和左右偏移现象,检测杆头部的叉形连接头销孔的磨损量不大于 1 mm。

②检测杆的缺口调整为指示标对准检测杆缺口标记两侧各(1.5±0.5)mm(第一牵引点)。定位、反位缺口均须按此进行调整,以满足要求。

(7)锁闭块和锁舌

①锁闭块及锁舌的弹出要求

转辙机转到终端位置,表示杆的指示缺口与指示标对中时,锁闭块及锁舌能正常弹出。锁闭块的正常弹出可以使速动开关组的相关接点闭合或断开,从而接通新的表示电路。锁舌的正常弹出是为了阻挡保持联结器的移动,实现转辙机的内部锁闭。锁舌的伸出量一般大于或等于 10 mm,但最小伸出量不得小于 9 mm。

②锁闭块及锁舌的缩入要求

转辙机开始动作后,锁舌在锁闭块的带动作用下应能正常缩入。锁闭块的缩入,应可靠地断开表示接点。

(8)速动开关

速动开关实际上是采用了沙尔特堡接点组的自动开闭器。它随着尖轨或心轨的解锁、转换、锁闭过程中锁闭块的动作自动开闭,以自动开闭电动机动作电路和道岔表示电路。

速动开关包括定位动作接点(DD)、反位动作接点(FD)、定位表示接点(DB)、反位表示接点(FB)。在尖轨或心轨解锁以后,断开原表示电路,DB、FB 都断开,表示道岔处于不密贴状态,然后闭合反转用的电机电路,为随时回转做好准备。在尖轨或心轨转换过程中,必须保证自动开闭器不动,排除 DB、FB 有闭合的可能性。在尖轨或心轨锁闭后应及时断开电动机动作电路,接通表示电路。若尖轨或心轨不密贴,严禁表示接点闭合。道岔在四开位置,应可靠断开表示电路。

速动开关示意如图 4-34 所示,分上、下两层,站在速动开关一侧看,每层各分左右两排接点组,每排由左至右依次排列六组接点。每排的前两组接点分别由两组接点串联使用,如 11—12 由下排第一、二组接点串联使用,实际上每排接点可有四组接点使用。

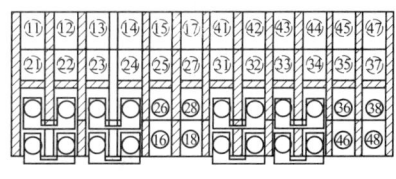

图 4-34　速动开关组示意图

其中,左侧下层 11—12、13—14、15—16、17—18 为第 1 排接点组;上层 21—22、23—24、25—26、27—28 为第 2 排接点组;右侧上层 31—32、33—34、35—36、37—38 为第 3 排接点组;下层 41—42、43—44、45—46、47—48 为第 4 排接点组。

第 1、4 排为动作接点;第 2、3 排为表示接点。锁闭时,哪一侧的锁舌弹出,则该侧所对应的上层接点接通,下层接点断开。解锁及转换时,两个锁舌均缩进,这时下层两排接点(第 1、4 排)接通,上层两排接点(第 2、3 排)断开。

道岔在定位时,自动开闭器的第 1 排、第 3 排接点闭合的叫“1、3 闭合”,自动开闭器的第 2 排、第 4 排接点闭合的叫“2、4 闭合”,这和 ZD6 型电动转辙机的提法相同。

S700K 型电动转辙机无论“1、3 闭合”还是“2、4 闭合”,其内部配线完全一样,只需通过室外连线 X2 与 X3、X4 与 X5 的交叉和二极管的换向来实现。

(9)开关锁与安全接点座

开关锁是操纵遮断开关闭合和断开的机构,用来在检修人员打开电动转辙机机盖进行检修作业或车务人员插入摇把转换道岔时,可靠断开电动机动作电路,防止电动机误动,保证人身安全。当钥匙立着插入并逆时针转动90°时,遮断开关被可靠断开。恢复时须提起开关锁上的锁闭销,同时将插入的钥匙顺时针转动90°,遮断开关被可靠接通。

遮断开关接通时,摇把挡板能有效阻挡摇把插入摇把齿轮,防止用钥匙打开电动转辙机机盖。断开遮断开关时,摇把能顺利插入摇把齿轮或用钥匙打开电动转辙机机盖,此时电动机的动作电源将被可靠地切断,不经人工操纵和确认,不能恢复接通。

安全接点座如图4-35所示。安全接点11－12是遮断开关,它在开关锁的直接操纵下闭合和断开,需要进行内部检修或人工断开动作电路时,用钥匙打开开关锁,断开安全接点,切断动作电路,起到保护作用。人工摇动道岔时,打开摇把孔板,也断开安全接点,防止在手摇道岔时室内扳动道岔使其误动。

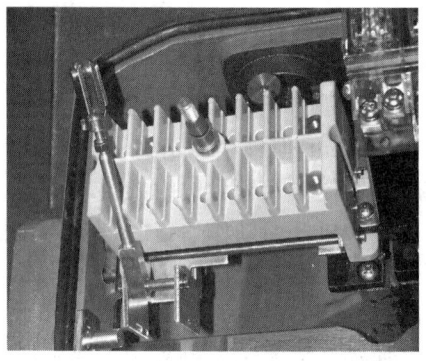

端子31、41为安全接点11－12、电动机引线U、速动开关接点25、26的汇流排。端子61、71、81为三相交流电动机星形节点的汇流排。

图4-35　安全接点座

1)S700K型电动转辙机内部配线

S700K型电动转辙机内部配线如图4-36所示,图中包括接插件、速动开关组、安全接点座和三相交流电动机。所有配线及端子均与实物相吻合。

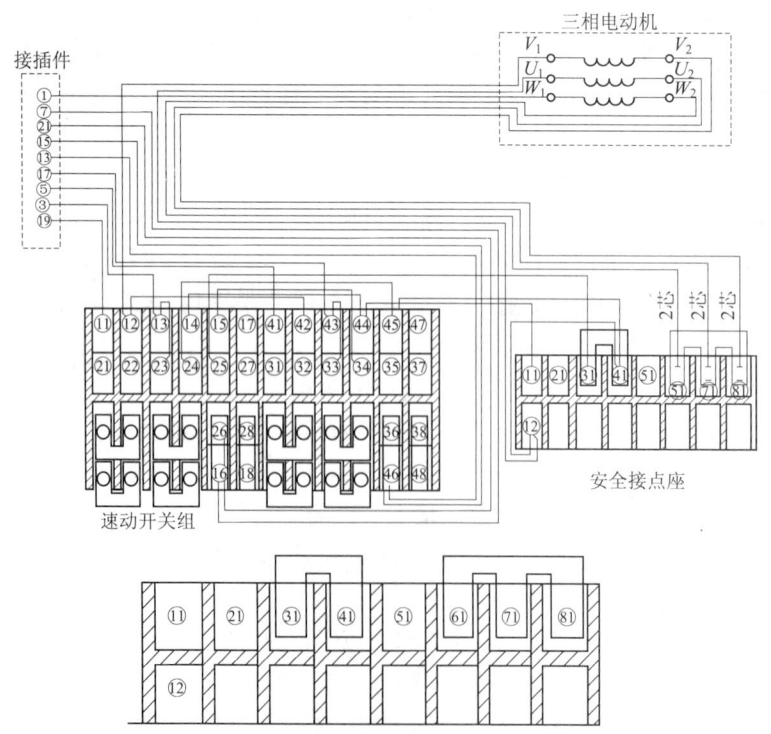

图4-36　S700K型电动转辙机内部配线图

2)TS-1 型接点系统

沙尔特堡接点组体积小、结构单薄、抗振能力明显不足,在使用过程中,接点接触不良、接点螺丝滑扣松动、虚焊等故障逐年上升。由于该接点在转换过程中没有动作扫程,遇特定条件会出现接点冰冻粘接故障。该种接点的封闭结构给查找故障、更换接点带来不便。为了减少故障,提高设备运用质量,研制了TS-1 型新型接点系统,以取代沙尔特堡接点。TS-1 型接点系统由开关盒、转换驱动机械、插接件等组成,其结构如图 4-37 所示。

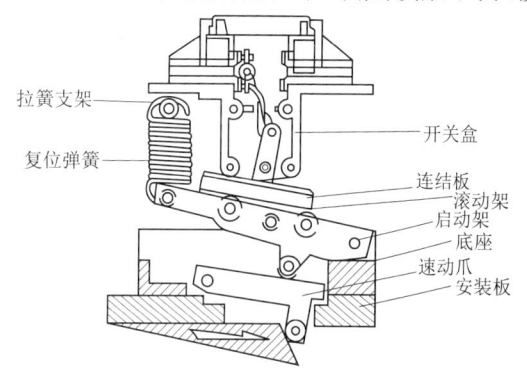

图 4-37　TS-1 型接点系统结构图

TS-1 型接点和沙尔特堡接点组安装尺寸不同,S700K 型转辙机两滑块上部大盖板重新制作。当转辙机电动机旋转,滚珠丝杠下方的动作推板开始动作时,锁闭滑块由左向右推移,大滑块前端斜面驱动速动爪滚轮向上顶起,并推动起动架向上提升,起动架前部滚轮逐步将开关盒下部连板向上推动,开关盒中动接点也随之开始动作,中部接点拉簧随动接点拐臂由右向左摆动,并拉伸,动接点触头向上移动与左侧静接点摩擦后断开,从而断开原表示电路。当上、下拐臂过中心点后,动接点由于拉簧作用,从左侧迅速转换与右侧静接点接触,接通反转电路。当转辙机转至终点,检测杆到位后,另一组接点下部的大滑块由右向左移动,在复位大弹簧的作用下,速动爪落下,起动架尾部抬起,左侧滚轮推动连接板上移,动接点由右迅速与左侧静接点接触,断开转辙机动作电路,接通新的表示电路。该接点组将动、静接点由水平方向的上下接触改为垂直方向的左右接触,减少了列车振动对接点的损伤;增设了扫程,防止冻冰粘接;增大了接点接触压力,提高了接触可靠性;接点组壳体透明敞开,方便检查;为可拆卸式,可快速更换。TS-1 型接点组采用了类似 ZD6 型电动转辙机的接点排列顺序,便于掌握。

2.S700K 电动转辙机传动原理

1)S700K 型电动转辙机的传动过程

S700K 型电动转辙机的机械传动机构如图 4-38 所示。按如下过程进行工作:

(1)电动机的转动通过减速齿轮组,传递给摩擦联结器。

(2)摩擦联结器带动滚珠丝杠转动。

(3)滚珠丝杠的转动带动丝杠上的螺母水平移动。

(4)螺母通过保持联结器经动作杆、锁闭杆带动道岔转换。

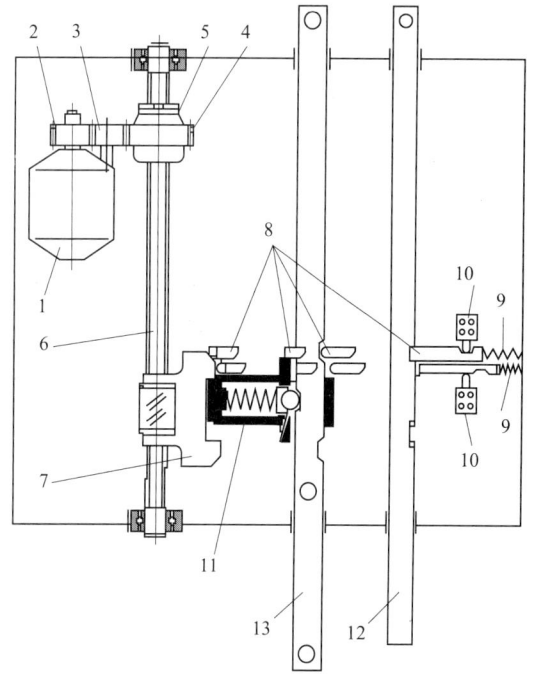

图 4-38　S700K 型电动转辙机的机械传动机构图
1—电机;2—电机齿轮;3—中间齿轮;4—大齿轮;5—摩擦联结器;6—滚珠丝杠驱动装置;7—操纵板;8—锁闭块;9—弹簧;10—接点组;11—保持联结器;12—检测杆;13—动作杆

（5）道岔的尖轨或心轨经外表示杆带动检测杆移动。

结合图 4-38，其具体工作原理如下：

电动机的驱动力，通过由电机齿轮、中间齿轮和摩擦联结器上的大齿轮传递到滚珠丝杠驱动装置上，该装置通过限制丝母的旋转将电动机的旋转运动转换为直线运动。转辙机转换力可通过调整摩擦联结器来限定。操纵板在丝母的作用下，推动锁闭块克服弹簧的弹力回退，从而使表示接点转换，切断表示电路；锁闭块进一步回退，实现转辙机的解锁。丝母继续通过推动保持联结器来带动动作杆运动，实现转辙机的转换。当动作杆运动至另一终端位置时，另一侧的锁闭块在弹簧的作用下探出，将保持联结器锁闭，并使得另一侧的接点转换，切断电动机电源并接通新的表示电路，完成转辙机的锁闭。

S700K 型电动转辙机的动作程序与 ZD6 型电动转辙机的动作程序大致相同，即：断表示→解锁→转换→锁闭→给出另一位置表示。

以 220 mm 动程的 S700K 型电动转辙机为例，其动作程序为：电动机转动→中间齿轮转动→摩擦联结器转动→滚珠丝杠转动→丝杠螺母移动→操纵板将锁闭块顶入，断开原表示→锁舌缩入，解锁→滚珠丝杠螺母带动保持联结器移动→外锁闭装置开始解锁→动作杆移动 60 mm 时外锁闭装置解锁完毕→道岔转换→动作杆移动 220 mm 时内检测杆缺口对准锁闭块，锁闭块弹出，进入检测杆缺口→锁舌伸出→断开启动电路，接通表示。与 ZD6 型电动转辙机不同的是，S700K 型电动转辙机具有表示电路自检锁闭功能，卡缺口时，锁舌伸不出来，内锁闭无法锁闭，不能接通表示电路，即有道岔表示时，转辙机必须在内锁闭状态。而 ZD6 型表示电路不检查锁闭，检查柱不落槽，转辙机照样能实现内锁闭。

动作分解后的工作顺序如图 4-39 所示。

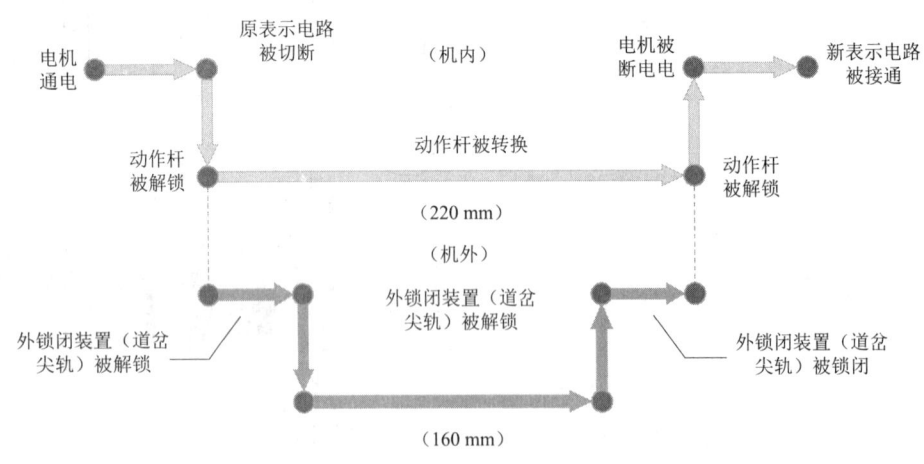

图 4-39　S700K 型电动转辙机动作分解后的工作顺序示意图

①解锁及断开表示接点过程

当操纵道岔，需使转辙机动作杆由拉入变为伸出位置时，三相电动机得到 380 V 交流电源，使电动机顺时针方向旋转，经齿轮组及摩擦联结器使滚珠丝杠向顺时针方向旋转，从而使丝杠上的螺母向左侧运动。在运动过程中，由操纵板将锁闭块顶进，使表示接点断开，同时带动左锁舌向缩进方向运动，直至左锁舌完全缩进。

②转换过程

在转辙机解锁后,由于三相电动机继续转动,故滚珠丝杠上的螺母继续向左运动,带动保持联结器向左运动,由于保持联结器与动作杆固定为一体,使动作杆向左侧(伸出方向)运动,带动道岔尖轨或心轨进行转换,当动作杆运动 220 mm 时,即完成了转换过程。

③锁闭及接通表示接点过程

当动作杆向左侧运动了 220 mm 时,检测杆在尖轨带动下运动了 160 mm 或在心轨带动下运动了 117 mm,这时锁闭块弹出,接通表示接点,同时右锁舌也弹出,锁住保持联结器,使动作杆不得随意串动。

S700K-C 型电动转辙机工作原理流程如图 4-40 所示。

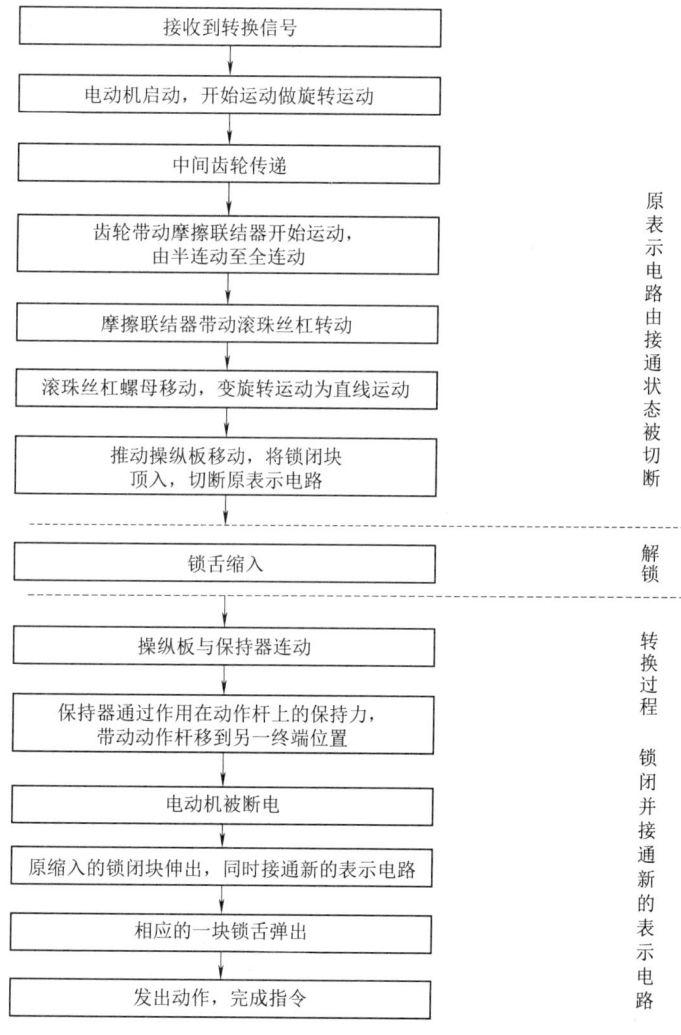

图 4-40　S700K-C 型电动转辙机工作原理流程图

2)S700K 电动转辙机的挤岔原理

凹槽式的保持联结器使转辙机能承受挤岔。与道岔相连的动作杆由保持联结器以一定的力牢靠地固定住,当作用在道岔上的力超过挤岔阻力时动作杆松脱。动作杆侧面的凹槽会使锁闭块后退而转换接点。由于接点被强制转换,在控制室可以得到故障及挤岔显示。根据应用情况,可以采用非可挤型转辙机。

3. S700K型电动转辙机主要技术要求

S700K型电动转辙机型号如下:

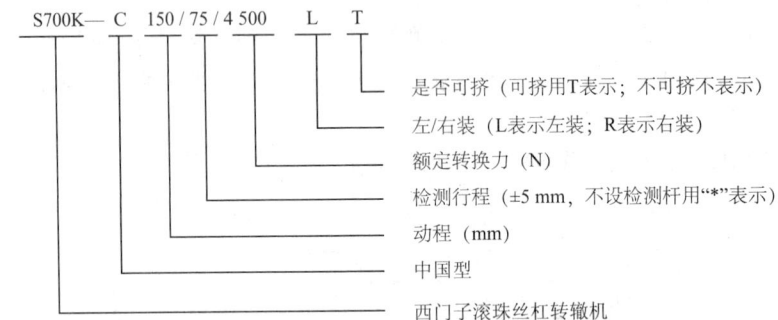

是否可挤 (可挤用T表示;不可挤不表示)

左/右装 (L表示左装;R表示右装)

额定转换力 (N)

检测行程 (±5 mm,不设检测杆用"*"表示)

动程 (mm)

中国型

西门子滚珠丝杠转辙机

S700K型电动转辙机的主要技术特性见表4-7,其动程如图4-41所示。

表4-7　S700K型电动转辙机的主要技术特性表

代号 左/右装	型号	动程 (mm)	检测行程 (mm)	额定转换力 (N)	电源电压 (V)	动作电流(单线 电阻54 Ω)	A动作时间 (s)	挤岔力 (kN)	用于
A13/A14	220/160	220	160	300	～380	≤2	≤6.6	不可挤	第一牵引点
A29/A30	150/85	150	85	4500	～380	≤2	≤6.6	≤24	双机

注:1. A7(8)奇数为左装,偶数为右装。

　　2. 监测精度为±2.0的转辙机不能用于单机牵引或第一牵引点。

　　3. 可挤型挤岔力为24 kN。

　　4. 电源电压:三相交流380 V;单线电阻:≤54 Ω。

　　5. 动作电流:≤2 A(54 Ω线阻)

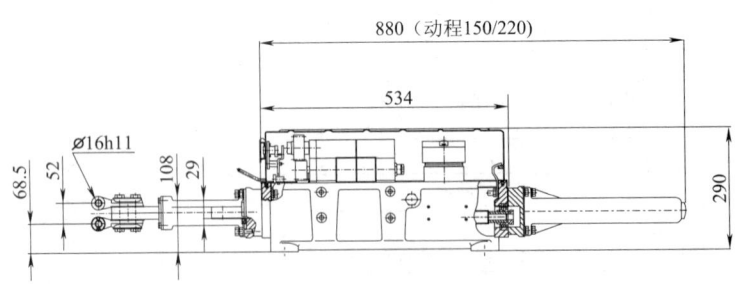

图4-41　转辙机动程示意图(单位:mm)

例如,60 kg/m钢轨9号AT道岔尖轨两点牵引时:第一牵引点采用A13/A14;第2牵引点采用:A29/A30。

4. S700K电动转辙机安装

S700K型电动转辙机的左右装如图4-42所示,S700K型的左、右装可以通过转辙机的型号来区分。面向岔心,观察转辙机,安装在直股右侧为右装,安装在左侧为左装。字母"A"加上某个奇数数码表示左装,如A11、A33;字母"A"加上某个偶数数码表示右装,如A12、A34。

一般工厂生产的 ZD 系列转辙机和 ZYJ 系列转辙机均按正装出厂,在道岔上,如需反装时,将动作杆、表示杆倒换方向即可。

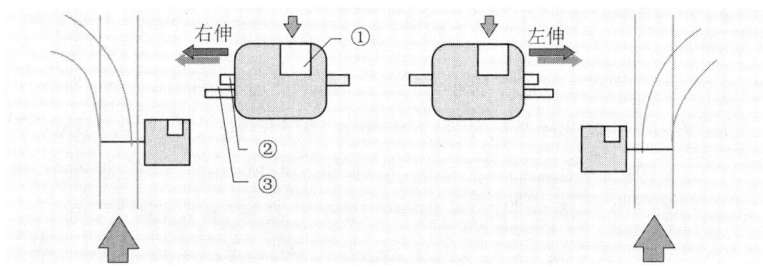

(a)右装转辙机(装在直股右侧)   (b)左装转辙机(装在直股4侧)

图 4-42 S700K 电动转辙机的左、右装

①—电机;②—动作杆;③—检测杆。

当转辙机伸出方向与安装使用方向不一致时,就必须对转辙机进行方向倒换。调整方法如下:

(1)拆下转辙机(或转换锁闭器)动作杆、表示杆(或检测杆)的保护管。

(2)转辙机处于解锁状态,将锁闭杆、表示杆从原侧拉出,旋转 180°从另一侧插入。

(3)将动作杆、表示杆(或检测杆)的保护管安装到另一侧即可。

5. S700K 型电动转辙机调整

1)调整步骤

(1)分动外锁闭道岔调整的基本顺序是:

先调整第一牵引点,再调整第二牵引点;先调密贴,再调锁闭量,最后调表示缺口。

(2)钩式外锁闭道岔的调整

尖轨与基本轨的密贴,可动心轨与翼轨的密贴调整均通过在锁闭铁与锁闭框之间增减调整片来进行。定、反位锁闭量之差大于 3 mm 时,可通过减少密贴调整片,同时在尖轨连接铁和尖轨间增加调整垫来调整。

(3)转辙机表示缺口调整同上述。

2)转辙机与外锁闭整体的调整

现以 S700K-C 型电动转辙机安装装置外锁闭部分为例进行介绍。尖轨与基本轨不应密贴过紧,应有 0.2～0.7 mm 间隙,夹 4 mm 铁板时,转辙机不能锁闭;夹 2 mm 铁板时,应能锁闭。

(1)尖轨开口动程调整

分动外锁闭装置要求尖轨在牵引点(锁闭杆中心轴线)处的开口动程为 160 mm,即道岔锁闭状态时,斥离尖轨与基本轨在锁闭杆中心轴线处的开口距离。当密贴良好,开程不达标时,需要在尖轨和外锁闭连接铁之间加或减开口动程调整片,假如加了 2 mm 开口动程片,那么同侧的密贴片就减去 2 mm,以满足密贴(0.21～0.75 mm)。完成后,标志如偏离,要调整外表示杆的长度,使之满足要求(1.5～0.5 mm)。

调整方法如下:首先通过调整动作连接杆与转辙机动作杆连接的活动接头,使两侧尖轨在道岔锁闭状态时的开口接近 160 mm,并且相差不超过 3 mm,然后检查道岔开口是否符合规定要求,若一侧开口大于要求值,可通过增加尖轨连接铁与尖轨间的调整片进行调整;反之,则通过减少尖轨连接铁与尖轨间的调整片进行调整,调整片的增减量一般与开口的需调整量相当。当本侧开口调整达到要求,转换道岔,以同样方式进行另一侧开口的调整。两侧开口值均在规定范围内且尽量一致。

（2）尖轨密贴调整

第一牵引点的尖轨到尖轨尖端与基本轨密贴过紧或过松时（0.25～0.75 mm），可以通过减少或增加锁闭铁与锁闭框之间密贴调整片来调节密贴的松紧。由 0.5 mm 到 0 mm 进行调整时,满足 0.25～0.75 mm。完成后,应测量该侧的锁闭量。最后,要观察转辙机的缺口标志是否对中,如偏离,还要调整外表示杆的长度,使之满足要求（1.5～0.5 mm）。

（3）表示缺口调整

S700K-C 型电动转辙机检测杆本身不具备自动能力,而且在上、下两层检测杆之间没有连接或是调整装置。使用中,通过两根外接的表示杆分别连接至远近两根可动心轨,通过位于表示杆上的螺牙调整装置分别进行转辙机检测杆的指示标调整和钢轨密贴调整。在道岔转换的过程中,动作杆先带动尖轨运动,再由尖轨带动检测杆运动。当密贴尖轨、斥离尖轨到达规定的位置,上、下检测杆的大小缺口对准转辙机的锁闭块时,锁舌才能弹出,进而使速动开关组发出转换完成的信号。也就是说,必须是密贴尖轨、斥离尖轨到达制定的正确安全位置时,系统才会给出相关的信号表示。

（4）指示标的调整

当道岔的轨距、开程、密贴调整达到技术要求后,分别在两个终端位置下,通过调整转辙机外部的长、短表示杆上的螺母,改变其长度,使转辙机内检测杆的小缺口对准指示标。调整合适后,合机盖前应先提起锁闭销并反向关闭开关锁,才能重新接通电源。

（5）密贴检查器的调整

①将安装装置紧固在道岔上。

②将密贴检查器紧固在安装装置上。

③松开表示拉杆上无牙轴套外的螺母,转动无牙轴套,在尖轨密贴基本轨时,将密贴检查器的表示杆上的刻度线调整至移位标方孔的左侧。

④在基本轨与尖轨之间插入厚 5 mm、宽 20 mm 的钢板,转动无牙轴套,密贴检查器的密贴表示接点不应接通。

⑤调整好后,将无牙轴套外的螺母拧紧,防止轴套松动。

3）S700K-C 型电动转辙机的调整

（1）机体调整

检查转辙机内、外各部分螺栓有无松动,开口销是否齐全,提拉机盖观察前、后间隙,检查机盖灵活性及密封状态。

①机盖锁的拆卸与安装

a. 卸掉开口销,取下闭合板。注意:再安装时需要更换新的开口销。

b. 从机盖的内侧松开机盖锁的四个固定螺栓。注意:同时也松开锁盖、垫圈及支撑板。

②转辙机内部及电缆线束的状态检查。

③遮断开关（安全接点）功能检查

a. 摇把挡板在遮断开关闭合时,能有效阻挡摇把插入,开关断开时,摇把可顺利插入,挡板与齿轮之间的间隙≥1 mm;开关锁动作灵活,通、断电性能良好。

b. 遮断开关拆卸与安装。

c. 松开与电动机的机械连接。

d. 拔出遮断开关上的连接销。

e. 卸下连接遮断开关的连杆。

f. 卸下遮断开关罩壳,松开全部接线,旋松两个紧固螺钉,即可卸下遮断开关。

④速动开关组拆卸与安装。松开接线后再松开固定螺钉,即可拆下速动开关组。更换速动开关组后,不必进行任何调整工作。

⑤锁闭块及锁舌的状态检查。将锁舌/锁闭块顶入并且能够自动弹出,当转辙机锁闭块和锁舌正常弹出时,锁舌的伸出量应不小于 10 mm;转辙机开始动作时,锁舌在锁闭块的连带作用下,能够正常缩入。

⑥锁闭块拆卸与安装

a. 外表示杆断开。

b. 用手摇把使转辙机离开终位,拉出检测杆直至锁闭块"自由"。

c. 继续将转辙机摇至终位,直至摩擦联结器打滑,然后朝相反方向用手摇把摇三周,以使操纵板往前约 3 mm。

d. 将位于锁闭块上面的导向板旋松,取下锁闭块、垫板和垫圈。首先取出已倾斜的锁闭块,在拽出时先对着压力弹簧压一下,然后向上边摇边拽出。将第二个锁块从操纵板的侧面向下压,再向上边摇拽出。

注意:这时锁闭块处于弹簧张力下,在安装锁闭块时应按相反顺序进行。

⑦保持联结器的状态检查。联结器应无锈蚀或非正常过度磨损,滚珠丝杠保持清洁、动作平稳无噪声;摩擦联结器上的漆封完整,止动片、M4×8 mm 螺栓位置正确、不脱落。

⑧电动机及滚珠丝杠的状态检查。受潮锈蚀、绝缘不良或丝杠弯曲应更换。松开速动开关组及遮断开关的配线端子,拔出手摇把挡板部件上的轴销,以便卸下通往遮断开关的连杆,松开电动机的四个紧固螺栓,就可方便地取出电动机。

⑨锁闭块注润滑油,接点下注油孔及锁舌处(锁闭机构)注润滑油。

⑩检测杆注润滑油,机内滑动部分及表面涂油。检测杆由一组检测杆和一个导向套筒组成,拆卸与安装如下:

a. 旋松拆下用于阻止检测杆被拉出的止动螺钉,左装时,使其处于伸出终位;右装时使其处于拉入终位。

b. 用手摇把将转辙机摇到两个锁闭块都处于缩入位置,这时检测杆可以被拽出。如果要将检测杆的导向套筒一起拆下,那么,需要先松开导向套筒的固定螺栓。

c. 如果更换导向套筒,则务必采用新的密封圈,并将毛毡浸满机油。组装前应先清洁导向套筒和底壳的密封面,将其约 3 mm 的密封腔涂抹在密封面上,拧紧螺栓即可。

⑪检测杆位置指示标调整。如果检测杆位置指示标松脱,则需按下列方式进行调整:使转辙机及检测杆处于伸出终位,然后推动下面一根检测杆直至锁闭块进入检测杆口内。在这种状态下,利用螺钉与指示标的间隙调整其位置,使之与相应的检测杆小缺口(宽为 6 mm)的边缘相吻合(误差为+0.2 mm)。

⑫电动机中间齿轮轴注润滑油或涂润滑脂。

⑬摇把齿轮轴涂润滑脂。

⑭检测杆、动作杆机外部分涂润滑油。

⑮电动机齿轮、过轮和摩擦联结器大齿轮表面涂润滑脂。摇把齿轮转动灵活,齿轮轴不缺油,轴用挡圈不脱落;摇把齿轮的弹簧弹力足够;四个减速齿轮涂抹润滑脂。

(2)外锁闭调整

①设备无外界干扰和异状,斥离尖轨与基本轨之间无异物。

a. 尖轨无爬行、一毡边现象。

b. 岔尖根部螺栓紧固适当。

c. 轨缝应有 5~10 mm,尖轨与基本轨螺栓不相碰。

d. 9 号道岔第二牵引点直线尖轨密贴时应有 3 mm 间隙。

②各紧固件应齐全,螺栓紧固无松动,开口销齐全并按标准角度劈开。

③安装装置、外锁闭装置都安装平顺。各零部件的转动部分和滑动面以及各处连接销都应涂润滑油润滑,动作灵活无卡阻。通过手摇转辙机检查阻力小,应与额定转换力有较大的差距,有足够的余量;各杆件连接要平顺,无别卡现象。解锁过程中,锁舌与保持联结器无明显摩擦声;在解锁时,斥离轨无明显反弹;密贴时尖轨直线部分与基本轨同时接触;无尖轨尖部或腰部先接触现象。

④锁闭装置各部零件无异常现象(意外损坏、异常磨痕)。

⑤尖轨爬行不影响外锁闭正常转换。

⑥各项技术参数应符合技术要求的规定。

⑦道岔密贴状态良好。尖轨与基本轨不应密贴过紧,应有间隙 0.2~0.7 mm。夹 4 mm 铁板时,转辙机不能锁闭;夹 2 mm 铁板时应能锁闭。

⑧检查道岔安装装置及外锁闭装置各处绝缘是否良好。

6. S700K 电动转辙机故障与处理

1)电路故障处理

(1)电源故障

直流 1 屏提供道岔模块 POM4 的工作电压,当直流 1 屏不能提供正常电压 24 V 时,现场操作工作站(LOW)显示"24 V 供电"红色报警道岔信号机同时无信息,可能电压过高或过低,自动切断 24 V 供电。当联锁采集到 380 V 转辙机电源告警时,即 LOW 上右下角的报警框"转辙机电源"变红,此时不管 380 V 转辙机电源是否真的有故障,转换道岔均无法操作到位。

(2)电路故障

道岔故障可分为机械故障和电气故障两大类,其中机械故障又通过电路故障反映出来,分清室内、外故障可以避免人为的故障延时。道岔故障都反映到 LOW 显示器上面,主要现象有挤岔、转不到位(无表示)和无信号三种。

①挤岔是指道岔在左(右)位没有得到任何命令而突然失去道岔位置监督信号,此时 LOW 显示道岔的两分叉光带长闪。

②道岔转不到位是指道岔在左(右)位得到转换位置的命令后,道岔经过一段时间(13 s)仍得不到右(左)位的位置监督信号。此时 LOW 上显示道岔的一条光带黄色短闪;另一条光带黑色短闪。

③无信号是指 LOW 上道岔没有位置监督信号,呈灰色。

（3）故障处理方法

维修人员到达现场后，首先要向站务人员了解情况，并查看 LOW 上的信息。在无操作道岔情况下发生故障，基本可以确定是电气故障而非机械故障。

判断故障范围在室外还是室内，并进行相应处理。

处理人员进设备房观察 POM4 板灯位显示状态。

①若 PSS 和 ERR 灯明确指示板块已出错或死机，则重启 POM4 板。

②若 POM4 板道岔位置指示灯 M2 正常（即显示 ○ 或 ●），则故障在室内（若不正常则转下面下一步）。结合 POM4 的显示状态及 48 h 记录，复位 POM4 板，板块正常后在 LOW 上执行挤岔恢复（长闪时）或转换道岔（短闪时）。若板块无法恢复正常，则可采用将板块停止后拔出再插入的方法进行冷启动。这时需注意，拔出的时间要足够长（1 min）。板块若仍无法恢复正常，有必要更换 POM4 板后再复位或复位所在组匣的电子控制单元（ECC）。

③若 POM4 面板无任何显示，重点检查 POM4 的背板和工作电源。

若 POM4 板的道岔位置指示灯不正常，则用电表到分线架防雷单元处测试，以进一步判断室内、外故障。

转辙机的正常电气连接只有三种：

①左位（L1-N 端通，L2-13 端通）。

②右位（L2-N 端通，L1-L3 端通）。

③启动中或四开状态则 L1-L2-U 端通。

根据这一特点，可以用表在防雷单元处用电压法或电阻法测量。需要注意的是，有极少数道岔在防雷处 L1 与 L2 线是对调的，但这不影响故障判断。

①采用电阻法最容易判断室外电气故障，但测量前，一定要拔掉防雷单元并在室外电缆一侧测量，测量结果若是上面三种状态之一，电阻在 8～21 Ω，则室外电路正常；若无穷大或很小，则是室外电缆开路或短路故障，按电路逐点查找即可。

②采用电压法，首先测量防雷处的 L3 与 N 线之间电压，此电压是 POM4 板的道岔位置表示回路中的电源供电电压，正常电压为直流 60 V 左右。

a. 若无电压，一种可能是 POM4 与分线架间的连线故障（多为松、断）或 POM4 本身故障；另一种可能是 L3 与 N 或 L1 与 L2 混线，可以拔下防雷单元测量，以进一步确认。

b. 若测到非 60 V 的电压，则是回路断线（此时通常会测到 30 V、90 V 或 120 V 电压）或道岔在四开状态。根据转辙机的电气连接特性，进一步测量四线间的电压，可以对比确定故障是在室内、外范围。若在室内，同样大多是 POM4 与分线架间的连线或 POM4 本身故障。

（4）某一位置转不到位故障的处理

通常此种故障现象是在某一位置正常，但操作另一位置时发生短闪，而再操作一次则恢复原来的正常位置。某一位置正常，说明表示电路正常，也说明室外电路正常，所以此种故障多为机械原因造成道岔转不到位所致。但在电气原因方面，若前级启动电路（与表示电路不共用的部分电路）有故障，如三相动作电源跳闸、断相等也会造成此种故障。

维修人员在处理时，若条件允许，可以来回多操作几次道岔，从有表示的位置操作另一位置，超过 15 s 后仍得不到另一位置表示，则再操作一次道岔。若很快就恢复原来的正常位置且 HS 灯不亮，则是前级启动电路，重点检查道岔电源、POM4 板开关；若在第二次操作道岔时要经过6～7 s才恢复原来的正常位置且HS灯点亮,则为机械故障,到室外检查处理。到室外检查道岔机械情况并操作岔道,动作后检查密贴及缺口状况。

2)机械故障处理

(1)电机转动摩擦联结器打滑,动作杆不能动作,检查机内、外有无卡阻。

(2)转辙机机械动作中停止转换。检查轴承是否锈蚀严重,清除锈斑,排除卡阻;更换新轴承或电动机。

(3)转换到位后无表示:

①机内检测杆检测位置是否正确,表示杆卡口时调整机外长、短表示螺母。

②叉形接头与鼓形销是否磨损旷量过大(>1 mm),更换叉形接头衬套或鼓形销。

③锁闭块是否卡阻,拆卸检查排除卡阻。

④速动开关组是否有损坏或有异物卡阻,更换速动开关组,排除卡阻。

(4)机盖松动:

①锁栓、锁钩位置是否调整到位,调整锁栓及锁钩位置,使机盖密封配合适当。

②密封圈是否失效,失效则更换。

③支撑板或锁栓是否失效,失效则更换。

3)S700K电动转辙机故障诊断与处理汇总

S700K电动转辙机常见故障诊断与处理见表4-8。

表4-8　S700K电动转辙机故障诊断与处理表

序号	故障现象	可能的原因	处理办法	备　　注
1	转辙机不动作	有无三相电输入或缺相,遮断开关板变形(安装造成)	正确输入三相交流电,将变形的开关板调整过来	安全接点是否接通
		配线是否脱落	使配线连接可靠	
		插接头(座)插针(套)是否脱落	插牢插针(套)或更换损坏件	
		电机是否有卡阻或轴承是否锈蚀严重及电机绕组断路或短路	检查电机传动齿轮,排出卡阻或更换电机	
2	电机转动摩擦联结器打滑,动作杆不能动作	机内、外有无卡阻	排除卡阻	堵孔塞、螺丝等
3	动作中停止转换或转换无力、温升过高	电机是否进水、轴承锈蚀严重、扫膛串轴卡阻	清除锈斑,排出卡阻;更换新轴承或电动机	必须重新注油
		暗锁机构是否脱落,电机齿轮被卡死	取出暗锁机构组及螺丝,重新组装机盖	更换挤坏零件
4	转换到位后无表示	机内检测杆检测位置是否正确	调整机外长、短表示螺母	表示杆卡口
		叉形接头与鼓形销是否磨损旷量过大(>1 mm)	更换叉形接头衬套或鼓形销	易损件
		锁闭块是否卡阻	分解检查排除卡阻	有锈蚀或异物
		速动开关组是否有损坏或有异物卡阻	更换开关组,排除卡阻	
		接点组是否异物卡阻或接点阻值过大	排除卡阻,擦拭接点或更换接点组	定期测试电阻值

续上表

序号	故障现象	可能的原因	处理办法	备注
5	转换正常但表示时有时无	接点是否虚接,配线是否受损	更换接点或使配线连接可靠	
		伸出位置的锁舌是否非正常回缩严重	综合调整道岔减小尖轨反弹力及振动,更换易损件	按技术要求调整
		速动开关组固定螺钉是否松动	紧固螺钉	
		速动开关组轴用挡圈是否脱落	加装轴用挡圈	
		TS-1接点组可动接点的"塑料轴套"是否断裂或接点氧化烧损	更换TS-1接点组或擦拭氧化烧损接点	
6	机盖松动	机盖扣封位置是否正确	重新扣封,确认锁钩位置是否正确	
		锁栓、锁钩位置是否调整到位	调整锁栓及锁钩位置使机盖密封配合适当	易损件
		密封圈是否失效	更换	易损件
		支撑板或锁栓是否失效	更换	易损件

4.2.3　知识拓展——道岔钩式外锁闭装置结构及工作原理

外锁闭装置将道岔的密贴尖轨和基本轨直接进行锁闭,并将斥离轨保持在标准开口的位置。外锁闭装置能隔离列车通过时对转换设备的振动和冲击,可提高转换设备的使用寿命和可靠性。外锁闭装置是通过电动转辙机的牵引实现道岔的解锁、转换和锁闭的,一旦锁闭,保证不因列车通过道岔时的振动而解锁。目前,一般采用钩式外锁闭装置,其采用垂直锁闭方式,工作稳定、可靠、安装、调整方便。

1. 钩式外锁闭装置的结构

钩式外锁闭装置由锁闭杆、锁钩、尖轨连接铁、锁闭铁、锁闭框五部分组成,其动作原理如图4-43所示,锁闭杆1与转辙机动作杆连接是转辙机转换道岔的传动环节,同时又通过杆上的凸起部分与锁钩完成锁闭功能。锁钩2通过尖轨连接铁与尖轨固定连接,锁钩移动即带动尖轨移动。锁钩可以连接轴为中心上下转动,与锁闭杆配合完成锁闭或转换道岔功能。锁闭铁4通过锁闭框5与基本轨固定连接,锁闭铁的位置相对于基本轨是固定的,保证尖轨与基本轨密贴是由锁钩与锁闭框配合实现的。

2. 钩式外锁闭装置的动作原理

(1)位置1左尖轨密贴,右尖轨保持规定开口。左侧尖轨处外锁闭锁钩头部b被锁闭杆左凸起顶住不能向下转动,而锁钩头部b与锁闭铁4与斜面a处密贴,使锁钩也不能向右移动,也就是尖轨不能向右移动,起到了把左尖轨锁在密贴位置的作用。而右侧尖轨处,外锁闭锁钩头部d上平面与锁闭铁下平面密贴,锁钩下部的缺口被锁闭杆凸起c卡住不能左右移动,也就是把右侧斥离轨锁在规定开口位置。

(2)位置2是转辙机带动锁闭杆向右移动,锁闭杆右凸起带动右锁钩向右移动,也就是斥离轨开始转换。与此同时,锁闭杆左凸起在左尖轨锁闭铁下平面下滑行至左尖轨锁钩底部的缺口。

（3）位置3是锁闭杆凸起对准锁钩缺口后，锁闭杆凸起右侧拨动锁钩，由于锁钩头部与锁闭铁在a处是斜面接触，所以锁钩头部沿斜面下滑直到滑出锁闭铁斜面，同时锁闭杆凸起完全插入锁闭杆缺口。位置2和位置3是密贴解锁过程。

（4）位置4是转辙机通过锁闭杆带动两根尖轨同时转换且右侧尖轨开始密贴的过程。右尖轨密贴以后，转辙机带动锁闭杆继续向右移动，由于尖轨已经密贴锁钩不能继续右移，此时锁闭杆右凸起通过与锁钩的接触斜面将锁钩头部向上推起，直到锁钩头部上斜面与右尖轨锁闭铁斜面完全密贴，达到锁闭状态。此时，右尖轨面密贴向斥离转换，但尚未达到规定开口。

（5）位置5是右锁钩抬起以后，转辙机带动锁闭杆继续向右移动。此时，左锁钩带动左尖轨继续右移直到达到规定开口，锁闭杆右凸起的上平面将沿右锁钩头部下平面滑行一段距离，这时锁闭杆右凸起将托住右锁钩头部，使其不能下转，保证右锁钩与右锁闭铁完全锁闭。至此，完成了一次道岔解锁、转换、锁闭的全过程。

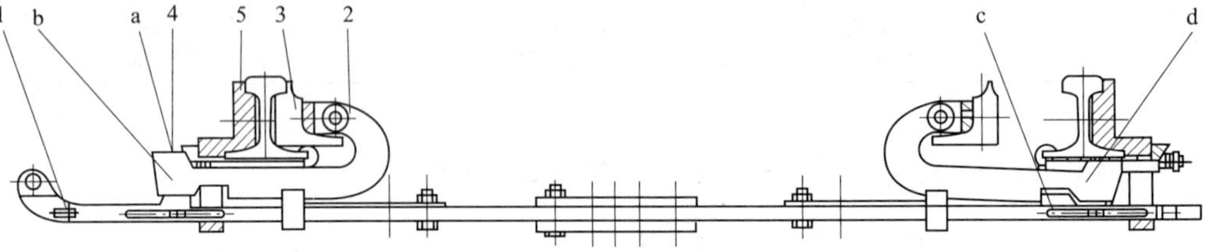

a）位置1

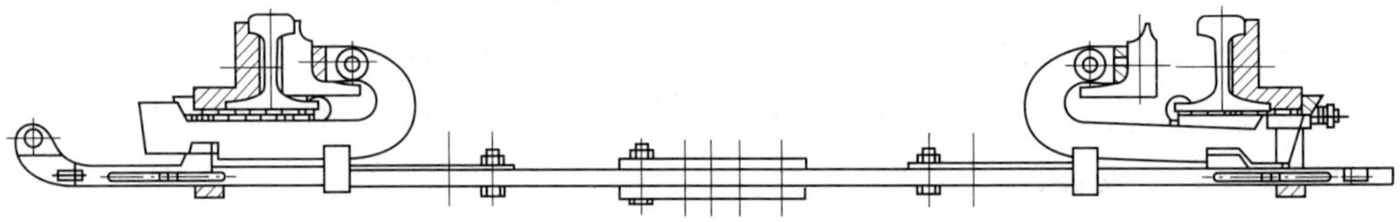

b）位置2

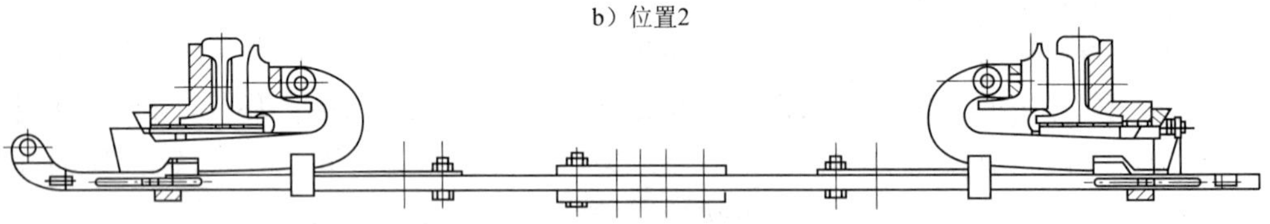

c）位置3

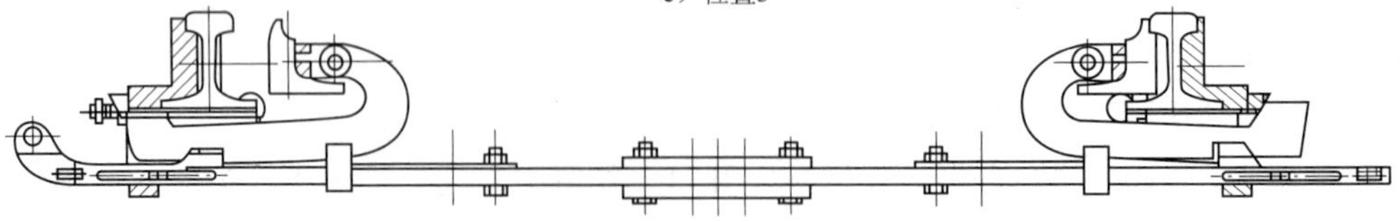

d）位置4

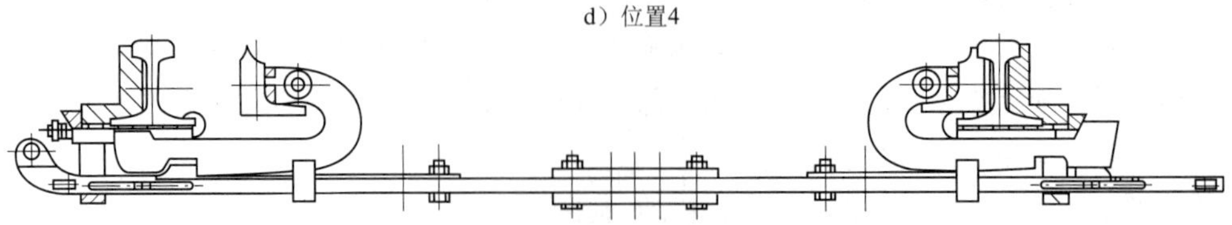

e）位置5

图4-43　分动道岔钩式外锁闭装置动作原理图

4.2.4　相关规范、规程与标准

1.《普速铁路信号维护规则　技术标准》。

2.《地铁设计规范》(GB 50157—2013)第 17 章。

3.《铁路信号设计规范》(TB 10007—2017)。

4.《铁路信号站内联锁设计规范》(TB 10071—2000)第 2 章。

5.《信号工》。

6.《铁路信号图形符号》(TB 1122—1992)。

7.《城市轨道交通信号系统通用技术条件》(GB/T 12758—2004)第 6 章。

8.《城市轨道交通信号工程施工质量验收规范》(GB 50578—2010)第 5 章。

9.《铁路道岔转辙机》(GB/T 25338.1—2010)第 1 部分和第 2 部分。

典型工作任务 3　ZD(J)9 系列电动转辙机维护

4.3.1　工作任务

1. 熟悉 ZD(J)9 系列电动转辙机结构、基本工作原理及技术参数。

2. 安装 ZDJ-9 型电动转辙机。

3. 对 ZDJ-9 型电动转辙机进行养护。

4. 对 ZDJ-9 型电动转辙机的常见故障进行分析与处理。

4.3.2　知识链接

　　ZD(J)9 系列电动转辙机是在借鉴了国内外成熟的先进技术基础上,结合我国城市轨道交通线路和道岔的实际情况进行了优化设计,并根据道岔的不同转换动程和转换力及交直流不同供电方式而研发的系列产品,其具有转换力大、效率高等特点,既适用于多点牵引分动外锁闭道岔的转换,也可用于尖轨联动的内锁闭道岔的转换。

　　ZD(J)9 系列电动转辙机与前面所述的转辙机一样,必须同样满足以下要求:

　　(1)用速动开关检测尖轨或心轨的终端位置。

　　(2)转换道岔。

　　(3)有保持道岔尖轨和心轨在密贴位置的锁闭装置。

　　(4)道岔在挤岔后有切断表示的功能。

　　1.ZD(J)9 系列电动转辙机整体结构

　　ZD(J)9 系列电动转辙机主要由电动机、减速器、摩擦联结器、滚珠丝杠、推板套、动作板、锁块、锁闭铁、接点座、动作杆、锁闭(表示)杆等零部件组成,结构采用模块化设计,便于维护和维修。转辙机整体图如图 4-44 所示。

　　ZD(J)9 系列电动转辙机机内传动系统设置了阻尼机构,动作平稳,适应单点及多点牵引的各种类型道岔,其应用如图 4-45 所示。

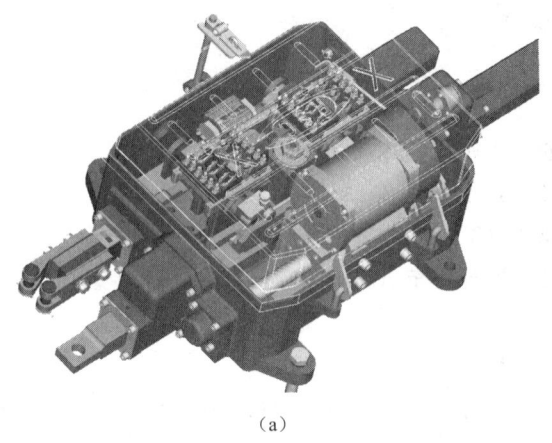

（a）

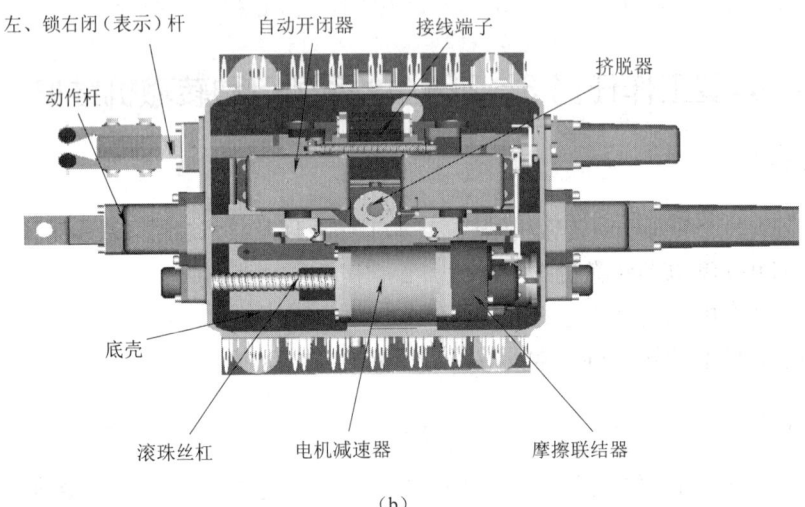

（b）

图 4-44　ZD(J)9 系列转辙机的整体典型结构

ZD(J)9 系列电动转辙机的特点如下：

(1)ZD(J)9 系列电动转辙机用于各种动程。第一牵引点的挤脱机构既能够可靠实现断岔表示的功能，又适用于分动外锁闭。

(2)两级减速运动，便于调整速比，达到道岔宏观同步转换。

(3)动作杆于锁闭杆中心距 145 mm，有利于提高安装装置的强度。

(4)接点系统采用铍青铜静接点和铜钨合金动接点环。

图 4-45　ZD(J)9 电动转辙机应用

(5)停电或维护中需要时可以进行手动转换。

典型的 ZD(J)9 系列电动转辙机结构如图 4-46 所示，其拆解后的部件如图 4-47 所示。

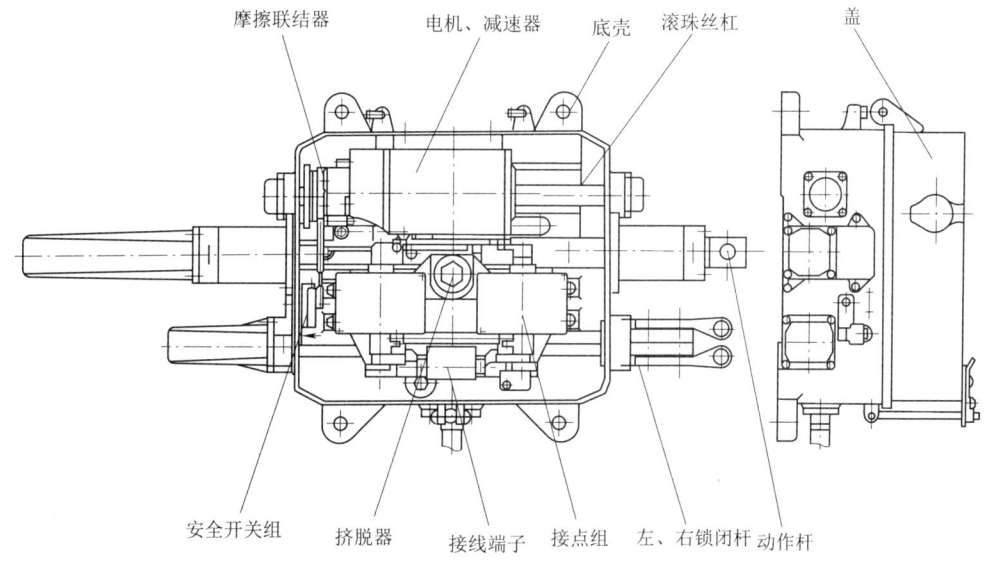

图 4-46 ZD(J)9 系列电动转辙机结构图

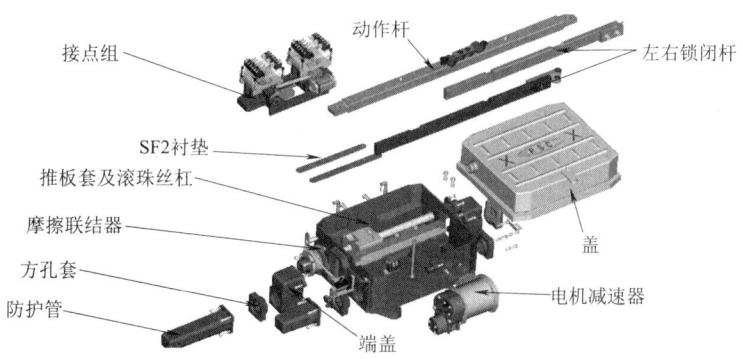

图 4-47 典型的 ZD(J)9 系列电动转辙机拆解后的部件图

1)电动机

(1)交流电动机

交流电动机为 ZDJ802-4 型专用交流电动机,额定输出功率为 0.4 kW,当电源电压为三相 380 V、单相电阻为 54 Ω 时,额定转矩为 2 N·m,转速大于或等于 1 330 r/min。

(2)直流电动机

直流电动机额定电压为 160 V,额定转矩为 2 N·m,转速大于或等于 980 r/min,其外观形如图 4-48 所示。

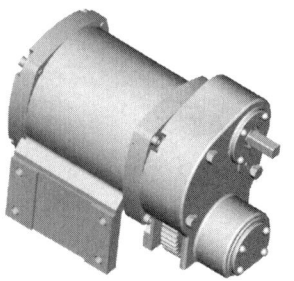

图 4-48 电动机外形图

2)减速器

为两级减速,在改变转换力或转换时间时,可以变动减速比。

ZD(J)9-A 型第一级速比为 38/26,第二级速比为 46/18,总速比为 3.74。

ZD(J)9-B 型第一级速比为 44/20,第二级速比亦为 46/18,总速比 5.63。这时由于双机牵引的道岔要求第二牵引点先动,使得宏观上达到同步。

3）滚珠丝杠

选用国产磨削丝杠，直径 $\phi32$ mm，导程 10 mm。由于导程大，滚珠也大，故可靠性高，其外形如图 4-49 所示。

4）摩擦联结器

摩擦联结器采用干摩擦，主动片是 4 片外摩擦片，用钢带加工，被动片为 3 片内摩擦片，用 12 个弹簧加压，其外形如图 4-50 所示。

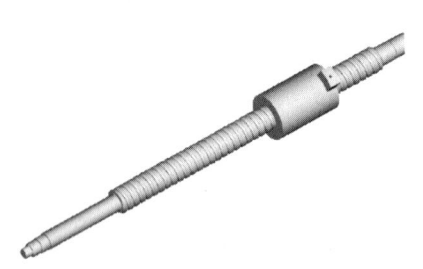

图 4-49　滚珠丝杠外形图　　　　图 4-50　摩擦联结器外形图

5）自动开闭器

自动开闭器接点组与 ZD6 型相同，只是将动接点支架改进成为有两处压嵌连接的结构，因此左右调整板设在同侧，缩小了接点组尺寸，减少了零件品种，其外形如图 4-51 所示。

6）安全接点

安全接点采用沙尔特堡开关，其外形如图 4-52 所示。

7）接线端子座

接线端子座采用德国产笼式弹簧的 2 线接线端子座，由于接线部分没有螺纹连接，使用中无须检查或重新拧紧，能抗振动和冲击，是一种免维护的接线端子，其外形如图 4-53 所示。

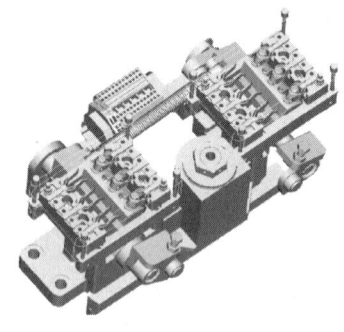

图 4-51　自动开闭器外形图

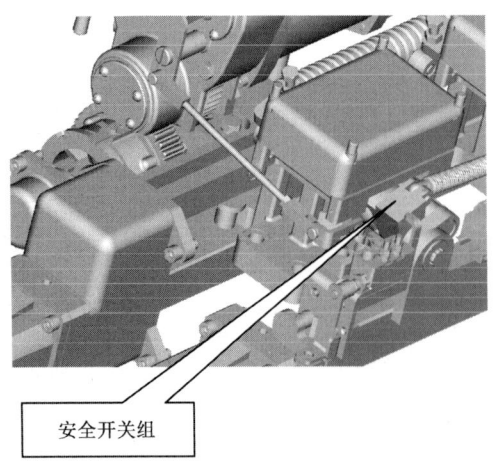

安全开关组

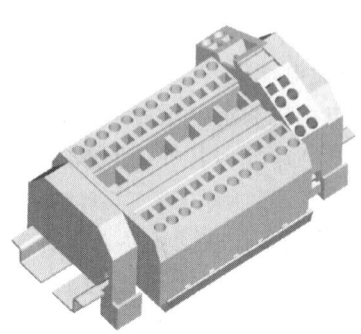

图 4-52　安全接点外形图　　　　图 4-53　接线端子外形图

8)动作杆

动作杆的作用是将转辙机与尖轨连接起来,其外形如图 4-54 所示。

9)锁闭杆

锁闭杆的主要作用是当转辙机完成转换后进行转辙机内部锁闭,其外形如图 4-55 所示。

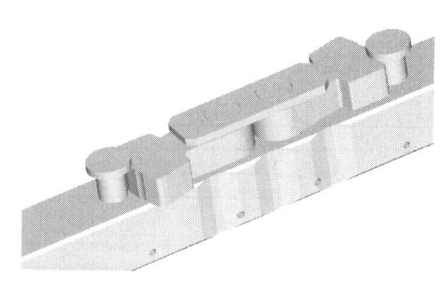

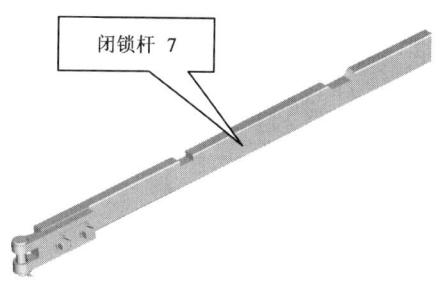

闭锁杆　7

图 4-54　动作杆外形图　　　　图 4-55　锁闭杆外形图

2.ZD(J)9 系列电动转辙机传动基本原理

1)ZD(J)9 系列电动转辙机动作程序

ZD(J)9 系列电动转辙机在接通电源后的动作程序是:切断原表示接点→转辙机解锁→转辙机转换→转辙机锁闭→接通新表示接点。具体过程如下:

(1)电动机接通电源后,电机上的小齿轮通过齿轮箱中的传动齿轮进行两级减速把动力传递到摩擦联结器的齿轮上。

(2)通过摩擦联结器中的内、外摩擦片的摩擦作用,齿轮的旋转运动传递到滚珠丝杠上。滚珠丝杠把传动齿轮的旋转运动转与滚珠丝杠联结的推板套的水平运动。

(3)推板套水平运动,推动安装在动作杆上的锁块,在锁闭铁的辅助下使动作杆水平运动,完成道岔的锁闭功能。

(4)在两个终点位置时锁块在推板套和锁闭铁的共同作用下,实现了转辙机对道岔的可靠锁闭。

2)转辙机整机动作原理

(1)传动原理。ZD(J)9 系列电动转辙机自左向右传动原理如图 4-56 所示,ZD(J)9 系列电动转辙机各机件当前所处的位置是动作杆由右向左移动后的停止状态,同时接点座的第 1、3 排接点闭合。现使动作杆向右移动,其传动过程如下:

①来自道岔控制电路的电流,经由接点座的第 1 排接点接至电动机,使电动机按逆时针方向旋转(从电机后端看)。

②电动机通过齿轮带动减速器,使摩擦联结器按逆时针方向旋转。

③摩擦联结器 3 的内摩擦片通过花键带动滚珠丝杠按逆时针方向旋转,通过滚珠丝杠上的丝母带动推板套做直线运动。

④推板套推动动作杆上的锁块,在锁闭铁的作用下,完成机械的解锁、转换、锁闭等动作。

⑤同时通过推板套上装配的动作板,完成电路的转接。

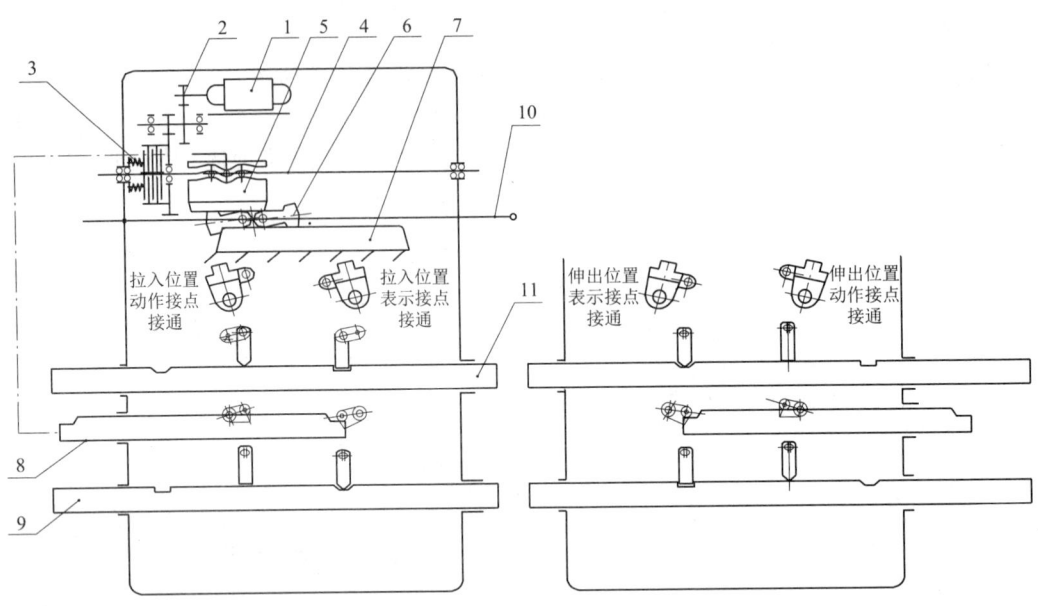

图 4-56　ZD(J)9 电动转辙机自左向右传动原理图

1—电机;2—减速器;3—摩擦联结器;4—滚珠丝杠;5—推板套;6—锁块;7—锁闭铁;8—动作板;

9—锁闭(表示)杆;10—动作杆;11—锁闭(表示)杆

（2）表示原理。ZD(J)9 系列电动转辙机的表示功能是由动作板、接点座、表示杆共同完成的。动作板开始运动后,动作板滑动面一端的斜面推动与启动片联结的滚轮,切断表示,同时接通下一转换方向的动作接点;当动作到位时,滚轮从动作板滑动面落下,动作接点断开,同时表示接点接通,给出道岔表示。在这一过程中,滚轮通过左右支架的作用,使锁闭柱(检查柱)抬起或落入锁闭(表示杆)槽内,达到检测道岔状态的作用。

3)推板套、动作杆、锁块和锁闭铁的关系

现用右伸 ZD(J)9 系列电动转辙机举例说明推板套、动作杆、锁块和锁闭铁的关系,如图 4-57所示。

（1）动作杆 2 锁闭在拉入位,通电后电机旋转,带动推板套 1 向右运动,动作杆开始解锁,如图 4-57(a)所示。

（2）推板套 1 继续向右运动,推动锁块 3 并带动动作杆 2 一起向右运动,如图 4-57(b)所示。

（3）动作杆 2 行程走完,推板套 1 将锁块 3 压入锁闭铁 4,将动作杆 2 锁闭在伸出位,如图 4-57(c)所示。

4)动作板、速动片和接点的动作关系

现仍用右伸 ZD(J)9 系列电动转辙机举例说明动作板、速动片和接点的动作关系。ZD(J)9 系列电动转辙机的表示功能是由动作板、接点座及表示杆共同完成。在推板套上固定有动作板,动作板与动接点轴、启动片、速动片和弹簧的相互动作关系如图 4-58 所示。

动作杆处于伸出位,动作板抬起左侧滚轮及启动片,左支架向左倾斜,第 1 排动作接点接通,第 2 排表示接点断开;同时右侧滚轮及启动片落下,右支架向左倾斜,第 4 排动作接点断开,若锁闭(表示)杆同时到位,锁闭(检查)柱正常落下,可接通第 3 排表示接点。

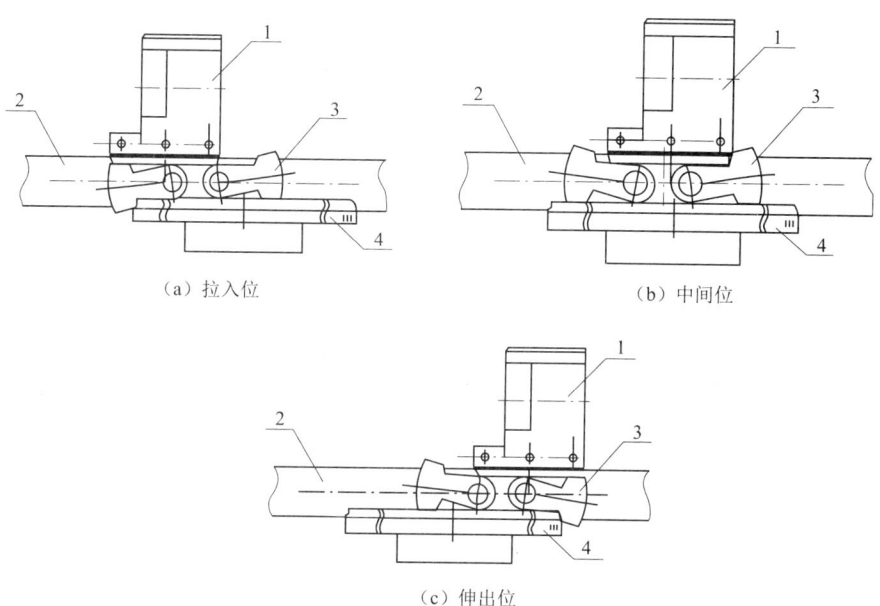

（a）拉入位　　　　　　　　　　　　（b）中间位

（c）伸出位

图 4-57　ZD(J)9 系列电动转辙机推板套、动作杆、锁块和锁闭铁的关系示意图

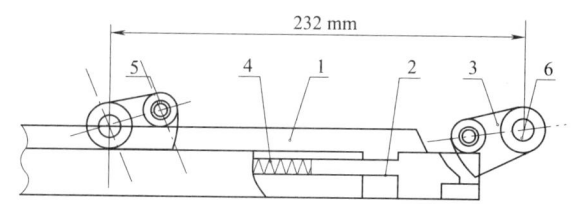

图 4-58　动作板、速动片和接点动作关系图

1—动作板；2—速动片；3—启动片；4—弹簧；5—滚轮；6—动接点轴

5）挤岔表示

ZD(J)9 系列电动转辙机按所安装的牵引点不同有可挤和不可挤型机型，如图 4-59 所示。

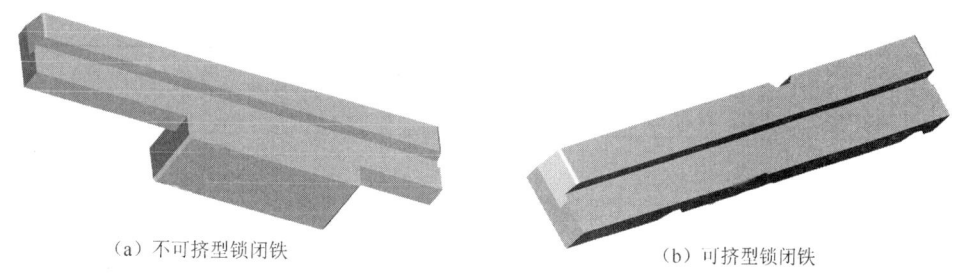

（a）不可挤型锁闭铁　　　　　　　　　　（b）可挤型锁闭铁

图 4-59　锁闭铁

不可挤型 ZD(J)9 系列电动转辙机无挤脱器，一般用于多机多点牵引的第一牵引点和可动心轨辙岔的第一牵引点，道岔挤岔表示由多机多点牵引的其他牵引点给出。

可挤型 ZD(J)9 系列电动转辙机设有挤脱器，挤脱力为(28±2)kN。可挤型 ZD(J)9 系列电动转辙机在挤岔时，锁闭铁在动作杆上的锁块作用下移动，抬起挤脱柱，同时锁闭铁上的凹槽推动水平顶杆,水平顶杆推动竖顶杆,竖顶杆推动动接点支架,从而切断表示,非经人工恢复锁闭铁,不可能再接通表示。挤脱器中的锁闭铁与动接点支架的结构如图4-60所示。

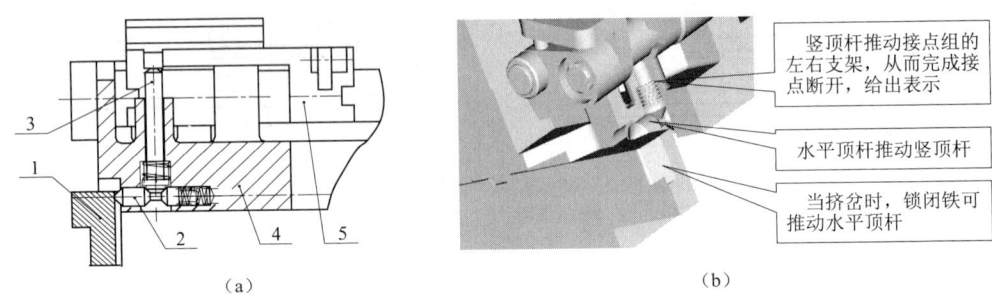

(a)　　　　　　　　　　　　　　　(b)

图4-60　挤脱器中的锁闭铁与动接点支架的结构图
1—锁闭铁;2—水平顶杆;3—竖顶杆;4—接点座;5—动接点支架

6)推板套惯性的制动措施

在推板套上设置有碟簧机构。当动作杆到位,电机断电后推板套在惯性作用下继续运动。动作杆与推板套通过压缩碟簧产生摩擦力,从而制动推板套的惯性动作。

3. ZD(J)9系列电动转辙机型号及其主要技术

ZD(J)9系列电动转辙机有交流和直流电动机两种,均为短时、可逆电机,绝缘等级F级,具有过载能力强,在额定转矩的1.5倍情况下安全使用的特点。交流电动机采用三相交流380 V电源,具有电缆单芯控制距离长、故障少等优点。ZD(J)9系列电动转辙机型号含义如下:

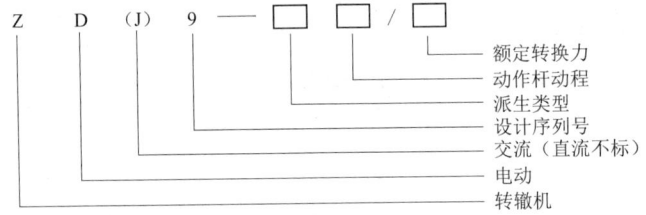

ZD(J)9系列电动转辙机的主要技术参数见表4-9。

表4-9　ZD(J)9系列电动转辙机的主要技术参数

型　号	ZD(J)9交流系列	ZD9直流系列	备　注
电源电压	AC三相交流380 V	DC直流160 V	
额定转换力	kN	kN	4.5、4、2.5等规格
动作杆动程	mm	mm	220、170、150等规格
锁闭(表示)杆动程	mm	mm	各种规格
工作电流	不大于2 A	不大于2 A	
动作时间	不大于5.8 s	不大于8 s	
单线电阻	不大于54 Ω	—	
挤脱力	(28±2) kN	(28±2) kN	可挤型
摩擦力转换力	kN	kN	6、6.8、3.8等规格

ZD(J)9 系列电动转辙机分为 ZD(J)9 型交流系列和 ZD9 型直流系列,两者的区别仅在于分别采用交流电动机和直流电动机。交流转辙机电源电压为 AC 380 V,直流转辙机电源电压为 DC 220 V,它们的工作电流均不大于 2 A。

ZD(J)9 型和 ZD9 型转辙机又分为 A、B、C、D、E、F 不同的派生型号,它们的基本情况见表 4-10。其中 A、B 为分动外锁闭道岔所用,分别用于第一、第二牵引点。C、D 为联动内锁道岔所用,分别用第一、第二牵引点。170 型用于单机牵引道岔。E 用于城市轨道交通正线线路第二牵引点,F 用于单机牵引的道岔。ZD(J)9 系列电动转辙机主要技术特性见表 4-10。

表 4-10　ZD(J)9 系列转辙机主要技术特性

型　号	电源电压(AC 三相)(V)	动程 (mm)	锁闭(表示)杆动程 (mm)	额定转换力 (KN)	工作电流 不大于 (A)	动作时间 不大于 (s)	单线电阻 不大于 (Ω)	挤脱力 (kN)	适用道岔类型
ZD(J)9-170/4K	380	170±2	152±4	4	2	5.8	54	28±2	尖轨动程 152 mm 以下的道岔,双杆内锁,可挤
ZD(J)9-A220/2.5K	380	220±2	160±4	2.5	2	5.8	54	—	分动外锁双机牵引第一牵引点,三机牵引第一点、第二点、心轨第一点。不可挤,双杆内锁
ZD(J)9-B150/4.5K	380	150±2	75±4	4.5	2	5.8	54	28±2	分动外锁双机牵引第二牵引点,三机牵引第三点、心轨第二点。可挤,单杆内锁
ZD(J)9-C220/2.5K	380	220±2	160±20	2.5	2	5.8	54	—	多机牵引道岔第一牵引点,不可挤,双杆内锁
ZD(J)9-D150/4.5K	380	150±2	75±20	4.5	2	5.8	54	28±2	联动道岔第二牵引点,可挤,单杆内锁

注:应根据道岔类型选用锁闭(表示)杆。

ZD(J)9 和 ZD(J)9-B、D、E 型的锁闭铁是通过挤脱器固定在底壳上的,挤脱力为 (28±2)kN。ZD(J)9-A、C 型的锁闭铁则直接固定在底壳上。

ZD(J)9-A 和 B、E 型机是用于两点牵引尖轨分动外锁闭装置的道岔,如图 4-61 所示。ZD(J)9-C 和 D 型机是用于两点牵引尖轨联动的道岔。

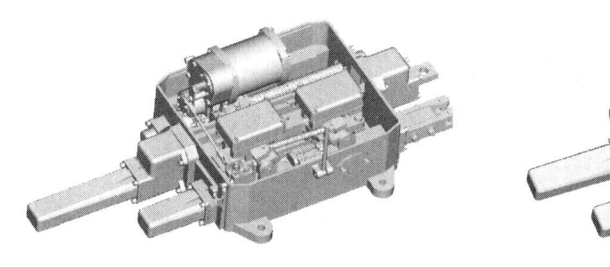

（a）A 型机

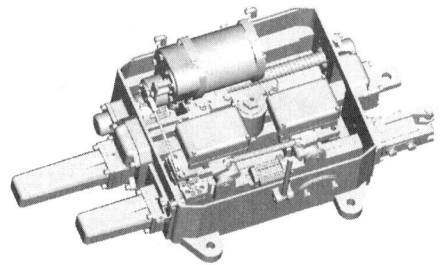

（b）B、E 型机

图 4-61　ZD(J)9-A 和 B、E 型机的区别示意图

ZD(J)9-A 和 B 型机左右锁闭杆分别与两根尖轨相连,当一根锁闭杆通过锁闭柱将尖轨锁在机内时,在斥离尖轨上固定的另一根锁闭杆则成为挤岔表示杆。当挤岔时,通过斥离尖轨动作作为挤岔表示杆的锁闭杆上有斜面的缺口,推动检查柱断开表示接点,给出挤岔表示。而在锁闭位置的锁闭柱不动作,同时由于两根尖轨用拉杆连接在一起而同时转换,动作杆在超过挤脱力后就解锁,而处于锁闭位置的锁闭杆,由于安装装置的连接杆,当挤岔时就因变形而损坏。一根锁闭杆上的锁闭用的直缺口和挤岔表示用的斜缺口的距离与尖轨动程有关,只能适用于相应的尖轨动程,当超过此动程范围需另配该动程范围的锁闭杆。

挤岔时,当挤脱器中的锁闭铁在动作杆上的锁块作用下,脱开挤脱柱,在锁闭铁上的凹槽推动水平顶杆,水平顶杆推动竖顶杆,竖顶杆推动动接点支架,从而切断表示,非经人工恢复锁闭铁,不可能再接通表示。挤脱器中的锁闭铁与动接点支架的结构如图 4-62 所示。

在推板套与动作杆间有弹簧制动机构,转辙机在进入锁闭动程切断电机电源后,动作杆的侧斜面通过摩擦块压缩弹簧,从而将传动系统的惯性动作制动住。

ZD(J)-A 和 C 型为两点牵引道岔第一牵引点用的不可挤型转辙机,故没有挤脱器,有动作杆的锁块锁闭和与密贴尖轨相连的锁闭杆锁闭。道岔的挤岔表示由 ZD(J)-B、D 和 E 型转辙机给出。

ZD(J)-B、D 和 E 型为两点牵引道岔第二牵引点用的转辙机,仅有动作杆的锁块锁闭,表示杆只有检查尖轨密贴和挤岔断表示的功能。在挤脱器内锁闭铁的锁闭和挤岔断表示的功能与 ZD(J)9 型电动转辙机相同。

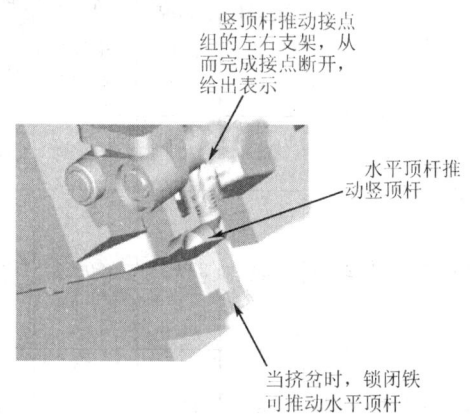

图 4-62　挤脱器中的锁闭铁与动接点支架的结构示意图

4. ZD(J)9 系列电动转辙机安装

ZD(J)9 系列电动转辙机的安装过程如下:

ZD(J)9 系列电动转辙机安装方式如图 4-63 所示,其部可装在道岔左侧,也可装在道岔右侧使用。ZD(J)9 系列电动转辙机在工厂装配是右伸结构,转辙机是在道岔左侧的安装方式。如果要在道岔右侧安装时,需要将转辙机的动作杆和锁闭杆的保护管、锁闭杆、毛毡防尘圈等更换方向,由于动作杆左右侧均有连接孔,因此动作杆不需要更换方向。改装时,在底壳外的连接面为了防止进水,需要涂以密封胶。

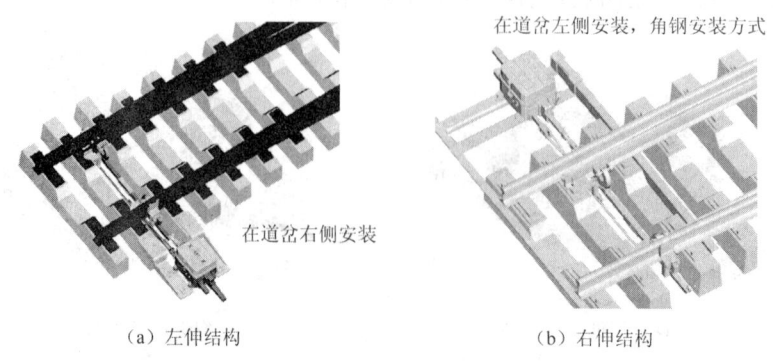

（a）左伸结构　　　　　　（b）右伸结构

图 4-63　ZD(J)9 系列电动转辙机安装方式

ZD(J)9 系列电动转辙机安装尺寸外形如图 4-64 所示。

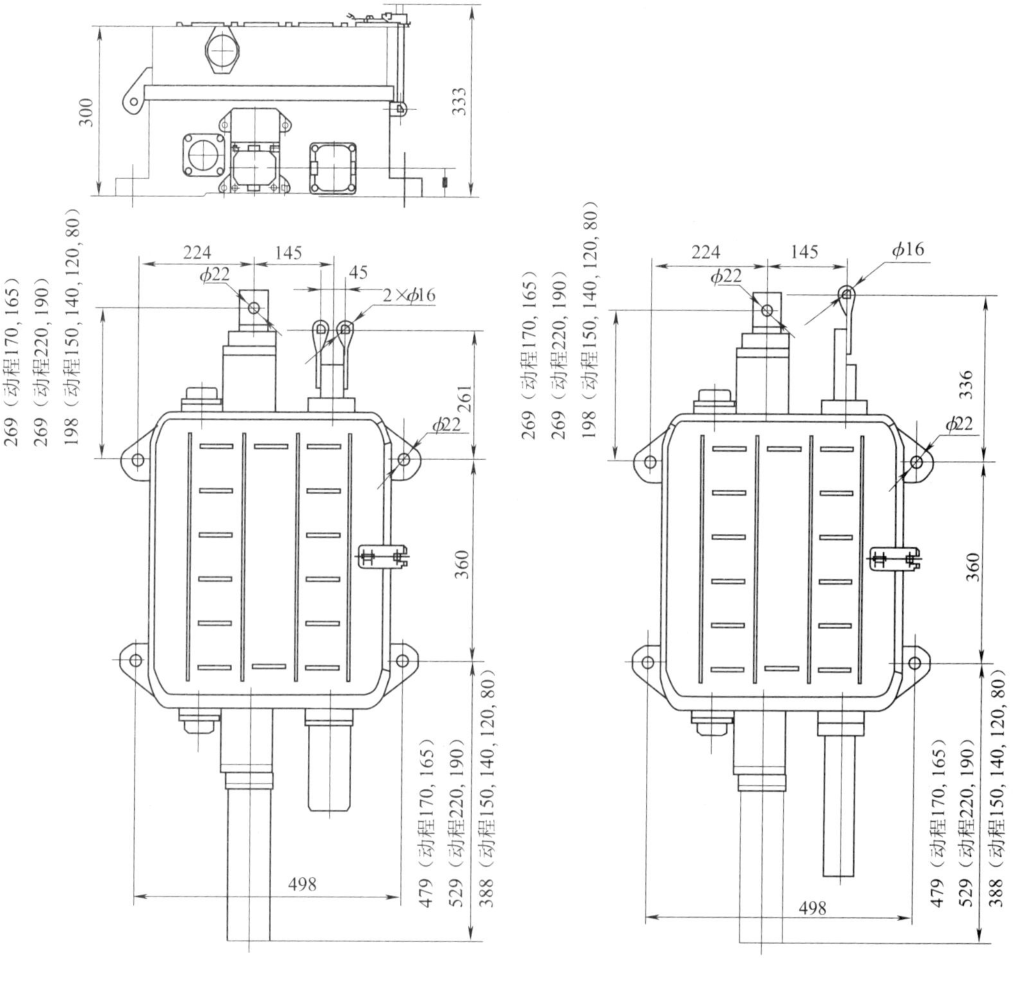

（a）分动型ZD（J）9　　　　　　　　　（d）联动型ZD（J）9

图 4-64　ZD(J)9 系列电动转辙机安装尺寸外形图(单位:mm)

5. ZD(J)9 系列电动转辙机养护

1)ZD(J)9 系列电动转辙机的日常维护

ZD(J)9 系列电动转辙机基本做到了少维护、无维修。大多数保养工作是在短时间内即可完成的。

（1）定期检查项目

①定期清理转辙机内部,做到整洁无杂物。

②随时检查转辙机内、外部紧固螺栓,保证处于紧固状态。

③定期检查转辙机内部配线,保证接触良好,无断线,无破损。

④定期检查自动开闭器接点,保证接触良好,动接点切入深度不小于 4 mm。

⑤定期检查安全开关的安全性,当转辙机插入手摇把时,安全开关常闭接点应能可靠断开,手摇把取出后,非经人工恢复安全接点不应接通。

⑥检查启动片尖端与速动片上平面间隙,保证在 0.3～0.8 mm 范围内。

⑦检查表示杆缺口与锁闭柱(检查柱)间隙,保证第一牵引点锁闭杆锁闭表示缺口与锁闭柱的间隙为每侧 2 mm,第二牵引点表示杆内检查块与检查的间隙为每侧 4 mm。

⑧至少每月一次进行道岔 2 mm 和 4 mm 的检测。

⑨定期清理摩擦联结器上传动齿轮与摩擦联结器相连处的油脂,以免渗入摩擦联结器中,影响摩擦性能。

⑩定期检查电动机性能,保证电机绝缘良好,引线无破损。对于直流电机要保证炭刷与换相器接触良好,定期更换。

(2)转辙机的润滑

ZD(J)9 系列电动转辙机的润滑根据所润滑的零、部件的不同分别采用润滑脂润滑和润滑油润滑,润滑脂采用转辙机专用 TR-1 润滑脂,润滑油可用 No20 号机械润滑油。表 4-11 是转辙机日常维护需润滑的主要零、部件。

表 4-11　转辙机日常维护需润滑的主要零、部件表

零、部件名称	润滑种类	零、部件名称	润滑种类
推板套两滑动面涂润滑脂	润滑脂	动作杆、锁闭(表示杆)外露部分	润滑脂
锁块及锁闭铁涂润滑脂	润滑脂	动作板滚轮滑动面	润滑油
滚珠丝杠	润滑脂	滚轮	润滑油
丝杠母	润滑脂、润滑油混合物	速动片	润滑油
动作杆	润滑脂	锁闭柱、检查柱	润滑油
表示杆(锁闭杆)	润滑脂	动作杆注油孔	润滑油
阻尼机构	润滑脂	方孔套注油孔	润滑油

6. ZDJ-9 型电动转辙机故障与处理

1)ZDJ-9 型电动转辙机常见的故障

ZDJ-9 型电动转辙机常见的故障有:转辙机不动作;电动转动摩擦联结打滑;动作杆不能动作;动作中停止转换;转换到位时无表示;转换正常但表示时有时无;机盖松动。

(1)当转辙机不动作时,导致故障的原因一般有四种情况:

①无三相电的输入或缺相。

②配线脱落。

③插接头插针脱落。

④电机卡阻及电机绕组断路或短路。

(2)当电动转动摩擦联结打滑动作杆不能动作时,导致故障的原因只有一种情况:机内、外卡阻。

(3)当动作中停止转换时导致故障的原因可能有两种情况:

①机内、外卡阻。

②滚珠丝杠松脱。

(4)当转换到位无表示时导致故障的原因可能有五种情况:

①机内检测杆检测位置不正确。

②密检器检测杆检测位置不正确。

③叉形接头与骨形销磨损旷量加大(＞1 mm)。

④锁闭块卡阻。

⑤速动开关组卡阻。

(5)当转换正常但表示时有时无时导致故障的原因可能有五种情况：

①接点虚接,配线受损。

②伸出位置的锁舌是否正常回缩严重。

③速动开关组固定螺钉松动。

④速动开关组轴用挡圈脱落。

⑤密检器接点架簧片、压板变形或固定螺钉松动导致检测杆抬起检测轴。

(6)当机盖松动时导致故障的原因可能有四种情况：

①机盖扣封位置是否正确。

②锁栓、锁钩位置未调整到位。

③密封圈失效。

④支撑板或锁栓失效。

2)ZDJ-9 型电动转辙机故障的处理方法

(1)当转辙机不动作时处理方法：

①确认输入了三相交流电。

②使配线连接可靠。

③插牢插针(套)或更换损坏件。

④检查电机传动齿轮排除卡阻或更换电机。

(2)当电动转动摩擦联结打滑,动作杆不能动作时处理方法是：排除卡阻。

(3)当动作中停止转换时处理方法：

①排除卡阻。

②检查滚珠丝杠是否完好,更换有关零部件。

(4)当转换到位无表示时处理方法：

①调整机外长、短表示杆螺母。

②调整密检器检测缺口。

③更换叉形接头或鼓形销。

④分解检查排除卡阻。

⑤排除卡阻。

(5)当转换正常但表示时有时无时处理方法：

①更换接点或使配线连接可靠。

②综合调整道岔减小尖轨反弹力,更换锁舌。

③紧固螺钉。

④加装轴用挡圈。

⑤更换变形零部件,紧固螺钉。

(6)当机盖松动时的处理方法：

①重新扣封,确认钩卡位置是否正确。

②调整锁拴及锁钩位置使机盖密封配合适当。

③更换相关机件。

3）ZDJ-9 型电动转辙机表示缺口的调整

（1）摩擦联结器的调整

转辙机摩擦联结器在出厂时，按照转辙机技术条件规定的不同型号的标准值已调整好。对符合标准的道岔，其转换力不超过标准值，本机摩擦联结器不需任何调整既能满足使用要求。如道岔转换力过大（或有其他非正常情况）时，转辙机就会出现摩擦联结器打滑。确认各部件工作正常，仅道岔转换力过大导致不能正常转换时，此时可用本机附带的专用工具进行调整，右旋调节可增大摩擦力，左旋可减小摩擦力。调整完成后，可用销式或无销式转辙机测力仪测试转换力及摩擦转换力。建议摩擦转换力不宜过大，否则有烧坏电机的可能。摩擦联结器的调整如图 4-65 所示。

（2）表示缺口的调整

表示缺口的调整如图 4-66 所示，转辙机安装，调整道岔尖轨密贴，调整锁闭杆锁闭表示缺口与锁闭柱的间隙，一般 A、C 型为每侧 2 mm，其调整量为 0～4 mm。可从转辙机上方直接观察到缺口。第二牵引点用的 B 和 D 型表示杆内检查块与柱检查的间隙为每侧 4 mm，其调整量为 0～8 mm，正常检查表示缺口与检查柱的间隙为每侧 2 mm，为了在第二牵引点因尖轨变形而允许在密贴时留有 4 mm 间隙也可以调整使用。对于联动道岔表示缺口的调整，其调整次序为：先调整拉入的表示缺口，再调整伸出的表示缺口。

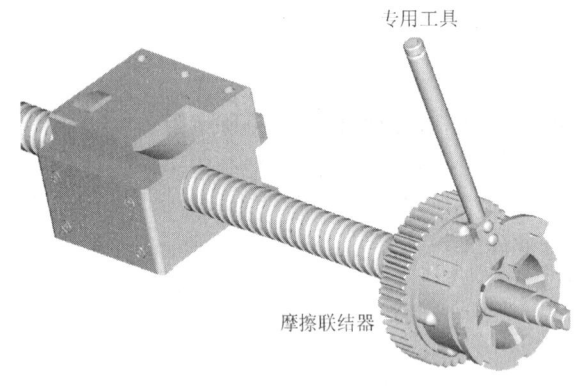

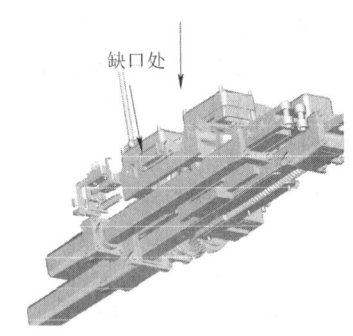

图 4-65　摩擦联结器的调整　　　　图 4-66　表示缺口的调整示意图

锁闭杆挤岔表示斜缺口与锁闭柱斜面间隙为每侧 18 mm，当在分动外锁闭道岔上使用，其适应尖轨动程为尖轨标准动程±18 mm。当在联动内锁闭道岔上使用，其左右锁闭杆或表示杆可以调整左右两杆锁闭缺口的相互位置，如 ZD（J）9 系列电动转辙机的表示杆那样，调整量为±20 mm，适应尖轨动程为尖轨标准动程±20 mm。

（3）挤脱器挤脱后的恢复

松开调整螺母，取出调整垫圈，取出挤脱柱（连带碟簧一起取出），然后用手摇把把转辙机摇到解锁位置，轻敲锁闭铁一端，使其恢复到挤脱前的状态，装入挤脱柱，调整垫圈，并旋紧调整螺母，最后用摇把把转辙机恢复到终点位置。按相反次序恢复。恢复时候，挤脱发生在转辙机的拉入状态时，恢复时，轻敲锁闭铁不能使锁闭铁移动，则有可能是挤岔时，锁闭铁移动量过大,造成锁闭铁一端移动超过水平顶杆,恢复时,锁闭铁不能移动,此种情况恢复时,必须把接点座卸下以后才能恢复。

4.3.3　相关规范、规程与标准

1.《普速铁路信号维护规则　技术标准》。
2. ZD(J)9 系列电动转辙机维护手册。
3. ZD(J)9 系列电动转辙机操作手册。

复习思考题

1. 转辙机的作用有哪些? 如何分类?
2. 电动转辙机转换道岔的过程包括哪几部分?
3. 电动(液)转辙机有哪些基本要求?
4. 简述 ZD6 型电动转辙机的动作过程。
5. ZD6 型电动(液)转辙机检修保养包括哪些内容?
6. ZD6 型电动转辙机由哪几部分组成?
7. ZD6 型电动转辙机无法启动的主要原因有哪些?
8. ZD6 型电动转辙机启动后转速变慢的主要原因有哪些?
9. ZD6 型电动转辙机道岔表示继电器颤动的主要原因是什么?
10. ZD6 型电动转辙机减速器及摩擦联结器有哪些标准要求?
11. ZD6 型电动转辙机的减速器分哪两级减速?
12. ZD6 型电动转辙机电刷与换向器接有哪些标准要求?
13. ZD6 型电动转辙机由哪几部分组成?
14. 电动转辙机用的电机应具备哪些要求?
15. 直流电机的电枢绕组为什么要有换向器?
16. 四线制道岔控制电路改三线制时,电机配线应如何改变?
17. 转辙机为什么要设摩擦联结装置?
18. 行星减速器的原理是什么?
19. 如果输出轴上的滚棒(滚套)和外齿轮上圆孔直径相同,会产生什么情况?
20. 启动片的作用是什么?
21. 锁闭齿轮有什么作用?
22. 说明备用挤切销的作用和主销折断报警的原理。
23. 表示杆的作用是什么?
24. 表示杆为什么要分前杆和后杆? 怎样调整?
25. 如果道岔开程变小,前杆和后杆的总长应增加还是减小? 为什么?
26. 表示杆为什么不应有空动动程?
27. 在已知道岔开程的情况下,如何对表示杆进行预调?
28. 说明表示杆在挤岔时切断表示的原理。
29. 对自动开闭器有什么技术要求?

30. 说明启动片、速动片和速动爪在电动转辙机解锁、动作和锁闭过程中的动作关系。

31. 自动开闭器受哪几个部件的控制？各个控制有什么不同？

32. 说明移位接触器的结构、作用和动作原理。

33. 说明 ZD6-A 型电动转辙机的整体动作过程？

34. 如何调整道岔表示杆缺口？

35. S700K-C 型电动转辙机如何传动？如何使道岔起到转换、锁闭的作用？

36. 如何调整道岔密贴？摩擦联结器有何作用？道岔有哪几种锁闭方式？比较其优缺点。

37. 外锁闭安装装置的安装完毕后，为何必需按照首先调整开口，其次调整密贴，最后调整表示这三步骤进行调整？

38. 如何处理 S700K 型电动转辙机混线故障？

39. 从哪几方面配合工务段进行道岔调整？

40. 简述 S700K 型电动转辙机电气特性各参数值。

41. 说明 S700K-C 型电动转辙机各部件作用。

42. 从机械方面分析 S700K-C 型电动转辙机转换到位后无表示会有哪些原因？

43. ZD(J)9 转辙机的作用有哪些？如何分类？

44. ZDJ-9 型电动转辙机转换道岔的过程包括哪几部分？

45. 电动(液)转辙机有哪些基本要求？

46. 简述 ZDJ-9 型电动转辙机的动作过程。

47. ZDJ-9 型电动转辙机检修保养包括哪些内容？

48. ZDJ-9 型电动转辙机由哪几部分组成？

49. ZDJ-9 型电动转辙机无法启动的主要原因有哪些？

50. ZDJ-9 型电动转辙机启动后转速变慢故障主要原因有哪些？

51. ZDJ-9 型电动转辙机道岔表示继电器颤动主要原因是什么？

52. ZDJ-9 型电动转辙机减速器及摩擦联结器有哪些标准要求？

53. ZDJ-9 型电动转辙机的减速器分哪两级减速？

54. ZDJ-9 型电动转辙机用的电机应具备哪些要求？

55. ZDJ-9 型电动转辙机为什么要设摩擦联结装置？

56. 如何调整道岔表示杆缺口？

项目5　信号电缆与光缆

项目描述

信号电(光)缆的主要作用是连接室内、外设备,是信号系统重要的传输通道。使用中的电(光)缆芯线状态直接影响着设备能否正常使用。处于隧道内的电(光)缆架设于隧道壁上,处于地面的电(光)缆埋设于地下。因此,电(光)缆是信号系统工程中的主要隐蔽工程。同时,信号电(光)缆受损处因潮气、水浸等影响,会使其绝缘性能下降,出现设备工作电压降低、电源接地,甚至使设备误动作等问题,从而给行车安全带来极大的隐患。因此,在维护作业过程中,对故障电缆的测试、查找、挖掘和修复,既影响工时又比较困难。从故障统计报表显示,电(光)缆故障虽然件数不多,但对行车造成的影响极大。本项目首先介绍了信号电(光)缆选型、识别与长度计算方法;其次,介绍了信号电(光)缆测试内容及其方法;最后介绍了信号电(光)缆的故障分析与处理方法。

教学目标

1. 能力目标

(1)会对电(光)缆芯线序号进行识别。

(2)会对电(光)缆进行接续、成端。

(3)会对电(光)缆进行测试。

(4)会对电(光)缆进行配线。

(5)会查找电(光)缆常见故障。

2. 知识目标

(1)掌握电(光)缆类型与芯线序号识读。

(2)掌握电(光)缆接续与成端的方法。

(3)掌握电(光)缆测试方法。

(4)熟悉电(光)缆长度计算方法。

(5)熟悉电(光)缆配线方法。

(6)掌握电(光)缆常见故障判断与处理方法。

3. 素质目标

明确电(光)缆维护时的岗位职责,遵章守纪,能安全规范地进行相关操作。

典型工作任务 1　信号电（光）缆选型、识别与长度计算

5.1.1　工作任务

1. 识别电（光）缆的型号。

2. 识别电缆线序。

3. 对电（光）缆长度进行计算。

5.1.2　知识链接

1. 信号系统电（光）缆选型技术要求

（1）地下线路的通信主干电缆、光缆应采用无卤、低烟的阻燃材料，并应具有抗电气化干扰的防护层。

（2）地上车站站内宜采用无卤、低烟的阻燃电线和电缆；地上区间的通信主干电缆、光缆还应具有防雨淋和抗阳光辐射能力。

（3）干线光缆的光纤应采用单模光纤。

（4）信号电缆应采用综合护套、铝护套或数字信号电缆。信号电缆的导电芯线应采用标称直径为 1.0 mm 的软铜线，其允许工作电压不得低于工频 500 V 或直流 1 000 V。

（5）有特殊要求的设备，如计轴设备、应答器等设备应采用专用的数字信号电缆。

（6）遥控、遥信及信息处理等设备的传输线路，宜设于通信干线传输线路中。

（7）音频信号设备的传输通道（含维修电话线）应采用信号电缆中的星绞组或对绞组芯线。用于音频数据传输时，必须采用通信电缆或信号电缆中特设的低频通信四芯组电缆芯线。

2. 信号电缆类型及其主要电气指标

城市轨道交通隧道、车站电缆支架的信号电缆敷设应按相同用途的一根或若干根电缆来安排敷设路径，并注明该径路上电缆的根数、代号、规格及长度。

1）信号电缆类型

（1）信号电缆芯线以星绞为主，星绞、对绞和个别线芯纽绞相结合的方式绞制成缆，信号电缆按护套结构分为塑料护套、综合护套、铝护套三种。

（2）按芯线结构分为普通型、综合纽绞型两种。

（3）按传输的信号类型又分普通信号电缆和数字信号电缆。

（4）按敷设的环境分为室内柔软电缆和室外电缆。

2）综合护套信号电缆

综合护套信号电缆的结构如图 5-1 所示；信号电缆代号含义见表 5-1。

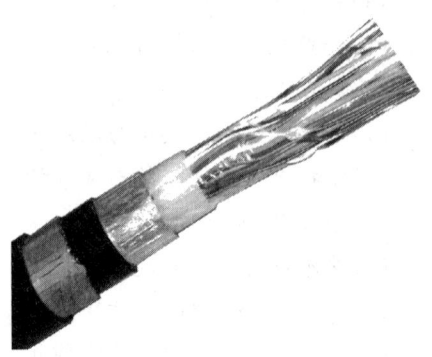

图 5-1　综合护套信号电缆的结构

表 5-1 信号电缆代号含义

序号	代号	含 义	序号	代号	含 义
1	P	信号电缆	5	A	综合护套
2	T	铁路	6	L	铝护套
3	Y	聚乙烯绝缘(护套)	7	22	钢带铠装聚氯乙烯外护套
4	V	聚氯乙烯护套	8	23	钢带铠装聚氯乙烯外护套

如:

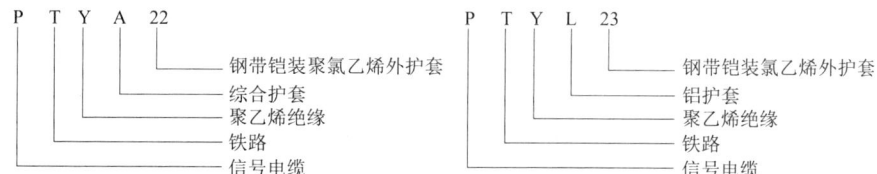

例如,信号电缆塑料护套有:PTY03、PTY23;综合护套有:PTYA23、PTYA22;铝护套有:PTYL23、PTYL22。

信号电缆规格用电缆芯数有:4、6、8、9、12、14、16、19、21、24、28、30、33、37、42、44、48、52、56、61。其中信号电缆的备用芯线数量应不少于表 5-2 的要求。

表 5-2 信号电缆芯线及备用芯线数量表

电缆芯数		纽绞形式	备用芯数
4	1×4	星绞组	1 对
6	3×2	对绞组	1 对
8	4×2	对绞组	1 对
9	4×2+1	对绞组+单芯线	1 对
12	3×4	星绞组	1 对
14	3×4+2	星绞组+单芯线	1 对
16	4×4	星绞组	1 对
19	4×4+3	星绞组+单芯线	2 对
21	4×4+5	星绞组+单芯线	2 对
24	5×4+1×2+2	星绞组+对绞组+单芯线	2 对
28	7×4	星绞组	2 对
30	7×4+2	星绞组+单芯线	2 对
33	7×4+5	星绞组+单芯线	2 对
37	7×4+3×2+3	星绞组+对绞组+单芯线	2 对
42	7×4+4×2+6	星绞组+对绞组+单芯线	2 对
44	7×4+4×2+8	星绞组+对绞组+单芯线	2 对
48	12×4	星绞组	3 对
52	12×4+4	星绞组+单芯线	3 对
56	14×4	星绞组	3 对
61	14×4+5	星绞组+单芯线	3 对+2 芯

注:1. 以备用星绞组的线对为原则,如无星绞组时再备用对绞组的线对。

2. 61 芯电缆,当音频与非音频设备合用同一电缆时,其中之"1 芯"作为非音频设备的备用芯线。

3）普通信号电缆

普通信号电缆主要电气指标应符合表5-3的要求。

表5-3 普通信号电缆主要电气指标

序号	项 目	指 标
1	导线线径	φ1.0 mm
2	直流电阻20 ℃每根导体直流电阻 工作线对导体电阻不平衡	不大23.5 Ω/km 不大于2%
3	绝缘电阻DC 500 V 20 ℃ 每根绝缘线芯对其他绝缘线芯接屏蔽及金属套	不小于3 000 MΩ·km
4	绝缘耐压50 Hz、2 min 线芯间 所有线芯连在一起（或每根线芯）对屏蔽与金属套	1 000 V 1 800 V
5	电容 四线组工作电容 对线组工作电容 每根绝缘线芯对连接到地的其他绝缘线芯间电容	不大于50 nF/km 不大于70 nF/km 不大于100 nF/km
6	屏蔽系数 9芯及以下电缆护套上的感应电压为50～200 V/km 12芯及以上电缆护套上的感应电压为35～200 V/km	综合护套不大于0.8 铝护套不大于0.3

4）数字信号电缆

（1）数字信号电缆类型

数字信号电缆有别于普通信号电缆，数字信号电路可以实现1 MHz（模拟信号）、2 Mbit/s（数字信号）及额定电压交流750 V或直流1 100 V及以下系统控制信息及电能的传输，具有屏蔽性能和高抗干扰能力。

数字信号电缆分为如下几种类型：

①塑料护套，如SPTYW03或SPTYW23。

②综合护套，如SPTYWA23。

③铝护套，如SPTYWL23。

④内屏蔽数字信号电缆，如SPTYWP03或SPTYWP23、SPTYWPA23、SPTYWPL23。

根据用途不同还有应答器、计轴用数字信号电缆。

数字信号电缆规格芯线数与普通信号电缆芯线数一样，有4、6、8、9、12、14、16、19、21、24、28、30、33、37、42、44、48、52、56、61，其规格见表5-4。

数字信号电缆的规格应为：8B、12A、12B、14A、14B、16A、16B、19A、19B、21A、21B、24A、24B、28A、28B、30 A、30B、33A、37A、42A、44A、48A。其中，A、B型电缆的备用芯线中应至少有一个屏蔽星绞组。数字信号电缆结构示意如图5-2所示。

数字信号电缆星绞四线组A端线序、组序、编号规定及内屏蔽数字信号电缆A端组序及编号如图5-3所示。各规格电缆的详细编号见《普速铁路信号维护规则　技术标准》。

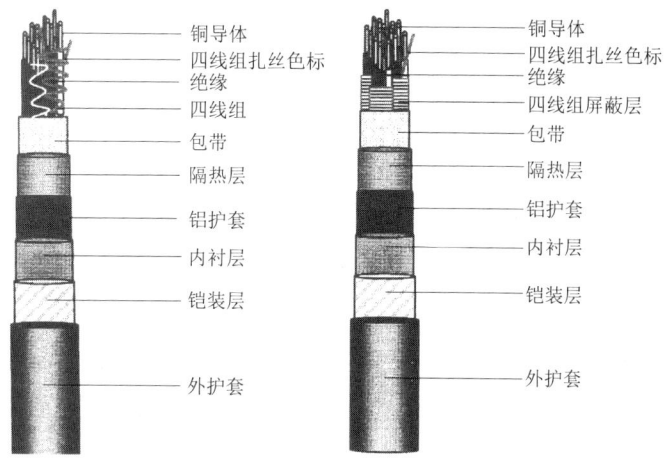

（a）以SPTYWL23数字信号电缆16芯为例　（b）以SPTYWL23内屏蔽数字信号电缆16B4×4P为例

图 5-2　数字信号电缆结构示意图

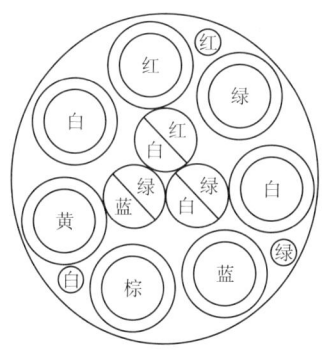

37芯（7×4+3×2+3）

（a）数字信号电缆星绞四线组线序、组序及编号

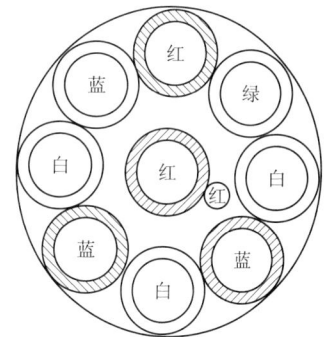

37A（4×4P+5×2+1）

（b）内屏蔽数字电缆星绞四线组线序、组序及编号

图 5-3　数字信号电缆组序及编号示意图

表 5-4　数字信号电缆芯线及备用芯线数量表

序　号	芯　数	实际规格	纽绞形式	备用芯线
1	8B	2×4P	屏蔽星绞	1 对
2	12A	2×4P+1×4	屏蔽星绞+星绞	2 对（一个屏蔽四芯组）
3	12B	3×4P	屏蔽星绞	2 对（一个屏蔽四芯组）
4	14A	2×4P+1×4+2	屏蔽星绞+星绞+普通	2 对（一个屏蔽四芯组）
5	14B	3×4P+2	屏蔽星绞+普通	2 对（一个屏蔽四芯组）
6	16A	2×4P+2×4	屏蔽星绞+星绞	2 对（一个屏蔽四芯组）
7	16B	4×4P	屏蔽星绞	2 对（一个屏蔽四芯组）
8	19A	3×4P+1×4+3	屏蔽星绞+星绞+普通	2 对（一个屏蔽四芯组）
9	19B	4×4P+3	屏蔽星绞+普通	2 对（一个屏蔽四芯组）
10	21A	3×4P+2×4+1	屏蔽星绞+星绞+普通	2 对（一个屏蔽四芯组）
11	21B	5×4P+1	屏蔽星绞+普通	2 对（一个屏蔽四芯组）

序　号	芯　　数	实际规格	纽绞形式	备用芯线
12	24A	4×4P+2×4	屏蔽星绞+星绞	2 对(一个屏蔽四芯组)
13	24B	6×4P	屏蔽星绞	2 对(一个屏蔽四芯组)
14	28A	4×4P+3×4	屏蔽星绞+星绞	2 对(一个屏蔽四芯组)
15	28B	7×4P	屏蔽星绞	2 对(一个屏蔽四芯组)
16	30A	4×4P+3×4+2	屏蔽星绞+星绞+普通	2 对(一个屏蔽四芯组)
17	30B	7×4P+2	屏蔽星绞+普通	2 对(一个屏蔽四芯组)
18	33A	4×4P+4×4+1	屏蔽星绞+星绞+普通	2 对(一个屏蔽四芯组)
19	37A	4×4P+5×4+1	屏蔽星绞+星绞+普通	2 对(一个屏蔽四芯组)
20	42A	5×4P+5×4+2	屏蔽星绞+星绞+普通	2 对(一个屏蔽四芯组)
21	44A	6×4P+5×4	屏蔽星绞+星绞	2 对(一个屏蔽四芯组)
22	48A	6×4P+6×4	屏蔽星绞+星绞	3 对(含一个屏蔽四芯组)

注:1. P 表示带屏蔽星绞组。

　　2.5×4P+5×4+2 代表:5×4P 表示 5 个内屏蔽星绞四线组;5×4 表示 5 个星绞四线组;2 表示 2 个普通单线芯。

(2)数字信号电缆主要电气指标

数字信号电缆主要电气指标见表 5-5。

表 5-5　数字信号电缆主要电气指标

序号	项　　目	标　　准
1	导线线径	φ1.0 mm
2	直流电阻　20 ℃ 每根导体直流电阻 工作线对导体电阻不平衡	 不大于 23.5 Ω/km 不大于 1%
3	绝缘电阻(DC 100～500 V,20 ℃) 每根绝缘线芯对其他绝缘线芯接屏蔽及金属套	 不小于 10 000 MΩ/km
4	绝缘耐压(50 Hz,2 min) 线芯间 线芯对金属套间	 不小于 1 000 V 不小于 2 000 V
5	工作电容(0.8～1.0 kHz) 四线组 对绞线 单根绝缘线芯对连到地的其他绝缘线芯间电容	 28±3(28±2) nF/km 35±4 nF/km 不大于 70 V
6	回路间近端串音衰减 150 kHz　　组内 　　　　　　组间 1 000 kHz　　组内 　　　　　　组间	 不小于 51(51) dB/km 不小于 55(65) dB/km 不小于 37(37) dB/km 不小于 42(54) dB/km

续上表

序号	项目	标准
7	回路间远端串音防卫度 150 kHz　　组内 　　　　　　组间 1 000 kHz　组内 　　　　　　组间	 不小于 52(52) dB/km 不小于 62(72) dB/km 不小于 39(39) dB/km 不小于 49(59) dB/km
8	特性阻抗(20 ℃) 0.55 kHz 0.85 kHz 1.7 kHz 2.0 kHz 2.3 kHz 2.6 kHz 150 kHz 1 000 kHz	 675±68(54) Ω 550±33(22) Ω 396±24(16) Ω 367±22(15) Ω 343±21(14) Ω 325±20(13) Ω 163±17(17) Ω 155±16(16) Ω
9	线对衰减(20 ℃) 0.55 kHz 0.85 kHz 1.7 kHz 2.0 kHz 2.3 kHz 2.6 kHz 150 kHz 1 000 kHz	 ≤0.45 dB/km ≤0.55 dB/km ≤0.70 dB/km ≤0.75 dB/km ≤0.80 dB/km ≤0.83 dB/km ≤3.5 dB/km ≤9.0 dB/km
10	屏蔽组间线芯接地近端串音衰减 2.6 kHz 最小 300 m 两屏蔽四线组内,各有一线对的一线芯接地,此两线对 间的近端串音衰减 近端阻抗 55 Ω,远端阻抗 325 Ω	≥(89) dB
11	屏蔽铜带与泄流线间直流电阻(20 ℃)	≤(0.01) Ω

注:1. 导体电阻不平衡,即工作线对两根导体的电阻之差与其电阻之和的比值。

　　2. ()内数据为 A 型电缆屏蔽四线组该项电气性能参数误差范围允许值。

5)计轴专用电缆

计轴专用电缆主要电气指标(20 ℃时)应符合表 5-6 的要求。

表 5-6　计轴专用电缆主要电气指标

屏蔽、铠装绝缘护套电缆		
芯线直径	φ0.9 mm	φ1.4 mm
环路电阻	≤56.6 Ω/km	23.4 Ω/km
绝缘电阻	≥5 000 MΩ/km	≥5 000 MΩ/km
工作电容(800 Hz 时)	45 nF/km	≤50 nF/km
线间耐压(50 Hz)	>2 500 V	>2 500 V
线与屏蔽间耐压(50 Hz)	>2 500 V	>2 500 V

电容不平衡		
一星绞内之间	≤400 pF	≤400 pF
一星绞线间	≤300 pF	≤300 pF
一电缆对地间	≤800 pF	≤800 pF
800 Hz 时特性衰减	0.65 dB/km	0.44 dB/km
工作电压	≤600 V	≤600 V

3. 光缆及其类型

1)光缆组成及符号含义

光缆是利用置于护套中的一根或多根光纤作为传输媒质,并可以单独或成组使用的通信线缆组件。光缆结构主要由光纤、光纤涂料、光纤二次被覆用料、光纤光缆填充膏、光缆用加强件、光缆用阻水纱、阻水带、光缆用复合钢带、复合铝带及护套等材料组成,如图 5-4 所示。在信号系统中,子系统间、子系统内部的数据传输都应用到光缆。光缆型号组成代号含义见表 5-7。

图 5-4　光缆结构图

（a）　　　　　　（b）

光纤
套管填充物
松套管
缆芯填充物
涂塑铝带
聚乙烯护套
中心加强芯

表 5-7　光缆型号组成代号含义

分类	加强构件	光缆结构特征	护套	外护层	—	光纤芯数	光纤类别
GY 通信用室外(野外)光缆 GM 通信用移动光缆 GJ 通信用室(局)内光缆 GS 通信用设备用光缆 GH 通信用海底光缆 GT 通信用特殊光缆	无金属加强构件 F 非金属加强构件 G 金属重型加强构件	S 光纤松套被覆结构 J 光纤紧套被覆结构 D 光纤带结构 无 层绞式结构 G 骨架槽结构 X 缆中心管(被覆)结构 T 填充式结构 B 扁平结构 Z 阻燃 C 自承式	Y 聚乙烯 V 聚氯乙烯 F 氟塑料 U 聚氨酯 E 聚酯弹性体 A 铝带-聚乙烯黏结护层 S 钢带-聚乙烯黏结护层 W 夹带钢丝的钢带-聚乙烯黏结护层 L 铝 G 钢 Q 铝	铠装层 0 无铠装 2 双钢带 3 细圆钢丝 4 粗圆钢丝 5 皱纹钢带 6 双层圆钢丝 外被层或护套 1 纤维外护层 2 聚氯乙烯护套 3 聚乙烯护套 4 聚乙烯护套加敷尼龙护套 5 聚乙烯管	直接由阿拉伯数字写出	A 多模光纤 B 单模光纤

2）光纤的种类

（1）按光在光纤中的传输模式可分为：单模光纤和多模光纤。

多模光纤：中心玻璃芯较粗（50 μm 或 62.5 μm），可传多种模式的光，但其模间色散较大，这就限制了传输数字信号的频率，而且随着距离的增加会更加严重。例如：600 MB/km 的光纤在 2 km 时则只有 300 MB 的带宽了。因此，多模光纤传输的距离就比较短，一般只有几公里。光纤跳纤通常用橙色表示，也有的用灰色表示，接头和保护套用米色或黑色表示。

单模光纤：中心玻璃芯较细（芯径一般为 9 μm 或 10 μm），只能传一种模式的光。因此，其模间色散很小，适用于远程通信，但其色度色散起主要作用，这样单模光纤对光源的谱宽和稳定性有较高的要求，即谱宽要窄，稳定性要好。一般光纤跳纤用黄色表示，接头和保护套为蓝色；传输距离较长。

信号系统中距离较近的设备间信息传输多采用多模光纤；距离较远的设备间信息传输多采用单模光纤。

（2）按最佳传输频率窗口可分为：常规型单模光纤和色散位移型单模光纤。

常规型：光纤生产厂家将光纤传输频率最佳化在单一波长的光上，如 1 300 nm。

色散位移型：光纤生产厂家将光纤传输频率最佳化在两个波长的光上，如：1 300 nm 和 1 550 nm。

（3）按折射率分布情况可分为：突变型和渐变型光纤。

突变型：光纤中心芯到玻璃包层的折射率是突变的，其成本低，模间色散高，适用于短途低速通信，如：工控。但单模光纤由于模间色散很小，所以单模光纤都采用突变型。

渐变型：光纤中心芯到玻璃包层的折射率是逐渐变小的，可使高模光按正弦形式传播，这能减少模间色散，提高光纤带宽，增加传输距离，但成本较高，现在的多模光纤多为渐变型光纤。

（4）按敷设方式可分为：自承重架空光缆、管道光缆、铠装地埋光缆和海底光缆。

（5）按光缆结构可分为：束管式光缆、层绞式光缆、紧抱式光缆、带式光缆、非金属光缆和可分支光缆。

（6）按用途可分为：长途通信用光缆、短途室外光缆、混合光缆和建筑物内用光缆。

（7）按光纤结构可分为：终极端和尾纤。

光纤终极端也称光纤跳线。光纤跳线/尾纤是光通信中应用最为广泛的基础元件之一。光纤跳线两端都有光纤连接器，用来实现光路活动连接；光纤跳线两端的光模块的收发波长必须一致。尾纤只有一端有光纤连接器，另一端是一根光缆纤芯的断头，通过熔接与其他光缆纤芯相连，常出现在光纤终端盒内，用于连接光缆和光设备。多模光纤跳线/尾纤为橙色，波长为 850 nm，传输距离约为 500 m，用于短距离互联。单模光纤跳线/尾纤为黄色，波长有 1 310 nm 和 1 550 nm 两种，传输距离分别约为 10 km 和 40 km。单模光纤跳线与尾纤如图 5-5 所示。

尾纤只有一端有接头，而另一端是一根光缆

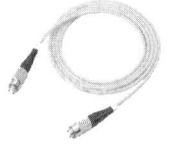
（a）FC跳线

（b）FC尾纤

图 5-5　光纤跳线与尾纤

纤芯的断头，通过熔接与其他光缆纤芯相连，常出现在光纤终端盒内，用于连接光缆与光纤收发器。两根光缆的连接一般采用"直接相连"，即采用"光纤连接机"直接熔接纤芯实现。尾纤日常不要经常挪动和被压,保持弯曲半径合理;接头不要经常插拔,拔出一段时间的话,要加上盏帽防尘、防潮,要定期检查插头的连接质量。尾纤若不小心弄脏,用棉签或专用纸巾蘸少量酒精擦拭,否则会出现误码现象。一旦尾纤头的玻璃平面擦损严重,就不能再用,只能重新熔接。

光纤连接器是一个实现两根光纤之间的永久或半永久连接的器件。按连接头结构形式可分为 FC、SC、ST、LC 等种类,常用的光纤插头如图 5-6 所示。

(a) FC/PC   (b) SC/PC   (c) ST/PC   (d) LC/PC

图 5-6　常用的光纤插头

尾纤接头主要有以下几种类型:

①SC 接头是标准方形接头。传输设备侧光接口一般用 SC 接头,外壳呈矩形,所采用的插针与耦合套筒的结构尺寸与 FC 型完全相同,其中插针的端面多采用 PC 或 APC 型研磨方式;紧固方式是采用插拔销方式。

②LC 接头与 SC 接头形状相似,较 SC 接头小一些。采用操作方便的模块化插孔(RJ)闩锁机理制成。目前,在单模光纤中,LC 类型的连接器实际已经占据了主导地位,在多模光纤的应用也增长迅速。

③FC 接头是金属接头,金属接头的可插拔次数比塑料要多。FC 系列连接器是干线光纤系统中的主要型号。FC 外部加强方式是采用金属套,紧固方式为螺丝扣。采用对接端面呈球面的插针(PC),改善了插入损耗和回波损耗性能。

除了以上几种外,还有 MTRJ、ST、MU 等接头。

3)光缆主要技术参数

(1)衰减。衰减是指光沿光纤传输过程中光功率的减少。光纤损耗是指光纤输出端功率与发射到光纤时功率的比值,损耗同光纤的长度成正比。光缆损耗因子 α 反映光纤衰减的特性。光缆衰减的测试方法主要有剪断法、插入衰减法、背向散射法。

(2)回波损耗。回波损耗又称为反射损耗,是光缆链路由于阻抗不匹配所产生的反射,是一对线自身的反射。不匹配主要发生在连接器的地方,但也可能发生于光缆中特性阻抗发生变化的地方,所以施工的质量是提高回波损耗的关键。

(3)插入损耗。它是指光纤中的光信号通过活动连接器之后,输出光功率相对输入光功率的比率的分贝数。插入损耗越小越好。插入损耗的测量方法与衰减的测量方法相同。

4. 电(光)缆长度计算

电缆长度可按式(5-1)计算:

$$L=(l+X\times G+a)\times 1.02 \tag{5-1}$$

式中　L——电缆总长度,m;

$\quad\quad l$——电缆沟实测长度,m;

G——电缆穿越股道数；

X——股道间距离，m；

a——电缆附加长度，包括室内储备量 5 m；分线盘做头量 3 m；室外每端呈"Ω"状（或 "S""～"状）储备量 2 m，每端出入土及做头量为 2 m（光缆预留接头不小于 8 m）；电缆过桥时两端储备量 2 m；

1.02——敷设电缆的自然弯曲系数。

5.1.3 相关规范、规程与标准

《铁路数字信号电缆》(TB/T 3100.1—2004)第 1 部分至第 5 部分。

典型工作任务 2 信号电（光）缆测试

5.2.1 工作任务

1. 电缆单盘测试与综合测试。
2. 电缆封端。

5.2.2 知识链接

各种信号电缆在敷设前应进行单盘测试。接续前、后应进行电气测试，电缆工程结束后应进行综合测试。各项测试应认真做好记录，并妥善保存，以作为竣工验收时重要的原始记录。

1. 电缆综合测试

电缆综合测试各主要电气特性测试项目应符合表 5-8 的要求。

表 5-8 电缆综合测试各主要电气特性测试项目表

序号	电缆类别	项　　目	标　　准	换算公式
1	普通信号电缆	导体直流电阻 20 ℃时（芯线 φ1.0 mm）	≤23.5 Ω/km	$L/1\ 000$
		绝缘电阻（芯线间，芯线对屏蔽层及金属护套间）	≥500 MΩ·km	$1\ 000/L$
2	综合纽绞电缆	导体直流电阻 20 ℃时（芯线 φ1.0 mm）	≤23.5 Ω/km	$L/1\ 000$
		绝缘电阻（芯线间，芯线对屏蔽层及金属护套间）	≥3 000 MΩ·km	$1\ 000/L$
3	计轴电缆	导体直流电阻 20 ℃时（芯线 φ1.0 mm）	≤23.5 Ω/km	$L/1\ 000$
		导体直流电阻 20 ℃时（芯线 φ0.9 mm）	≤23.5 Ω/km	
		工作线对导体电阻不平衡 20 ℃时	≤2%	
		绝缘电阻 DC 1 000 V 20 ℃每根绝缘线芯对其他绝缘线芯（与金属及金属套连接）	≥10 000 MΩ·km	$L/1\ 000$
4	内屏蔽数字信号电缆	导体直流电阻 20 ℃时（芯线 φ1.0 mm）	≤23.5 Ω/km	$1\ 000/L$
		工作线对导体电阻不平衡 20 ℃时	≤1%	
		绝缘电阻 DC 500 V 20 ℃每根绝缘线芯对其他绝缘线芯（与金属及金属套连接）	≥10 000 MΩ·km	$1\ 000/L$
		工作电容（0.8～1.0 kHz）四线组	(28+2)nF/km	$L/1\ 000$

续上表

序号	电缆类别	项　　目	标　　准	换算公式
5	应答器电缆	导体直流电阻 20 ℃时	≤9.9 Ω/km	$L/1\ 000$
		工作线对导体电阻不平衡 20 ℃时	≤2%	—
		绝缘电阻 DC 100～500 V 20 ℃	≥10 000 MΩ·km	$1\ 000/L$
		工作电容(0.8～1.0 kHz)	≤42.3 nF/km	$L/1\ 000$

注:1. 用兆欧表测试绝缘可按:$R_x=0.001×L×R_m$ 计算;

式中　　L——电缆实际长度,m;

R_m——仪表测量值,MΩ;

R_x——换算到每千米电缆的实际绝缘电阻值,MΩ。

2. 电缆如经暴晒后测量所得的数据不得作为电缆电气特性的结论。

对于工程中所采用的特殊规格的电缆,其电气特性应符合设计要求及其相关产品技术标准的规定。信号电缆单盘测试后应及时封端。光缆单盘测试参数应符合相关技术标准的规定。

2. 普通信号电缆绝缘测试

信号电缆绝缘测试包括下列内容:

(1)芯线间绝缘电阻测试

将电缆两端的芯线互相分开,测试端芯线剥去约 20 mm 外皮。用 500 V 兆欧表一线与芯线 1 连接,另一线依次与其他各芯线接触,以约 120 r/min 的速度摇动手摇把。与芯线 2 刚一接触时,兆欧表指针会向零偏转,但很快又回升,稳定在实际绝缘值处。指针稳定后,可读出芯线 1 与芯线 2 之间的绝缘电阻值。另一线离开芯线 2 与芯线 3 接触,测出芯线 1 与芯线 3 之间的绝缘电阻值。用同样方法测出芯线 1 与其他各芯线之间的绝缘电阻值。将兆欧表一线换成与芯线 2 连接,另一线依次与芯线 3 之后的各线相碰,可分别测出芯线 2 与其他各芯线之间的绝缘电阻值。依次测出其他芯线之间绝缘电阻值。

测试电缆芯线间绝缘电阻还有另一种方法:兆欧表一线与芯线 1 连接,其他各芯线并联后与兆欧表另一线连接,只需摇动一次即可测出芯线 1 与其他各芯线之间的绝缘电阻值。测出芯线 1 的绝缘电阻值之后,从并联芯线中抽出芯线 2,同样方法测出其与其他各芯线间的绝缘电阻值。如测到某芯线与其他各芯线间绝缘电阻为零或低于标准时,再分开并联芯线逐一接触,以查明与其中的某一芯线绝缘不良。

(2)芯线与地之间绝缘电阻测试

测试尚未敷入地下的电缆芯线与地之间绝缘时,兆欧表接地端子的表棒与电缆的铠装钢带连接(聚氯乙烯外护套型电缆须待敷设后方测试芯线对地绝缘),摇动摇把,线路端子另一表棒分别与每一芯线接触一次,即可测出芯线与地之间的绝缘。也可将全部芯线并联在一起,对地Ⅰ次测试,发生绝缘不良时,再逐一测试,以查明对地绝缘不良的芯线。测试已敷入地下的电缆芯线与地之间绝缘时,兆欧表接地端子的表棒可与设备接地线连接或直接与地做良好接触。

(3)芯线电阻测试

测试芯线电阻的目的是检查电缆各芯线有无断线。将电缆一端芯线剥去外皮后拧成一体,万用电表置电阻×1 挡校准表针,另一端所有芯线分开,一棒与芯线 1 连接,另一棒可与任一芯线连接,即可测出芯线 1 与该芯线串联电阻值,取其半值即为芯线 1 的电阻。按直径为 1 mm 的铜芯线,在 +20 ℃时的直流电阻不大于 23.5 Ω/km,根据所测电缆的实际长度衡量芯线 1 是否导通良好。一般并不计较精确的电阻值,目的是查明芯线无断线。测毕芯线 1 之后,表棒逐一与芯线 2 依次接触,检查所有芯线导通情况。

信号电缆绝缘测试应包括三次,即:

①电缆敷设前电缆预配时的测试。

②电缆运抵现场敷设前的测试。

③电缆配线后的测试。

三次测试数据均应填入电缆绝缘测试相关记录表内,日后作为竣工资料。

3. 内屏蔽数字信号电缆单盘电缆测试

1)测试项目

内屏蔽数字信号电缆分为 A、B 两种类型,由于在电缆生产过程中屏蔽四线组在 A 型和 B 型电缆内部成缆工艺方面存在差别,故 B 型电缆的屏蔽四线组与屏蔽四线组之间的结构位置,与 A 型电缆中屏蔽四线组与屏蔽四线组及屏蔽四线组与其他普通四线组的结构位置也不相同;另外,在电缆的应用中,屏蔽四线组与普通四线组的运用方式不同,因此在单盘电缆测试中,对不同类型的内屏蔽数字信号电缆,测试的项目及标准有一定区别。

2)单盘电缆测试方法

单盘电缆测试流程如图 5-7 所示。

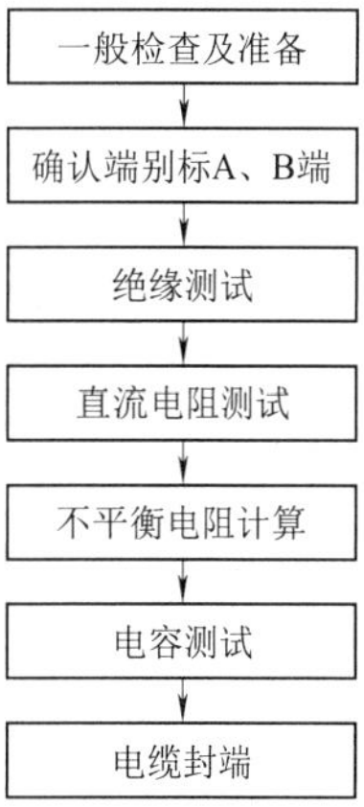

(1)一般检查及准备

为了便于施工及管理,单盘电缆测试前,要对每一单盘电缆进行统一编号,并用红油漆在电缆盘两侧标注清晰。

首先,检查电缆盘外包装是否完整,电缆外观是否有破损等现象,并填写"电缆检查记录表"。

其次,检查电缆铝护套密封性能,将测试仪表准备齐全(仪表必须经计量合格)。

①用气压表测量电缆内气压值并与电缆出厂的气压值比较,判断电缆护套是否密封。在电缆出厂前,电缆生产厂家通常采用检测电缆密封的方法来判断电缆护套是否密封,方法是:在电缆铝护套内充入压力为 100～200 kPa 的干燥空气以检查电缆密封性能。电缆出厂后经过储存、运输及现场存放等环节需要一定的时间,所以一般情况下电缆内气压变化较小的电缆可认为电缆密封良好。

②当电缆内无气压时,应及时在铝护套内充入压力为 0.4 MPa 的干燥空气或氮气,气压稳定后保持 6 h 内气压不降低为合格。

最后,开剥电缆护套。电缆的开剥长度以能够进行仪表连接的最小距离为宜,按下列尺寸开剥电缆:

①电缆盘外端电缆开剥长度为 150～200 mm。

②电缆盘内端电缆开剥长度为 50～100 mm。

(2)确认电缆端别

规定电缆的端别、组别和线序,主要是为了统一标志,便于施工和维护。电缆在制造时已

图 5-7　电缆单盘
测试流程图

一般检查及准备

确认端别标 A、B 端

绝缘测试

直流电阻测试

不平衡电阻计算

电容测试

电缆封端

在每个四线组的外面绕有作为标志的丝(带),识别的方法如下:

①以电缆四线组的颜色排列顺序确定。面对电缆端头,绿色四线组在红色四线组的顺时针方向侧为 A 端,反之为 B 端。

②以每个四线组内芯线绝缘层的颜色排列顺序确定。面对电缆端头,在一个四线组内绿色单芯线在红色单芯线的顺时针方向侧为 A 端,反之为 B 端。

③确认电缆端别后,及时在电缆盘两侧明显位置标注电缆盘外端的电缆端别并作记录,当电缆外端别为 A 端时,标写"外 A"字样;当电缆外端别为 B 端时,标写"外 B"字样。同时用记号笔分别在电缆的内、外端头 50 mm 处,A 端标写"A"字样,B 端标写"B"字样。

(3)绝缘电阻测试

加在电缆芯线之间或芯线对地之间的直流电压(U)与通过它的漏电流(I)之比称为绝缘电阻。如以 R_i 表示绝缘电阻,则

$$R_i = U/I$$

电缆绝缘电阻的大小主要取决于电缆所使用的绝缘材料的电气性能和电缆的制造工艺质量等因素,绝缘电阻还与电缆缆芯的干燥程度有关。绝缘电阻下降到一定程度时,介质损耗增大,串音增大,传输特性劣化,直接影响信号的正常传输。

测量绝缘电阻的仪表一般有 1 000 V 兆欧表(摇表)、高阻计等,高阻计具有较宽的测试范围,在单盘电缆测试中一般采用高阻计测量绝缘电阻。电缆绝缘电阻测试方法如图 5-8 所示。

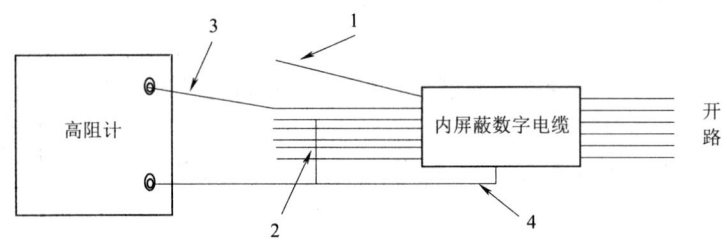

图 5-8 电缆绝缘电阻测试方法示意图

1—已测试完的芯线;2—待测芯线;3—测试芯线;4—电缆的钢带、铝护套、屏蔽层及排流线

测试步骤:

①首先将电缆外端所有的芯线、钢带、铝护套、内屏蔽层及排流线用一端用带有鳄鱼夹的导线连接,连接后接到高阻计测试端。然后从连接后的电缆芯线中任意取出一根与高阻计的另一个测试端连接。

②将电缆盘内端电缆的芯线全部开路。

③进行单根芯线对其他、占线及金属护层的绝缘电阻测试。

④将测试完的单根芯线与未测试芯线分开,依次测量。

⑤全部芯线测试完后,填写测试纪录。

⑥所有芯线全部测试完成后,用粉笔在电缆盘上,标写"绝缘电阻"的字样,以表示该单盘电缆的绝缘电阻测试完毕。

(4)直流电阻测试

信号电缆芯线的导线是用铜质材料按一定的直径制成的,在电缆制造过程中,有时需要将

导线连接起来,如果焊接不良会产生附加电阻。此外,成缆及运输过程中在外力的作用下也有可能造成电缆芯线结构上的缺陷,导致导线直流电阻发生变化。通过测量可以检验电缆的出厂质量。

在测试导线直流电阻过程中,当周围环境温度变化较大时,须考虑环境温度的变化,将测试值换算成 20 ℃时电阻值。温度 20 ℃时每公里长度芯线直流电阻值(R_{20})换算公式为

$$R_{20}=\frac{R_x}{1+a_{20}(t-20)}\cdot\frac{1\,000}{L} \tag{5-2}$$

式中　R_{20}——20 ℃时每公里长度电阻值,Ω/km;

　　　L——电缆长度,m;

　　　t——测量时的环境温度,℃;

　　　a_{20}——电阻温度系数[1/℃(0.003 93)];

　　　R_x——实测电阻值。

①电缆直流电阻测试方法如图 5-9 所示。

②将屏蔽四线组待测芯线的两端分别连接到直流电桥的测试端子上,测量电阻值,如图 5-9所示,填写测试纪录。全部内屏蔽组的芯线测试完成后,用粉笔在电缆盘上标写"直流电阻"的字样,以表示该单盘电缆的直流电阻测试完毕。

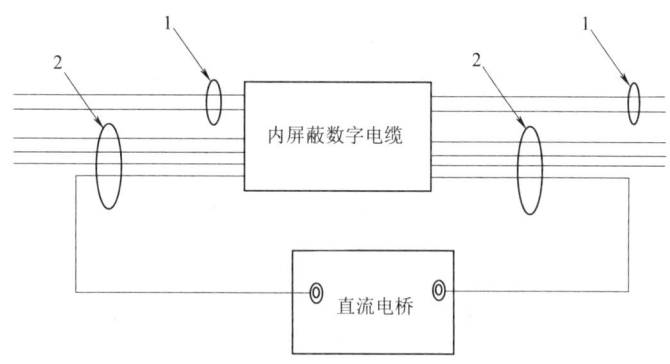

图 5-9　电缆直流电阻测试方法示意图

1—普通信号电路芯线;2—屏蔽四线组

（5）不平衡电阻计算

工作线对不平衡电阻计算是指屏蔽四线组内每个工作线对的电阻不平衡计算,也就是在一个屏蔽四线组内,红、白芯线为 1 个工作线对,蓝、绿芯线为 1 个工作线对。

工作线对导体电阻不平衡的定义为:工作线对两根导体的电阻之差与其电阻之和的比值。例如:

$$工作线对导体不平衡电阻=\frac{R_{20}(H)-R_{20}(B)}{R_{20}(H)+R_{20}(B)}$$

式中　$R_{20}(H)$——20 ℃时,红线直流电阻;

　　　$R_{20}(B)$——20 ℃时,白线直流电阻。

（6）工作电容测试

工作电容是电缆电气特性的一个主要参数,其是指回线两导体之间的电容,在内屏蔽数字信号电缆中,屏蔽四线组内红、白芯线组成一个工作线对,蓝、绿芯线组成一个工作线对。工作

电容的大小,主要由电缆的结构如:导线间的距离、导线直径及导线之间的介质所决定。电缆工作电容测试方法如图 5-10 所示。

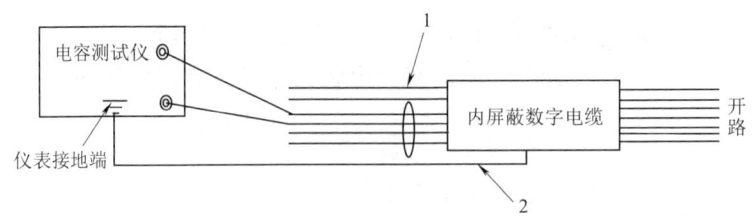

图 5-10　电缆工作电容测试方法示意图

1—屏蔽四线组;2—电缆的钢带、铝护套、屏蔽层及泄流线

测试步骤:

①将电缆盘内端电缆的芯线全部开路。

②将电缆盘外端电缆的钢带、铝护套、全部屏蔽层及排流线用一端带有鳄鱼夹的导线连接,连接后接到测试仪表的接地端。

③将电缆外端头任意一组内屏蔽四线组的红、白线对或蓝、绿线对连接到电容测试仪的测试端子上。

④测试电容值,填写测试记录。

⑤测试全部完成后,用粉笔在电缆盘上标写"工作电容已测试"的字样,以表示该单盘电缆的工作电容已测试完毕。

(7)电缆封端

为了保证电缆质量,单盘电缆测试结束后,要立即对测试用的电缆端头进行密封处理,避免因电缆进水受潮而影响其电气特性。通常有两种电缆封端的方法:

①采用热缩端帽封端

a. 用钢锯将电缆测试端整齐锯断,去掉已开剥的部分。

b. 用清洁布将电缆端头擦净,然后用砂布条对电缆端头外护套 100 mm 部分进行打磨。选择与电缆外径相适合的热缩端帽套在电缆端头上。

c. 点燃喷灯,待喷灯火苗正常后用喷灯对热缩端帽均匀加热,当热缩端帽均匀地包裹在电缆上且热溶胶流出后停止加热。电缆端封示意图如图 5-11 所示。在使用喷灯加热时,要随时注意观察热缩端帽的变化,避免因过度加热而影响封端质量,同时要注意人身安全,避免烫伤。

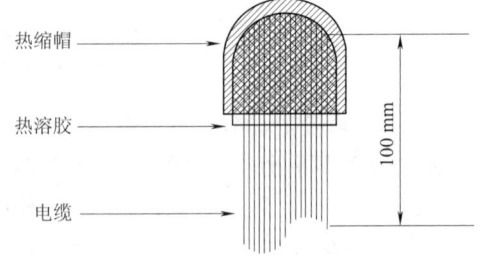

图 5-11　电缆封端方法示意图

d. 待热缩端帽冷却后,用尼龙扎带或铁丝等将电缆端头绑扎固定在电缆盘上。

e. 清理现场。

②采用 30 号胶封端

首先将电缆端头清洁干净,把 30 号胶切成小块放入铁容器中(不要装满),用喷灯或炉火均匀加热,并及时搅拌,溶胶温度一般在 140 ℃～150 ℃(不超过 180 ℃),同时注意搅拌和尽量减少加热时间。将电缆端头(冬季施工时可先将电缆端头进行加热)浸入溶化的胶桶中,浸入时间视胶液温度而定,一般在 10～30 s,时间不宜过长。将电缆端头拿出胶液,检查端头浸入部分是否有没沾着的部分,补浸后冷却,用胶布缠绕严密,之后按上述方法再浸第二遍胶。若电缆因故不易浸沾时,可用毛刷沾上溶化的胶液在电缆端头上均匀涂抹,效果相同。采用 30 号胶封端时要注意安全,避免烫伤。

4. 光缆单盘检测

光缆敷设前应按下列要求进行单盘检测:

(1)根据到货清单,校对光缆的盘号、型号、规格、盘长、端别、数量,检查外观包装有无破损、缆线有无损坏、压扁等情况并详细记录。对包装有受损、外护层有损伤的单盘,在测试时应重点检测。

(2)根据光缆出厂记录并对照实物,检查光缆程式、光纤、绝缘介质、加强芯、屏蔽层、色谱标志及其他机械物理特性是否满足设计要求。

(3)用光时域反射仪(OTDR),对光缆进行长度及固有衰减测试,并做好光缆单盘测试记录。光缆单盘固有传输衰耗应满足的要求有:1 310 nm 波长衰减 $\alpha_0 \leqslant 0.35$ dB/km;1 550 nm 波长衰减 $\alpha_0 \leqslant 0.22$ dB/km。

设计有特殊要求时,按设计要求进行。

测试时使用的工具主要有:电容测试仪、高阻计、直流电桥、剥线钳、偏口钳、电工刀、钢锯、锯条、喷灯、温度计、计算器。

5.2.3 相关规范、规程与标准

《铁路数字信号电缆》(TB/T 3100.1—2004)第 1 部分至第 5 部分。

典型工作任务 3 电(光)缆维护及故障分析与处理

5.3.1 工作任务

1. 对电缆芯线接地故障的判断。
2. 对电缆低阻绝缘障碍的判断与处理。
3. 对电缆高阻绝缘障碍的判断。
4. 对电缆故障点的计算。
5. 用电缆探测器查找电缆故障点。

5.3.2 知识链接

信号电缆在制造、运输、敷设、封端过程中往往由于各种原因会造成故障,使电缆无法正常使用。在尚未敷设之前,发现电缆存在故障时,可通过测查直接查明故障地点,进行必要的处理。如已经敷设后的电缆发生故障,则需要通过测查、计算、测量、试挖故障地点等方法进行处理。下面就电(光)缆维护和常见故障进行简单介绍。

1. 电(光)缆维护

电(光)缆维护有日常养护和中修检查。

（1）电（光）缆日常养护通常包括如下几个方面：

①电缆径路及电缆盒外观检查（重点检查电缆径路电缆标、地下接头标、警示牌、过桥、过涵电缆防护、施工及其他外界干扰）。

②检查箱盒有无破损，基础有无破损、裂纹。

③检查电缆埋设标是否齐全完好。

④外部安装螺栓检查紧固。

⑤基础面、箱盒外部清扫与否检查。

⑥室内电缆沟（槽）封堵检查。

（2）电（光）缆中修检查通常每年一次或按需进行，其内容如下：

①箱盒、基础整修。

②检查、核对各种标牌、图表齐全正确。

③闭塞线环阻测试。

④各种箱盒开盖检查，检查、整修箱盒内部配线；防尘、防潮良好。

⑤电气特性测试。

⑥电缆盒油饰、书写代号。

⑦电缆绝缘不良查找及处理。

⑧补齐电缆埋设标。

（3）在对电缆的维护过程中，通常的测试项目是每季度测一次，测试内容有如下三个方面：

①全程对地绝缘电阻。

②芯线间绝缘电阻。

③芯线对地绝缘电阻。

2. 信号电缆故障及判断方法

信号电缆的故障可分为两大类：电缆低阻绝缘障碍和电缆高阻绝缘障碍。比如：电缆任意芯线对连接钢带的其余芯线的绝缘电阻在温度为 20 ℃时，应不小于 500 MΩ/km，如果故障点的绝缘电阻变为 0 Ω 或 0.2 MΩ 以下，均属电缆低阻障碍。又如，电缆芯线接地、混线点的接触电阻大于 0.2 MΩ，属电缆高阻绝缘障碍。

信号电缆从发生故障的原因来看，可以分成以下三种故障：芯线接地故障；芯线混线故障；芯线断线故障。这些故障的判断方法如下。

1）电缆芯线接地故障的判断方法

（1）将故障电缆两端的所有芯线分开，取直流电压表一块和电池一组按图 5-12 所示接线。图中故障电缆如为尚未敷设的钢带铠装电缆时，电池组负极与钢带连接；如已敷入地下，则可直接与大地连接。故障电缆如为无钢带铠装电缆，芯线接地故障只会在敷入地下后出现。接线后用电压表负极线逐一与电缆芯线相接，当电压表指针偏转时，说明该芯线有接地故障。

（2）用兆欧表一线与钢带或大地连接，摇动兆欧表摇把，另一线逐一与电缆芯线相接，当兆欧表指示 0 Ω 时，说明该芯线有接地故障；如指示低阻值，说明该芯线对地之间绝缘不良。

2）电缆芯线间混线故障的判断方法

（1）将故障电缆两端的所有芯线分开。直流电压表正极线与电池组正极连接，电池组负极线与一芯线连接,然后用直流电压表负极线依次与其余芯线相接,如接触过所有芯线而电压表指针未偏转,说明该芯线与其他芯线之间不存在混线故障。如接触到某一芯线,电压表指针产生偏转,说明该两芯线之间存在混线故障,电缆线间混线故障判断方法如图 5-13 所示。

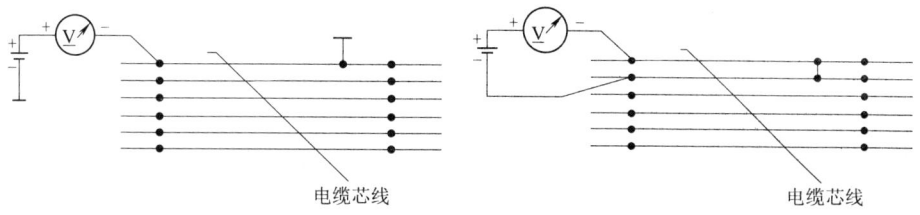

图 5-12　电缆芯线接地故障判断方法　　图 5-13　电缆线间混线故障判断方法

(2)图中的直流电压表及电池组改为万用电表置电阻挡,亦可判断出两电缆芯线间的混线故障。万用电表一线与任一芯线连接,另一线依次与其余芯线连接,如指针指示较低电阻(几或几十欧),说明该两芯线间有混线故障。

(3)兆欧表一线与任一芯线连接,摇动摇把,另一线依次与其余芯线相接,与上一种判断方法相同,也可查明相混的两线。

3)电缆芯线断线故障的判断方法

(1)将故障电缆的一端芯线并联后与大地连接,另一端芯线分开。直流电压表正极线与电池组正极连接,电池组负极线与大地连接,然后用直流电压表负极线逐一与电缆芯线相接,发现电压表指针未偏转时,说明该芯线中断,如图 5-14 所示。

(2)将故障电缆的一端芯线并联,另一端芯线分开,按图 5-15 所示接线。直流电压表负极线依次与其余芯线相接,如指针偏转,说明两芯线导通良好;如指针未偏转,说明该线有断线故障。

(3)图 5-14 中的直流电压表及电池组改为万用电表置电阻挡,亦可判断出断线芯线。万用电表一线与任一芯线连接,另一线依次与其余芯线连接,如指针指示较高电阻(几百或几千欧),说明该芯线有断线故障。

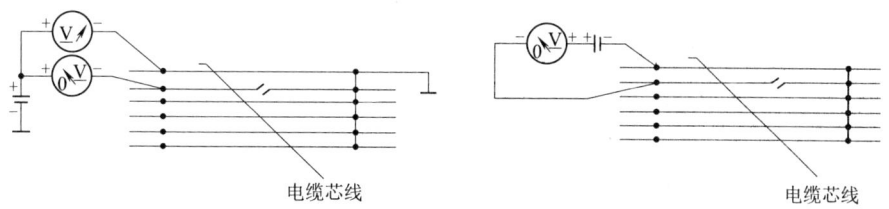

图 5-14　电缆芯线断线故障判断方法(一)　图 5-15　电缆芯线断线故障判断方法(二)

(4)图 5-13 中的直流电压表及电池改为兆欧表,亦可判断出断线芯线。判断方法与(3)相同。

3. 电缆低阻绝缘障碍的测查法

电缆障碍点的接触电阻很小时,称为低阻绝缘障碍。信号电缆芯线发生接地或混线时,采用低阻绝缘测查法查明障碍点。

1)电缆芯线接地故障测查

测查电缆芯线接地故障时,接地电阻越小,测出的数据越准确,计算出的故障点也越准确。反之,如接地电阻虽已不符要求,但仍然具有较高阻值时,测查就不易做到准确。电缆低阻绝缘障碍指故障点的接触电阻在 0.2 MΩ 以下。

惠斯顿电桥可用来测试电缆芯线接地或混线故障,其亦称"携带式直流电阻电桥",用其测量导体直流电阻的范围为 0.000 1~10^7 Ω,测量误差为±0.2%(测 10~10^5 Ω 电阻)。惠斯顿电桥板面结构如图 5-16 所示。

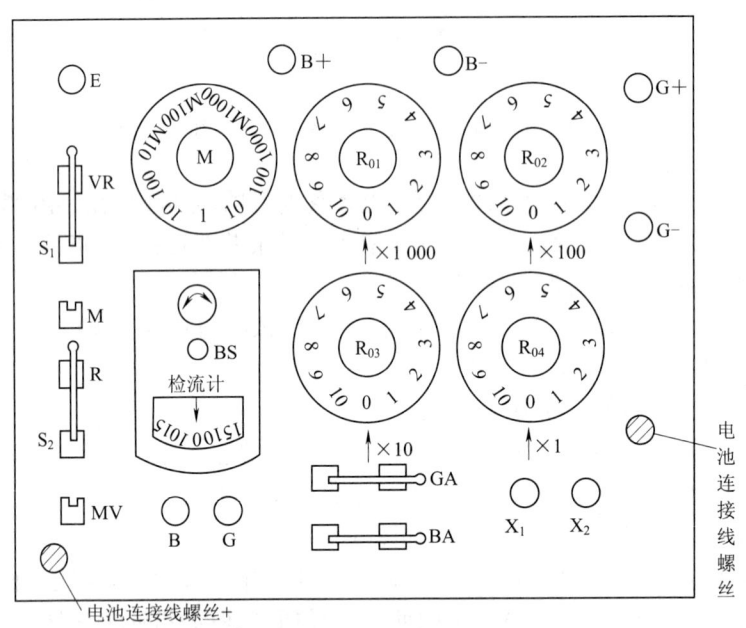

图 5-16　惠斯顿电桥板面结构图(850 型)

图中:

X₁、X₂——被测电阻接线端子。

S₁、S₂——转换电路闸刀,以改变电桥内部接线,用不同的方法进行测量。

E——地线接线端子。

G+、G-——外接检流计接线端子。

B+、B-——外接电源接线端子。

B——电源按钮,按下时电池接入电桥电路。

G——检流计按钮,按下时检流计接入电桥电路内。

GA——外接检流计与原有检流计转换闸刀。

BA——外接电源与原有电池转换闸刀。

R₀——测定臂旋钮,又称标准电阻臂。由 R₀₁、R₀₂、R₀₃、R₀₄ 四个十进位的可变电阻器组成,阻值分别为 1 000 Ω、100 Ω、10 Ω、1 Ω。

M——比率臂旋钮,用来变换比率臂(即平衡臂)的倍率 A/B。另专用马来法来变换固定电阻的有三挡:M10 Ω、M100 Ω、M1 000 Ω。

零位旋钮——核准表针指零用。

表针锁扣——锁住表针便于携带时防震用。

检流计——表针应指零位,左右各分 5、10、15 三大格,每格又分为五小格。左右为正、负之分。

电源——1 号电池三节,串联电压为 4.5 V,装于壳体左侧正极向外。

测查时,取一根对地绝缘良好的芯线 a 与电桥的 X_1 端子连接,接地故障芯线 b 与 X_2 端子连接。电桥 B+、B−端子外接电池约 22 V,BA 闸刀倒向外接电源位置,S_1 闸刀倒向 M 方向,S_2 闸刀向 MV 方向(即采用马来法),电缆芯线接地故障测量如图 5-17 所示。将电缆芯线 a、b 的另一端做良好的短接,这样的通过接地点 c 形成电桥的两个桥臂。先用环阻法测定 X_1、X_2 端子间的环线电阻,即 $2R_L$ 的电阻值,然后再测 X_2 端子至故障点 c 一段的电阻,即 R_X 的电阻值。按下电源按钮 B,再断续按下检流计按钮 G,根据检流计指针偏转情况,调整桥臂 M 和 R_0。

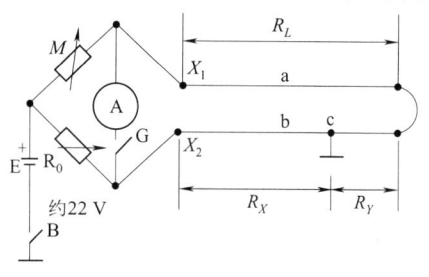

图 5-17　电缆芯线接地故障测量

电桥平衡后将读数代入式(5-3):

$$R_X = \frac{2R_L \cdot R_0}{M + R_0} \tag{5-3}$$

式中　$2R_L$——电缆环线电阻值,Ω;

　　　R_0——测定臂读数,Ω;

　　　M——比率臂读数,Ω;

　　　R_X——X_2端子至接地点的芯线电阻,Ω。

求得 R_X 阻值之后,即可换算出确切的接地点。

2)电缆芯线混线故障测查

测查时,取一根芯线间绝缘良好的芯线 a 与电桥的 X_1 端子连接,存在混线故障的芯线 b 与 X_2 端子连接,另一混线故障的芯线 c 与 E 端子连接,a、b 两线的另一端做良好的短接。这时,通过混线点同样形成电桥的两个臂。先用环线法测定 X_1、X_2 端子间的环线电阻,即 $2R_L$ 的电阻值,然后再测 X_2 端子至故障点 d 一段的电阻,即 R_X 的电阻值,如图 5-18 所示。

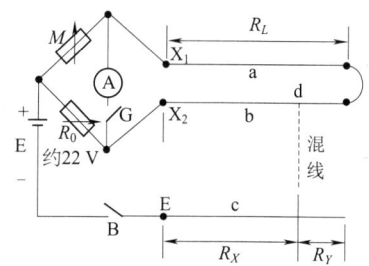

图 5-18　电缆芯线混线故障测查

采用马来法使电桥平衡,将读数代入式(5-3):求得 R_X 电阻值之后,即可换算出确切的混线点。

如因故无法得到环线电阻 $2R_L$ 阻值时,可采用综合法测查,然后代入公式亦可求得 R_X 电阻值。进行电缆低阻绝缘障碍测查时,应注意以下几点:

(1)凡是将测试线短接或接地时,均应要求接触电阻越小越好,以确保测试数据的准确性。

(2)按下检流计按钮调整电桥平衡时,看到指针偏转情况后,应立即松开按钮,以免过流烧毁检流计。

(3)测试时电桥应放置平衡,预先将指针校准在零位。

(4)调整比率臂及固定臂电阻值时,应先大后小,防止过流。

4. 电缆高阻绝缘障碍的测查法

电缆的障碍点接触电阻很大时,称为高阻绝缘障碍,须用特殊方法来测定障碍点。采用电缆高阻绝缘障碍测查法时,障碍电缆应具备以下条件:

(1)供测试的两条芯线,其绝缘电阻值应相差 30% 以上,因绝缘电阻相差越大,测出的数据准确度越高。

（2）两被测试芯线的电阻值应相同。

（3）两被测试芯线中，只应有一处障碍点。

（4）在没有障碍的区段内，电缆的绝缘电阻应较大。

（5）障碍点的接触电阻，在测量时应固定不变。

测查障碍点接触电阻大于 0.2 MΩ 的电缆芯线接地或混线障碍点时，可采用可变比率臂电桥的开路及短路法

首先将电桥的 S_1 闸刀倒向 M 位置，S_2 闸刀倒向 MV 位置（即马来法），障碍芯线与 X_2 端子连接，另一根辅助测试线与 X_1 端子连接，接地端子 E 与钢带或大地连接，B+、B−端子与外接 45 V 电源连接，BA 闸刀倒向外接电源方向。先将电缆另一端开路，电缆高阻绝缘障碍测查方法（一）如图 5-19 所示。

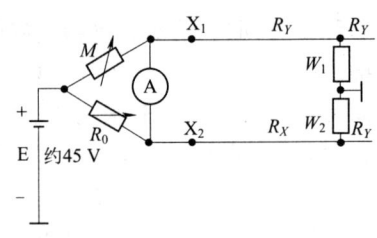

图 5-19　电缆高阻绝缘障碍测查方法（一）

R_L—电缆芯线全长的电阻值；R_X—X_2 端子至障碍点一段的芯线电阻；R_Y—障碍点与地（或钢带）之接触电阻

调节 M 和 R_0 阻值，使电桥平衡后，将读数代入式（5-4）：

$$\frac{M}{R_0}=\frac{R_X+W_1}{R_X+W_2} \tag{5-4}$$

因为 R_X 与 W_1 或 W_2 比较，可略去不计，故可改为

$$\frac{M}{R_0}=\frac{W_1}{W_2}=P_1 \tag{5-5}$$

再将电缆另一端短路，如图 5-20(a)所示进行测试。由图可将被测之电缆化成下列等值电路，如图 5-20(b)所示。

因为 $\dfrac{1}{W_1}+\dfrac{1}{2R_Y+W_2}=G_1+G_3$，又因 $\dfrac{1}{W_2}+\dfrac{1}{2R_Y+W_1}=G_2+G_3$ 经运算化简后得：

$$R_1=\frac{2R_YW_1}{W_1+W_2+2R_Y};R_2=\frac{2R_YW_2}{W_1+W_2+2R_Y};R_3=\frac{W_1W_2}{W_1+W_2+2R_Y}$$

图 5-20(b)的电路，其右边的三角形可化为星形如图 5-20(c)所示，调节 M′ 和 R′ 阻值，使电桥平衡后，得下列方程：

$$\frac{M'}{R'_0}=\frac{R_X+\dfrac{2R_YW_1}{W_1+W_2+2R_Y}}{R_X+\dfrac{2R_YW_2}{W_1+W_2+2R_Y}} \tag{5-6}$$

(a)

(b)

(c)

图 5-20　电缆高阻绝缘障碍测查方法（二）

式中,$2R_Y$的值比"W_1+W_2"之值小得多,故可略去不计,即

$$\frac{M'}{R_0'}=\frac{R_X+\dfrac{2R_YW_1}{W_1+W_2}}{R_X+\dfrac{2R_YW_2}{W_1+W_2}}=P_2 \tag{5-7}$$

经运算化简后得

$$R_X=\frac{2R_L(P_1-P_2)}{(P_1-1)(P_2+1)} \tag{5-8}$$

将两次测查数据代入式(5-8)即可求得 R_x 电阻值。求得 R_x 电阻值之后,即可换算出确切的故障点。

1)采用可变比率臂(马来法)测查电缆芯线断线

断开电源开关 B 及检流计开关 G,外接检流计端子 G+、G－接耳机,外接电源端子 B+、B－接音频振荡器(800 Hz 或 1 000 Hz),地线端子 E 与钢带连接。S_1闸刀倒向 M 位置,S_2闸刀倒向 MV 位置,比率臂旋至 M1000。

将导通良好的电缆芯线 a 与 X_1 端子连接,断线芯线 b 与 X_2 端子连接,该两芯线的另一端短路。钢带与地线端子 E 连接,如图 5-21 所示。戴上耳机并接通振荡器,按下 B、G 按钮,调整测定臂电阻值 R_0,一直到耳机内听不到蜂鸣声或音量减到最小时为止,此时表示电桥已经平衡。将所测数据代入式(5-9),要直接求出 X_2 端子至电缆芯线断线故障点 C 的距离为 d。

$$d=\frac{2M\cdot L}{R_0+M} \tag{5-9}$$

式中　d——X_2 端子至断线点长度,m;

　　　　M——比率臂电阻值,Ω;

　　　　L——被测电缆芯线全长,m;

　　　　R_0——测定臂电阻值,Ω。

2)采用电容测试器测查电缆芯线断线

一根电缆的对地电容相当于无数小电容并联,其总电容 $C=C_1+C_2+C_3+\cdots$电容测试器即根据这一道理,从电容量的大小来判断断线故障点。

测试时先由断线芯线的一端 A 测出其对地电容 C_X,再由另一端 B 测出其对地电容 C_Y,如图 5-22(a)所示。因电缆对地电容和长度成正比,故据此可推算出 A 端距断线点 C 的距离。

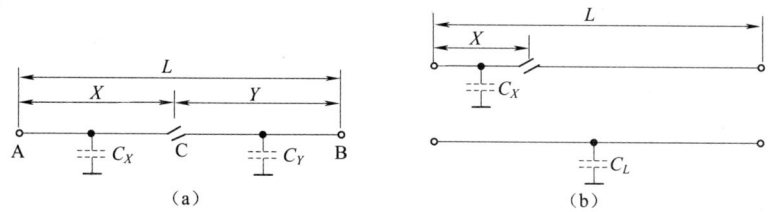

图 5-22　电容测试器测查电缆芯线断线方法

将测试数据代入式(5-10)：

$$X=L \cdot \frac{C_X}{C_X+C_Y} \tag{5-10}$$

式中 L——电缆长度。

为了免除在电缆两端测试的麻烦，也可用比较法测查电缆断线故障点，如图 5-22(b)所示。先测出对地电容 C_X，再测出另一条导通良好芯线的对地电容 C_L，将测试数据代入式(5-11)，可直接算出断线点。

$$X=L \cdot \frac{C_X}{C_L} \tag{5-11}$$

5. 电缆障碍点的计算

信号电缆芯线的截面积可视为都是均匀相等的，所以芯线电阻与芯线长度成正比，即

$$\frac{L}{R_L}=\frac{L_X}{R_X} \tag{5-12}$$

$$L_X=\frac{L \cdot R_X}{R_L} \tag{5-13}$$

式中 L_X——测试点至障碍点的距离；

　　　L——测试芯线的全长；

　　　R_L——测试芯线全长的电阻值；

　　　R_X——测试点至障碍点的芯线电阻值。

使用式(5-12)和式(5-13)，可换算出测试点至障碍点的距离。

例如采用电缆低阻绝缘障碍测查法测查电缆芯线接地故障点，已求得 R_X 电阻值为 5.72 Ω，已知芯线全长为 500 m，电阻为 11 Ω，故可换算出测试点至障碍点的距离 L_X：

$$L_X=\frac{500 \times 5.72}{11}=260(\text{m}) \tag{5-14}$$

对于尚未敷设的电缆，换算出故障点距离之后，能较快地查到故障点。但对于已埋入地下的电缆，在换算出故障点距离之后，还需按距离量出故障点，这就要求量电缆长度时必须准确，否则会挖不准地点。

按计算距离挖出电缆故障点之后，从另一端找两根备用芯线与音频信号发生器连接，送上音频信号。在挖出的故障点将感应接收器逐条放置于电缆面，通过耳机监听，能听到音频信号的电缆即为故障电缆。音频信号发生器输出的音频信号电压大小应视电缆长短调整。

6. 使用电缆探测器查找电缆故障

1)测电缆线对障碍

(1)振荡器

①障碍线对分别接"音线"和"铝皮"，功率开关捺"放大"，输出开关捺"通话"，调节阻抗使输出最大。

②打开电源开关，调节音量。

③把开关捺"断续"。

(2)接收器

①将二号探头插入，打开开关。

②开关捺"找障碍"。

③使探头贴近电缆探测音量变化情况，找出变化点，即是障碍点。

（3）探测各种障碍的连接方法

①混线。探测混线如图 5-23 所示。

②接地。探测接地如图 5-24 所示。

③错对。探测错对如图 5-25 所示。

2）探测电缆径路及埋深

（1）振荡器

探径路如图 5-26 所示。

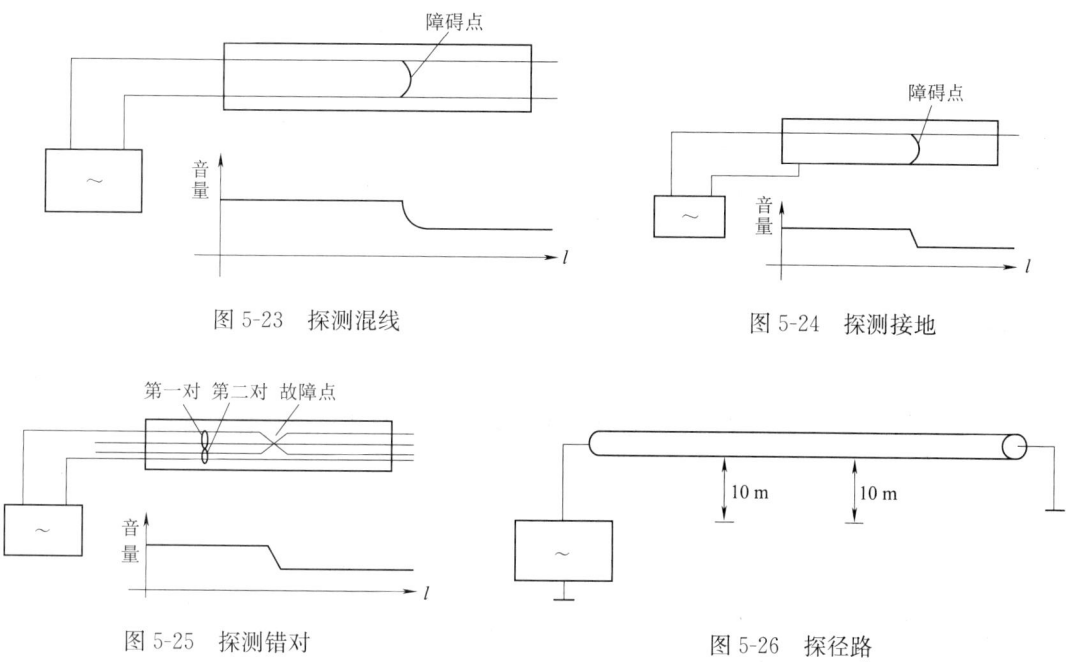

图 5-23　探测混线

图 5-24　探测接地

图 5-25　探测错对

图 5-26　探径路

①选用一导电性能良好的芯线作为放音线,另外用一根线接在铝护套或铠装钢带上,地线距电缆 10 m 处(接地电阻小于 15 Ω)功率转换开关掷"放大",输出转换开关掷"通话",调节输出阻抗,使输出最大,电缆另一端将放音线接地。

②打开电源,调节输出。

③将开关掷"断续"即可送出 400 Hz 断续信号。

（2）接收器

①将一号大探头插入,打开电源,调节音量适当。

②送/受话器转换开关掷在"耳机""话筒"端子上。

③探头转换开关掷"找故障"。

④使探头平行于地面探索声音最小点,电缆两边声音大。

⑤探测埋深,将探头旋转 45°,找出两个音量最小点 A 和 B,则电缆埋深为 $AB/2$ 距离。探埋深如图 5-27 所示。

⑥探测电缆转折点,在沿径路前进中,如从耳机中听到声音突然增强或减小,则说明遇到电缆拐弯处。

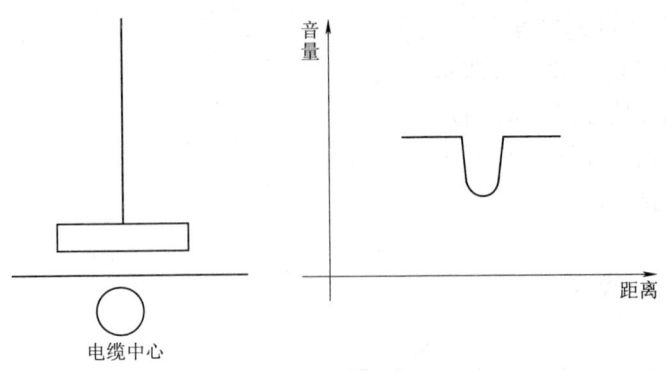

图 5-27 探埋深

5.3.3 相关规范、规程与标准

1.《铁路信号设计规范》(TB 10007—2017)。

2.《普速铁路信号维护规则 技术标准》。

复习思考题

1. 说明信号电缆有哪几种类型？普通信号电缆与数字信号电缆的区别有哪些？

2. 如何计算信号电缆的长度？

3. 敷设信号电(光)缆有哪些要求？

4. 普通信号电缆测试项目有哪些？

5. 数字信号电缆的测试项目有哪些？分别怎么测试？

6. 光缆单盘检测哪些内容？

7. 电缆芯线接地故障表现为哪些现象？怎么判断？

8. 芯线间混线故障怎么判断？

9. 芯线断线故障怎么判断？

10. 电缆低阻绝缘障碍怎么判断？

11. 电缆高阻绝缘障碍怎么判断？

12. 简要说明信号电(光)缆维护修程及其内容。

参 考 文 献

【1】中国铁路通信信号总公司研究设计院. 铁路工程设计技术手册(信号). 北京:中国铁道出版社,1994.

【2】广州市地下铁道总公司. 信号检修工. 北京:中国劳动社会保障出版社,2010.

【3】安伟光,阚焕章,窦振荣. 车站信号工程施工. 北京:中国铁道出版社,2010.

【4】林瑜筠. 铁路信号基础. 北京:中国铁道出版社,2010.

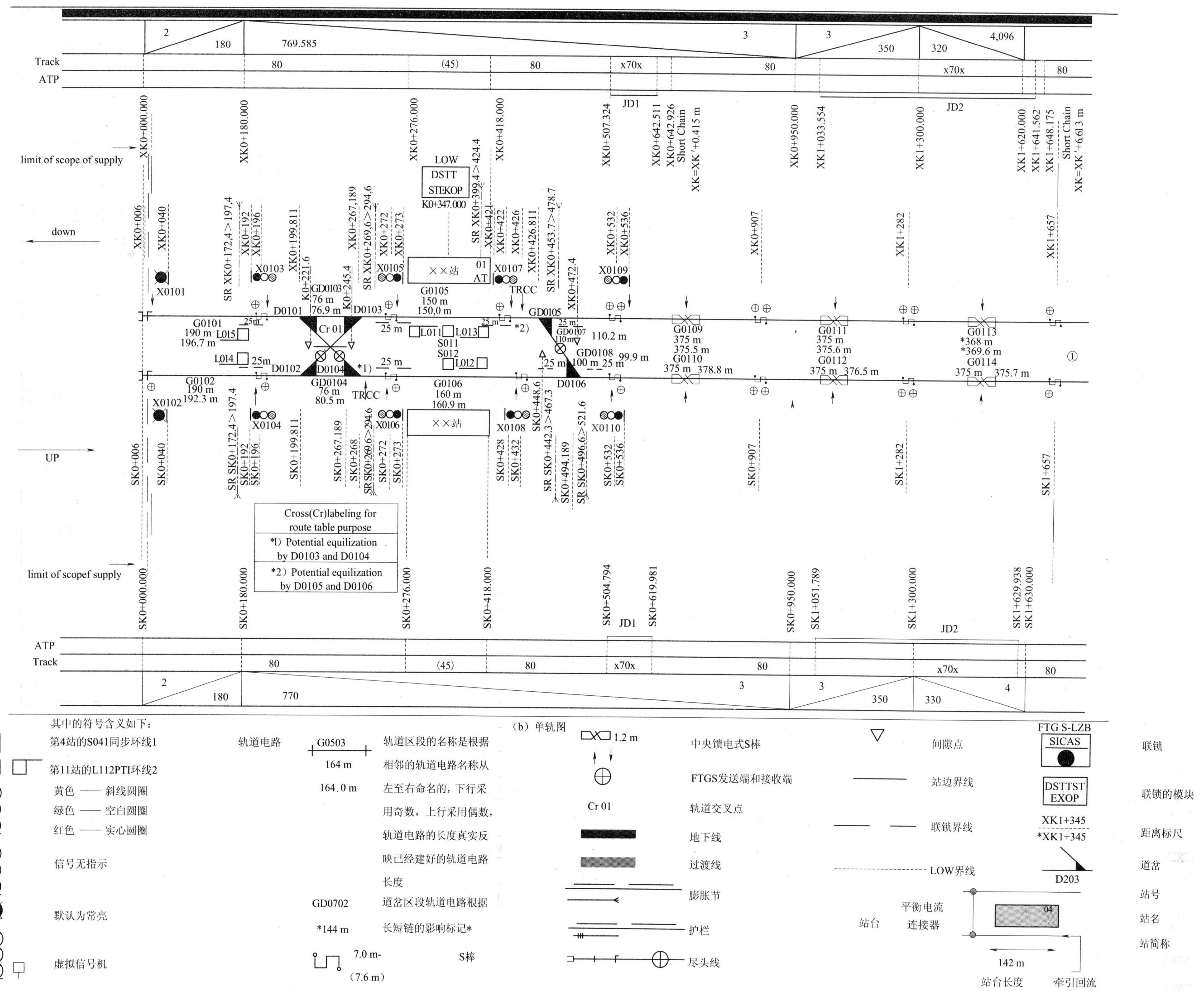

附图1　基于轨道电路的正线部分平面布置图举例

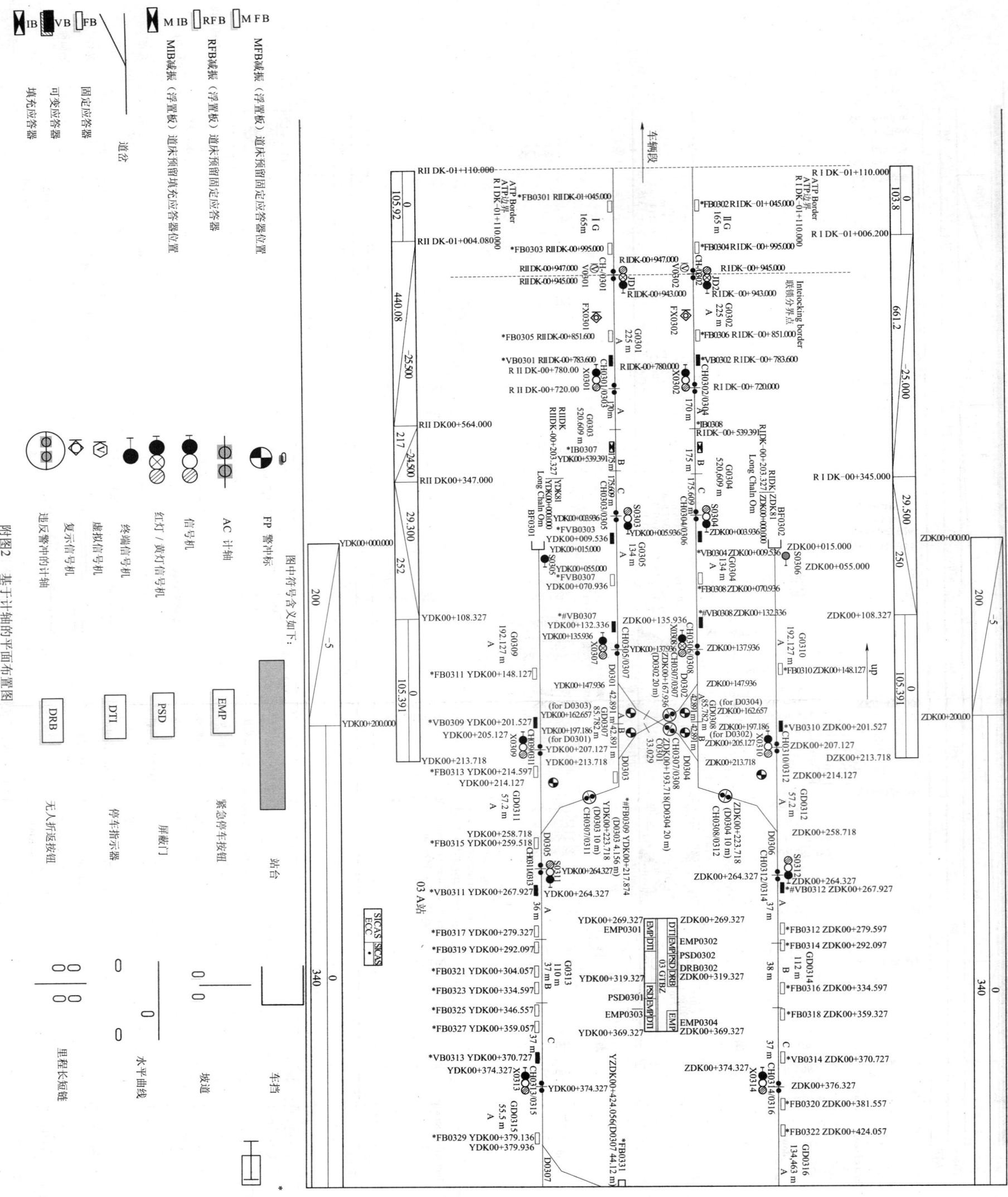

附图2 基于计轴的平面布置图